「在外」日本人研究者がみた
日本外交
【現在・過去・未来】

原貴美恵◉編

藤原書店

「在外」日本人研究者がみた日本外交　目次

第II部　東アジアの中の日本外交――歴史の克服から多国間協力へ

「在外」日本人研究者がみた日本外交

——現在・過去・未来

序　「在外」日本人研究者の視点から

原貴美恵

本書は、海外を拠点として活動してきた「在外」日本人研究者による日本外交及び対外政策についての論文集である。

二〇世紀末から二一世紀初頭にかけての日本外交は、グローバルなレベルでの「変化」と地域的なレベルでの「停滞」への対応が際立つようになった。米ソ二極構造の崩壊、加速化するグローバリゼーションと相互依存の深化、そして国際平和に対する脅威の多様化といった国際社会の変化を背景に、日本は資金面だけでなく、人的貢献の面でも世界の平和と繁栄に積極的役割を果たすべく努力を重ねてきた。そして二〇〇五年、成立六〇周年を機に活発化した国連改革の動きの中で、安全保障理事会常任理事国入りをその年の第一外交目標に掲げ、総力を挙げて外交活動を展開した。日本としては、それまでの貢献を踏まえ、またその貢献に見合った政治的影響力の拡大を目指したものの、結局その試みは挫折に終わった。

日本の安保理入りには、各国の思惑が絡み合った様々な要因が障害として立ちはだかった。中でも突出したのは他でもない東アジア隣国の反対である。その背景には、「過去の清算」或いは「負の遺産」問題がある。領土問題や歴史解釈問題、とりわけ小泉首相が就任以来公約として行った靖国神社参拝等は、終戦六〇周年でもあるこの年、東アジア各地に燻り続けていた反日ナショナリズムを再燃させた。

こうした状況に問題意識や危機意識を強めた識者は少なくない。世界の中で日本は今後どのような地位を占めていくのか。地球規模での日本の国際的役割と東アジア隣国との関係をいかに前進させていくのか。新しい変化により効果的に対応するため、従来から存続する諸問題の袋小路状態打破のため、そして地域での孤立化を防ぐためには何が必要なのか。従来とは異なる角度から、岐路に立つ日本外交を再検討すべきではないのか。新旧交錯する国際関係の潮流の中で日本外交が抱える矛盾が露呈したこの二〇〇五年、本書の企画はこうした問題意識から発案された。

改めて指摘するまでもなく、日本外交に関してはおびただしい数の文献が存在する。それらには理論的検討から実証的検証までアプローチも様々であれば、執筆されている言語も日本語・英語はもとより他の外国語でも多くの文献が存在する。執筆形態も単著、共著、共同研究書（編書・共編書）などがある。共同研究書では日本を拠点とする（即ち「在日」）日本人・外国人研究者によるものから、海外の外国人研究者によるもの、或いは在日・在外研究者共同のものまで、その形態は様々である。しかし、数多くの共同研究がありながらも、在外日本人研究者に視点を揃えた共同研究の前例はみあたらない。

日本の国際化が言われて久しく、近年では海外で博士号を取得し帰国する日本人研究者の数も増えている。こうした「帰日」研究者が日本における日本外交研究に新しい視点を持ち込んでいる点は否めないが、その一方で、国際化という点では帰日組よりもはるかに海外生活、研究、就労経験が長く、より複眼的視野が養われているはずの在外日本人研究者から祖国へのフィードバックは、個人レベルに留まっており、ともすると閉鎖的な日本の学界の体質に阻まれがちである。それゆえ本書は、在外という独特の経験と立場を共有する研究者が協同して、日本外交の研究に一石を投じることを試みるものである。本書の企画には米国、カナダ、英国、シンガポール、ニュージーランド及び豪州を拠点としていた在外日本人研究者が参加した。これらの研究者は、日本の大学で学位取得後、海外の大学院で博士号を取得し大学や研究機関で活発に研究活動を行ってきた在外日本人である。

本書の内容は、日本の外交と安全保障全般に関するもの、国内の政策議論や政策決定の分析、またその事例研究、そして歴史研究から地域主義、国際権力政治の論理にまでわたる。執筆者には専門・得意分野を生かしてもらうべく、各々手がけていた研究を日本の読者向けに執筆・紹介していただくよう依頼した。本書の構成は以下のとおり。

赤羽恒雄氏による第1章は、二一世紀初頭から注目が高まった「ソフトパワー」という概念に焦点をあて、日本の外交と安全保障に関する政策の動向をソフトパワーとしての資質、またそのソフトパワー拡大の可能性と限界といった観点から分析する。平田恵子氏による第2章は、日本の安全保障政策に対する意識変化に注目し、八〇年代から国内の論壇で交わされた議論を分類・解析し、主流となる見解がいかにして政界や社会で支持を集めるようになったのかを論じる。佐藤洋一郎氏による第3章は、政策決定過程の事例研究である。対テロリズム特別措置法（対テロ特措法）とイラク人道復興支援特別措置法（イラク特措法）の成立過程を検討し、今後の海外派兵恒久法制定と集団安全保障に関する議論の行方を考察する。丹治三夢氏による第4章も、沖縄の基地問題に焦点をあてた事例研究である。日本の国内政治における中央と地方の関係で捉えられがちな沖縄の基地問題を、主要な国際関係理論との関係を明確にしながら、日本の外交、対外政策という文脈で検討し直すことを試みる。芦澤久仁子氏による第5章は、日本の多国間安全保障政策の研究である。アジア地域におけるリージョナルなレベルとグローバルなレベルの二つのレベルにおいて、九〇年代以降日本が多国間協力枠組みの中でとってきた対応について整理・検分し、それらの特徴を考察する。

第6〜9章は、日本と東アジア隣国との関係が主なテーマとなっている。原貴美恵による第6章は、東アジアの安全保障環境を、冷戦とサンフランシスコ体制という局面から再考する。領土問題に代表される主要な地域紛争について、対日戦後処理という共通の起源に注目し、そこにみられるいくつかの特徴を踏まえた将来の解決を考察する。第7章では、池田哲氏が、歴史を短・中・長期に遡る形で、日本を巡る国際政治経済事情を世界システム論の立場から分析・検討する。特に、東北アジアにおける日本外交とその課題に重点を置き、地域システムと世界システムの両視点からアプローチする。高嶺司氏による第8章は、戦後「国交なき時代」の日本の対中国政策の検討である。「三〇年ルール」により公開された外交文書を駆使した本章では、冷戦中にもかかわらず一貫して対中国「関与政策」を追求していた日本の戦後保守政権の姿勢が浮き彫りにされる。寺田貴氏による第9章は、国際政治経済の視点から東アジアにおける地域主義、市場・制度統合にむけた日本の対応を分析する。特にアジア太平洋経済協力会議（APEC）、東アジア経済協力体（EAEC）、ASEAN＋3、東アジア共同体・東アジアサミットに焦点をあて、東アジアにおける地域主義発展の経緯を（必ずしも厳密な地理的概念ではなく）地域協力枠組みとしての「地域概念」の派生と域内の伝播という構成主義の観点から分析し、その中でみせた日本のイニシアチブとその動機について解説する。

川崎剛氏による最終章は、世界規模の権力政治の特徴とその論理を整理・解説し、その中で生き抜いていく国家の大戦略(グランド・ストラテジー)の発想法を論じている。「世界政治の本質は国際政治秩序をめぐる権力政治にある」という立場からの、日本外交への批判とフィードバックである。

第Ⅰ部　ひらかれた安全保障政策へ

――「普通の国」をめぐって

1　ソフトパワーからハードパワーへ

転換する日本の安全保障政策

赤羽恒雄

はじめに[1]

「ソフトパワー」という概念は、二一世紀初期、日本外交の展望を論ずる出版物に登場し始めた。例えば、『外交フォーラム』（二〇〇四年夏号）に、「日本のソフトパワー」と題したジョセフ・ナイの論文が掲載された。この論文の中で、ナイはソフトパワーを簡潔に紹介し、日本外交が瀕する難題を克服するためには、ソフトパワーを受け入れるよう促した。[2] また、日本文化研究者青木保も同誌に掲載された論文の中で同様の論点を展開した。その中で青木は、日本文化は世界にある程度まで認識されているが、多文化主義の進む世界の中で成功を収めるためには、日本はより重層的戦略を採用すべきであると述べている。[3] 後に述べるように、ソフトパワーの概念は、小泉首相の諮問機関「安全保障と防衛力に関する懇談会」がまとめた報告書「未来への安全保障・防衛力ビジョン」でも論述されている。

日本の外交と安全保障の基盤としての「ソフトパワー」論の始まりは、自衛を超えた軍事行動をも含む「ハードパワー」の拡張を思わせるような様相と時期を同じにした。例えば、日本は米国の率いるイラク侵攻連合軍の支援を名目に同国に自衛隊派遣団を派遣し、米国とのミサイル防衛をより積極的に進め、二〇〇六年五月上旬には、在日米軍再編のための総経費の半額以上を拠出することに同意した。また、一九六〇年代から一九七〇年代にかけて起きた北朝鮮による日本人拉致問題に対して日本国民は厳しい経済制裁を求め、さらに憲法第九条の改正への支持を高めた。こうした情況の中、二〇〇六年一〇月九日に北朝鮮による核実験が行われると、日本政府は直ちに、北朝鮮への厳しい制裁の必要を国際社会へ訴えた。

こうした一見矛盾する日本の外交と安全保障政策に関する論議や政策の傾向をどう理解すべきであろうか。日本は九・一一後の混迷する世界の中で漂流しているのであろうか。戦後の平和教育により国民に根付いた平和主義は過去のものとなってしまったのであろうか。北朝鮮によるミサイルや核の脅威に瀕する日本国民にとって、平和憲法はその説得力を失ってしまったのであろうか。韓国や中国で高まりの見える反日感情へ日本はどう対応するのであろうか。日本の安全保障に関する議論や政策の歴然とした不整合の背景には、自己葛藤をする日本の政治指導者があり、意図もなく国内外へ矛盾に満ちたシグナルを送っているのであろうか。

本章では、「ソフトパワー」の概念に焦点をあてつつ、上記の問いに答えるべく分析を試みたい。先ず、ナイが提示した「ソフトパワー」の概念を紹介し、概念として、また国家政策の手段としてもつ意味について論じたい。次に、二一世紀初期、国家安全保障政策を論ずる上で、日本ではこの概念がどのように理解されているのか、そして、国家のソフトパワーを推量するためにどのような指標が使われているのかを検証したい。新世紀初頭における日本を取り巻く国際環境を考慮しつつ、日本のソフトパワーを拡大できる可能性とその限界についても検討する。なおこの分析は、ソフトパワーの総合的かつ徹底的な研究ではなく、この概念が変貌しつつある日本の安全保障政策にいかに資するであろうかを考察するものである。

ソフトパワーとは何か

ソフトパワーの定義

ナイは「ソフトパワー」を、「自分が希望する結果へ他者をして希望せしめる」ことを得る能力と定義し、それは「他者の欲するものを形成する能力」であると述べている。[4] それは「魅了するパワー」つまり、こちら側の思うように、強制なしに他者を導くパワーである。[5] 同教授によると、国際政治は、国家が魅力、正当性、確実性のゲームを競技する闘技場であり、ソフトパワーは益々重要になっているという。[6] また、他者に影響を与えるには、強制(むち)、報酬(あめ)、説得(ソフトパワー)の三つの方法があり、それらの要素が効果的に組み合わされたものを「スマートパワー」と呼んでいる。[7]

ソフトパワーの根拠(源)は何であろうか。国家はどのようにソフトパワーを作り出すのであろうか。ナイは、「国際政治において、ソフトパワーを生み出す源は、組織や国家がその文化や、内的慣習や政策を通して示す例、さらに他者(他国)との関わり方の中で表現する価値である」と述べている。[8] 換言すると、国家のソフトパワーは、その国の価値や、自国のニーズを満たし、他者との関わり合いの中で目的を達成していく能力である。ナイの概念図式によると、価値と制度的能力がソフトパワーの必要不可欠な基盤である。同教授によると、国家のソフトパワーには三つの源がある。それは、(1)他者から見て魅力的とされる文化、(2)国内外を通じて一貫して実現される政治的価値観、(3)他者から見て正統かつ道徳的な外交政策、である。[9]

ソフトパワーとハードパワーの関係は明確なようで明確でない。国家はハードパワーなしでソフトパワーを発揮できるか。ハードパワーはソフトパワーをサポートしているのか。ハードパワーを増大することが必ずソフトパワーを増すことになるのか。逆にいえば、一方のパワーの減少は他方のパワーの減少につながるのか。こうした問いに対する共通した認識はない。

ナイはソフトパワーはハードパワーをその基盤とはしないと述べている。「時には自国の軍事力や経済力にまさる政治的影響力を発揮する国もある」。また、「自国の国益を経済援助や平和活動を含めて定義付けする」ことによって自国の軍事力の不足を補うことができる、というのである。[10] さらに、ナイによると、経済・軍事超大国は、強制的政策を行使することにより、ソフトパワーを削ぎ落とすこともある。例として、旧ソ連によるハンガリーとチェコスロバキアへの非人道的政策があげられている。[11] 他方、サミュエル・ハンチントンは、ソフトパワーはハードパワーの基盤を必要とすると強調している。同教授によると、文化とイデオロギーは「物質的な成功と影響があると見られるとき」に魅力を発揮する。[12]

著者は、ハンチントンの物質主義的なソフトパワーの解釈は受け入れないが、物質的な資財も非物質的な資財も豊富にある国の方が、ソフトパワーのポテンシャルが高いと考える。しかしナイが論じるように、国家のハードパワーはソフトパワーに寄与することもあれば、そうでないこともある。国家のハードパワーは、ソフトパワーの行使を邪魔することもあるし、またその逆もあると考える。[13] 国家が効果的かつ効率的に物質的な基盤からソフトパワーを生み出せるかどうか、また、観念的かつ制度的な資財を効果的に使うことによって、より大きいハードパワーを生み出すことができるか、あるいはハードパワーの欠陥を補足することができるかは重要な点である。ハードパワーの行使がソフトパワーの魅力を削ぎ落とす可能性を国家が認識しているかどうか。ハードパワーの誤った使用を防いでいるかどうか。さらに、ハードパワーを使用する方がソフトパワーを使用するより妥当である場合を理解しているかどうか。そしてその反対のケースもあることを承知しているか。いずれも重要な点である。

結局、重要なのは、国家が国内のニーズと外交政策の目標を遂行する上で、ハードパワーとソフトパワーの最善なバランスを見出しているかどうかである。国家がその資財をうまく使えば、他国の政策上の優先項目に影響を及ぼすことができる。実際、国家の物質的あるいは非物質的なパワー資財を効果的に使えば、他の国もその成功例を模倣するかもしれない。

例えば、日本が果たした戦後数十年にわたる経済発展の実績は、近隣諸国に、米国の自由市場モデルに取って代わりうるものとして「アジア的発展モデル」の基礎になった。日本は、東アジア地域全体の経済発展の「雁行」型のリーダーと見られたのである。しかし、米国等には、日本の経済成長を恐れ、日本型発展戦略を「重商主義」として、これを批判する者もいた。こうした批評家にとっては、日本の経済発展モデルはソフトパワーの資財とはならなかったわけである。さらに、日本経済のバブル崩壊は、日本の国内外に日本モデルの持続可能性への深刻な疑問を投げかけた。同様に、一九九七年—一九九八年のアジア金融危機により、アジアの伝統的な価値観と構造的な脆弱性がアジア経済の透明性と強健さを制限したという見方が立証されたとの主張もあった。具体的には、クローニー・キャピタリズム（能力や成績による資本主義ではなく、親分子分や親族等の関係を使って行う資本主義）や政治とビジネスの非生産的な癒着は、「アジア的発展モデル」の魅力にさらなる混沌をもたらした。しかし、同地域の政治・ビジネスエリートの誘導の下に、アジア経済のほとんどが外部の予想より早く危機からの脱出に成功したため、アジアの政治とビジネスへの信用が取り戻された。また、日本でも、バブル崩壊後の景気後退がようやく終わり、二〇〇三年から経済成長が見られるようになった。日本企業は、痛みを伴う改革の成就、生産性の向上、研究開発への投資によって、世界市場での競争への復活を成し遂げている。アジア諸国と日本の経済的ソフトパワーは確実に回復の途にある。

ソフトパワーの限界

説得力と魅力は多くの場合強制的なパワーより望ましいが、国策の手段としてソフトパワーを行使するにはいくつかの難題と限界がある。

まず、ソフトパワーを効果的に使用するには、その対象者と当事者がそれをソフトパワーと認識する必要がある。ソフトパワーを行使しようとする国家の行為は、他国から見れば、国際安全保障でのハードパワーの役割を正当化する試みとみなされる可能性がある。例えば、日本の自衛隊のイラクへの派遣は、地元住民にとって日本のソフトパワー（つまり、人道的支援や紛争終結後の再建支援）と捉えられるか、あるいは、米国主導の国際勢力による占領の一部と受け取られるかが問題となる。この点については後ほど検討する。

第二に、ソフトパワーの多くの要素は、政治家あるいは政策担当者によるコントロールの範疇を超えていて、政策手段としてすぐに使えない。例えば、ある国の魅力は、言語、映画、出版物、消費財などの商品を含むその国の文化やその様々な表現によることがある。しかし、これらソフトパワーの要素の多くは、一般市民と商業団体によるもので、国家機関の範疇外である。国としては「文化外交」を展開することができるが、その魅力は、対象とする国および国民が当事国の外交的な取り組みの背後にある国益をどのように認識しているかによって限界がある。

第三の難問はパワーのノン・ファンジビリティ（代替不可性）と関係がある。ソフトパワーの資財を国が管理していても、それらの要素は国家安全保障目的に最もふさわしくあるいは最も効果的な手段ではないかもしれない。例えば、日本がアニメ等のポップ・カルチャーを使って、北朝鮮の核開発計画を断念させるように仕向けるなどということは馬鹿げたことである。北朝鮮に対する政策には全く性質の違うパワー（ハードとソフト）を巧みに行使する必要がある。これについても後述する。

第四に、あるソフトパワーの要素がかつては国家のハードパワーの発展に貢献したとしても、それが今日も効果的で、ふさわしいとは必ずしも言えない。例えば、一九六〇年代から一九八〇年代にかけて日本が成功を遂げた輸出型発展戦略は、グローバル輸出競争が激しさを増し、付加価値輸出が、より情報集約的で資本集約的になって来た二一世紀においては、発展途上国に有利な戦略であるかどうかは必ずしも明らかでない。日本においてすら、国家指導型発展モデルは、現在の「国境なき世界」において、もはや経済を牽引できない。何世紀にもわたる日本の歴史の結果として根付いた日本人の「鎖国的メンタリティ」は、明治維新以降の近代化と西洋化のため、国内の人的・物的資産の総動員を可能にし、均質な文化と社会秩序の安定的発展も可能にした。しかし今日においては、島国的思考様式と同質的価値体系は来日外国人にとって就業や居住の地としての日本の魅力を著しく限定している。非常に難しいことではあるが、文化的、心理的障害を取り除き、来日外国人の日本社会への統合（インテグレーション）を進めていかなければ、高齢化、少子化による労働力不足の問題の解決は遠のいてしまうであろう。さらに、日本の制限的な出入国管理政策は、不法移民を増加させることになり、捜査当局と人権救済機関にとって大きな懸念となっている。

第五に、ソフトパワーの基盤として文化が重要であることは、日本が他国と文化を共有できないという現実を考えれば明らかである。これについて、ハンチントンは次のように述べている。

ユニークな社会と文明の日本は、東アジアと経済的な関係を発展させることが難しく、また米国と欧州との経済的な相違にどう対処するかという難題を抱えている。東アジア諸国といかに強い貿易・投資関係を結ぼうとも、日本とそれらの国々との文化の違い、特に多くの中国人経済エリートとの違いから、NAFTAや欧州連合に匹敵するような、日本主導の地域経済グループを形成することはできない。同時に、西洋諸国との文化の違いは、米国や欧州との経済関係において誤解や敵対関係を悪化させている。もし経済統合が文化的共通性を必要とするならば（実際そのようであるが）日本は文化的に孤立した国として、将来、経済的にも孤立するかもしれない。(14)

最後に、ソフトパワーのほとんどの要素は、長期的な人的資源の投資を必要とする。国家のソフトパワーは、幾世代にもわたる政治、経済、社会、文化の発展の蓄積効果である。したがって、ソフトパワーを起こすことは、早急にはできない。例えば敗戦後の日本の見事な経済発展は、それ以前の何世紀にもわたる資本主義市場の形成と官僚機関の成長と、明治維新以降の国家主導の近代化戦略に負うところが大きかった。

以上、ソフトパワーの意味と限界について考察して来た。では、日本のソフトパワーとは何であろうか。次に、これについて検討する。

日本のソフトパワー

日本はどれほどのソフトパワーを保有しているのか、そしてそれはどんな形で、どのように行使されているのか。ナイは、「日本は他のどのアジアの国よりソフトパワー資財の潜在能力を持っている」と述べている。[15] その指標として同教授は、日本は特許の数において世界一位、国内総生産に占める消費と開発の割合が第三位、海外飛行機旅行者数で第三位、書籍と音楽の売上高が第二位、インターネット・ホストが第二位、ハイテク関連輸出が第二位、開発援助が第一位、平均寿命が第一位であると指摘している。[16] この他、人間開発指数では日本は米国に次いで九位となっている。[17] 日本の経済動向が国際的賞賛の的であるという意味において、日本国内総生産が一九八〇年の一兆七五〇億ドルから一九九〇年には三兆五三〇億ドルへ、そして二〇〇〇年には四兆四七〇〇億ドルにも成長を遂げた事実はそのソフトパワーの量を物語っている。[18] また、日本の対外貿易は一九八〇年に四四五九億三一〇〇万ドルであったものが、二〇〇〇年には一兆一二四三億七八〇〇万ドルにまで膨らんでいる。[19] さらに、日本の政府開発援助実支出は一九八〇年の三三億五三〇〇万ドルから、一九九〇年の九二億二二〇〇万ドルに、そして二〇〇〇年には一三四億一九〇〇万ドルに達している。[20] 国家がソフトパワーを行使できる分野に国際平和維持活動があるが、ここでも日本の力が増大して来ている。一九九二年から一九九三年にかけてカンボジアへ初めて自衛隊員派遣という直接的関与を行った。国際平和協力法が一九九二年六月に制定されてから二〇〇七年八月までに、同法に基づき一〇の平和維持活動に日本人要員を派遣した。[21] ここで取り急ぎ付け加えると、中国や韓国、北朝鮮はこうした日本の役割をソフトパワーではなく、ハードパワーの行使とみなしているようである。

一方、日本のソフトパワーには限界がある。例えば、ナイが指摘するように、日本は帝国主義的侵略の過去の過ちを完全に自認しておらず、このため国際社会、特にアジアの近隣諸国における日本の魅力には陰りがある。[22] 共産主義体制の崩壊をうけ、中国ではイデオロギーに代わってナショナリズムの高揚が進んでおり、このため中国における日本のソフトパワーの限界はより鮮明になった。これは一九七〇年代、毛沢東が日本との経済関係を進めるために、歴史問題を二国間問題としてとりあげなかったのと対照的である。つまり、ソフトパワーは対象国の国内政治によって増えもし、減りもすることを端的に示している。

日本のソフトパワーの限界は人口の動勢にも見られる。日本の人口は二〇〇五年にピークに到達し、これから長期的に減少することが確実とされる。[23] 制限的な日本の出入国管理制度や文化的な偏狭性のため、受け入れられる外国人労働者の数には限度がある。このため、労働人口不足はこれからより深刻な問題となるであろう。また、世界の日本語人口は極めて限られており、日本人が他国の人々と直接会話を交わす機会は少ない。ナイによると、日本のソフトパワーは国内の政治プロセスの脆弱性によってさらに限定されている。[24]

日本のソフトパワーが多くの日本人が信じているほど大きくないことを示す例がいくつかある。例えば、スイスに本拠地を置く国際経営開発機構の「ワールド・コンペティティブ・スコアーボード二〇〇八」によると、日本は二四位で、中国（一七位）以下である。二〇〇八年の一位は米国、二位はシンガポール、これに香港、スイス、ルクセンブルグ、デンマーク等が続いている。[25] この毎年行われる評価は、「ビジネス環境で世界的な競争力を作り出すことで投資を促したり維持したりする国家経済の能力」を示す。[26]

二〇〇四年に日本で行われたある研究は、日本人知識人が世紀の変わり目に日本のソフトパワーを含む国力についてどのような評価をしているかについて興味深い調査結果を提供している。この調査は、一〇〇名の知識人に、経済、政治、ポップ・カルチャー、社会と教育、科学技術、防衛と軍隊、食料・エネルギー資源、環境、言論と思想の九つの分野において、世界の中で日本の占める相対的なパワーをたずねた。回答者のほとんどが、日本は環境、経済、科学技術、ポップ・カルチャーの分野では、たいへん強く進歩的であるとした。特に環境においては、回答者は、日本は世界を指導していく重要な位置を占めていると答えた。これに引き換え、日本は食料・エネルギー資源、政治、言論と思想、軍事力において脆弱であるとの回答であった。全体的に共通した見方として、日本は活発な政策論議が欠如していること、ジャーナリズムが政策論議にほとんど貢献していないこと、さらに日本は多角的かつ重層的知的ネットワークを発展させるべきだということが挙げられた。[27] 要するに、日本のソフトパワーの基盤についての評価は強弱混合である。よって、これに関連した別の調査に参加した回答者のほとんどが日本の外交に穏やかな希望を表明しても不思議はない。この調査によると、回答者のほぼ四割が日本が大国意識を持つのは誤りであり、国際社会で特定のイデオロギーや目標を掲げることは非常に危険であると答えている。彼らは、様々な価値観を持つ日本人の国民性を表すことによって、日本の存在理由を増すべきであるという意見である。経済大国日本は国連や多国的国際機関の中で、経済大国に見合った貢献をするべきであると考える者は回答者の四分の一にすぎない。[28]

こうした穏やかな期待は、多くの日本の外交官の間で交わされる、より大胆で楽観的な言葉使いとは（例えば、日本が国連安保理事会常任理事国になること、国際平和活動支援に目に見える形で積極的に参画すること、米国との軍事同盟をより強化すること等）、非常に対照的である。

日本の安全保障政策におけるソフトパワー

ソフトパワーは活用されているか

前述のように、自国の文化、国内の慣行と政策の例、また他国との関係の持ち方の中に現れるその国の価値観から、国家はそのソフトパワーを発揮できる。安全保障の領域では、日本はどういった文化的価値を体現しているのであろうか。そして、どのような行動規範に基づき、如何に国際関係を展開しているのであろうか。

戦後日本文化は平和への希求と戦争への嫌悪感を育んできた。「平和憲法」は国民の平和主義を支持すると同時に、国民の支持を受けてきた。(29) 世紀の変わり目における日本の国内・国際状況は、国防支出を制限するという日本が長期にわたり打ち立ててきた政策を支持しているように見えた。二〇〇三年の日本の国防支出四六八億九五〇〇万ドルは国民総生産の一%をわずかに下回った。国防のシビリアンコントロールも、日本が長期にわたって打ち立てたソフトパワーの一つの要素として定着していた。日本の悲惨な軍国主義の過去の教訓を基に、シビリアンコントロールは強い国民的合意によって支持されており、このシステムへの世論の支持が腐食する余地はまったく見受けられなかった。

一九九六年、防衛問題審議会は、「日本の安全保障と防衛の方針」という報告書を出した。このいわゆる「樋口レポート」の中で、首相の諮問グループはアジア・太平洋における冷戦後の安全保障環境を査定し、直面する日本の安全保障政策と防衛力の基本的問題について論じ、冷戦指向の防衛戦略から多国間枠組の安全保障戦略に移行するよう勧めている。報告書に論じられている国防と国家安全保障のほとんどすべての主要な要素は、日本自身が必要とする国防上のハードパワーと国際安全保障への貢献に関するものであった。それには、増強されつつある自国の軍事力を多国間枠組の安全保障協力の推進に役立てること、米国と安全保障協力を強化すること、そして日本の防衛力を質的に改善することが含まれていた。[30]

これに比べ、二〇〇四年の報告では、日本の安全保障政策におけるソフトパワーの領域に踏み込んでいる。小泉首相の諮問グループである安全保障および防衛力会議の議長は、「平和と安全を維持するためにハードとソフトパワーを有効に使う」ことを呼びかけている。[31] 通常の軍事的脅威からテロに至るまで、大量破壊兵器の拡散、環境に関する脅威、ＨＩＶエイズ、そしてその他の人間の安全保障問題など、九・一一以後の世界でしだいに多角的な性質を帯びる安全保障への脅威を認識しつつ、この報告書は統合的安全保障戦略を展開し、日本に対する直接的な脅威を阻止する包括的な対策と、直接的脅威からの被害を最小限に押さえることを呼びかけている。さらに、世界の各地で発生する脅威が日本へ到達することや、あるいは海外の在留邦人や日本企業の利益に影響を及ぼすと思われる脅威を未然に防ぐように努力をしなければならないと述べている。[32] この報告書によると、統合的安全保障戦略は三部分から成る。それは、（１）日本自身の努力、（２）米国との同盟、（３）「自国の安全を守り、国際安全保障環境の向上を目指すための国際社会との協力」である。[33]

二〇〇四年の報告書には、「世界各地における脅威の原因となる可能性を排除するために、国際社会と協力的な措置に基づく努力が、日本の安全保障戦略にとり不可欠になるであろう」と訴えている。[34] この報告書は、自助の努力と米国との同盟を超えて国際社会と協力することが自国の安全保障にとっていかに重要であるかを日本が今まで認識しえなかった、と批判的である。報告書によると、「外交活動や様々な分野での草の根レベルでの他国との交流は、他の国々の日本への理解を深め、そして間接的ではあるが日本の防衛に貢献したことは疑う余地がない」と述べている。[35] 他日本が世界各国で脅威が発生するのを防ぐために、国際協力を拡大するのであれば、ソフトパワーをより効果的に行使し、そのさらなる開発に投資することが必要であるのは自明である。

報告書には国際協力分野における数々の提言が盛り込まれているが、その中には「自衛隊、警察、ＯＤＡ関連の機関、民間企業、NGOなどが、緊密に協力しつつ、人材やいろいろな種類の人的資財を貢献すること」が含まれている。さらに報告書は、「HIVエイズなどの感染病と戦うODAや、他の財政的支援プログラムにおけるイニシアチブ、あるいは教育水準の向上、人材育成や貧困の滅亡などの人間の安全保障を達成する努力は、紛争を予防することや世界各国の安定をもたらすために重要な活動である」と述べている。[36] こうした活動が財的物的資財の貢献にとどまらず、訓練の行き届いた、規律のある挙動と広くアピールできるアイデアの活用など、効果的なソフトパワーの利用を必要とするのは当然である。

最近の日本の外交政策には、世界各国でソフトパワーの存在を確立しようとしている国の姿勢が見て取れる。ここでは、こうした日本の努力のいくつかの例と、その直面する問題について、もっとも顕著なものについて論ずる。

外交手段として日本のソフトパワーをもっとも顕著で上手に使用した例は、ODAの分野に見られる。日本のODA政策は国際平和と安全を推進する上で大きな役割を与えられてきた。前に述べたように、日本は政府開発援助において世界で有数の供給者である。一九九四年から二〇〇四年の間、日本は開発支援において世界全体の五分の一を負担した。[37] 日本のODA政策は国の叡智を現した基本原則によって導きだされて来た。それは歴史的経験や国際社会日本への期待を基にしているといえよう。例えば最近まで、日本の開発援助は「要請主義」、つまり発展途上国の要望に基づいたODAであった。この原則は、日本自身の経済発展の体験を基にしており、開発計画の管理における自立と規律の重要さを強調したものであった。日本の長年にわたるアジア中心のODA政策は、この地域における日本の商業的利益のみを反映したものではなく、アジア地域との歴史的関係とアジア志向の専門知識の現れでもある。また長い間、日本は被援助国における人権擁護の状況とODAを結びつけることに消極的であった。それは、対外的に民主主義と人権を唱えることを躊躇していたからであろう。[38] また、日本の平和主義と反核感情も日本のODA政策に反映された。被援助国の国防・核政策との関連において、日本はより透明性の高い防衛政策と核実験の中止を中国に要求した。この要求は中国により無視されたが、日本は被援助国の国防・核政策に関連付けてODAの支給を行う原則を主張し続けた。さらに、最近の日本のODA政策の中で環境に関する案件が重要視されていることに、日本の戦後の工業化と都市化による環境破壊と健康被害の体験からの教訓がうかがえる。以上のような日本のODA政策における様々な原則は、常に効果的であるとは言えず、その適用において一貫性を持っているとは言えないが、日本のソフトパワーを象徴するものであった。さらに、ODAが自国にもたらす利点について疑問の声が日本の国内で増えつつある一方、日本のソフトパワーへの一定の支持も見られた。(39)

日本の安全保障政策におけるODAの役割は、政府が二〇〇三年八月に発表した「ODA大綱」の中に示されている。この大綱ではODAの目的を「国際社会の平和と発展に寄与し、それによって日本の安全保障と繁栄を確保する」としている。(40)この大綱は、日本が取り組んできた開発に関連する多くの課題について説明しているが、その中には、貧困、飢饉、難民問題や、自然災害、環境問題、感染病、さらにジェンダー、民主主義、人権、民族・宗教紛争、テロに至るまでさまざまな課題が含まれている。

新しいODA大綱に基づき、日本政府は、二〇〇五年二月、中期ODA政策を採択した。この大綱は、開発と開発援助における人間の安全保障に視点をあてた議論にかなりの量の紙面を割いている。そして、貧困削減、持続的成長、環境問題や自然災害を含む地球規模問題、平和構築といった優先課題について概要が示されている。この大綱では、日本の平和構築への取り組みは、紛争の発生及び再発の防止、紛争直後の緊急人道援助、紛争後の復興支援、さらに中長期開発支援からなり、(41)各々の段階において、人間の安全保障の視点から人間の苦痛の軽減が強調されている。

あらゆる政府官庁に対する予算の制約の中で、ODAはその目的達成への効果や公的資金の使われ方の効率の観点から細かい制約を受けるようになった。日本のODAに関する講演の中で、麻生太郎外務大臣（当時）は、「ODAとは基本的には、後に日本人のためになるように他の国々が先に日本の貴重な公的資金を使っていただくことにあります。そう考えて見ますと、ODAほど長期的な戦略を必要とする努力は他にあまり見当りません」と話した。[42] この講演で、麻生外相はODAを「外交上の手段」と定義付け、ODAの政策の戦略的重要さを浮き彫りにした。そして閣僚級ODA会議の設立を提唱し、日本の安全保障政策の主要課題について中長期的な政策に責任を負う閣僚級の組織である国家安全保障会議と比較した。[43]

日本のソフトパワーとの関連で見ると、中国への経済援助は、その規模が大きいこととアジア地域における日本の外交と安全保障政策上の国益に及ぼす潜在的なインパクトからいって、特に注目されるべきものである。二〇〇四年の日本の対中直接ODA総額は九億六五〇〇万ドルであった。中国は世界最大の日本からの経済被援助国であり、日本は中国への公的経済支援の最大の供与国であった。[44] 一九七九年に始まった対中ODAは経済発展のための大規模なインフラ整備が中心であった。しかし近年の日本の援助は、環境保護、衛生、教育、人材育成、日本語及び文化の学習、貧困緩和など、いくつかの優先事項に対象を絞っている。[45]

日本の対中ODAは、経済や環境に関する側面の範囲を越えた、政治的重要性も持つものであった。中国における安定した経済成長は同国の社会的政治的安定を導いていると考えられている。また、日本の援助が中国の日本に対する印象の改善に役立ってほしいという期待もある。しかし、日本国民の間では、その膨大な支援にもかかわらず、日本の対中ODAは中国の人々に感謝されていないという印象が強い。[46] さらに、日本の対中ODA政策が中国に対し、その人権問題、防衛政策、あるいは核・弾道弾開発について、顕著な変化をもたらしたという証拠はほとんど見られない。

こうした否定的な見方は、近年悪化する日本人の対中イメージを反映している。内閣府による世論調査によると、中国に対し親近感を感じる日本人の割合はこの二〇年間で着実に減少してきている。一九七九年の七八・六%が最高で、一九八九年には五一・六%に下がり、二〇〇三年には四七・九%とさらに下降した。反対に、中国に親近感を感じない日本人の割合は、一九七九年の一四・七％から一九八九年には四三・一％へ上昇し、二〇〇三年にはさらに四八・〇％まで上がった。二〇〇五年には、好感を持つ日本人の割合は、これまでの最低の三二・四％になり、好感を持っていない人の割合は六三・四％と最高を記録した。[47] こうした気掛かりな傾向は、日中関係が悪くなっていることを反映している。二〇〇二年三月に外務省によって実施された世論調査では、回答者の一八・二％が中国はすでに日本の安全保障にとって脅威となっていると答え、三八・七％が中国は将来脅威となるであろうと答えた。[48] 国民の間に広がる不安と呼応して、麻生外務大臣（当時）は中国の国防費が一八年間連続で二桁増加していることを指摘し、中国の防衛力の「透明性の欠如」に懸念を表明した。[49]

「文化外交」は明らかに日本がソフトパワーを向上できる分野である。日本の現在の安全保障について論じる中で、ある日本の外交幹部は、「外交は日本の政策、文化、価値システム、魅力を伝えることで日本への（国際的な）理解を促進する大切な役割を担っている」と書いている。[50] 別の上級外交官は、文化外交は、好意的な対日国際イメージと理解をつくりだすための重要な部分を担ってきたと述べている。同氏によると、日本はこれらの努力をかなり長い間続けてきており、大きな成功をおさめている。すなわち、日本の文化外交は、日本のイメージを「軍国主義の国から平和主義の国へ、貧しい国から先進国へ」と変えるために使われて来た。[51] さらに別の外交官は、「日本の外交政策、文化交流、協力は他の国の人々に日本と日本人を理解してもらい、日本のイメージを向上させるための手段であるにとどまらない。我々日本人が発展を遂げる上で体験して来たいろいろな課題に今日直面している他国の人々のためにも役立っている」と語っている。[52] この外交官は国家の健全な発展はその文化の保存を必要とすると断言し、二〇〇四年にユネスコが無形文化遺産保護条約を採択する際に、日本政府がこれを支持し、二〇〇三年には「近代化と伝統的な価値体系」のシンポジウムが中東で開催されるのを支援したことを指摘した。[53]

以上紹介した発言から、「ソフトパワー」が二一世紀のはじめ、日本の外交官の間で、その言葉が明確に使われていたか、同じ意味を持つほかの言葉を使っていたかは別として、いずれにしても彼らの思考様式の一部となっていたことが明らかに見てとれる。さらに、こうした理解は公式の政策の討議の中にも見られるようになっていた。

しかし、日本のソフトパワーは今、深刻な状況におかれている。日本の政治指導者の間に見られる「消極的現実主義」(**reluctant realism**) は、国民に憲法九条がいずれは改正されるであろうことを覚悟させようとしているのである。[54]二〇〇六年春に朝日新聞が行った世論調査によると、憲法改正に賛成する回答者が過半数に達した。[55]この変化は、いくつかの要素の結果であった。まず、日米同盟の変質、つまり日本に対する直接的攻撃を阻止することを目的とした体制から、その目的のみならず、アジア地域および全世界の平和と安定という公共財を創るという目的を持つシステムへと変化したことを日本の政治指導者が認識したこと。第二に、日本の政治指導者たちは、日本が「普通の国」になること、つまり、普遍的に認められている自衛権を十分行使し、国際安全保障に国力相応の貢献をすることのできる国になるべきであることを認識した。[56]第三に、国家安全保障への不安と予測不可能な安全保障環境の変化のために、安全保障政策のために国家資産をより積極的に投じようという願いがより強められた。安全保障上の不安要因の中で特に問題なのは、北朝鮮などによる大量破壊兵器の拡散、強さを増す中国、国際テロ、日本へのエネルギー供給に不安を与える中東などの国際情況がある。こうした懸念から日本の安全保障専門家たちは、専守防衛を目的とした今までの日本の防衛力から、米国との緊密な軍事協力のもとに、高度な軍事技術で、より頑強で、柔軟性を持った、統合的な軍事組織に転換するように主張するようになった。[57]

日本の安全保障政策の手段としてソフトパワーを活用することの限界を示す別の二つの例を挙げよう。ひとつは北朝鮮の核危機であるが、これについては、後に議論する。もう一つの限界の例は、中東和平の問題である。ある日本の外交官が述べているように、日本は、この地域では何の歴史の負債を持たない。そしてイスラエルとパレスチナ双方と対話を交わしてきた。日本はパレスチナに六億九〇〇〇万ドルもの援助をして来た。[58]これは賞賛に値する取り組みではあるが、今のところ中東和平の構築に目に見える成果は何もない。

陰りの見える日本のソフトパワー——対中・対韓関係

日本のソフトパワーの可能性にとり最も深刻な問題は、近隣諸国が日本のリーダーシップを必ずしも肯定的に見ていないということである。日本の外交官は明らかにこの問題を認識している。(59)実際、中国と韓国は近年の日本のナショナリズムの表現に対し批判の度合いを増している。もっともよく知られている例として、中国と韓国が口をそろえて批判した小泉首相の度重なる靖国神社参拝がある。この神社は東条英機をはじめA級戦犯を含む日本の戦没者を祀っている。日本の歴史教科書問題も日本帝国主義の過去を思い出させ、近隣諸国の人々の目に映る現在の日本の姿の上に暗い影を落としている。中国と韓国の指導者たちがする批判的なコメントは、憲法改正について現在行われている日本国内の議論がそれぞれの国民の間で不安を高めているのと呼応している。中国の場合、おそらく政府の思惑も働いたと思えるが、二〇〇六年に反日感情が一部暴力を伴うデモとして爆発した。(60)以下に論じるように、かつてないほど緊密な日米防衛協力も、防衛力強化の背景にある日本の真意をめぐってアジアの近隣国の間で批判の標的になっている。日中関係に関する中国の不安を反映して、中国改善フォーラムの議長、鄭必堅氏は、日本はこの六〇年間続けてきた平和的な発展を維持すべきであると主張し、日本で強まる憲法改正の声に懸念を表明している。(61)金大中元韓国大統領は最近、日本は隣国により信用されていないどころか、国内政治の右傾化が加速していると、同様な警告を発している。同氏はまた、小泉首相の度重なる靖国神社参拝は政治の右傾化以外に説明できない、と発言している。(62)

日本の隣国との領土問題も、冷戦後のアジア地域の安全保障体制の形成における協力的なパートナーであるという日本の自己イメージを壊している。尖閣、竹島両島近辺の資源開発をめぐる攻防は、日本海と東シナ海にある小島の将来について緊迫した状況を呈している。さらに、台湾の将来は日米両国が共に関心を持つ問題であると明言した二〇〇五年の日米共同声明は、米国に味方することで、中国の再統一をだいなしにする日本の試みであると中国はみている。

国連安全保障理事会の常任理事国の席を得るための日本の運動は暗礁に乗り上げた。日本がドイツ、インド、ブラジルと共同で行った提案は失敗に終わったが、その他の諸々の提案をめぐる国連改革の行方について意見の一致が見られないことが最も大きな原因であった。この中で、中国が日本の常任理事国への道を阻むために積極的に運動を行ったことは特記に値する。中国の反対は、日本の戦争と侵略の歴史に根ざしており、その問題が日本に対する各国の認識に影響を与えていることは疑うまでもない。しかし、もちろん、日本の安全保障理事会常任理事国入りに全世界が反対したということではない。事実、カンボジア、インド、インドネシア、マレーシア、シンガポール、フィリピン、ベトナムなど、アジアの数カ国は日本に対し強い支持を表明した。米国、オーストラリア、ブラジル、フランス、ドイツ、英国も、この日本を支持した。

小泉首相の後継者である安倍首相は、中国の胡錦濤大統領と温家宝首相、そして、韓国の盧武鉉大統領と二〇〇六年一〇月にサミット会談をおこなうことで、中国、韓国との関係修復を試みた。その会談のほとんどの時間は後述の北朝鮮の核実験の問題に費やされたが、双方とも二国間関係の改善の必要を認めた。靖国神社参拝問題について安倍首相は、中国首脳に参拝するかどうかを公式には発言するつもりはないことを述べ、この問題が二国間の政治問題化することを避けたいという日本政府の考えを伝えた。しかし、もし小泉首相の靖国神社参拝が日中間であれほど大きな外交問題となっていなかったとしたら、ナショナリストである安倍首相はおそらく靖国参拝に躊躇しなかったであろう。(63)

安倍首相の後継者の福田康夫首相は日中関係をはじめアジア近隣諸国との協調と関係改善のため外交を展開した。福田内閣は二〇〇七年九月から一年程の短命に終わったが、その後を継いだ麻生首相もこの福田路線を踏襲している。

しかし、日本の世論は中国に対して非常に冷たく、中国からの輸入食料に有害物質が発見される等、反中感情をかき立てるような事件などもあり、近い将来、日中関係が大きく改善することはあまり期待できない。

米国との同盟が意味するもの

既に述べたように、安全保障および防衛力会議の二〇〇四年の報告書によると、統合的安全保障戦略は（1）日本自身の努力、（2）米国との同盟、（3）自国安全と国際安全保障環境の向上のための国際社会との協力の三つの方法からなる。筆者は、安全保障政策の手段としてのソフトパワーの開発と実施は、二番目と三番目のレベルの交わるところで困難となると考える。日米同盟において、将来日本に求められるのは、特に軍事力や軍事計画と作業における二国間協力の拡大である。つまり、ハードパワーの拡大である。一方、広範囲にわたる国際安全保障協力においては、日本はより積極的なソフトパワーの行使を期待されるであろう。二〇〇六年四月、額賀防衛庁長官とラムズフェルド国防長官（いずれも当時）は、現行の日米防衛協力のための指針の見直しに合意したが、これは、日本をハードパワーへと移行させるさらなる一歩となった[64]。

簡潔にいえば、まさにこの米国との同盟が、国際合意や国際紛争の平和的解決の支持者とみなされたいとする日本の意向をだいなしにするおそれがある。重要な国際安全保障問題について日本の政策に広く国際的な支持を得て、それらの問題に対し共通の方途を見いだすため他国を説得することが日本外交の大きな目的であるならば、そして日本が持つソフトパワーを発揮してこの目的を達成しようとするならば、米国との同盟は逆に日本のソフトパワーの魅力を弱める恐れがある。

イラク戦争における米国の政策と、これを支持する日本の政策にこの問題が端的に現れている。ある外務高官は、米国は、国際社会の十分な意見統一が行われること無く軍事行動をとったとしている[65]。この高官はさらに、イラク戦争のような状況下で、日本が米国と異なったアプローチをとることは考えられない、とさえ述べている。[66] 国際合意が得られない状況で米国の軍事行動を支持した日本政府の決断は、この軍事行動の前に全ての平和的手段が尽くされたとは考えなかった日本の国民の間で、強い反対意見にあったことを指摘しておかなければならない。日本国民が米国主導の対イラク攻撃を支持しなかったのは、日本国民の平和主義と、イラクと日本の地理的な距離、そして日本国民がイラク情勢に精通していないことがあった。日本政府の米国に対する同盟上の現実主義は、日本国民の知恵を無きものにしてしまったのである。つまり、ハードパワーを中心に考える現実主義がソフトパワーを圧倒したのである。

二〇〇三年七月、対イラク人道的復興支援のための特別措置法が国会を通り、日本は自衛隊をイラクに派遣することになった。日本は、平和憲法を犯すことのない方法で、紛争後の再建における実質的な人道的支援と援助を目的に、目に見える形で自衛隊員参加を定着させることを望んだのである。自衛隊がイラクでできることには法律上の制約があるが、日本はそのソフトパワーを非常に重要な形で示そうとした。自衛隊の海外派遣における自主制約は日本の平和主義の産物であり、日本国民の戦後のアイデンティティの一部であると言える。しかし、ここで最も重要な問題は、イラクの地元住民がその観点から自衛隊の駐留を見たかどうかである。むしろ、米国主導のイラク占領の一環として見たのではなかろうか。さらに、サマーワで自衛隊員に死亡者や重傷者がでていれば、日本の対イラク政策への国民の理解は著しく損なわれたであろう。つまり、米国指導のハードパワーの行使の中で、ソフトパワーを展開しようとする日本の行動範囲は極めて限られたもので、大きな危険を伴うものであった。

日米同盟は長い間日本の対中関係を複雑にしてきた。米国は中国をアジア太平洋における米国の支配的な地位を脅かす挑戦者として見ており、この地域での米国の国益にとって脅威となりうるものと考えている。日本がこの見方を共有する限りにおいて、これからもこの地域での米国の兵力展開の変化に合わせて日本は自国の軍事力の再編成と近代化を図っていくのであろう。日本にも、中国は北東アジアでの勢力均衡を覆す最も重要な不安定要因であると考える者が少なからずいる。ある元外交官は、中国の国力が増大し、この地域での勢力均衡が撹乱されることを防ぎ、中国が台湾に軍事行動を行うような最悪の事態を防ぐためには、日米同盟の強化は不可欠であると断言している。[67] このアナリストはさらに、憲法改正、安全保障と危機管理体制の確立、そして日米同盟の再定義を提唱している。[68] 氏の提案によると、日米安全保障条約を改定することで、アジア太平洋の平和と安定への脅威に対しそれぞれ行動できるようにすべきであると言うのである。[69] この提案が実現すれば、中国との関係に大きな緊張感をもたらし、明らかに日本の安全保障政策の性質を変えることになる。

二〇〇五年初期、日本は台湾問題について、これを安全保障上の問題として表明することで、米国の見解に更に一歩近づいた。同年二月一九日、ワシントンで、ライス国務長官とラムズフェルド国防長官は町村外務大臣と小野防衛庁長官と会談し、共同声明を発表した。その中で、この地域には依然として予測不可能で不確定な問題があり、この地域での軍事力の近代化は留意が必要であると双方の意見の一致を見たと、明らかに中国を意識した宣言を行った。[70] この宣言は、「共同戦略目標」のひとつとして「中国との協力関係の発展」を挙げたが、中国との対話と、同国の国防政策の透明性改善を勧めることによって台湾問題を平和的に解決することも盛り込んだ。中国からはいち早く、断固とした反応があった。二月二一日中国の国営通信社は、「中国の台湾に関する米日間の文書は、中国の内政干渉であり、主権を傷つけるものとして、断固として反対する」という中国の外務省の発言を伝えた。[71] その一カ月前、日本政府は、新たな防衛計画の大綱を発表したが、その中で、北朝鮮と中国を安全保障への脅威として確認した。大綱は中国について、海洋活動範囲の拡大とともに、核とミサイル能力と、海軍と空軍の近代化を促進しており、今後の動きに気をつける必要があると指摘している。[72]

国家安全保障の手法として、ハードパワーとソフトパワーの均衡を保とうとする日本の必死の努力は米国との同盟にどのような影響を与えていくのであろうか。日米同盟は上述した面倒な事態を乗り越えていくであろう。これは、日米双方の指導者が、日米同盟が示す政治的・戦略的利益を共有していることを認識しているからである。さらに、同盟を維持することについて、両国の国民の強い支持がある。例えば日本では、現在国民の七五％が日米安全保障条約は平和と安全保障に寄与していると信じており、この条約に対する肯定的な把握はここ一〇年間着実に定着している。[73] 米国側は、外務省が二〇〇四年に実施した世論調査で、八〇％以上が安保条約は維持すべきであると考えていると答えている。[74] さらに、日本と米国の安全保障と外交政策の指導者たちは、中国における防衛費の持続的な著しい増加と防衛計画の透明性の欠如に関しての一致した懸念を共有しており、どちらの側も日米同盟をより強化していくことに最大の努力を払っている。

北朝鮮の核実験と日本のハードパワーへの移行

日本の文化の力で、北朝鮮の核危機を平和的解決へ導くことは期待できない。[75] この危機の本質は、北朝鮮の政権の生き残り（これには、金正日総書記は核兵器開発に頼るか、あるいは米国から安全の保証を取り付けるかしかない）と、他方で、朝鮮半島の核化を国際社会が拒絶し、完全で、検証可能で、そして不可逆な北朝鮮核計画の廃絶を米国が要求している、という相容れない目標がぶつかり合っていることである。どちらか一方の目標が消えない限り、北朝鮮と国際社会は和解しがたい。また、日本として何も出来ない。日本にとってもう一つ深刻な問題は、北朝鮮による日本人の拉致を含む人権問題であるが、この問題については、日本は北朝鮮に圧力をかけ、経済制裁を行い、生存する日本人を日本に返し、北朝鮮で死去したとされる者についての十分な説明を行うことを要求している。日本は拉致問題の解決を国交正常化の条件として掲げているが、日本の「あめと鞭」、即ち経済支援と経済制裁がどれほど効果的であるのか大きな疑問がある。[76] 二〇〇六年一〇月九日の北朝鮮の核実験はソフトパワーの限界を明確にし、日本のハードパワーとソフトパワーの均衡を前者に傾けさせた。北朝鮮が一〇月三日に「将来」核実験を行うだろうことを公表したとき、日本は早急に北朝鮮非難のための国連安全保障理事会議長の声明の草案を理事国に配布した。米国の協力を得て、中国の合意もあり、たまたま安保理議長を務めていた日本の国連代表は、一〇月七日、北朝鮮に核実験を行わないよう要請し、この国際的な呼び掛けを受け入れない場合は重大な結果を招くことを声明文で訴えた。日本はさらに、北朝鮮が核実験を行うならば、対朝制裁を拡大することを告げ、国際社会もこれに加わるよう呼び掛けた。

同年九月の北朝鮮による核実験を受け、安倍首相は、もし北朝鮮が核兵器で武装することによって米国と交渉できる大きな力を持つようになると考えているのなら、それは妄想にすぎないと述べ、北朝鮮政府は自国民に食料を供給し、国民の生活向上に全力を挙げるべきであると付け加えた(77)。日本は北朝鮮に対して厳しい国際制裁を課すべく、国連安全保障理事会に厳しい制裁決議を採択するよう促した。日本は国連憲章第七章の国連加盟国による強制的な制裁の発動を求め、安倍首相は、たとえ北朝鮮の核実験が失敗に終わっても日本は独自の制裁を行うと述べた。

米国が示した最初の決議草案は国連憲章第七章の発動を含んでいたが、中国とロシアは、場合によっては武力行使も認めるという同章四二項への言及に反対し、代案として強制的な経済制裁の四一項を入れることを主張した。両国は、経済制裁と軍事行動を区別せずに採択された安保理決議を基に行われた米英主導の対イラク軍事攻撃が北朝鮮に対して繰り返されるのを恐れたのである。結局一〇月一四日に全会一致で承認された決議は、北朝鮮の核実験を非難し、核あるいはミサイル実験を行わないように命じ、そして前提条件なしで六カ国協議に復帰することを北朝鮮に求めた。また、この決議は北朝鮮が直ちに核拡散防止条約からの脱退宣言を撤回し、国際原子力機関を通じた保障措置に応じることを要求した。さらに北朝鮮に弾道ミサイル計画に関連する全ての活動を停止することと、全ての核兵器と既存の核計画を「完全に検証可能で不可逆な方法」で放棄することを要求した(78)。

制裁に関しては、安保理決議は第七章を発動し、四一項に言及したものの四二項は除き、朝鮮民主主義人民共和国への「戦闘戦車、武装戦闘車両、大口径大砲、戦闘機、攻撃用ヘリコプター、軍艦、ミサイルおよびミサイルシステム」と「予備部品を含む関連機材」など、この決議によって設立される経済制裁委員会によって定められる品目の輸出入の禁止を全ての国連加盟国に要求した。また、北朝鮮の大量破壊兵器および弾道ミサイル計画に関与する北朝鮮当局者による旅行と資金を凍結し、その他の財的資産、経済資源で同計画に関連あるいはそれを支援する疑いのあるものを凍結することを、全ての国連加盟国に命じた。さらに、決議は、全ての国に北朝鮮へ出入りする積荷の検閲への協力を求めた。[79]

その間、日本政府は北朝鮮に対し独自の経済制裁を進めた。一〇月一四日までに公表された政策措置は、北朝鮮の船舶の日本への入港、北朝鮮からの輸入、北朝鮮国民の日本への入国の禁止を含むものであった。[80]この措置は一〇月一四日から施行され、六カ月間その効力を持つものであった。[81]二〇〇五年の北朝鮮の対日輸出は約一四〇億円（一億二三〇〇万ドル）とのことであった。[82]よって、全面的な貿易禁止は、経済難にあえぐ北朝鮮に与える影響は少なくないし、特にマカオの銀行バンコデルタアジアからマネーローンダリングをしている北朝鮮に対して行った米国の経済制裁と合わせると、かなりの影響があるであろうと見られた。しかし、こうした制裁がどれほど北朝鮮の核政策を左右するかは現在のところ不明である。ましてや金正日政権の将来への影響は予測が困難であった。これは、中国と韓国がどこまで北朝鮮への制裁行動を実行していくかに大きくかかっていた。[83]

この時点で、日本はいくつかの法制上の問題を抱えていた。国連安全保障理事会決議にのっとり米国が北朝鮮の入港および出港する船舶に対し検査を始める際、日本は何をするのであろうか。現在の日本の法律では、そのような検査を行う米国船に燃料などの補給を行うのは、日本の領域内でのみ許される。この制限を取り除くには、いわゆる「周辺事態安全確保法」を発動しなければならない。この法律は一九九七年の日米防衛協力のガイドラインを受けて一九九九年に成立し、日米間の平和時および戦時の協力と共同作戦の具体策が是認された。[84]この法律が発動されるや、一九九九年制定の「船舶検査法」が作用し始める。この法規は、日本の海域内外における海上自衛隊による外国船の検閲を想定している。しかし、この法体制には三つの大きな問題がある。まず、周辺事態安全確保法は、その適用区域を地理的に規定していない。つまり、北朝鮮を出入りする船舶がどの位置にいる時に適用されうるのか不明である。もう一つの問題は、船舶検査法の遂行には検査を受けるべき船舶の同意を必要とすることである。外国船が検査を拒否したらどうするのであろうか。米国船が強制的に検査することに対し自衛隊は支援することが許されるのであろうか。はっきりしているのは、現行の日本国憲法の解釈によると、海上自衛隊は外国船に対する武力行使を禁じられている。武力行使が許されるのは、例えば海上自衛隊員が外国船の船内で攻撃を受け、身を守る必要があるという自衛手段として正当な場合に限られている。[85] 三つ目の重大な問題は、北朝鮮は、米国主導の経済制裁は北朝鮮に対する宣戦布告とみなすと宣言していることである。[86] 米国を支援する日本の協力活動も北朝鮮に対する戦争行為と見られるであろう。

その後、北朝鮮をとりまく事態はさらに悪化した。二〇〇九年五月二五日、北朝鮮は二度目の地下核実験を行った。日本を含め国際社会はこれを強く非難し、国連安全保障理事会は、六月一四日、新たな制裁を含む決議を全会一致で採択した。決議は、核実験を強く非難、北朝鮮に核実験や弾道ミサイル技術を使った「いかなる発射」も行わないよう要求し、六者協議への即時無条件復帰を呼びかけた。追加的な制裁措置には、公海上の船舶など北朝鮮に出入りする貨物検査の強化や新たな金融制裁、武器禁輸の対象拡大が盛り込まれた。これに対し北朝鮮は、さらなる弾道ミサイル発射準備を進め、三度目の核実験を行うのではないかとの報道も見られている。[87]

国連安全保障理事会の制裁決議を受け、日本政府は、「北朝鮮に係る船舶検査活動等に関する特別措置法案」(仮称)の原案作りを始めた。原案によると、「海上保安庁または自衛隊」による船舶検査活動に加え、自衛隊による外国軍への後方支援活動も盛り込まれている。後方支援活動には「領海または我が国周辺の公海」での燃料補給や人員の輸送や、インド洋で自衛隊が米軍などに実施しているような洋上補給などが想定されている。船舶検査では、首相の判断で海保、自衛隊のいずれかが実施し、船舶が所属する国の同意と船長の承諾を得たうえで積み荷などを調べるとされている。ミサイル関連物資などの禁輸品目があれば、航路変更などを要請することになっている。活動の実施にあたり、国会の関与は事後承認とし、活動開始から二〇日以内に国会承認を求めるとしている。武器使用権限は、「停船命令に従わない場合の船体射撃」までは踏み込まず、正当防衛・緊急避難に限る、とされている。(88)

北朝鮮への国際的な制裁と日本による経済制裁や、これに伴う船舶検査は、強制的に北朝鮮の行動を変えさせるようとするハードパワーの明らかな例である。日本（および国際社会）にとり長期的な問題は、北朝鮮が日本を安全保障政策上、よりハードパワー寄りの方向に押すことである。北朝鮮の核・ミサイル開発がさらに進み、これに対する効果的なソフトパワーの行使ができない場合、日本は現在保有している軍事力をさらにどこまで積極的に拡大するのであろうか。例えば、日本は自ら核開発の道を選択するであろうか。

日本の世論は、数十年にわたり平和主義を求め、政府も世界に核の廃絶を長く訴えて来た。しかし最近になって、日本の核保有についての議論が国内で見られるようになった。例えば、中曽根元首相は日本も核の選択を考慮すべきであると提案している。野党民主党代表小沢一郎氏（当時）も二〇〇二年に日本の核武装を提唱している。(89) しかし、現在の日本の指導者たちは核武装を押し進めようとしているとは言えない。北朝鮮の核実験を受けて、安倍首相は国会で、日本は、核兵器を持たない、作らない、日本に持ち込まない、いわゆる「非核三原則」を維持することを明言した。

しかし、北朝鮮の核実験が、日本のハードパワー・ナショナリストが核の選択を訴える起爆剤となったことは否めない。北朝鮮がさらに核実験を行い、核兵器を弾道ミサイルに搭載できるところまで近づいたとする何らかの証拠が出現すれば、核武装論は一層勢いを増すであろう。現在、北朝鮮は数個の核兵器を所持していると見られている。(90)

一九六〇年代から一九七〇年代に起こった北朝鮮による日本人拉致の問題で、日本の反北朝鮮感情は非常に高まっている。今回の核実験は火に油を注いだ。朝日新聞の最近の調べでは、国際社会がとるべき対応として、北朝鮮との対話よりも制裁を支持する回答者が六二%もいることがわかった。[91]

核武装か非核か。これは、技術的な問いではなく、政治的な問いである。日本が核兵器を製造する技術もプルトニウムも持っていることは、広く知られている。日本が核兵器を開発するまでどれくらいかかるかについての憶測は多々あるが、何人かの観測筋によると、日本が核武装の政治決断を下せば、数カ月で核兵器を開発できるという。数週間という者もいる。[92]困難なのは、政治と法にかかわる問題である。

日本が核武装を考えるとすると、まず浮かび上がる問題は、核兵器の開発が、憲法九条の下で、「専守防衛」のための軍事力を保持するという国家の基本方針に違反するのではないかということである。核兵器、航空母艦、戦略爆撃機など攻撃用兵器を所有することはこれまでこの方針を超えるものであると理解されて来た。国民の多くは、核兵器は攻撃用兵器であると考えて来た。さらに、米国の核の傘によって与えられた広範な抑止力に加え日本自身が核武装することは、「核の抑止力」の合法性をめぐる激しい議論を巻き起こすことであろう。差し迫った将来ではないにせよ、核の選択は明らかに一部の日本の政治指導者の胸のうちにある。例えば二〇〇二年、核兵器を保持すること自体、必ずしも憲法に抵触するとは限らないという、早稲田大学での当時の安倍官房長官の講演が思い起こされる。[93]

核の選択の問題はさておき、ブッシュ政権の「先制攻撃」ドクトリンと北朝鮮の反抗的な挙動により、日本の政治家の中には、北朝鮮への先制攻撃を許容する新たな防衛政策の導入を示唆する者もいる。これは今のところ一部の意見かもしれないが、二〇〇六年九月の北朝鮮の核実験は、どういう行為が「攻撃」で、何が「防衛」であるのかについて国民的な議論に突入させたことは確かである。しかしこの問題に関しては、早急な意見の一致は得られないだろう。

日本が直面するもうひとつの重大な障害は、核の選択をした場合、核拡散防止条約を離脱しなければならなくなることである。一九七六年核拡散防止条約（ＮＰＴ）の批准以来、日本はＮＰＴ体制の誠実な参加者であり、この条約を積極的に推奨してきた。核兵器の拡散を防止するのにとうてい理想的とは言えない近年の国際情況をよそに、日本は核拡散防止条約を国家政策の柱の一つとして厳守してきた。日本がＮＰＴ体制を脱退するとなれば、それは日本の国策の完全な転換を意味する。またそれは、ＮＰＴ体制の崩壊をも意味することになるであろう。

もうひとつの重要な問題は、憲法九条は、同盟国を軍事的に防衛する権利としての「集団的自衛権」の行使を禁じているという解釈を、日本政府は、どの時点で廃棄するかという問題である。集団的自衛権は、国連憲章の中に明記されているように、国際社会によって認められている。したがって、日本政府が憲法九条の解釈を変える決断をすれば、日本はこの権利を行使できる。また米国との共同軍事行動を行うだけでなく、国連憲章第七章に基づき、国連安全保障理事会が、国際的な平和と安全保障への脅威とみなした国および国々に対して、国連から認められた平和維持や軍事活動に参画できることになる。国連安全保障理事会が北朝鮮をそう定め、前述の安保理の制裁決議がその目的とする結果をもたらさない場合、そして日本政府が新たな憲法解釈を導入した場合、自衛隊は北朝鮮に対する軍事行動を行うことができることになる。北朝鮮が再度の核実験を行ったり、核弾頭のミサイル搭載に成功することになれば、日本政府は現在の憲法解釈を廃棄し、集団的自衛権行使に向かうであろう。言うまでもなく、憲法解釈の変更は憲法改正と違い、国会の両議院で三分の二の賛同を得る必要はなく、国民投票で過半数をとる必要もない。

核武装の道を進むことや、憲法の再解釈をしないとしても、北朝鮮の核実験により、日本はより積極的な国家安全保障政策を進めようとしている。即ち、米国との緊密な協力と自国の防衛力の強化である。近い将来、日本は、自国と国際社会を北朝鮮の大量破壊兵器の拡散の脅威から守るために、米国との協力の下、弾道ミサイル防御システムの研究開発と展開、拡散防止構想などを着実に加速していくであろう。既にパトリオット・ミサイルが沖縄をはじめ、東京都、埼玉県、千葉県、神奈川県、茨城県、秋田県、岩手県に配置されている。米国は嘉手納米空軍基地と嘉手納火薬庫地域に二〇〇六年一二月末までに二四のミサイルを配置し、PAC‐3システムの部分的稼動も開始している。[94]日本政府も、ミサイル防衛システムの一環としてのSM‐3ミサイルの配置を当初二〇〇七年の中旬から下旬に前倒しする決定をしている。[95]ハードパワーが一歩一歩着実に前に進みつつある。

結論

北朝鮮の核実験への報復として日本が取り始めた動きと、これから取ろうと考えていることは、近隣諸国、とくに中国と韓国との関係に悪影響を及ぼすであろう。中国と韓国が、北朝鮮の核実験は自国の関与政策の失墜を証明するものであったと結論づければ、日本のハードパワー拡大を許容するであろうか。国際社会に逆らい挑戦的な態度を取る北朝鮮への妥当な対応をめぐって、日本、中国、韓国、米国がより活発に協議を行い、国連安保理の制裁決議以上の強力な対策を考慮するようになれば、日本のハードパワーへの移行は一層加速するであろう。戦後日本の安全保障政策の変遷の中で最も重要な変化がまさに起ころうとしているのである。

ここで皮肉なのは、北朝鮮の核実験が、日本の中国と韓国との関係改善努力の最中に起こったことである。安倍首相と二国間首脳会談をもつことによって、中国と韓国の指導者たちは、新しい日本の首相に、関係改善の意図があることを示そうとしていた。この矢先に北朝鮮の核実験が行われたのである。どうして金正日総書記がこの時期を選んだのかは不明であるが、日本のハードパワーに批判的な中国と韓国の対日政策に水をかけることにもなったのである。

以上の分析が示すように、二〇〇六年一〇月の北朝鮮の核実験の前までは、日本の外交官やアナリストを含む多くの知識人たちは、日本はソフトパワーの要素に恵まれていると論じ、政策担当者の間にも、国家安全保障政策の手段としてのソフトパワーを評価する者も現れ始めていた。ソフトパワーへの関心は、二〇世紀後半の日本の経済発展と海外での紛争を回避できたことに対する日本の自信を反映するものであった。ソフトパワーへの評価はまた、戦後の平和主義と呼応し、ハードパワーの中核をなす軍事力の使用を制限してきた日本の安全保障政策に対する国民の支持を表すものでもあった[96]。しかし、この分析で指摘したように、北朝鮮の核実験以前から、国家安全保障政策の手段としてのソフトパワーの行使にはいくつかの難題と限界が見えていたのも事実である。

政策の手段としてのソフトパワーには限界があり、九・一一以後の世界では、日本は米国との同盟の文脈の中で、ハードパワーを強化するように圧力を感じていた。これにより、日本は、安全保障政策におけるハードとソフトパワーの最適な均衡を見出すという困難な課題を突きつけられた。一方でハードパワーを基盤にした米国との軍事協力を拡大しつつ、他方で期待が高まりつつあるソフトパワーをどのように国際的影響力に置き換えて行くのか。二一世紀初期、日本の安全保障政策が直面する困難な課題である。北朝鮮問題とは別に、近隣諸国との関係の中で、日本のハードパワーとソフトパワーがどこで折り合いを付けるかという著しく困難な問題である。対中関係は米中関係の行方によって大きく左右されるであろう。端的に言えば、安定して予想可能な米中関係が展開されれば、日本のソフトパワーはその魅力を発揮する機会を得るであろう。逆に、戦略的な威嚇的軍事力の誇示を伴うような緊張した米中関係が展開すれば、日本はハードパワーを強化するよう仕向けられることになるであろう。

2　日本の安全保障政策と国内議論

平田恵子

冷戦の終結と東西冷戦構造の崩壊に伴い、国際秩序は過去二〇年間に大きな変遷を経た。米ソを軸とする対立の時代は終わり、冷戦中には見られなかった新しい安全保障問題が世界各地で数々発生した。中東では湾岸戦争やイラク戦争、アフリカでは民族紛争、中央アジアではアフガニスタン戦争、そして東アジアにては中国の急速な経済発展に伴う軍事・政治影響力の拡大や北朝鮮の核兵器開発などが見られ、地域政治はますます流動的になっていった。

冷戦体制終焉後の国際情勢の流動化に伴い、日本国内でも外交に関する意識変化は著しい。冷戦後の新しい国際体制の中、戦後外交の根本的な見直しが訴えられるようになってきたのである。とりわけ湾岸戦争後は、国際秩序を守るためには国際社会に対して「カネ」だけではなく、人的貢献もしなくてはならないという考えが広まった。また東アジアでは一九九〇年代半ばから中国や北朝鮮の「脅威」が認識され、日本の自衛力の強化を求める意見も浮上した。このような認識の変化によって、戦後タブー視されてきた自衛隊機能の拡大や憲法改正という問題も公然と言及されるようになってきた。また国内の保守陣営の発言力も強化され、国際的「危機」に対応するために日米同盟の強化や深化も訴えられるようになった。同時に、東アジアでの脅威が強調され、閉鎖的なナショナリズムの考えも頻繁に聞かれるようになった。

このように、冷戦体制終焉後の国際秩序の再編に合わせ、日本国内の政治家や知識人などの考えも変化してきていると言えよう。しかし、国内での日本の外交、防衛政策に対する意見は決して一枚岩ではない。様々な、相反する見解が政界や社会に共存し、その中で主流になるものと、そうでないものがある。本章では、冷戦後の安全保障政策について国内では具体的にどのような議論が行われているのかを検証する。そして、主流となる見解がいかにして政界・社会で支持されるようになったのか、またその主流派の今後の政策への影響を考えてゆきたい。

冷戦時代

冷戦後の国内の外交論議はどのように展開していったのであろうか。ここではまず、冷戦期に論じられた日本の安全保障政策に関する議論から紹介する。そして、その議論を検証しつつ、冷戦後の安全保障の議論を調べることにする。

冷戦中の日本社会には、日本の外交や安全保障政策に関して大まかに、四つの異なる見解が存在していたと言えよう。例えば、一九八〇年初頭にケネス・パイル（Kenneth Pyle）は日本の戦後政治を分析し、日本社会には安全保障に関して四つの派、つまり革新派（the progressive）、商業主義派（the mercantilist）、自由現実派（the liberal realist）、新ナショナリスト派（the new nationalist）が存在すると論じた。(1) まず、パイルは、革新派は戦後直後から一九六〇年代に最も影響力があったと考える。この派の主な特徴は戦前・戦中のナショナリズムや伝統的国家論を嫌悪し、戦後の民主主義と新憲法を支持して日本の非武装中立政策を掲げたことである。革新派の代表的な思想家として、丸山真男が挙げられる。丸山は、戦後の平和主義の思考は戦前にも存在しており、決して日本に相容れないものではないとして、戦後平和憲法は外から押し付けられたものだという批判に反論して平和憲法を擁護している。また、革新派は理想主義すぎて現実のパワー・ポリティックスを直視していないと非難されやすいが、このような批判に対して革新派側は、人道的な理想像として、日本が平和主義を打ち出して世界に教訓を与えるような存在になるべきだと主張している。パイルによれば、革新派の影響力は一九七〇年代に入って急降下した。この理由として、日本の経済成長に伴う国民の生活向上が社会主義への反感をもたらしたことを挙げている。つまり、国民の大半が中流階級として自覚するようになった一九七〇年代、革新左派の知識階級は大衆の意識変化についてゆけなかったとみなすのである。

次に、商業主義派は貿易国家になることが日本の国益であると考える。パイルは商業主義者の例として国際政治専門家の高坂正堯を挙げ、日本は商業国家として国際政治には深入りしない方がよいという高坂の見解を検証している。高坂によれば、商業国家は戦争をしかけないが、同時に世界平和への貢献という特別の政治的努力もしない。商業国家の第一の目標は他国によってつくられた国際関係を商業目的に利用することなのである。しかし高坂は、自国の商業利益を追求することにより、国際的な商業活動を促進することができるため、世界貢献も可能であると考えた。パイルは商業主義派を冷戦時代の主流派とみなす(2)。

さらにパイルによれば、自由現実派は国際関係論におけるリアリズムに近似する世界観を持ち、「国際アナーキー」の環境のなかで国家は国益を追求するものだと考える。この派は、日本の国益を西側の自由民主主義の国々との協調関係に見いだすため、西側との軍事面での協力が必要だと主張する。また、日本が平和憲法を持つ特殊な国だという革新派の考えを退け、戦後日本が平和主義、核アレルギー、非核三原則などの理由を挙げて国際社会で消極的な役割を担ってきたと批判する。しかし、その一方では、急激な軍備増強を求めず、漸次的な増加を主張する。尚、憲法改正（とりわけ九条改定）の必要性については、改憲して自衛隊が合憲であると憲法に明記し日本の完全なる自立性の回復を達成すべきだと主張する側と、佐藤誠三郎東京大学教授（当時）のように憲法に交戦のような事項を入れる必要はなく、改憲は不要であるとみなす側の二つに分かれる[3]。

最後に、新ナショナリストは、自由現実派のように「国際アナーキー」の環境におけるパワー・ポリティックスを信じる。しかし新ナショナリストは、西側諸国とは共通の利益、価値観を見いだささないため、自由民主主義の国々との協力や同盟関係には依存できないと考える。パイルは哲学者清水幾太郎を例に挙げ、清水が、「日本は核兵器を含む軍備の増強によって、米国からの真の自立ができ、国際的な威信も確保できる」と述べたことを指摘している。実際、清水は戦前の制度や価値観を擁護し、急速な軍備の増強を推進するなどして、軍国主義への復古を説いていると左派から非難されている。しかし、パイルは、新ナショナリストを戦後の「極右」とされる民族主義者とはっきり区別しており（「極右」は社会の主流派ではないのでパイルの研究の対象にはならない）、どんなに急進的な発言をして非難されていても、戦後、知識人として世論や学界をリードしてきた清水のような人物の意見は社会で真剣に受け止められたと述べている[4]。

パイルと同じく、一九八三年にはマイク・モチヅキも、安全保障に関して日本社会には四つの主流の考えがあると指摘し、それぞれの派を、非武装中立主義者（unarmed neutralists）、政治的現実主義者（political realists）、軍事的現実主義者（military realists）、日本のドゴール主義者（Japanese Gaullists）、とした。このモチヅキの分類はパイルの分類と重複する。つまり、モチヅキの言う非武装中立主義者は、日米安全保障条約に反対する護憲主義者であり、パイルの革新派にあたる。また政治的現実主義者は、吉田茂路線（対米関係を重視しつつも、最小限の防衛力保持を掲げる経済中心主義路線）を継承する派で、パイルの分類では商業主義派に該当する。さらに軍事的現実主義者は、日本の核兵器の保有には反対するが、一般に軍事力増大を望み、米国との安全保障面での協力を重視するという、パイルの自由現実派に該当する。最後に、日本のドゴール主義者は、フランスのドゴール派のようにポピュリズムに根ざし、

安全保障四派の分類

	パイル（冷戦中）	モチヅキ（冷戦中）	サミュエルズ（冷戦中）	サミュエルズ（冷戦後）	平田（冷戦後）
1	革新派 The progressive	非武装中立主義者 Unarmed neutralists	平和主義者 Pacifists	平和主義者 Pacifists	平和主義者 Pacifists
2	商業主義派 The mercantilist	政治的現実主義者 Political realists	商業的現実主義者 Mercantile realists	ミドルパワー国際派 Middle power internationalists	商業主義者 Mercantilists
3	自由現実派 The liberal realist	軍事的現実主義者 Military realists	修正主義者 Revisionists	普通の国派 Normal nation-alists	普通の国主義者 Normalists
4	新ナショナリスト The new nationalists	日本のドゴール主義者 Japanese Gaullists	新軍事主義者 Neo-militarists	新自律主義者 New autonomists	新ナショナリスト New nationalists

外国への軍事的依存を嫌う。そして自国の軍事的独立を目指し、核兵器の保持さえも躊躇しないという点で、パイルの新ナショナリストに一致する。(5)

パイルとモチヅキの他に、リチャード・サミュエルズも冷戦中の安全保障に関する国内議論を検証し、四つの派の存在を指摘している。サミュエルズは戦後初期に四派が発生したとし、それぞれを平和主義者（pacifists）、商業的現実主義者（mercantile realists）、修正主義者（revisionists）、新軍事主義者（neo-militarists）と呼ぶ。サミュエルズの分類はパイルとモチヅキの分類に符合する（上表参照）。(6)

冷戦後の安全保障に関する議論

冷戦後の安全保障に関する議論も大まかに四つの派に分けられ、これらはパイル、モチヅキ、サミュエルズが指摘した四派に由来する。しかし時代の変化に伴い、冷戦後の四派の議論の内容は冷戦時代とは異なる。

冷戦後に存在する四派を、サミュエルズは平和主義者（pacifists）、ミドルパワー国際派（middle power internationalists）、普通の国派（"normal nation-alists"）、新自律主義者(new autonomists)と呼んでいる。しかしサミュエルズは、このうちの二派（ミドルパワー国際派と普通の国派）がさらに細分化し、現在はその二派の区分が存在しないとする。(7) 本論はサミュエルズの四派の分類には合意するが、サミュエルズと異なり、ミドルパワー国際派と普通の国派は各自、内部での多様性を保ちながらも、派内を結びつける共有する思想を持つため、この二派は現在も存在すると考えるのが妥当だとする。よってサミュエルズの見解と区別するため、別の呼称を用い、四派を「平和主義者」(pacifists)、「商業主義者」(mercantilists)、「普通の国主義者」(normalists)、「新ナショナリスト」(new nationalists)、と呼ぶことにする(8)（前頁表参照)。

冷戦後の安全保障に関する議論は、とりわけ日本とアジア隣国との関係、日米関係、日本の安全保障政策に集中してきたため、以下、これらの点についての、各派の意見を検証する。同時に、日本と隣国との関係は、日本の「先の戦争」に関する歴史認識問題と深く関連しているため、四派の歴史認識についても詳細に取り上げる。尚、本章では、「先の戦争」を太平洋戦争のみに限定せず、満州事変（一九三一年)、日中戦争（一九三七―一九四五年)、そして太平洋戦争（一九四一―一九四五年）を含めた「一五年戦争」(一九三一―一九四五年）と見なすことにする。

平和主義者

四派のなかで、冷戦後に国内政治において影響力が低下したのは平和主義者と商業主義者の二派である。そして、この二派の間でも、とりわけ平和主義者の低迷は著しい。ここでは、まず平和主義者の議論から検証してみよう。

平和主義者は、パイルの言う革新派、モチヅキの呼ぶ非武装中立主義者に由来するが、冷戦時と比べて思想的に大した変遷はない。従来の革新派、非武装中立主義者に見られるように、冷戦後も反戦平和勢力ということには変わりなく、護憲主義を掲げ、憲法九条によって日本は平和主義に専念すべきであると主張する。また、一九九四年には平和主義の代表的な旧社会党の村山富市党首が首相として自衛隊を合憲とみなし日米安全保障条約の維持を容認したが、二〇〇六年には社民党（旧社会党）は自衛隊は「違憲状態」であり、日米安保条約は「平和友好条約へと転換」させるべきであるという立場を取っている。[9] 平和主義者は冷戦後の自衛隊の権限の拡張には反対し続けている。例えば、一九九〇年代後半からの周辺事態法や有事関連三法、テロ対策特別措置法などの成立に対して、日本が再び国際的な武力紛争に軍事的に関与し得る国家体制を作り始め、今後は加害者としてまた他国民を殺傷する可能性が生じたと警告する。また、中立主義という立場をとることも冷戦後も根本的には変わっていない。米国の軍事力に頼る外交政策には大変批判的であり、アジア諸国との親善の必要性を強調する。

平和主義者としては、政治家では社民党と共産党の諸議員、学者では和田春樹東京大学名誉教授や、護憲グループ「憲法再生フォーラム」のメンバーの高橋哲哉東京大学教授、水島朝穂早稲田大学教授などが挙げられよう。作家では大江健三郎や故・小田実や、故・加藤周一などの「九条の会」のメンバー、平和運動家では元朝日新聞社記者の故・松井やよりなどが挙げられる。[10] 平和主義の意見は『世界』のような進歩的・平和主義の雑誌に掲載されている。

平和主義者の歴史観は、冷戦時とほとんど変化はない。日本が過去の戦争責任を曖昧にして戦争を正当化すれば、今後、同じような戦争を引き起こす可能性があると考え、一五年戦争を反省し、その責任を取る必要性があると訴える。例えば社民党は、「過去の植民地支配と侵略戦争の反省と謝罪をおこない、再び、その過ちを繰りかえさないことを諸国民に誓」わなくてはならないとする。[11] そして、「戦争を否定してきた戦後の歩みを重く受け止め」、戦争を二度と繰り返さないという決意を示して、アジアの人々との信頼関係を築かなければならないとする。[12] 共産党も同様に、過去の戦争から教訓を学んでこそ、平和な未来を築くことができると主張する。[13]

言うまでもなく、平和主義者は、首相の靖国神社参拝には強く反対している。平和主義者にとって、一五年戦争を正当化する靖国神社は軍国主義の象徴であり、首相の靖国神社参拝は過去の侵略の歴史を公認することになるのである。例えば、共産党の志位和夫委員長は、小泉首相がいくら参拝の際に「侵略への反省」について言及していても、日本の侵略戦争を正当化する靖国神社に参拝すること自体が、靖国神社の戦争観に「お墨付き」を与えることになると指摘している[14]。

また平和主義者は、アジア諸国への配慮のためにも、首相の靖国神社参拝の中止を求めている。社民党の又市征治は、A級戦犯が合祀された靖国神社の参拝について、中国、韓国はもとよりアジア諸国の人々から厳しい批判の声が上がっているとして、小泉首相に対し、アジア諸国との信頼関係を著しく損ねた責任を厳しく追及していた。そして、小泉首相が参拝断念を求める国内外の世論を無視して「独善的に」参拝を強行したことに強く抗議すると述べている[15]。

さらに、平和主義者は、靖国神社の政治的役割に着目し、戦時中、神社が国家機能として侵略戦争へ加担したという点を批判し、首相の靖国参拝中止を訴える。高橋哲哉は自著『靖国問題』で、靖国神社が戦時中は、侵略戦争をすめる国家の装置としての機能や役割を担ってきたとし、戦後も首相や天皇の参拝によって靖国神社と国家との結びつきは決して絶たれることはなかったと主張する。高橋から見れば、国家機関としての靖国神社を名実ともに廃止し、首相の公式参拝などの国家と神社の癒着を完全に絶つことが必要である。また、もし靖国神社の代用としての国立追悼施設が設置されたとしても、その施設が「第二の靖国」にならないように、「憲法の『不戦の誓い』を担保する脱軍事化に向けた不断の努力が必要である」とする[16]。

では、平和主義者から見て、冷戦後の日本外交はいかにあるべきであろうか。社民党は、日本は戦争や軍事力に依存した安全保障によってではなく、対話と協力、信頼と協調を基本とした安全保障への転換をすべきだと言う。つまり、「永久に核武装を放棄し、軍事大国への道を歩まないことをアジア諸国および全世界の人びとに約束し」、「武器輸出禁止と非核三原則の遵守に努めるとともに、核の全面廃絶と軍縮を世界に求め、非核保有国による国際協力を強力に推進」することを謳っている[17]。同時に、アジア・太平洋地域の信頼醸成に取り組むことをめざすとする[18]。

同様に、前述の水島朝穂も、非軍事面で平和を促進する努力が必要だと訴える。水島は、安全保障の中心は他国から「攻められない」条件をつくりあげることであり、その前提として自国が「攻めない国」になり続けることが必要であるとする。そして、憲法九条の武力攻撃禁止規範は「攻めない国」としての制度的保障であり、「攻められない国」となる工夫を憲法九条が求めていると述べる。そして日本は世界に向けては、武力なき平和の実現を訴える必要があるとする。つまり、仲裁・交渉・和解という平和的手段を推進し、紛争の原因となる貧困や飢餓、不平等などを除去するための努力をすることである。水島によれば、この努力こそが、憲法前文が要請する「積極的平和主義」を具体化していくことになる[19]。

平和主義者は、異口同音に憲法九条の厳守を強調する。水島は九条によって日本は「攻められない国」になり、自国の安全が保障できることになると考えるが、多くの平和主義者は、むしろ日本が「攻める国」になる可能性の方を憂慮する。平和を脅かすのは何よりも、自国の軍事政策であるため、その歯止めが必要だと考えるのである。これらの平和主義者は、改憲をすすめる動き、とりわけ改憲を通じて「集団的自衛権」の行使を認めようとする動きに強く反発する。日本の集団的自衛権行使が合憲化されれば、米国の軍事政策に巻き込まれ、米国主導の戦争に参加し加害国になり得ると考えるからである[20]。

一方、改憲に反対する別の理由として、平和主義者は憲法九条が世界平和に貢献できるという主張をする。つまり、九条には普遍的価値観があり、日本だけではなく世界中で支持されるようになるというのである。共産党によれば、二一世紀は軍事力による紛争の解決の時代でなく、国際的な道理に基づく外交と平和的な話し合いが世界政治を動かす時代になる。そして、この新しい時代には、憲法九条の価値が、世界的に理解されることになるのである[21]。

平和主義者は、一九九〇年代からの日米同盟の再編・強化の動き（例えば周辺事態法、有事法や在日米軍基地の拡大など）や自衛隊の海外派遣についてもすべて批判的である。また、日米安全保障条約自体に関しても否定的である。例えば、故・小田実は、安保条約こそが憲法九条を脅かしているため、軍事条約の安保を破棄し、日米関係を日中関係のように「日米平和友好条約」を基本にしたものにすべきだと主張した[22]。また共産党は、自衛隊と日米安全保障条約は憲法違反の存在であるとみなし、自衛隊解消と日米安保条約の廃棄を求める。自衛隊は世界でも有数の巨額の軍事費を使い、最新鋭の現代兵器で武装した「軍隊」であるとし、「戦力ではない自衛力」などと言った解釈でごまかすことはできないとする。共産党の目標は、憲法九条の完全実施にむけて、「憲法違反」という現実を改革していくことである。共産党から見れば、日本には常備軍は必要ない。なぜなら、日本は独立・中立を宣言しており、諸外国との真の友好関係をむすび、道理ある外交によって世界平和に貢献するならば、常備軍に頼らずに安全を確保することができると考えるからである。(23)

このように、平和主義者の主張は以下のようにまとめられる。

- 日本人は先の戦争を深く反省し、二度と過去の過ちを繰返してはならない。
- アジアとの信頼関係を築き、より深い協力関係を求めるべきである。
- 日本政府は対話や信頼、協調を基本とした安全保障政策を推進し、非武力による平和を追求すべきである。自衛隊の海外派遣には反対である。
- 日本は憲法九条を維持しなければならない。集団的自衛権は認めてはならない。認めてしまえば米国主導の戦争に巻き込まれてしまう恐れがある。
- 米国の対外軍事政策に反対である。

商業主義者

商業主義者と平和主義者との類似点は、先の戦争を深く反省し、過去の過ちを繰返さないためにも、日本は必要以上の軍事力を持つべきではなく、非軍事面の方に力を入れ、国際貢献をすべきであると考えることである。具体的には、政府開発援助（ODA）などの手段による国際協力を訴える。また、アジア諸国との友好関係も積極的に築こうとする。しかし、平和主義者と根本的に異なるのは、日本外交の基軸は日米関係であると考え、米国との協調関係を最重視する点である。商業主義者は親米的であり、日米安保も強く支持する。また、日本の国際貢献の必要性を重視し、合憲の範囲内での自衛隊の海外派遣も支持する。

商業主義者は、元来、冷戦時代の主流派であるパイルの商業主義派、モチヅキの政治的現実主義者、サミュエルズの商業的現実主義者に由来し、吉田茂元首相の路線（吉田ドクトリン）を継承している。しかし、冷戦後の商業主義者には、一九五〇—一九七〇年代に見られた、日本だけが経済的に繁栄すればよいという自国中心的な側面が薄れ、日本の国際貢献について真剣に考え、合憲内での自衛隊による非武力・平和的手段で、国際的役割を果たそうとする面が強くなってきたと言えよう。この派に入る代表的人物は政治家の故・宮澤喜一、加藤紘一、河野洋平などである。

宮澤喜一の歴史観は平和主義者のものに近似しており、日本は過去に軍隊で大変な過ちを犯したと考えた。さらに、加藤紘一は宮澤よりも、より踏み込んで言及し、盧溝橋事件以降の日本の軍部の動きは、大東亜共栄圏という名のもとの侵略戦争であったと認める。そして、日本は戦後ずっと客観的な歴史の検証をしてこなかったために、歴史の事実を日本国民が認識していないと主張する。加藤は、その解決案として日中韓による歴史共同研究を立ち上げ、過去の歴史について客観的事実を確認し、それを基盤として歴史を総括することを提案している。(24)

宮澤が首相在任中に、政府は二度、慰安婦問題に関して正式な見解を述べている。まず、加藤が一九九二年、第一次宮澤内閣官房長官として、「朝鮮半島出身者のいわゆる従軍慰安婦問題に関する」政府の調査結果を発表した。この発表で、加藤は、慰安所の設置、慰安婦の募集に当たる者の取締り、慰安所の経営と監督、慰安所や慰安婦の衛生管理、慰安所関係者への身分証明書等の発給等につき、日本政府の関与があったことが調査で認められたと述べ、「お詫びと反省」の気持ちを表明した。(25) この加藤の発表は、日本政府の慰安婦問題の関与を正式に認め、初めて日本政府が慰安婦問題に対して何らかの措置を取ることをほのめかしたという点で重要であった。加藤の発表が、一九九五年の慰安婦への補償を目的とした財団法人「女性のためのアジア平和国民基金」の設立へとつながっていったのである。[26]次に、日本政府の慰安婦に関する二度目の見解は一九九三年八月に河野洋平が宮澤内閣官房長官の時に発表された。慰安婦関係調査結果発表に関する談話として(後に「河野談話」と呼ばれる)、慰安所の設置、管理や慰安婦の輸送には日本軍が関与していたと発表されたのである。[27]

靖国問題に関しては、宮澤は「本質的には外交上の出来事になるようなことではない」ので、内外ともに大騒ぎをすべきではないと主張する。[28]さらに親中派の加藤は日中関係を憂慮し、小泉首相の靖国参拝の中止を強く求めた。加藤は、一四人のA級戦犯が祀られている靖国への首相参拝は、たとえ私的範囲であっても行うべきではないという立場をとる。加藤は、サンフランシスコ講和条約の第一一条を受け入れることによって日本は東京裁判の結果を受諾し戦犯の戦争責任を承諾したのであると考える。よって、首相の靖国参拝とは、「サンフランシスコ講和条約を含む戦後体制全体に対する重大な挑戦になるのである」[29]。つまり、加藤は、サンフランシスコ講和条約で日本は国際社会に復帰したのであるから、そのことを忘れずに、国際社会の視点から靖国問題を問い直す必要があると主張する。[30]また首相の度重なる参拝は中国との関係をさらにこじらせてしまうと考える。[31]靖国問題の解決策として、加藤は、A級戦犯は靖国からの分祀が一番よいとする。そして、もし宗教上、靖国神社がA級戦犯を分祀出来ないとするならば、無宗教の国立追悼施設を造り、政教分離の原則を守るという案で、解決の道を探るべきだと考える。[32]加藤は、そういった追悼施設ができれば総理大臣もアメリカや中国の指導者も、来日の際は訪れることができるようになってほしいと述べている。[33]

河野の靖国観も加藤のものと近似している。河野は二〇〇五年六月には衆議院議長として総理経験者を議長公邸に招き靖国神社参拝について会談し、総理経験者間で一致した結論として参拝に慎重であるべきだと小泉首相に自粛を求めた。[34]小泉内閣の閣僚に対しても、靖国参拝は日中・日韓関係を傷つけているとして批判している。二〇〇五年のバンドン会議での過去の戦争に対する小泉のお詫びの発表に関して、小泉内閣の文相、外相、そして政務官もがこの発表に反対していることを指摘し、小泉がこの三閣僚を任命したこと自体が間違っていると述べている[35]。また、河野は金大中元韓国大統領との会見で、日本が最近右傾化していることを憂慮する大統領に対し、「日本はサンフランシスコ平和条約で東京裁判の結果を受け入れて国際社会に復帰したのに、一部にその原点を忘れたような言動が見られる」と答え、国内の新ナショナリストを批判している[36]。

商業主義者の中でも、とりわけ宮澤は反戦の強い意志を持ち、存命中は戦争だけはしてはいけないと説いた。近年、核武装論が熱を帯びており、とくに北朝鮮対策としての「核カード」の可能性が言及されているが、宮澤はこの動きに対し強く反対してきた。宮澤によれば日本が核武装すべきでない理由は主に三つある。第一に、今の日本に核兵器の管理体制の保持はできないこと。第二に、国土の狭い日本に核兵器は適さないこと。第三に、唯一の被爆国である日本が核保有国にならないと言い続けることが重要であるとしている。戦後、平和国家として歩んで来た日本は、その平和国家としての立場を維持すべきであるという主張である[37]。

吉田スクールの宮澤から見れば、武力に基づく国際貢献は日本の不得意分野である。宮澤は、一九五〇年代に米国に軍備増強を迫られた時、日本は再軍備よりも経済成長を優先させる姿勢を貫き、こうした歴史が今日の日本の発展につながっていると主張した。そして、日本が得意とする国際貢献はやはり経済援助の分野であるため、不得意分野の「武器の世界」でトップを目指すべきではないと述べている[38]。

一方で、商業主義者は日米関係が日本外交の基軸だとみる。宮澤は日米安保体制があったからこそ、日本は安全を全うし、経済大国になることが出来たと主張した。そしてこの体制は今後も重要であり続けると強調した[39]。このように商業主義者は、平和主義者と異なり親米主義で、米国との二国間関係の強化を重視する。

同時に、商業主義者は日米関係だけではなく国連などの機構を通じての外交の必要性も訴える。例えば、河野洋平は、日本の理想的外交像はあくまでも対話による国際問題の解決を追求し、国連など多国間協力の枠組みを活かして、貧困など紛争の根本原因を解決することであると言う。河野によれば、日本は国連などを介して、世界の平和に貢献し、自国の安全と繁栄を確保することができると言うのである。(40)

憲法に関しては、商業主義者の中では意見が分かれる。宮澤は、護憲派であり、改憲の必要性を見いださなかった。宮澤から見れば、日本は半世紀以上にわたって憲法の解釈を重ね、運用をしてきたという歴史があり、現憲法は今日でも通用するものである。つまり、裁判所や政府が、自衛隊の存在や、首相の靖国神社参拝の是非などに関して、これまで解釈や判例を積み重ね、憲法を使い込み、憲法を常識的なものに育ててきたのである。宮澤は、明文改憲を望む者が自衛隊の存在をはっきりさせたいということを理解しつつも、自衛隊の明記は必要ではないと主張した。なぜならば、自衛隊を持つのは当たり前で、現在それを否定する世論はほとんどないため、自衛隊が合憲かどうかにこだわる必要はなく、自衛隊の使用は柔軟に政策判断すればよいからである。(41) この宮澤の見解は冷戦中の日本政府の憲法解釈と一致する。

宮澤にとって、憲法九条は戦後の「実験」であり、憲法施行以降、日本は戦争に巻き込まれずに繁栄を成し遂げたのであるから、この実験は成功したといえる。九条を時代錯誤だととらえる向きもあるが、宮澤は、核兵器などの軍事技術が発達する中、日本のような平和主義を貫くのも一つの手法であると訴えた。さらに平和維持、経済発展に加えて、外国で武力行使をしないという原則をもつ日本が、ここまで生き延び繁栄してきたということは世界のモデルとなるとも主張している。(42)

しかし、宮澤は、護憲派の平和主義者とは一線を画す保守的護憲派である。平和主義者と違い、日米安全保障条約や自衛隊、自衛隊のPKOを通じた海外派遣の正当性を疑わない。宮澤内閣は一九九二年にカンボジアに自衛隊を派遣したが、宮澤はこの派遣は武力行使ではないわけであるから、違憲ではないとした。ただ、過去の戦争の過ちを繰返さないためにも、国外で武力を行使する場合の条件を自国の自衛のみというように、極めて厳しく規定しておかなければならないと主張した。また、集団的自衛権にしても、現憲法で対応できるとする。宮澤にとって、集団的自衛権というのは自衛という点では、個別的自衛権と大差はない。憲法九条で禁止しているのは外国での武力行使であるため、外国で武力行使はできないが、憲法上の制限はそれだけで、武力行使にならなければ、集団的自衛も可能であるとする[43]。

反対に、同じ商業主義者でも加藤紘一は憲法改正を支持する。自衛のための戦力保持や交戦権を明文化し、集団的自衛権の行使を憲法上認める方向で考えるべきだと考える[44]。

以上のように、商業主義者の主張は下記のように集約できる。

・日本は、過去の戦争の過ちを認め責任を取るべきである。
・首相の靖国神社参拝は控えるべきである。
・日本は、非軍事面の方に力を入れて、政府開発援助（ＯＤＡ）などの手段によって国際貢献をすべきである。
・しかし、合憲の範囲内（海外で武力行使をしないという範囲内）での自衛隊の海外派遣は可能である。
・日本外交は日米関係が基軸である。日米安保は重視しなくてはいけない。
・一方、アジア諸国との友好関係も積極的に築かなくてはならない。
・憲法に関しては、護憲を貫くべきとする意見と改憲をすべきだという意見に分かれる。

普通の国主義者

冷戦後国内政治において影響力を持ち始めた普通の国主義者は、商業主義者と同様に日本の国際化を掲げ、親米主義である。しかし、商業主義者とは対極的に、日本の軍事力強化を求める。また、国内の伝統や歴史を重んじる者もいるために対内的にはナショナリズムを煽ることもある。普通の国主義者の代表としては、政治家では中曽根康弘、小泉純一郎、小沢一郎、評論家の中では元外交官の岡崎久彦などが挙げられよう。

普通の国主義者は、国のアイデンティティ、またはその象徴となる日本文化や伝統を強調することもあるが（特に中曽根）、同時に国際協力も重視し、日本の国際軍事協力の重要さを主張する国際派である。特に商業主義者と一線を画すのは、日本は従来の経済偏重の吉田外交路線から脱却し、経済面だけではなく軍事面での国際協力をしなければならないと説く点である。普通の国主義者は、とりわけ米国との軍事同盟を重視し、米国との軍事面における関係強化を図る。

一方で、普通の国主義者は、日米同盟外での外交も重要視する。多国籍国際機構を通じての世界平和・安全保障の維持を訴えるだけではなく、アジア外交も重視する傾向がある。つまり、普通の国主義者は親米的であるが、必ずしも反アジア主義ではなく、靖国神社参拝推進などでアジア諸国の感情を損ねることはあっても、意図的にアジアとの関係を損なわせようとしているわけではない。むしろ、例外はあっても、アジア諸国との関係強化を図る傾向にある。

ここでは、中曽根康弘、小泉純一郎、小沢一郎の考えを検証したい。この三者の意見には違いはあるが、大筋は似ている。[45]三者ともに、日米関係の深化と国際協調、日本の国際化を重要視し、経済面だけではなく軍事面でも国際貢献をして日本の国際政治力を高めることを目標としている。

普通の国主義者の中でも中曽根は代表的人物であり、自己の政治哲学を最も明確に表明していると言えよう。中曽根にとっての日本の理想像とは、よき伝統、歴史を重んじ、かつ平和にして国際貢献を重視する国である。[46]平和主義者などは中曽根を天皇中心主義者や反動的ナショナリストのように形容しがちだが、その描写は表面的で必ずしも正確だとは言えない。[47]中曽根は民族主義者でも戦前回帰派でもない。特に冷戦後は、東京裁判史観にはすべては合意しないとしつつも、戦前の天皇を中心とした皇国史観を拒否すると明言し、一五年戦争は近隣アジア諸国に対しては侵略戦争であったと認める。韓国に対しては、日韓併合は軍事的威圧の下に行われたとし、日本の統治下では創氏改名、朝鮮神宮参拝などの政策を強制し、韓国の国民感情を傷つけ名誉を損ねたと認める。自民党の他の有力政治家が一五年戦争に関して不用意な発言を繰返し、他国の国民感情を傷つけているのはよくないことで、慎むべきであるとも主張している[48]。

中曽根は靖国神社には頻繁に参拝している。一九八二年に総理に就任してからも参拝し続け、一九八五年には戦後四〇周年を記念して終戦記念日に戦後首相としては初めて公式参拝をした。しかし実際には、その公式参拝は熟考のもとに行われ、アジア諸国の感情を全く無視して無謀に行われたという訳ではない。中曽根は参拝前には、私的諮問機関「閣僚の靖国神社参拝問題に関する懇談会」(座長・林修三元内閣法制局長官)を設置し、憲法違反にならないように終戦記念日に靖国神社公式参拝をする道を探った。その結果、同懇談会の意見(慰霊施設に対して、公式に感謝と平和の誓いをする参拝は、その目的が特定の宗教の奨励にならず、効果もその通りならば違憲とされる宗教活動に該当しないというもの)に沿い、簡略された形式のもとで、一九八五年の終戦記念日に公式靖国参拝を成し遂げた[49]。そして、この参拝後は、中国政府からの抗議に対応して、先の「戦争への反省とその上に立った平和友好への決意に対する誤解と不信さえ生まれるおそれがある」とし、靖国参拝をとりやめた[50]。ここに、周辺国に配慮するために方針を変えるという中曽根の柔軟性がみられる。

冷戦後も靖国問題に関する中曽根の基本的立場は変わってはいない。例えば、中曽根自身は、一九八五年にはあれほど靖国参拝にこだわったのに、二〇〇五年には周辺国の感情を考慮し、小泉首相の靖国参拝中止を求めているのである[51]。

小泉は中曽根ほど自己の歴史観をはっきりと明言してはいないが、中曽根同様に、大東亜戦争肯定派ではなく、一五年戦争については侵略的要素を明確に認めている。二〇〇五年四月にはインドネシアで開かれたアジア・アフリカ会議で過去の歴史への反省とお詫びを盛り込んだ演説をした。さらに二〇〇五年の終戦記念日には、「植民地支配と侵略」で「多くの国々、とりわけアジア諸国の人々に多大なる損害と苦痛を与え」たことに対して、「痛切な反省と心からのお詫びの気持ちを表明する」という談話を発表している。この談話は、戦後五〇年を記念して村山富市首相が発表した「村山談話」に似ている。[52]

小泉も中曽根と同様、靖国参拝には熱心であり、靖国には東条らのA級戦犯が合祀されているが「不戦の誓いを込めて、総理の職務としてではなく、一人の国民としての立場で靖国神社に参拝している」[53]と主張し、靖国参拝にこだわってきた。しかし、小泉は、首相になってから毎年参拝しているにもかかわらず、八月一五日に参拝したのは二〇〇六年の一度だけである。また、靖国の代替施設をつくることにも前向きである。

小沢一郎の先の戦争観は中曽根、小泉のものに似ている。小沢も、日本はアジアで侵略者となったと認める。これまで、アジアに対して侵略責任を正面から受け止めて過去の清算を試みた動きはほとんどなかったとし、過去を振り返り反省して、現在、未来の理念と行動に反映すべきであると主張する。[54]小沢は、靖国参拝問題については、東条英機ら戦争責任者を祀るのはふさわしくないとして、靖国神社からのA級戦犯の分祀を持論としている。そして、分祀が実行されれば、首相の靖国参拝も問題はないとする。[55]

普通の国主義者は、日本の外交政策に関しては、日米関係を基軸とした、安全保障面での日本の能動的な役割が必要だと主張する。中曽根は、一九八〇年代は吉田茂の敷いた戦後の経済主義国家路線に対抗して「戦後政治の総決算」というスローガンを掲げ、過去には見られない、安全保障を重視した独自の外交を展開した。つまり、純経済大国からの脱皮を目指し、経済力を政治力にも反映させた総合的な「国際国家」の日本を目指したのである。[56]中曽根の大きな目標は日米同盟関係の深化と日本の防衛強化であった。中曽根の姿勢を示す具体的な例として、一九八三年のレーガン大統領との初の日米会談で、日米の「運命共同体」を語り日米の同盟関係を明確に打ち出したことは有名である。

また、『ワシントン・ポスト』紙とのインタビューでは、有事において日本列島を不沈空母のようにすると発言したことも周知の通りである。さらに、中曽根のとった政策も（対米武器技術供与を武器輸出三原則の例外にしたことや、三木内閣が閣議決定した防衛費の対GNP比一％枠も突破したことなど）大胆で当時はマスコミを騒がせた[57]。

一方で、中曽根は米国一辺倒というわけでもなく、首相就任中はアジア外交も積極的に行った。つまり日米関係を主軸としつつ、アジア諸国との関係も改善強化した。例えば、就任直後の初の外遊先を韓国に選び、戦後初の日本の首相による韓国公式訪問を実現させた。この訪韓の際、韓国政府に七年間で四〇億ドルの円借款を約束するなどして、当時ぎくしゃくしていた日韓関係を改善させた。また一九八四年には、韓国の元首としては初めての全斗煥大統領の訪日も実現させた。また中国の胡耀邦総書記とも親しい関係を築き、一九八四年には、訪中をし、四七〇〇億円の円借款の供与を約束した。一九八五年の中曽根の靖国公式参拝で日中関係が後退したが、中国を配慮して靖国参拝をその後あきらめたことは上述の通りである[58]。

日本の国際上の役割に関して、中曽根の基本的姿勢は冷戦後も大きな変化が見られない。冷戦後は国際的相互依存関係を認知し、アジア・太平洋全域の平和安定を維持することが日本の外交戦略にとって重要であると考える。そして日米安全保障条約こそが、この地域の平和と安定のための安全保障、国際的フレームワークの基礎となるとみなす。しかし一方で、日米安全保障条約だけでは不十分だとし、日本は東アジアで安全保障共同体をつくるように努力しなくてはならないと主張する。その安全保障共同体には米国、ロシアや中国、ASEAN諸国も加入すべきで、この枠組みの中で、国際的な対話、協調を推進し、日本の平和を維持すべきであると考える[59]。

また、中曽根は冷戦後も憲法に関する持論を変えてはいない。中曽根は憲法改正を終戦直後から訴えているが、現在も改憲は世界に通用する独立国としての条件であるとし、特にこれからはこれまでの自主防衛という概念よりも、集団的安全保障という考えの方が必要だと主張している。つまり、各国の力で戦争を起こさせない仕組みをつくることが必要で、その中で日本も、応分の負担、貢献をし、他国と同様、汗を流し、場合によっては国民の犠牲も覚悟しなければならないとした。そして、そのような発想を憲法に入れるべきであると主張している。[60]

興味深いのは、中曽根は日本の軍備増強を強調する一方で、従来の非核三原則を維持するべきだと主張している点である。中曽根から見れば、日本で核武装することは国民の防衛に対する合意を失わせ、防衛の基盤を崩壊させる危険がある。また、日本は地政学的に第二撃能力を持つことができないため、戦略上核兵器保有は意味がないとも指摘している。よって、核による抑止については日本はアメリカに依存しなくてはならないとする。そして核以外の面では独自の安全保障力を持って外交安全保障戦略を確立すべきだと述べる。[61]

小泉も中曽根のように、米国との同盟強化を図った。二〇〇一年米同時テロ後は早い段階でテロ対策特別措置法によるインド洋への海上自衛隊派遣を決断した。さらにイラク戦争開始とともに、小泉はイラク復興支援特別措置法も成立させ、二〇〇四年には自衛隊イラク派遣も実施した。また、二〇〇三年には武力攻撃事態対処法などの有事関連法案三法、二〇〇四年には事態対処法制関連七法、三条約を成立、承認させ、日米同盟が周辺事態に対処するための法的環境の整備を進めた。[62] ここで小泉が「非武装地帯」の「非武装活動」という概念を強調し、国連とは別の枠組みで自衛隊の海外派遣を可能にしたという点は興味深い。[63]

小泉に言わせれば、戦後、日本の平和と繁栄を支えてきたのは日米同盟と国際協調であり、これが日本外交の基本である。とりわけ日本と米国の関係は、世界で最も重要な二国間関係である。よって、日米関係が緊密であればあるほど、日本と中国、韓国、アジア諸国をはじめ世界各国との関係も良いものになるというものである。[64] つまり日米同盟を強化することによっての日本の国際貢献を描いたのである。しかし実際には、小泉首相時代には日米関係は強化されたが、日中、日韓関係は小泉自身の靖国参拝のため逆に悪化したのは周知のことである。

小沢一郎も国際協力路線を強調する。小沢から見れば、吉田茂は冷戦下の戦略として吉田ドクトリンを掲げ成功したが、冷戦後の今日においては、防衛で他国の力に頼る段階はもう限界に来ており新しい戦略が必要である。小沢は日本が平和を維持し生き残っていくためには、国際社会との協調を図らなければならず、そのためには、日本は国連を中心とした集団安全保障を推進し、国際社会の平和、安定、自由を維持する努力をしなければならないと主張する。小沢にしてみれば、国際貢献は日本が生き残るための活動であり、日本の国益でもある。日本は「国際国家」となる以外に生きていくすべがなく、どの国にも増して積極的に国際社会での責任を果たさなければならないと言う[65]。

では、真の国際国家になるためには、どうすればよいであろうか。小沢に言わせれば、日本は「片肺国家」から脱皮し、「普通の国」にならなくてはならない[66]。これは国際社会において当然とされている義務や責任を負うことを意味する。小沢は、日本は国内でしか通用しないこと（憲法や法制度など）で口実をつくり、国際協調の責任と役割を回避しようとする傾向があるが、どの国よりも世界の安定と平和に依存しているため国際貢献する必要があり、安全保障を国際貢献の対象分野から除外することは許されないとする。そして、安全保障の面でも、自らの責任において貢献できるような体制をつくらなければならないと述べる。小沢にとって、安全保障面での国際化は、日本の軍国化、軍事大国化ということにはならない[67]。

小沢にすれば、これまでの日本の安全保障政策は、日米安保体制を基軸とした、国内への侵略を未然に防止し対処するという専守防衛戦略であった。しかし、受動的な専守防衛だけにとらわれていれば、国際貢献はできない。能動的な「平和創出戦略」が必要である。そのためには、日本は常設の国連待機軍をつくり国連の要請に応じて出動し、国連の指揮下で平和維持活動に参加するのが理想である。小沢から見れば、日本が海外での武力活動に参加するのは、唯一、国連による平和維持に協力するためだけである。この平和維持への協力は憲法九条に違反するものではない。そして、国連待機軍は自衛隊と別の組織が好ましい。日本が海外の武力活動に参加することにはまだアジアではアレルギーがあるため、アジア諸国の感情的抵抗感を考慮して、誤解を解く努力をしなくてはならないからである[68]。

この国連待機軍に関する意見とは別に、小沢は近年、国連承認のISAF（国際治安支援部隊）への自衛隊の参加を合憲であると主張している[69]。そして、このISAF参加論は、彼自身の海上自衛隊のインド洋での給油活動に対する反対論と対比され注目を浴びた。インド洋における給油活動はまさにアメリカのアフガニスタンでの戦争を支持するものであるため、それに反対するとは果たして小沢は反米主義になったのであろうか。小沢のISAF発言後、このような推測が飛び回った。

しかし小沢は決して反米ではない。二〇〇九年のヒラリー・クリントン米国務長官来日の際にも日米同盟が日本の外交の基軸であるという認識をはっきりと表明しているが[70]、それ以前にも日米同盟の重要性を強調している。一方で、平和維持のための貢献はアメリカと緊密に協調すべきであり、国連を日米が活用すべきであると主張する。アメリカは国連を中心とした平和構想に熱心であるとし、アメリカとの共同歩調が、日本が世界平和に貢献するための最も合理的、効率的な方法であるとみるのである。

以上のように、日米同盟の深化と国際協調の推進が、普通の国主義者に共通する考えである。とりわけ、日米同盟に関しては普通の国主義者の意見は明快である。例えば、評論家で元外交官の岡崎久彦は日米同盟の信頼関係が将来日本が直面する政治、軍事、経済の危機のすべてにおいて不可欠だとする。資源の乏しい島国の日本は「七つの海を支配しているアングロ・アメリカン世界」と協調していくほかに選択肢はないと言う。また、米国のイラク攻撃は正当だとし、日本は米国の立場を支持すべきであるとも主張する。そして日本は日米同盟を強化するためには、集団的自衛権を行使するまでにならなくてはならないと説く[71]。

普通の国主義者の間ではアメリカ派（中曽根、小泉等）と国連派（小沢）が存在するが、双方ともに、日米同盟、国際協調を重視しており、二派の違いよりも共通点の方が多いと言えよう。

普通の国主義者の主な主張は以下のように集約できる。

・一五年戦争は侵略戦争であり、日本の統治下でアジアの人々に損害と苦痛を与えたことに対して、反省しなくてはならない。
・靖国神社参拝に関しては意見が割れる。宗教と政治の分離を考慮した略式参拝を継続した小泉や、周辺国の感情を考慮して参拝を中止した中曽根などがいる。
・日米関係が外交の基軸であるため、日米同盟の強化は重要である。
・国際協力は日米同盟や国連を通じて可能である。日本は経済面だけではなく、安全保障面でも国際貢献すべきである。自衛隊（または小沢の主張する「国連待機軍」）の海外派遣に賛成である。
・改憲をして集団的自衛権の使用は認められなくてはならない。
・国防の整備、安全保障分野での国際貢献を重要視するが、戦前のような軍国主義を説くものではない。

新ナショナリスト

新ナショナリストは一九九〇年代から見られる新しい右派保守系運動である。パイルの新ナショナリストやモチヅキの日本のドゴール主義者に似ているが、これらの過去の派よりも内向的で、反中国というような感情論に訴える傾向がある。また、多様な考えの存在する「寄合所帯」ともいえる。一方、「先の戦争」を正当化し、反「左翼」という点では結束しており、都市を中心とした草の根ポピュリズムに基づくという特徴もある。[72] 新ナショナリストには教科書改革運動で知られている新しい歴史教科書をつくる会のみならず、一般市民の間では一水会というグループ、政治家では石原慎太郎や自民党右派幹部、学識者では中村粲獨協大学名誉教授、秦郁彦元日本大学教授、伊藤哲夫日本政策研究センター所長など、漫画家では小林よしのりなどがいる。[73]

新ナショナリストは基本的には一五年戦争を擁護し、隣国、特に中国に対抗するため日本独自の軍備の拡張が必要だと主張する傾向がある。メディアで活発に意見を述べ、新聞では『産経新聞』、雑誌では小学館の『サピオ』や産経新聞社の『正論』などで活発に討論する。彼らの意見は、ベストセラーになった小林の一九九六年の漫画『ゴーマニズム宣言』や一九九八年の『戦争論』、藤岡信勝の一九九九年の『国民の歴史』で一般大衆化した。新ナショナリストの歴史観は分かりやすく明快であるため、一般市民、特に若者の間で支持されやすい側面がある。

一般にメディアなどでは、新ナショナリストと普通の国主義者を混同し、双方をナショナリストと呼び同一の価値観を持つ一つの集団だと見なす傾向があるが、これは誤りである。確かに靖国神社問題などでは、首相の参拝を主張するという面では新ナショナリストも普通の国主義者も表面的には似ているが、どのように首相が参拝すべきか、というような具体面では双方の意見は大きく異なる。相違の根本的な起因は、新ナショナリストは先の戦争を正当化し自国中心主義、排他主義的な価値観を持つ傾向があるのに対して、普通の国主義者は先の戦争における日本の役割を反省し、外交考慮と国際協調を重視することである。また、新ナショナリストはアジアに対して距離を置きがちだが、普通の国主義者は一般にアジアとの協力を重視する。

新ナショナリストは先の戦争にこだわる。しかし彼らの戦争観は特に目新しいものはない。彼らが主張する「太平洋戦争肯定論」や日本軍が白人支配からアジアを解放したという「アジア解放論」は以前から民族主義者が唱えていたものである。一言で言えば、新ナショナリストは歴史修正主義者であり、日本の「自虐的な」歴史観を変え、自国の歴史を肯定的に捉える新しい歴史観のもとで日本人に新しいプライドを植え付けたいという目標がある。新ナショナリストの何が目新しいかと言えば、近年、メディアで彼らの意見が明確に発言され、しかも小林よしのりのような漫画家がコミックを介して国粋的意見を述べるなどして、一般大衆、特に若者の間に人気が出るようになったことである。

新ナショナリストに言わせれば、少なくとも三点において一五年戦争は正当化できる。第一に、先の戦争はアジア植民地の解放戦争であった。欧米列強のアジア植民地化の動きの中で、ただ一国、アジアの日本が白人支配に対抗して戦い、アジアの白人主義を破ろうとしたのであった。第二に、先の戦争は共産主義阻止の目的があった。中国に共産主義が広がり、日本にはこの動きを阻止する任務があったため、戦争はやむを得なかった。第三に、先の戦争は日本の自衛戦争でもあった。米英との直接の開戦理由は「ＡＢＣＤ包囲網」と中国からの無条件即時撤退を要求したアメリカのハル・ノートであり、これによって日本は対米戦を決意せざるをえなくなったのである。[74]

新ナショナリストから見れば、敗戦後に行われた東京裁判は勝者が敗者を裁く裁判であり、日本は不当に勝者の世界観、歴史観を強要された。東京裁判で特に問題があるのは、被告が事後法（post fact law）によって裁かれることになったことである。東条英機らを裁く基準となった「平和に対する罪」は日本の受け入れたポツダム宣言の時点ではいかなる文明国の法にも国際法にも存在していなかったはずなのに、ウエッブ裁判長は弁護団側にこのように指摘されると理由も明らかにせず、弁護団の動議を却下してしまった。[75]

東京裁判の決定を日本政府が公式に受諾したのは、一九五一年のサンフランシスコ講和条約第一一条においてであると一般に見られているが、新ナショナリストは、日本が受諾したのは東京裁判自体ではなく、東京裁判の「判決」のみであると主張する。この観点から見れば、日本の外務省が繰り返し、日本はサンフランシスコ講和条約第一一条において東京裁判の歴史解釈も受け入れていると国会で答弁していることは、重大な過ちである。外務省の言うように日本が東京裁判の内容を受け入れたとすると、ソ連の一九四五年の日ソ中立条約の一方的破棄とそれに続く参戦を正当化し、日本がソ連に対して侵略戦争をしたことにもなってしまうからである。また東京裁判の内容を受諾したとなれば、裁判が一九三七年の「南京大虐殺」の死者を二〇—三〇万人と決めたことも日本がすべて受け入れているということになるのである。東京裁判の「判決」を受諾したのはあくまで政治的な判断に基づいたものであって、裁判の正当性や歴史観までも受け入れたわけではないと強調する。[76]よって政府は東京裁判自体は受諾していないという日本の立場を明らかにすべきであると訴える。[77]

新ナショナリストはまた、東京裁判がナチを裁いたニュルンベルク裁判を基準として行われたことへの異論も唱える。新ナショナリストによると、戦中の日本はナチス・ドイツとの比較の対象にはならず、東京裁判での被告がニュルンベルク裁判の被告と同様に「人道に対する罪」で裁かれたことは、大きな間違いであったと説く。「南京虐殺」がナチのホロコーストに例えられることがあるが、新ナショナリストにしてみれば、この二つは比べものにはならない。ニュルンベルク裁判でナチは「人道に対する罪」で裁かれたが、ナチは実際ユダヤ人に対してジェノサイドの罪を犯したのであるとする。しかし新ナショナリストにすれば、日本はナチのような重罪は犯してはいない。日本軍が一九三七年の「南京虐殺」で、中国人を二〇万人も殺したということは東京裁判では決めつけられたが、その証拠はどこにもないとし、単にドイツと同盟国だったというだけで、日独が同一視されたのは誠に不当であったと主張する。[78]このように新ナショナリストは、日本にはドイツのような戦争責任がなく、アジア諸国に謝罪をし続ける日本政府は直ちにそれを中止すべきであり、そして東京裁判がいかに歪められて作り上げられた歴史観かを認識する必要があると強く主張する。

新ナショナリズムの特徴は、日本軍の様々な犯罪行為についての言及、反省が欠けていることである。例えば一九一〇年の韓国併合にしても、東アジアを安定させる政策として欧米列強から支持され国際法に基づき合法的に行われたと主張する。一九三一年の満州事変に関しては、中国人の排日運動、日本人への暴行や殺害、日本商品ボイコット運動があったため、自衛行為として始まったとする。そして、日本軍の支配のもとで韓国や満州国は発展し、近代化を進めたとみなす。[79]日本軍の行為の正当化はするが、日本支配にあった植民地の人々への同情はほとんど聞かれない。

新ナショナリストは、靖国神社に関して、首相が八月一五日に参拝すべきであり、参拝の際は神社の慣習に沿うべきだと主張する。そのため小泉純一郎（普通の国主義者）への批判は大変厳しく、小泉を「売国奴」とまで呼ぶほどである。前述のように、小泉は在任中靖国神社には二〇〇六年以外は一度も終戦記念日に参拝せず、八月一五日の前後や、春や秋などに時期をずらして参拝した。そのため、新ナショナリストは、小泉の靖国神社参拝は日にちがでたらめだとする。また、小泉は、戦死者は「祖国のために心ならずも戦場に赴き命を落とさなければならなかった」と言及し、自身については靖国神社には「不戦の誓いを込めて」参拝すると発言したが[80]、小泉の発言は靖国神社の立場と全く異なり、矛盾だらけだと批判する。新ナショナリストはとりわけ、小泉が二〇〇五年に、終戦記念日に参拝を見送り、過去の歴史への反省とお詫びを盛り込んだ談話を発表したことに対し、辛辣な批判をする。上述のように、この談話は、「植民地支配と侵略」で「多くの国々、とりわけアジア諸国の人々に多大なる損害と苦痛を与え」たことに対して、「痛切な反省と心からのお詫びの気持ちを表明する」というものであり、新ナショナリストから見れば、まさに「土下座外交」なのである[81]。昭和史研究所の中村粲は、靖国神社でこのような態度を示した小泉首相には東京裁判を批判する勇気はないだろうし、また東京裁判自体の不当性にも気づいていないのではないだろうかと指摘している[82]。また、「新しい歴史教科書をつくる会」の西尾幹二元会長は、小泉は「歴史観も国家観も定かではなく」何をしでかすかわからないような人物であるから、このような人物は首相としてふさわしくないとまで言っている[83]。

靖国問題に関して、新ナショナリストによる他の派への批判は厳しい。とりわけ、自民党の加藤紘一（商業主義者）がよく批判の対象となる。秦都彦は加藤を「反日日本人」と呼び、親中派の加藤は、中国の反応を心配するあまり、米大使館筋に当たってアメリカからの外圧で小泉の靖国神社参拝を阻止させようとしたと述べる。秦によれば、この加藤の試みは失敗に終わり、かつて首相の座に近いとされていた者にしては愚かな行動を取ったと批判する[84]。

新ナショナリストは平和主義者に対して、一番辛辣な批判を浴びせる。平和主義者を「左翼」と呼び、靖国問題に関してはとりわけ『朝日新聞』を批判する。新ナショナリストに言わせれば、『朝日新聞』の大きな「罪」は一九八五年の中曽根首相の一〇回目の靖国神社参拝予定を公式参拝だと大きく取り立て、「反靖国キャンペーン」を実施したことである。新ナショナリストから見れば、それが中国の反発を招き、中曽根は公式参拝とは言え、神道の拝礼をせず一礼で済ませてしまった。新ナショナリストは、一九七八年のA級戦犯の合祀後も大平正芳首相（三回）、鈴木善幸首相（八回）、中曽根首相（九回）が靖国に無事に参拝しているとし、一九八五年の『朝日』の「反靖国キャンペーン」が行われるまで、靖国参拝は国際問題ではなかったと主張する。

教科書問題に関しても、新ナショナリストは自説を強く主張する。一九九六年に歴史教科書全七社七冊に「従軍慰安婦」が掲載されたことに対して新ナショナリストは一層の批判を開始した。周知のように、教科書改訂運動で最も活躍した団体は一九九七年に発足した新しい歴史教科書をつくる会である。会の呼びかけ人は大学教授、作家、漫画家を含む九人（阿川佐和子、小林よしのり、坂本多加雄、高橋史朗、西尾幹二、林真理子、深田祐介、藤岡信勝、山本夏彦）であり、二〇〇七年以降は藤岡信勝拓殖大学教授が会長をつとめている。[85] 扶桑社を通じて『新しい歴史教科書』を出版し、その教科書は検定意見箇所の修正を経て二〇〇一年に教科用図書検定に合格した。つくる会の中心的人物は藤岡信勝である。藤岡は自由主義史観研究会を一九九五年に設立し、一九九七年にはこの研究会が前身となってつくる会が結成された。つくる会の目的は、日本人を「自虐史観」から脱却させ、健全なナショナリズムに基づく歴史教育を始めることである。[86] 藤岡によれば、「自虐史観」とは「日本人は世界に類をみない残虐・淫乱な民族であり、日本は侵略国家である、として自国・自民族を卑しめ、おとしめ、糾弾することを正義と考える歴史観」のことである。[87] 藤岡は一九九六年に『教科書が教えない歴史』、同年に西尾幹二と『国民の油断』を出版して、既存の歴史教科書を批判している。[88]

つくる会の歴史教科書批判は「従軍慰安婦」問題に集中している。藤岡によれば、歴史教科書での「従軍慰安婦の強制連行」という記述には少なくとも三つの問題がある。まず「従軍慰安婦」という言葉自体存在しなかった。つまり、「従軍」という言葉は、政府が慰安所を経営していたわけではないため不適切である。藤岡は、日本軍のための慰安所の存在自体は否定しないが、それはあくまで民間業者の運営であり、政府は交通手段などについて関与したまでで、直接国家の組織として日本兵のために従軍慰安婦を働かせる施設をつくったわけではないと主張する。また、慰安所は戦場には通常存在するものであり（他国の軍隊も自国用の慰安所を利用しており）、何も日本兵だけがそのような施設を使用していたわけではないとも強調する。

第二に、藤岡によれば、「強制連行」という言葉も妥当ではない。なぜならば日本軍が強制的に慰安婦を拉致などして、戦場に連れていったという事実は全くないからである。日本軍が朝鮮の女性を強制連行したというような文書は一通も残っておらず、軍がそのような命令を発した命令書も何一つない。また、自己が慰安婦だったという本人の供述以外に、強制連行を見たと言う証言者も一人もいない。しかし逆に、慰安所が軍の直営ではないという証拠や、政府が民間業者の行き過ぎた募集を戒めるという文書は発見されている。つまり藤岡によれば、慰安婦は日本軍に強制連行されたのではなく、高収入が得られるという理由で自主的に参加した、もしくは、貧困家庭に生まれたため家族によって業者に売られて行った人々である。つまり、藤岡に言わせれば、慰安婦は軍に強制的に連行されていないため、性奴隷ではなく、売春婦であったのである(89)。

第三に中学生、高校生の教科書に性、売春に関する記述があるのは適切ではなく、教育的に意味がないとする。教科書検定基準では、教科書内容は生徒の心身の発展段階に適応していなければならないとされてあるが、慰安婦に関するものは、その基準に違反する。しかも、日本文教出版の中学校社会科歴史の教科書のように、日本兵が中国女性を辱める絵（事実に基づいたものというよりは、中国人が想像を巡らして描いた絵）を掲載しているのは削除されるべきであると主張する(90)。

近年、新ナショナリストの教科書改革運動はつくる会の組織内の内紛により下降傾向にあるとも言われる。実際につくる会は内部分裂を繰り返し、二〇〇七年には脱会したメンバーが教科書改善の会（改正教育基本法に基づく教科書改善を進める有識者の会）を設立し、名誉棄損訴訟や著作権について、つくる会と対立している。[91]

つくる会などの市民運動の他に自民党内でも歴史修正主義の動きが見られる。一九九三年には党内で歴史検討委員会が設置され、以後、一九九三年から一九九五年上旬までにつくる会から講師を呼んだり、学習会を開いたりしている。この検討委員会が母体となって、「日本の前途と歴史教育を考える若手議員の会」が「歴史教科書に従軍慰安婦の記述が載ることに疑問を持つ戦後世代を中心とした若手議員」の会として一九九七年二月に設立された。同会は中川昭一議員を代表とし、一九九七年一〇月には「慰安婦問題の教科書掲載に関する質問主意書」を政府に提出し、また同年、『歴史教科書への疑問』という本も出版した。[92]

さらに一九九五年には自民党議員を中心に「終戦五十周年国会議員連盟」が結成され、この連盟が母体となり一九九六年には奥野誠亮元法相を会長として「明るい日本」という国会議員連盟が発足した。「明るい日本」は、この会はつくる会と同様に「侵略国家として罪悪視する自虐的な歴史認識や、卑屈な謝罪外交に対しては、決して同調することはできない」と主張する。同会は戦後教育の偏向のため、自国の歴史に対して、また日本人としての誇りが持てない世代が形成されて、道義の退廃につながっているとも指摘している。[93] また奥野は「明るい日本」設立時の記者会見では慰安婦の日本軍による強制連行はなかったと発言もしている。[94]

国会議員の間では、このような発言は珍しくはない。二〇〇七年に慰安婦問題について日本政府の公式な謝罪を求める決議案がアメリカ議会の下院本会議で採択されたが、その際も評論家と共に政治家も『ワシントン・ポスト』に、戦中の慰安婦募集に日本軍の強制はなかったと意見広告を出している。[95]

一般的に新ナショナリストは改憲派である。日本国憲法はＧＨＱによって違法に押しつけられて作られたものであり、当時の日本政府には、これを拒むことはできなかったとする。新ナショナリストの中には明治時代の帝国憲法への復帰を望む者も少なくはない。これは、戦後の民主主義制度を嫌うためである。戦後、日本国憲法を通じてアメリカの価値観を押し付けられ、日本の伝統道徳は破壊されたと考えるのである(96)。

外交政策については、具体的、現実的な案はほとんど持たない。日米関係をどうすべきか、日本が国連や国際機構などに今後どのように関わっていくべきかなどという叙述はあまり見られない。西尾幹二は、日本の核武装や防衛基本法設置、武器輸出三原則の廃止などによる法の整備を通じて、軍備増強を図ることを訴えるが、日米安保についてどのような具体的政策をとればよいかということには言及していない(97)。

一般に新ナショナリストは自国中心主義な傾向があり、他国からの脅威を強調しがちである。この傾向は特に中国に対して強い。例えば、日本政府が中国に過去の戦争で謝罪を重ねるために、中国は益々、靖国神社や教科書問題という日本の内政に干渉すると主張する。そして、日本は対中「土下座外交」を直ちに辞めるべきであると言う(98)。

新ナショナリストの主な議論は以下の通りである。

・一五年戦争は正当な自衛戦争であった。東京裁判は勝者の歴史観を強制するものであり、東京裁判史観は受け入れられない。
・首相は終戦記念日に靖国神社に公式参拝すべきである。
・歴史教科書には日本人が過去の歴史に誇りが持てるような記述をすべきである。「従軍慰安婦」についてなどは事実に反するので掲載すべきではない。勝者から押し付けられた自虐的な歴史観を青少年に植え付けるべきではない。
・憲法は、戦争の勝者であるアメリカから押し付けられたものであり、改憲が必要である。
・中国に対しては、弱腰、謝罪外交であってはならない。
・外交に関して具体的政策案、問題への解決案は持たない。

冷戦後の四派の姿勢

	平和主義者	商業主義者	普通の国主義者	新ナショナリスト
15 年戦争	侵略戦争である	侵略戦争である	侵略戦争である	自衛戦争である
靖国神社参拝	反対である	反対である	意見が割れる	公式参拝すべきである
日米関係	意見が割れる	外交の基軸である	外交の基軸である	意見が割れる
対アジア関係	非常に大切である	非常に大切である	非常に大切である	アジアへの謝罪外交を止めるべきである
改憲	反対である	意見が割れる	賛成である	賛成である

四派の力関係

以上、四派の意見を検証したが、比較すれば上表のようになる。

それでは、この四派の国内での力関係はいかなるものであろうか。筆者は、冷戦中は外交の主流は商業主義者でそれに対抗する勢力が平和主義者であったが、冷戦後は主流派が普通の国主義者となり対抗勢力は商業主義者に変化したとみる。別の言い方をすれば、冷戦後に影響力を伸ばしたのは普通の国主義者と新ナショナリストであり、影響力を失ったのは商業主義者と平和主義者である[100]。とりわけ普通の国主義者は日本政治、外交の中心的存在となり、今後もますます彼らの意見が外交政策に反映されるであろう。次に新ナショナリストに関しては、冷戦後は社会的存在感は増したが、外交政策自体への思想的影響は以前と同様、あまりない。一時的に新ナショナリズム、または「復古主義の台頭」が国内外で広く報道されたことがあったが（例えば小林よしのりの出版物に関連して）、その外交への影響力は誇張されたようにみえる。また、商業主義者は冷戦時にはまさに保守本流として日本政治、日本外交の中心であったが、冷戦後はその位置を普通の国主義者に譲ることになった。さらに平和主義者は冷戦時代、一貫して商業主義者と張り合った。しかし平和主義の政党政治における影響力は一九五〇―六〇年代にピークを迎え、その後は下降傾向にあり、冷戦後はマージナルな存在になって外交政策に直接に影響を及ぼすことはほとんどなくなってきた。現在の日本政治はこのような四派の力関係を反映して、外交政策は商業主義から普通の国主義の方向へ移行していると言えよう。

では、何故、このような力関係の変化が起こったのであろうか。要因は一つだけではなく、様々な国外、国内要因が絡み合って、普通の国主義の台頭に繋がっていったとみえる。国外要因としてまず最初に挙げられるのは、一九九〇―九一年の湾岸戦争における日本外交の失敗であろう。日本政府は最終的に一三〇億ドルも拠出しておきながら、同盟国から大して感謝もされず（クウェートは戦後、同盟国に感謝の意を示す広告を『ニューヨーク・タイムズ』紙に出したがそれに日本を加えるのを忘れていた）、日本外交が小切手外交と嘲笑されたことは苦い経験として外交関係者、政治家の記憶に新しい[101]。ここで大切なことは、湾岸戦争の失敗を機に、商業主義者の支持する吉田ドクトリンは冷戦後には通用しなくなり、日本外交に新しいパラダイムが必要だという認識が広がっていったことである。湾岸戦争後に成立したPKO法、カンボジアへの自衛隊の派遣はこの苦い経験をもとに、新しいパラダイムを模索した結果であると言える。

また、同盟国アメリカの日本を見る目が変わってきたことも大きな国外要因であろう。アメリカの対日認識は戦後から三段階を経てきた。第一段階は、戦後日本の高度成長期で、日本はまだひ弱な庇護国として、アメリカからの安全保障面においての外圧はあまり感じられなかった。しかし、第二段階に入ると（一九七〇年代後半から一九九〇年代にかけて）、日米経済摩擦が悪化し、経済発展を遂げた日本に対するアメリカ国内の不満は募り、とりわけ一九八〇年代後半からアメリカからの風当たりが一気に強くなった。政府関係者は日本にフェアープレイを求め、貿易面だけでなく、安全保障面においても大国にふさわしい貢献を日本に要求するようになってきたのである。この時期に中曽根首相は吉田ドクトリンの脱却を念頭に「戦後政治の総決算」を唱え、日米同盟強化を強調したが、これが今で言う普通の国主義者の台頭の先駆けとなった。第三段階（二〇〇〇年代）では対日意識は好転し、第二段階にあったジャパンバッシングのような議論はもはや見られない。しかし、アメリカ政策関係者が日本に安全保障面で貢献を求める姿勢はさらに強まってきているとも言えるだろう。冷戦の終焉により東西二陣営に分かれていた世界秩序が崩壊し、ソ連に代わって中国という新たな「脅威」が出現してきた。この中国を牽制するためにも日米同盟を強化しなくてはいけないという考えが米国政策当局者の間で広く支持されている。そして日米同盟を強化するためには、日本に安全保障面での責任を負ってもらいたいという期待がある。さらに九・一一の同時多発テロ事件の後は、真の同盟国はもっと安全保障の肩代わりをしなくてはならないという意見が米国リーダーの間で認識されてきており、この肩代わりは日本国内、アジア地域内だけに限らず、世界中においてアメリカ外交政策を同盟国として支持してほしいという期待に変化していった。このアメリカの期待感を日本側は無視するわけにはいかず、日米同盟や安全保障における国際貢献を重視する普通の国主義者の立場を強化していった。

また、中国の軍事的躍進は日本国内でも強く意識されるようになり、普通の国主義者の台頭を手伝っていると言えよう。国内では対中ライバル意識が芽生えてきたが、この根底には、アジアの指導的立場を中国に奪われ、日本の地域的影響力、存在感が薄くなるという恐怖感がある。そこで日本の存在感を強めるためにも、日米関係を通じて安全保障の貢献をすべきであるという意見がよく聞かれるようになった。また一方で、安全保障面で中国の地域覇権を警戒し、国内の防衛強化を訴える声も頻繁に政府関係者から聞かれるようになった。これらの対中ライバル、警戒意識は、普通の国主義を支え、政策に影響するものとなった。

普通の国主義の台頭の国外要因はアメリカ、中国だけではない。冷戦後ソ連の庇護から離れた北朝鮮の軍事化、特に核開発は、日本の外交政策に大きな影響を与えている。とりわけ、一九九八年のテポドンの発射後、日本が北朝鮮から実際、直接に攻撃される可能性が生じ、国防の重要性が再認識された。また日本人拉致事件の問題と絡み合い、北朝鮮に対して強硬政策を望む声が聞こえてくるようになった。上記の四派はすべてが北朝鮮の核開発を非難しているが、とりわけ普通の国主義者と新ナショナリストの北朝鮮批判は手厳しい。そして世論は対北朝鮮強硬姿勢を支持するため、北朝鮮からの攻撃に備えた有事の準備をすべきであるという普通の国主義者の意見を助長しているのである。

普通の国主義の台頭を促した国内の政治的要因も見逃せない。冷戦中は第二の政党であった社会党（現社民党）が、冷戦後にはほとんど崩壊し、平和主義者の国内政治での影響力がまたたく間に低落してしまった。しかし平和主義の下落以上に、大きな影響をもたらしたのは冷戦時主流派であった商業主義の転落、低迷である。上述のように経済第一主義の商業主義（吉田ドクトリン）は湾岸戦争で躓き、国内にカネだけではなく「顔のみえる外交」、自衛隊を活用しなくてはならないという議論が始まった。また商業主義のさらなる低迷化を導いたのは吉田スクールに帰する自民党宏池会の分裂である。一九九八年にまず加藤紘一の宏池会会長就任に反発する河野洋平らの離脱が起こった。さらに二〇〇〇年には森内閣不信任案を巡る「加藤の乱」によって宏池会は加藤支持グループと反加藤グループへ分裂してしまい、宏池会加藤派（後の小里派、谷垣派）と反加藤の宏池会堀内派（後の丹波・古賀派）は共に弱小化してしまった。また、かつて首相候補とまで言われた加藤は、自身の事務所代表の所得税法違反のため一時議員辞職まで強いられ、政界にその後復帰したものの、政治的影響力はすっかり衰えてしまった。その上、商業主義の第一人者である宮澤喜一の政界引退と死去も商業主義派弱体化への追い打ちをかけた。宮澤は吉田ドクトリンに忠実で、日米同盟を外交の基軸としながらも自衛隊の増強や海外での武力行使には極めて慎重であった。

一方で、吉田派の流れをくむ平成研究会（旧経世会、現津島派）の影響力も下落した。小泉元首相の派閥を考慮しない人事などによって、冷戦時代に日本政治を支配した経世会は、小泉時代は派閥メンバーの入閣も難しくなり、一時、党執行部の人事からも外され求心力を次第に失い、自民党第一の派閥から第二の派閥に転落した。

商業主義派の転落に伴い、普通の国主義者の多い自民党の清和政策研究会（清和会、町村派）が第一派閥に躍進した。清和会は小泉などの首相を生み出しており、日本外交の主導権を握るようになった。さらに、第二政党の民主党内においても、党のリーダーシップは普通の国主義を推進する議員（小沢、鳩山由紀夫など）のもとにあり、政局は普通の国主義者に有利になってきた。

このように普通の国主義者が日本政治の主流となってきたが、今後、普通の国主義は外交政策にどこまで影響を及ぼすのであろうか。日本は果たして「普通の国」になりうるのであろうか。筆者は、外交政策全体としては普通の国化が徐々に進んでいると認識する。しかし、外交方針を根本的に変更し吉田ドクトリンを完全に離脱することは極めて難しく、普通の国化は容易には進まないと考える。この主な理由として憲法上の制限、普通の国主義者内の新しいリーダーの不在、世論の反対が挙げられよう。とりわけ憲法改正は衆参両院の三分の二の賛成と国民投票による過半数の賛成が必要であり、改正のハードルが高く当分望めそうにない。また、リーダーの不在も普通の国化を妨げる重要な要素である。小泉首相以来、安全保障面でリーダーシップを効果的に発揮できる人物はいない。安倍前首相は「戦後レジームからの脱却」を打ち出し、時代に沿った新しい安全保障政策を追求したが、慰安婦問題に関しては日本軍の強制連行を否認し海外からの猛烈な批判に遭って日本政府の信頼を失い、また自身のあっけない総理辞職で改憲運動を下火に追いやった。安倍以降の首相は、国内問題に追われ（例えば年金問題、野党からの解散要求など）、安全保障問題にじっくりと携わる余裕はない。さらに中宏池会として谷垣派と古賀派が二〇〇八年に再合流したため、商業主義派の巻き返しも全く考えられなくもない。次に世論に関して言えば、数々の世論調査で明らかなように国民も改憲や普通の国化を望んでいるとは言えない。特に経済不況の時期は、安全保障問題よりも、生活に直接影響を与える経済政策に国民の関心は向き、内向き傾向になりがちである。

それでは、普通の国化の遅々たる歩みは、国外で支障をきたすのであろうか。もし日本が日米同盟を今後も外交の基軸とみなすならば、明らかに深刻な問題が生じるであろう。二〇〇〇年に発表された「アーミテージ・レポート」

でも見られるように、アメリカ政府関係者は、アジアにおいて米英関係のような強固な同盟を日本に望んでおり[102]、普通の国化、つまり日本の防衛整備、海外での安全保障面での貢献を求めている。日本が日米同盟を今後も重視するのならば、安全保障分野での役割の拡大は必須である。もし日本がいつまでも普通の国化を渋るのであれば、アメリカの不満は募っていくであろう。また日米関係だけに限らず、日本が世界の場で発言力を増やし、国連常任理事会入りも果たしたいのならば、安全保障分野でも何かの国際貢献をすることが求められる。「カネ」を出して外交が解決するという時代は終わった。外交の転換が迫られている今、日本の迅速な対応が求められる。普通の国化は困難であるが、商業主義（吉田ドクトリン）に回帰するわけにもいかない。そして普通の国主義に替わる、海外でも通用する最新のパラダイムはまだ見つかっていない。

3　日本の海外派兵決定の分析

佐藤洋一郎[1]

一九九三年に戦後初めて、陸上自衛隊が国際連合（国連）の旗の下カンボジアへ送り込まれて以来、自衛隊の海外派兵は次第にその頻度を増してきた。日本の派兵決定を説明する要因としては、アメリカの外圧、日本のナショナリズムと国際主義、地政学的な関心、資源安全保障上の関心、そしてイシュー間リンケージなどの諸要因が挙げられてきた。一九九三年自民党の分裂と非自民連立政権の誕生を主導した小沢一郎は、日本が目指すべき「普通の国」の定義の一要素として、国際社会の責務への貢献、特に国家安全保障の関わる分野における人的貢献を挙げている。[2]人的貢献が「自衛隊」の海外活動、特に近年に見られるような国連主導で編成される平和維持軍以外の、アメリカを中心とする複数国間有志連合への参加という形での活動を含むかどうかについて、小沢はのちに民主党からの一案としても出される自衛隊とは別組織の「国連平和維持活動予備隊」構想を持っており、当初から自衛隊そのものの海外活動拡大に肯定的に踏み込んだ立場は採っていなかった。[3]しかし、その後この「普通の国」というフレーズが、自衛隊を他国には見られないような特殊な活動規制から解き放ち、これを普通の「軍隊」とすること、日本が国際紛争の解決における軍事力の行使、これをもっての威嚇を禁じた憲法第九条の「専守防衛」、「集団的自衛権の禁止」という解釈からの脱皮を意味するものとして使われるようになる。[4]

一九九九―二〇〇〇年の東ティモールへの陸上自衛隊派遣までの海外活動が、国際連合安全保障理事会（国連安保理）の決議に基づき、国際連合の統一された指揮下における派遣であったのに対して、二〇〇一年に始まるインド洋への海上自衛隊派遣や、二〇〇三年一一月に始まる航空自衛隊、翌年一月の陸上自衛隊のイラク復興支援任務への派遣は、国連安保理決議を根拠としながらも、実質上は統一された国連指揮系統をもたないいわゆる「有志連合」への参加、そして法律的には日本独自の作戦として行われた。専守防衛を国是とし、自衛隊を他国の「軍隊」と区別すべくその国内外における活動に厳しい制約を加え、憲法解釈において集団的自衛権の行使を認めないとしてきた日本にとって、小泉純一郎首相の下での複数国間有志連合型の自衛隊海外派遣は、国連平和維持活動への参加と集団的自衛権の間の法理論的葛藤に新たな対立の軸を加えることとなった。さらに、民主主義国家における軍隊と政府との関係の基本原則である「文民統制」の下、首相、防衛長官、内閣、国会の間における、軍隊派遣権限をめぐる緊張関係が、集団的自衛権解釈の問題とも絡んで、さまざまな議論を引き起こしてきた。

一九九〇年代後半にはまた、日米防衛協力ガイドラインの見直しとそれに伴う周辺事態法の成立[5]、日米役務協定の改定および関連立法により、自衛隊の領土防衛を超える活動が拡大した。それとともに、日米二国間の文脈に限られてではあるが、日本の安全に脅威を与えるような周辺事態における米軍と自衛隊の協力の拡大が図られた。結果、ここでもまた自衛隊の海外活動の拡大と集団的自衛権との問題が提起されることとなった。

二〇〇六年七月五日の北朝鮮によるミサイル試射とそれを受けた国連安保理決議（一六九五号）、そして同年一〇月九日の核実験発表とそれを受けた国連安保理決議（一七一八号）によって大量破壊兵器関連物資の輸送阻止が具体化すると、日本国内では周辺事態法適用の是非をめぐる論争が起きた。すでに東ティモールでの国連平和維持活動、陸上自衛隊のイラク駐屯地周辺の警備、二〇〇四年一二月二六日スマトラ沖大地震による津波被災地への救援などを通じて、日米との三カ国安全保障協力の拡充を進めてきたオーストラリアが、北朝鮮船舶の公海上臨検への協力をいち早く名乗り出た。こうした中、周辺事態法の日米二カ国に限られた文脈が、複数国有志連合参加への適用を制限しているとの指摘が出された。こうした一連の海外派兵立法とその実践からの反省が、対テロ特措法[6]やイラク特措法[7]のようなケース・バイ・ケースの時限立法がよいのか、あるいは自衛隊海外派遣の一般的かつ広範な権限を首相・内閣に付与する恒久法がよいのかという議論へつながってきている。中でも、二つの特措法での先例が、自衛隊海外派兵に関する恒久法へ向けた動きに影響を与えることが予想される。

以下では、対テロ特措法、イラク特措法による自衛隊の海外派遣の事例における政策決定過程の詳細を検討することで、この二つの法律の下で成し遂げられた自衛隊海外派遣の実績が、今後の海外派兵恒久法制定と集団安全保障に関する議論に与える影響について考察する。

対テロリズム特別措置法と海上自衛隊インド洋派遣

二〇〇一年九月一一日朝（米国東部時間）、テロリストにハイジャックされた米国民間航空機四機のうち二機がニューヨークの世界貿易センタービルの二棟のタワーに突入、一機はワシントンの米国防総省ビルに突入、残る一機はホワイトハウス突入を狙っていたとみられるが、携帯電話を通じてニューヨーク、ワシントンでの攻撃を知った乗客らの抵抗に合い、ペンシルバニア州郊外に墜落した。

この攻撃が国際テロリスト組織アルカイダによるものと判ると、国連安保理は決議一三六八号を採択し、同攻撃を国際の平和および安全に対する脅威と認定し、すでに採択されていた国際的なテロリズムの行為を非難し、国連全加盟国に対しその防止等のために適切な措置を取ることを求めた諸決議（一三六七号、一三六九号、一三三三号、他）の実践に道を開いた。

この国連決議を受けて、日本では国会が与党自民党と公明党の賛成で、二〇〇一年一一月二日から二年間有効の時限立法である対テロ特措法を通過させ、自衛隊が「協力支援活動」に従事できる根拠を与えた。対テロ特措法では、首相は防衛庁長官（現・防衛大臣）による派遣命令から二〇日以内に派遣について国会に付議し、承認を求めなければならない（国会閉会中、衆議院の解散中の場合は、召集後速やかに）としている。国会で不承認の議決が行われた場合には、政府は速やかに自衛隊の活動を終了させなければならない。このような、行政府（内閣）による軍隊派遣に対する立法府（国会）の一般的な事後承認機能は、一九九二年の国連平和維持活動協力法（PKO法[8]）に始まる日本の自衛隊海外派兵に関連する一連の立法にも組み込まれてきた。（イラク特措法でも同じ。）

国連安保理の派遣決議と、受入国の承認を前提とするPKO法と比較すると、対テロ特措法では、アフガニスタンへの陸上戦力の派遣は含まれなかったことからパキスタンやオーストラリアといった輸送拠点となった関係国、および海上自衛隊の補給艦から給油を受ける連合国との間の交換公文による合意のみが必要とされた。対テロ特措法の下での自衛隊の派遣に関する政策決定には（1）国会、（2）首相および内閣、（3）首相および防衛庁長官（現・防衛大臣）からなる三層の政策決定レベルが存在する。同特措法の下での臨時措置から長期のトレンドを見るためには、各々の政策決定が上に述べた三つのレベルのどこで行われているかをはっきりさせることが重要である。以下、各レベルの政策決定要因を概観し、日本の派兵決定を説明する上での相対的な重要性を検討する。

国会による特措法制定と延長

自衛隊の海外派遣一般に関する恒久法を持たない日本は、他国領域内での活動に関してはPKO法、公海上における活動に関しては周辺事態法と自衛隊法の一部に規定がある（調査活動、海上警備行動）のみであった。同時多発テロを受けてインド洋地域へ米第七艦隊派遣が決まると、二〇〇一年秋横須賀を出港する同艦隊を東京湾外へエスコートする役割を海上自衛隊が担ったが、あくまで既存の自衛隊法の海上警備行動規定に依拠する日本単独の派遣とされた。しかし、政府が周辺事態法の適用を見送ったことから、より継続的な対米支援活動を行うには新規立法が必要であり、かつそのような立法が迅速に行われる必要があった。これは一九九一年の湾岸戦争の際、海部俊樹内閣がPKO法制定を断念し、同紛争に関連して唯一の自衛隊作戦となった海上自衛隊の掃海艇部隊派遣が戦闘終結後になり、欧米の戦闘参加国からの厳しい批判を浴びたことへの反省が大きく影響していた。米国が同時多発テロの実行犯特定に時間を掛け、多国間連合形成に努力したことで、小泉純一郎首相は秋の特別国会で対テロ特措法案を審議することができた。国会では自民・公明の与党対民主党を初めとする野党の対決となったが、比較的高い世論の支持に加え、「立場を鮮明にしろ」という意味と「軍事行動の現場に日本国旗を見せろ」という意味とを掛け合わせたリチャード・アーミテージ国務副長官の"Show the flag!"という外圧を追い風に、政権与党がこれまでにない速さで二〇〇一年一〇月末までの二カ月足らずで、二年間の時限立法である対テロ特措法（一一月一日発効）を制定した。

その後国会はインド洋での有志連合の海上臨検・輸送阻止活動が継続する中、二〇〇三年一〇月には同特措法を二〇〇五年一一月一日まで二年間延長、二〇〇五年一〇月末には二〇〇六年一一月一日までさらに一年間の延長、二〇〇六年一〇月末にも二〇〇七年一一月一日までさらに一年間の延長を決めた。同特措法の有効期限内での派遣の延長は閣議決定で基本計画変更を通じてなされてきたが、二〇〇三年一〇月、二〇〇五年一〇月、二〇〇六年一〇月の三度にわたる特措法自体の改正・延長には、国会審議と採決が必要であった。二〇〇三年秋には後述するイラクへの派兵の問題が緊急を要していたにもかかわらず、イラク特措法成立が年越しの二〇〇四年一月にまでずれ込んだのは、二〇〇三年一〇月の総選挙前に国民の間に反対の声の強かったイラク派兵の問題を持ち出すのは得策で無いとの配慮に加えて、一一月の対テロ特措法の期限切れ以前にこれを延長することに失敗すれば、連合国との協力体制に空白が生じてしまうため、総選挙前の特別国会で対テロ特措法の延長を片付けておかなければならないという切羽詰った事情があった。

二〇〇三年一〇月の法改正の際には、二〇〇一年一〇月の対テロ特措法成立の際にも同法案に反対していた最大野党民主党が再び反対することが予想されていたため、九月から一〇月の特別国会の会期日程をめぐって、与党の国会対策議員たちが周到な根回しをする一方、妥協が不可能なら強硬採決という路線が敷かれた。民主党からは、法律の適用期間を延長した場合に、自衛隊派遣に国会の事前承認を義務付けることや、基本計画の大幅改正の際に国会の事前承認を義務付けること、特措法を再延長しないことの明記、を含む修正案を出す方針が示されたが[9]、与党は修正協議に応じない姿勢をとり、民主党は結局法案反対に回った。テーブルに上がった民主党女性議員に詰め寄られる議長を、元プロレスラーの自民党新人議員が体を張って守り議事進行させるという、ニュースの画面をにぎわせた光景にはやらせ臭い感もあったが、与党が同法の二年間延長を押し切った。反対した民主党の中でも個人的には賛成の議員も見られ、反対理由も二〇〇一年の反対とのつじつま合わせ的なところがあった。二〇〇五年一〇月の延長の際は、インド洋での有志連合の活動全体が縮小する中、海上自衛隊の給油実績が最大時の十分の一程度にまで落ち込んでいることを理由に、政権与党および野党民主党内に延長に消極的な声が聞かれた。特に小泉首相自身が延長に乗り気でなかったと伝えられている[10]。しかし、後述するイラクに派遣されていた陸上自衛隊の撤退が視野に入っていたこの時期にインド洋の海上自衛隊をも撤退させることが日本の国際協力へのイメージに与えるやも知れない悪影響を考慮して、二〇〇六年一一月一日までの一年間のみの延長で与党内の統一が図られた。

対テロ特措法二〇〇六年一一月一日失効の可能性は、その後の国際情勢、国内政治の変化により崩れ、再々延長へ向けた流れが勝ることになった。二〇〇六年七月五日の北朝鮮による弾道ミサイル発射実験に続いて、一〇月三日には北朝鮮外務省が核実験の予告をした。三日後の一〇月六日の閣議では、誕生したばかりの安倍晋三政権が対テロ特措法を一年間延長する法案を国会へ提出することを決めた。[11] その後衆議院、参議院での審議を経て延長案は一〇月二七日に可決され、同法は二〇〇七年一一月まで延長された。

北朝鮮は一〇月九日に核実験を実施・発表、北朝鮮船舶の海上臨検を含む国連制裁決議案の討議が活発化した。この文脈の中での自衛隊の貢献が議論される中、三つの論点が浮上した。第一に、周辺事態法の適用への国内慎重論が強く、かつ適用されても燃料補給を含む「後方支援」の対象が米軍のみに限られてしまうという点。第二に、当面は周辺事態法の適用を見送り特措法の制定における対応が検討される中、[12] 新法制定と作戦立案には少なくとも半月ほどかかるため、事態の急展開に対応しきれないのではという点。第三に、現行法（周辺事態法、船舶検査法）下での自衛隊による公海上での船舶検査には、旗国（この場合北朝鮮）の同意が必要とされ、強制力が無いという点である。短期的にはこれらの要素に鑑みて、有志連合による公海上臨検が行われた場合に少なくとも燃料補給という形で遅滞なく支援を行うためには、その先例を為す対テロ特措法を残しておくのが得策との判断も働いたであろう。さらに中期的には、小泉政権のやり残しとなっていた自衛隊海外派遣恒久法立法をめぐる議論が安倍政権で本格化する中、対テロ特措法反対の民主党の中からも恒久法立法へ向けての審議を受け入れる動きが高まり、与党内の公明党のほうがむしろこれに消極的という新しい政治構図が生まれる中で、恒久法制定までのつなぎとしての役割もありそうだ。

首相と内閣による基本計画策定と変更

対テロ特措法では、自衛隊の派遣先・規模、活動時期・内容、携行装備などの詳細を、首相と防衛庁長官（現・防衛大臣）によって起草され閣議によって承認される「基本計画」において定めることとされている。基本計画への変更には閣議了承が必要とされる。防衛庁長官（現・防衛大臣）は基本計画に基づいて首相の承認の下「実施要綱」を定め、この中で派遣される自衛隊部隊の活動の詳細を記す。基本計画に定められた自衛隊の活動については実施後国会への速やかな承認議決付議を要するが、あくまで事後報告に基づく不承認の議決権が国会に付与されているにとどまる。(野党の求めた国会による事前承認とは異なる。後述するイラク特措法では、この点で多少国会との関係に差異がある。)

二〇〇一年一一月一六日に策定された最初の基本計画は、まず六カ月間の自衛隊派遣を定めた(二〇〇二年五月一日まで)。その主な任務は海上自衛隊補給艦による連合軍艦船への給油活動と補給艦の護衛にあたる護衛艦の派遣、航空自衛隊C‐130輸送機によるオーストラリアからインド洋英領ディエゴ・ガルシア島の米軍基地への補給物資輸送(武器・弾薬を含まず)であった。海上自衛隊所属の四隻の高速戦闘支援艦(自衛隊の呼称では補給艦)が二隻ずつ交替で、アフガニスタンで対テロ戦争に従事するアメリカ軍他(後にイギリスなどの艦船にも拡大)[13]の艦船に給油を行い、六隻の駆逐艦(自衛隊の呼称では護衛艦)が三隻ずつ交替でこの活動を護衛することとされた。

翌年五月一七日の最初の修正で自衛隊派遣を一年延長し、二〇〇二年一一月一九日の二度目の修正では「米国の軍隊の使用する飛行場施設の維持に資するための建設用重機等および人員の輸送」のための揚陸艦(自衛隊の呼称では輸送艦)一隻と護衛のための追加の駆逐艦一隻の派遣が加えられた。これらの修正は、首相を中心に策定、閣議了承を経てなされた。この基本計画への二つ目の修正は、二〇〇二年一一月一一日に矢野外務副大臣が、アフガニスタン内の空港整備に二月末から三月初めに約一四〇名からなる陸軍工兵部隊などの派遣を行うことを決めていたタイ政府に対して、人員と建設用重機輸送のための揚陸艦派遣を申し入れたことを受けている。基本計画への修正部分が、輸送を一回限り、二〇〇二年一二月三一日から二〇〇三年三月三一日の間としていることから、防衛庁と外務省がアジアの国の部隊を輸送するという政治的な先例作りをするという意図で行ったことがうかがえる。海上自衛隊によるタイ国軍工兵部隊の輸送は、二〇〇三年二月に実施された。

二〇〇三年四月には再び基本計画の変更で補給活動が六カ月延長され（二〇〇三年一一月一日まで）、特措法自体の改正・二年間延長をうけた二〇〇三年一〇月の基本計画変更では、派遣がさらに六カ月延長（二〇〇四年五月一日まで）、二〇〇四年四月二三日の基本計画変更では、活動期限がさらに六カ月（一一月一日まで）延長された。二〇〇四年四月二三日の基本計画変更では、派遣される海上自衛隊部隊の規模を縮小し、補給艦一隻、護衛艦二隻までとした[14]。この上限は、これまでの補給艦二隻、護衛艦三隻より少なくなった。連合国艦船への給油実績が当初よりかなり少なくなったためとされているが、北朝鮮の核兵器・弾道ミサイル開発をめぐる緊張の高まりも影響していた。二〇〇五年五月一日の基本計画の期限切れを睨んだ四月の閣議では、同計画の六カ月延長が決められたが、防衛庁では一隻の護衛艦派遣にとどめた[15]。

日本から米国艦船に提供された燃料が二〇〇三年三月二〇日に始まった対イラク戦争に加わった米空母キティホークへ渡ったとして、集団的自衛権に関わる問題となる可能性が指摘された[16]。しかし、自衛隊の集団的自衛権の行使への参加という観点から見るなら、日本からの給油を受けた船舶がタリバン攻撃に参加したかどうかという狭い定義は役に立たないであろう。重要なことは、米英以外の国も参加するアラビア海などで麻薬や武器の密輸に携わるテロリスト集団を阻止する海上作戦において、連合国による四万一千回（二〇〇四年）に上る不審船への無線照会や[17]、同年上半期のみで約五〇〇回に上る乗船検査を[18]、参加艦船への給油を通じて自衛隊が間接支援していたということである。その後も六ヵ月ごとの閣議決定による基本計画の延長更新を経て、縮小規模での派遣が続いた。最近においては二〇〇七年四月二四日の基本計画変更で二〇〇七年一一月一日までの派遣継続が可能とされたが[19]、二月二〇日に来日したディック・チェイニー米副大統領からのアフガニスタン復興への自衛隊の貢献の拡大要請を受けての決定であった[20]。二〇〇七年一一月一日の同法の失効、その後の給油活動再開のための新法制定とその延長に向けての動きについては、本章結びの中で論ずる。

首相と防衛庁長官による実施要綱策定と変更

防衛庁長官と首相によって実施要綱の中で決められてきた事項にも、集団的自衛権との関連で重要な政策変更が含まれていた。法律上の両者への権限の付与は、必ずしも他のアクターが決定から排除されたことを意味せず、事例ごとに政策決定過程への包括の度合いが異なる点に注意が必要である。

アメリカ以外の国の艦船に対する給油活動の拡大は特措法に基づく最初の基本計画を変更することなく出来たが、給油対象国との交換公文への署名（外務省の所管）が必要であった。このため、対象国の拡大は閣議で決められた。イラクの大量破壊兵器開発疑惑をめぐりアメリカとの緊張が高まった二〇〇三年二月に給油対象国の拡大が検討された背景には、対イラク攻撃が始まるとインド洋に展開する米英の艦船が中東方面へシフトし、インド洋に残るそれ以外の国の艦船への補給が「テロとの戦いに効果的に貢献する」という狙いがあった[21]。

基本計画で定められた護衛艦の派遣について、対空防衛能力に優れたイージス型護衛艦を派遣するかどうかが、野党のみならず与党自民党・公明党内にも反対派、慎重派があったことから、一つの争点となった。海上自衛隊の護衛艦の中からどの艦を派遣するかは、閣議承認を必要とする基本計画よりも一段下の「実施要綱」で定められており、首相と防衛庁長官に公式の決定権限がある。しかし、実際問題として与党内調整は不可欠で、山崎拓自民党幹事長がイージス早期派遣の方針を公明党、保守党の幹事長に説明し、保守党からは賛成を、公明党からは表向きの反対にもかかわらず黙認するとの感触を得ていたようだ[22]。イージス派遣の本音は、アメリカがイラクとの戦争で、自国のイージス艦をペルシャ湾へ派遣する穴埋めに自衛隊のイージス艦をインド洋へ送ることで、同盟国アメリカの期待に応えるという政治的配慮にあったが、日本政府はまた、対イラク戦開戦の場合にはインド洋へ派遣されたイージス艦をペルシャ湾での日本タンカー護衛に使うことも想定していた。この場合は対テロ特措法ではなく、自衛隊法の「海上警備行動」に基づく派遣とする予定であった。

こうしてイージス艦「きりしま」が二〇〇二年一二月末インド洋へ向けて出港した。イージス艦は既にインド洋地域で活動中の三隻の護衛艦の内の一隻と交替する形での派遣となった。イージス艦派遣の賛成派は同艦の技術的に優れた面や、対米配慮といった政治的な面を強調したが、一方反対派は派遣決定に対してイージスの広範囲にわたる対空防衛能力と共同作戦行動能力を挙げて、集団的自衛権の問題に関わる憲法上の問題として異議を唱えた。対イラク戦争とのからみではその後、二〇〇三年三月二〇日の戦闘開始をうけて、インド洋、アラビア海での給油活動の海域を縮小する実施要綱変更がなされた[23]。

二〇〇二年九月の小泉首相の平壌訪問の失敗（拉致問題の解決失敗から日朝関係がこじれてくる）以来、北朝鮮の動向が怪しくなってくると、日本が四隻しか持っていない貴重なイージス護衛艦（うち一隻「ちょうかい」は弾道ミサイル防衛のためのSM‐3型迎撃ミサイルの搭載などの改修のため長期ドック入りしていた）の一隻を遠洋へ派遣し続けることに対する実務的な反対が強まっていった。二〇〇三年五月に予定されていた「きりしま」の交代にイージス艦の「こんごう」をあてる当初の計画を見直し、通常型を充てることも検討されたが、対米支援という決断で、「こんごう」の派遣に決まった[24]。しかし、北朝鮮がミサイル実験の凍結解除を宣言し、二〇〇三年秋に北朝鮮の核開発問題をめぐる外交的解決の器としてようやく開催にこぎつけた米朝中日韓露六カ国協議の冒頭で、北朝鮮が核兵器の保有を宣言し会議をぶち壊すと、日本のイージス艦を日本近海に戻すばかりか、二〇〇四年に入るとアメリカもイージス艦一隻を日本海配備するなど、北朝鮮に対する警戒が高まっていった。イージス艦「こんごう」は、非イージス型の護衛艦「はるな」と二〇〇四年八月に交代となった。

恒久法における国会統制

米国同時多発テロ後の二〇〇一年一一月の同法発効後、翌一二月以来続いてきた海上自衛隊補給艦による米国、その他対テロ連合諸国の艦船に対する給油活動は、日本を実質的な集団自衛体制の中に位置付ける重要なステップとなった。それと同時に、後述するイラク人道復興支援特別措置法と並んで、今後の自衛隊海外派遣をめぐる恒久法制定についての論議に大きな影響を与えることになりそうである。

国会は特措法に二年間の期限と、武器・弾薬の輸送の禁止を含む作戦行動への一定の制限を盛り込むことで、自衛隊の活動を制約した。しかし、実施要綱の変更によるイージス艦の派遣、基本計画への修正によるタイ軍輸送などが示すように、行政府主導で海外派遣の先例作りが行われていることが伺える。

行政府内における防衛庁の権限の強化については、小泉首相の強い後押しがあったにもかかわらず限定的で、公式の閣議と与党内調整が中心的な役割を果たしていたといえる。自衛隊派遣が対外協力という枠内で行われることで、外務省の管轄を離れられないということも、より包括的な政策決定をうながす要因である。

陸上・航空自衛隊イラク派遣

大量破壊兵器開発、隠匿の疑惑を持たれてきたイラクに対し、国連査察の延長の是非を巡る安全保障理事会（安保理）メンバー国間の対立が解けぬまま、米英連合軍による対イラク武力攻撃が行われた。開戦に当たっては、安保理の常任国であるフランス、ロシア、中国の反対と共に、欧州連合内でもドイツ、フランスは反対、スペイン、イタリア、旧共産圏東欧諸国は米英を支持と、国際社会が分裂した。イスラム教を共通にするアラブ社会でも、前回の湾岸戦争でイラクに占領されたクウェート、小国で防衛をアメリカに依存するオマーン、カタール、アラブ首長国連邦などは、公然・非公然に米英の行動を支持している。武力行使に反対したアラブ諸国の中にも、サダム・フセインの亡命による政権交代を望んだ国は多い。東アジアでも、米英支持をはっきりと表明した韓国、フィリピンなどから、公然と反対したマレーシア、インドネシアと意見が割れた。

二〇〇三年三月、コーリン・パウエル米国務長官の安保理演説が新決議へ向けての多数派工作に失敗し、ブッシュ大統領が開戦へ向けてイラクへの最終通告を行うにいたった。小泉首相は三月一八日に米英の武力行使に対して最終的に「支持」を表明したことで、日本の立場をはっきりさせた。日本はイラク近隣諸国へ流れ出た難民、戦後のイラク復興への援助などについては、もっと早い時期から参加を表明していた。しかし、日本は直接の戦闘や、米英軍への後方支援には加わらず、終戦後の機雷除去や、イラク暫定政権の治安維持を助ける国連平和維持軍が組織された場合に自衛隊を送るといった案を、自民党内で検討しながら戦争終結の様子見をしていた。一方、「暫定政権設立までの米英による軍政下での復興人道支援室に日本政府スタッフを」という米国からの要請に答えて送り込んだ外交官二人が二〇〇三年一一月末、武装勢力の襲撃を受けて死亡するという事件が起き、自衛隊派遣への影響が懸念された。

米英「支持」の表明にいたる過程で、小泉首相の発言を注意深く読んでいくと、最後の最後まで軍事行動への明示的な支持表明を避け、外交による解決という意味での米英支持を唱えつつ、軍事行動が秒読みに入った段階でも粘り強くフランス、ドイツなどの説得にあたって来たことがうかがえる。

対イラク戦に憲法上参加できない日本が、代わりに戦後のイラク復興に協力するという形での日米の役割分担は、開戦前からアーミテージ国務副長官などとの間で調整が行われていた。具体的な貢献の内容は日本の率先に一任するという表向きの発表とは裏腹に、綿密な役割分担に関する協議が実務者レベルで重ねられていた。陸上自衛隊の派遣に関しては、アフガニスタンの対テロ戦で日本に対し“show the flag”という言葉で自衛隊の派遣を求めたアーミテージ国務副長官が、今度は“boots on the ground”というより特定的な表現で陸上部隊の派遣を求めていた。

二〇〇三年五月二二―二三日にブッシュ大統領をテキサスの牧場に訪問した小泉首相は、航空自衛隊のC－130輸送機をイラク近隣の国へ、人道支援物資輸送のために派遣することを約束した。まずは、国連決議の範疇で日本の出来ることからはじめるという手法であった。二〇〇三年七月から八月にかけて航空自衛隊の輸送機がPKO法下の人道支援活動として、イタリアからヨルダンまでのイラク向け支援物資輸送に携わった。イラク国内へ直接空輸を行わなかったのは、治安の問題もあったが、暫定政権が成立しておらず、当事国の同意があるというPKO法の規定を満たしていなかったことが大きかった。アメリカ側から六機派遣の希望があったと報道されているが、実際の派遣は三機となった。

アメリカ側から、米英軍による治安維持活動に対する後方支援を行う約一〇〇〇人の陸上部隊の派遣も打診されたが、テキサスでの会談では、派遣に必要な新法制定を含めて「検討する」との表現に留められた。しかし、その後の展開でポーランド、イタリア、デンマーク、韓国などが次々に陸上部隊派遣を決める中、自衛隊の陸上部隊の派遣も「公約」的なものと見られる様になっていった。日本側からは、「イラク復興への国際社会の関与にお墨付きを与える何らかの国連決議が望ましい」との要求がアメリカ側に伝えられ、その後の文面作りに日本側の意向が相当程度反映された。しかし、戦後の統治形態、治安情勢など流動的な要素が多いため、具体的な貢献策、特に人員の派遣について、日本政府の対応は受け身となりがちであった。

日本は開戦決定支持の段階では一時放棄せざるを得なかった国連中心主義を、復興支援の段階でよみがえらせ、米英と独、仏、ロシア、中国などの関係修復を橋渡しするという外交得点を稼ぐことを狙っていた。米英の軍政から国連による暫定政権へのいち早い移行、安保理全会一致での国連平和維持軍の創設と復興支援の決定、その上での平和憲法・PKO法枠内での自衛隊参加という筋書きを基に、日本は安保理への決議提案をも狙っていた。与党自民党山崎幹事長ら小泉首相の腹心たちが世論の反応を見るための「観測気球」ともいえる発言をして、自衛隊参加のための国内地ならしが行われていた。

川口順子外相が二〇〇三年五月に独、仏、英の欧州各国外相との会談から帰国すると、原則では国連中心主義への回帰で日本と一致しながらも、米英中心の戦後復興に国連の正統性を利用されることを怖れるフランスの様子見の態度が明らかになるなど、ＰＫＯの編成自体を疑問視させるような動きも出てきた。こうした中、米英からの軍政への協力の要請が、日本に新しい問題を突きつけた。北朝鮮の核問題をにらんだ対米関係重視、軍政参加で復興経済利益にあずかる足がかりを作ること、といった国連中心主義と時に矛盾する目的をも考慮したものとならざるを得なかった。

戦闘終了と国連の関与

国連では戦闘の終了を受けて、安保理がアメリカ発議によって、一九九一年湾岸戦争より続いた対イラク経済制裁の解除を決めた。制裁下でのイラクからの原油の輸出は、極限られた食糧・医薬品などの人道支援物資の調達のみを目的に、国連の管理下で行われていた。制裁解除を受けて、暫定政権が成立するまでは米英軍政が、イラク復興資金の調達のために原油輸出を管理することになった。同じ国連決議で、イラクへの国連による人道支援活動が行われることも決まった。暫定政権への移行期間がどのくらいになるのかについては、決議では明示しなかった。

日本は、イラク近隣諸国へ流れ出た難民への援助、戦後のイラク復興への援助について早い時期から参加を表明してきた。イラク暫定政権の治安維持を助ける国連平和維持軍が組織された場合に自衛隊を送るといった案も検討されたが、開戦前に生じた国際社会の亀裂は完全には修復されておらず、暫定政権設立まで米英軍主導による占領軍政が行われることになった。軍政下での復興人道支援室に日本政府スタッフをという米国からの要請に、日本は文民スタッフの派遣をいち早く決定したが、自衛隊のイラク派遣は国連の関与がどうなるかを見定めてからになった。対イラク戦争の理由が、イラクによるテロ支援、大量破壊兵器開発、サダム・フセインの圧制からの解放と焦点が定まらないまま揺れ動いたこと、大量破壊兵器開発について決定的な証拠が見つかっていなかったことから、戦争の大義が欠けているという野党からの批判が尾を引いていた。

米英の軍政から国連による暫定政権への移行、安保理全会一致での国連平和維持軍の創設と復興支援の決定、その上での平和憲法・PKO法枠内での自衛隊参加を狙っていた日本だが、のちに特措法による対応へと流れが変わった。二〇〇三年五月の国連安保理決議一四八三は全会一致でイラクへの「人道支援」を決め、米英による暫定統治機構による治安回復任務を「認識」し、国連加盟国が暫定統治機構に協力することを「歓迎」したが、国連として「多国籍軍」の「権限」を認めることは踏みとどまった。米英による軍政に対する国連の立場がはっきりと権限付けをするものでなかったため、受入国政府の同意を自衛隊派遣の条件とするPKO法は適用できなかった。八月一日にはイラク特措法の成立で自衛隊派遣の根拠法は出来たが、同年八月のバグダッドの国連事務所への自爆テロ後、治安の悪化を理由に国連の人道復興支援要員は一時撤退したままであった。一方、フランスやドイツといったヨーロッパの対イラク開戦反対国から、イラク人への主権の早期返還、国連の関与の増大と引き換えに復興努力への協力の用意があることを示唆する動きが出てきていた。治安にあたるイラク国軍の再編、イラク人警察の訓練などへの協力が含まれ、イラクの治安悪化に苦慮するアメリカと、復興支援参加の国内説得に国連の正当性が必要なヨーロッパ諸国や日本との間の溝がやや埋まった。一〇月の安保理決議一五一一では、こうした流れを受けて、治安回復のための多国籍軍の「権限」を認め、国連加盟国の参加もこれを「求める」という一段強い表現に変わった。

安保理決議一五一一では、イラク人政府への主権移譲の日程について合意が出来ず、一二月一五日までに日程を提示という先延ばしがされた。米英主導の暫定当局と、当局によって任命されたイラク人暫定統治評議会でこの問題を話し合った結果、二〇〇四年六月末までに暫定国民議会による間接選挙で新政権を選出することが合意された。これを受けてアメリカは、フランスなどに譲歩する形で二〇〇四年六月までに、と具体的な時期を提示したが、イラク人政府を選出するための選挙の方法・時期を巡って、暫定統治評議会から除かれているイラク国内少数派であるイスラム教シーア派のリーダー達が国民による直接選挙を求め、期限前の選挙の実施が危ぶまれていた。暫定統治評議会は、米英との約束を担保するべく新たな国連決議で主権移譲日程を明記するよう求め、米英、フランス、暫定統治評議会、シーア派の「四つ巴」の様相を呈していた。

イラク特措法立法

戦闘終結後二カ月での国会によるイラク特措法の立法は、当初国連の関与がはっきりしなかったことを考えれば迅速であった。しかし、その後実際の自衛隊部隊の派遣にいたるまでには紆余曲折があった。まず、二〇〇三年八月一日、特別国会でイラク特措法が与党三党（自民党、公明党、保守新党）の賛成で通過し、陸上自衛隊のイラク派遣の法基盤が整った。

衆議院での審議では、連立与党と野党第一党である民主党との間での法案修正の可能性も模索されたが、大量破壊兵器が出てこないことを受けて対イラク戦の大義を疑い、自衛隊陸上部隊の派遣を拒否し、文民派遣に留めたいとする民主党との溝は深く、結局連立与党による無修正単独採決となった。四年間の時限立法であるイラク特措法では、閣議が承認する基本計画の下、自衛隊の派遣が出来るとされ、基本計画には部隊の派遣地域、規模、任務などが盛り込まれることとされた。イラク特措法は、先に述べた国連安保理決議一四八三号を根拠にしている。（同決議が米英軍を中心とするイラク国内での治安維持活動について微妙な立場を採ったことについては、先述のとおり。）駐屯先のイラクにおいては「国際連合の総会又は安全保障理事会の決議に従ってイラクにおいて施政を行う機関の同意」（第二条第三項一）を以て派遣可能とし、米英主導の暫定統治機構との合意を根拠とできる可能性に道を開いた。

自衛隊のこれまでのPKO法下の派遣と似ている点は、自衛隊の役割が非戦闘地域における人道復興支援活動と安全確保支援活動に限られ、武器使用規定も自衛に限定された厳しいものになっていた点である。「自衛隊は戦争に行くのではない」という小泉首相の主張を軸に、日本は「戦争」には参加しなかったが「復興」には参加すべきとの意見への集約が図られ、自衛隊派兵もこの観点から捉えられた。

「戦闘地域」と「非戦闘地域」の区分には、PKO法で自衛隊は戦闘が終結し、紛争当事者間に停戦合意が無ければ派兵することが出来ず、こうした条件が崩れた際には撤退しなければならないとした所にルーツがあった。しかし、運用にあたる解釈で、一九九三―四年カンボジア派兵当時とは違いが見られた。イラク特措法で自衛隊派遣が可能とされたのは「非戦闘地域」に限られていたことから、国会質疑でも何をもって「非戦闘地域」といえるのかということに議論が集中した。その後派遣へ向けての日本政府の答弁を要約すると、公式の「戦争」は終結したが、一部「戦闘状態」が続いている地域があり、組織的な攻撃が続いている場合には「戦闘地域」とみなすべきであるが、散発的なゲリラ攻撃をもって「戦闘地域」となるわけではない、という解釈が採られていた[25]。

基本計画の策定

イラク特措法における基本計画は首相と防衛庁長官（現・防衛大臣）「を中心に策定され、内閣全体で承認された後国会へ報告されることになっている。内閣の国会への基本計画「報告」義務は、対テロ特措法では明確に規定されていなかったが、部隊派遣等の対応措置実施の二〇日以内の国会付議、国会による不承認議決の場合に関する規定は対テロ特措法、イラク特措法に共通している。

イラク特措法が自衛隊の派遣範囲を「非戦闘地域」に限るとしているため、小泉首相は注意深く比較的安全な地域の選定にあたった。また、その他の米英の同盟国による部隊派遣との分担も考慮された。元外交官の岡本行夫内閣補佐官をイラクへ派遣して情報収集に当たらせたのも、アメリカとの関係の強い同氏を通じて米軍の現地情報を得ることが目的であった。こうしてようやく絞れてきたのがイラク南部のサマーワやナーシリアという町であったが、ここにも警戒宣言が出され、外部からのテロ分子の進入を警戒して町の入り口を米軍が厳重に取り締まっていた。

イラク特措法立法時から一一月初めの衆議院選挙が見込まれていたこともあり、派遣は二〇〇三年一二月以降との見方が支配的だったが、悪化するイラク国内の治安と外国軍や国際機関へのテロ攻撃を受けて、内閣による派遣「基本計画」の策定が延期された。カタールのアラビア語放送局アル・ジャジーラへ送られたオサマ・ビンラーデンの声とされるテープが、日本を含むアメリカの同盟国を名指しでテロの対象としてあげたことや、その後バグダッドの日本大使館に向けて銃撃があったことなどから、日本国内で派遣に対する慎重論があがった。

この頃すでに派兵を行っていた国にはポーランド、イタリア、スペインなどのヨーロッパ諸国や韓国、小規模ながらフィリピンやタイなどの国があった。タイのように当初から戦闘の勃発を理由にする撤退の可能性を明らかにしている国もあれば、フィリピンのように国内世論を見ながら対応している国もあり、治安の悪化が撤退の動きにつながりかねない状況が自衛隊の派遣前から存在していた。

イラク占領に陸軍戦力の大きな部分を割かねばならないアメリカは、出来るだけ多くの国からの派兵で多国籍軍の体裁を整えたいという政治的な計算と、出来るだけ数を出してもらってアメリカ軍の負担を軽減したいというより具体的な計算があった。こうした状況で日本の足踏みを見るにつけ、アメリカの指導者たちの間から不満の声が上がった。ドナルド・ラムズフェルド国防長官が日本からのいかなる形の貢献も貴重であると、従来からの「柔軟な外圧」を貫く一方、ウォルフォウィッツ国防副長官が「日本からはもともと多大な貢献は期待していなかった」と発言するなど、日本への不満が米政権内でくすぶっていた。

二〇〇三年九月から一一月にかけてイラクへ数回の調査団が派遣され、派遣先や自衛隊任務の詳細が詰められる一方、一〇月には基本計画の決定を待たず航空自衛隊の輸送任務にむけての準備が発表された。一一月末の日本人外交官殺害事件で派遣慎重論が高まり、陸上部隊の派遣時期について連立与党である公明党との調整に手間取る中、政府は一二月中の航空自衛隊部隊先行派遣へと傾き、一二月九日に基本計画が閣議決定され、一二月一五日から一年間の派遣（可能）期間が設けられた。特措法が四年間有効であったことを考えると、最初の基本計画が一年だけというところに、立法時と比べて政府がより自衛隊派遣に慎重になっていたことをうかがわせる。一二月一八日にはさらに実施要綱が決定されたが、実施要綱では具体的な派遣開始日を示さず、防衛庁長官が派遣命令を出した日から二〇〇四年一二月一四日（基本計画の有効期限）までと幅を持たせた。これには移動中の自衛隊を狙った攻撃を撹乱する狙いもあったかもしれないが、陸上部隊派遣の実施が依然流動的な状態で、国会付議の期限である二〇日の起算点を明確に設定してしまうことで、派遣実施前に野党が不承認決議を行う隙を与えることを嫌ったためとも見られる。

まず航空自衛隊の先遣部隊がクウェートへ向け出発し、同国とイラク国内の空輸拠点を結ぶ復興物資輸送の任にあたる本隊を迎える準備に入った。イラク特措法の下では、クウェートに拠点を構えて、バグダッドなどのイラク国内の空港へ直接乗り入れる計画だったが、バグダッド空港を離発着する航空機に対する地対空ミサイルによる攻撃など安全上の問題から、当初は南部のバスラ空港とタリル空港に限定された。輸送物資から米軍向け兵器弾薬を除くかどうかでも、政府は考えを二転三転した後、曖昧決着を図った[26]。

陸上部隊の派遣地についてはは基本計画でイラク南部ムサンナ県のサマーワが選ばれた。当初イラク特措法で可能な自衛隊任務の一部として検討されていた安全確保支援活動への参加は見送られ、給水、発電、輸送、学校や病院の補修といった人道復興支援活動に限った参加となった。衆議院選挙で躍進した民主党が、国会へ報告された基本計画をめぐる議論で真っ向から自民党に反対したにもかかわらず、最終的には政府与党が陸上自衛隊派遣を押し切った。防衛庁長官による派遣命令が一月九日に発令されるまでには、国民の過半数が一般論としての自衛隊のイラク派遣に肯定的な立場に転じていたが、駐屯外国軍等に対するゲリラ攻撃が続く中、直ちに派遣することには否定的な意見が上回っていた。

米英のほかに当初から参戦したオーストラリアとポーランド、戦後の治安維持や復興支援に加わった国の数は二〇〇四年初めには三五カ国以上に上った。安保理決議一五一一では、イラクの戦後治安維持、復興業務に携わる多国籍軍の編成が認められたが、既に展開する有志連合軍と新たに参加する国の部隊との間で、役割分担や指揮系統の統合を行い、安保理に報告しなければならなかった。しかし、特措法下で派遣の自衛隊は形式上独自の指揮系統にとどまった。

撤退への動き

自衛隊のイラクからの撤退のプロセスは、アメリカのイラク政策のみならず、派遣地域の治安を担当していた諸外国の軍隊の行動と密接に連関していた。二〇〇四年陸上自衛隊派遣開始当時にサマーワの治安を担っていたオランダ軍が二〇〇五年三月に撤退し、同市を含むムサンナ州の治安責任を負っていた英国と日本の要請でオーストラリア軍がサマーワの警備に当たることとなった。二〇〇六年五月になると、イラクばかりでなくアフガニスタンでも悪化する治安状況と国内政治の圧力から、英国のトニー・ブレア首相がイラクからの英軍の段階的撤退を加速させる動きに入った。[27] 比較的治安のいいムサンナ州の治安権限をイラク側に返還し、その分の兵力をさらに南部のバスラなどの警備に加える方針が決まると、このタイミングに陸上自衛隊のサマーワ撤退を発表することが決められた。[28]

イギリス、オーストラリアと陸上自衛隊の撤退日程の調整が図られる一方で、米国からはこれを容認する代わりに航空自衛隊の輸送支援の拡大を求める声が上がっていた。同様の要請は国連のコフィ・アナン事務総長からも小泉首相に伝えられており、[29] 日本国内ですでに調整済みの「内製外圧」的な面があった。陸上自衛隊部隊のクウェートへの陸路撤収が始まると、死者無くサマーワでの任務を終えたことで、イラクへの自衛隊派遣が「よかった」四九%、「よくなかった」三五%と世論に肯定的に評価された一方で、航空自衛隊の輸送支援継続、活動範囲の拡大については、「反対」の五五%が「賛成」の三三%を大きく上回った。[30]

陸上自衛隊部隊が撤収したことで、同部隊向けの輸送の需要が無くなり、クウェートからイラク南部のタリル空港へ物資の輸送をしていた航空自衛隊C‐130輸送機部隊に余力が出来ると、基本計画の変更を通して、バグダッドと北部のアルビルへの乗り入れ輸送が二〇〇六年七月末に始まった。[31]

二〇〇六年一一月の米国中間選挙で共和党が敗れ、上・下院とも民主党が多数派になったことで、ブッシュ政権のイラク政策に対する批判が強まり、日本の航空自衛隊派遣の継続の先行きがさらに混迷した。選挙の結果を受けてドナルド・ラムズフェルド国防長官の辞表をブッシュ大統領が受理すると、後任に指名されたロバート・ゲーツ元中央情報局（CIA）長官が対イラク政策の転換を明言した。国連安全保障理事会は決議一七二三を採択し、イラク政府同意の下、多国籍軍の権限を一年間延長することを決めていたが、一二月に入るとジェームズ・ベーカー元国務長官らを含む議会超党派の諮問機関「イラク研究グループ」が戦闘・治安維持任務のイラク治安部隊への移管を提唱したことで、一二月一四日に期限の切れる航空自衛隊派遣に関する基本計画の延長が議論された。イラク特措法自体が二〇〇七年七月いっぱいで期限切れとなることから、それまで基本計画を変更・延長して空輸活動を継続することが、二〇〇六年一二月八日の閣議で決定された。[32] 二〇〇七年七月以降の派遣継続については、流動的な情勢が続いたが、ブッシュ大統領がイラクへの増派を通じて治安の安定化を図る方針を打ち出したことで、当面米軍の駐屯が続くことが予想される一方、韓国は二〇〇七年末までに部隊を撤退させる方針を打ち出していた。[33] 日本の与党内にも二〇〇七年七月の参議院選挙を控えてイラク特措法の延長に対する慎重論が強く、四月中に同法の一年間延長を求める改正法案を国会提出することをめざして調整が始まった。[34] 三月末から四月初めにかけて前年秋に多数派となった民主党が米議会下院、上院で国防予算を盾にとってイラク増派を阻む動きに出ると、ブッシュ大統領は拒否権行使の姿勢を明確にし、議会と大統領の対立が決定的になった。米軍の撤退にはまだ時間がかかることが予想される中、日本の与党はイラク特措法の二年間延長へ傾き、四月初めに閣議決定を行った。[35] 同年秋の参議院選挙で自民党が大敗したことで、野党が参議院の多数派を占める「ねじれ国会」現象が起き、また同法の根拠となる安保理決議の期限が二〇〇八年一二月一杯で切れることから、政府は同月、航空自衛隊輸送部隊をイラクから撤退させた。このことで、インド洋での給油活動を再延長することの重要性が高まった。

結　び——海外派兵恒久法制定への動きと集団的自衛権の問題

小泉政権下で始まった海外派兵恒久法制定の動きは、安倍首相の下で加速する動きを見せた。自民党防衛政策検討小委員会が二〇〇六年八月にまとめた条文案では、武器使用基準の緩和、国連決議や国際機関の要請抜きでの派兵、治安維持任務への活動の拡大などが含まれている。しかし国連決議との関わりや国会承認の要件で微妙に異なる各現行法を一本化することには、久間防衛長官自身も懐疑的で[36]、閣内、公明党を含む与党内の調整に時間がかかることが明白であった。さらに、安倍内閣が二〇〇七年秋参議院選挙で大敗したのち総辞職すると、自民党内の恒久法制定の動きは一挙に失速した。ねじれ国会で自民党が対テロ特措法の再延長に失敗し、二〇〇七年一一月一日に同法が失効し、海上自衛隊部隊が帰国したが、自民党は翌年一月、自衛隊の活動内容を給油のみに絞った新特措法を、衆議院再審という久しく使われなかった国会運営の「禁じ手」を使って、参議院での野党の否決を乗り越え通過させるという動きに出た。一年期限の給油新法は二〇〇九年一月の失効を前にして、米国から再度延長の要請を受け、二〇〇八年秋に就任したばかりの麻生太郎首相の内閣支持率が早くも落ち込み、自民党再分裂、政界再編がささやかれる中、再延長が難しいと思われた。しかし、米国住宅ローンの焦げ付きに端を発した金融危機が世界的な経済不況に至ると、民主党は麻生内閣との対抗軸を補正予算の審議に置き、給油新法の延長を国会運営の規則を利用して妨害せず、審議に応じた上で参議院で否決、与党による衆議院での再可決をさせた上で、選挙で国民の信を問うという戦術に転換した。衆議院で依然三分の二以上の議席を占める自民・公明が、二〇〇八年一二月一二日に延長改正法案を可決したが、麻生政権がその後経済対策を口実に選挙を引き延ばす動きに出たため、集団的自衛権の問題はひとまず棚上げとなった感がある。しかし、二〇〇九年一月に就任したオバマ大統領のアフガニスタンへの米軍増派の方針に伴い、日本からの復興支援への貢献を求める声が高まる中、秋の衆議院選挙に向けて議論の再燃が予想される。自衛隊の海外派兵を国連決議に基づく集団的安全保障と日米二国間主義を中心とする集団的安全保障の枠組みの間でどう位置づけるのか。日本本土への直接の脅威にあたらない遠隔地域での自衛隊の活動において、「自衛」という概念の解釈と武力行使との関係をどう定義するのか。この二つの重要な問題に対して、明確な答えを出すことが緊要である。

特措法的対応と恒久法

「対テロ特措法」と「イラク特措法」は、共に期限付きの「特別措置法」であり、先に述べた「周辺事態法」とは異なる。二〇〇四年六月に成立した「武力攻撃事態法（略称）」[37]では、「周辺事態法」よりも更に差し迫った日本への武力攻撃状況下での対米協力を規定しており、「周辺事態法」や「対テロ特措法」、「イラク特措法」にあったような、内閣による「基本計画」の策定、防衛庁長官（現・防衛大臣）による「実施要綱」の策定といった詳細にわたる個別事前承認は外されている。「武力攻撃事態法」でも自衛隊から米軍への役務の提供が規定されているが、ここで「武器の提供」が禁じられているのとは対照的に、「武器」には「弾薬」も含まれるとするこれまでの法律にあった但し書きが外されている。同日成立した自衛隊法の一部を改正する法律では、対米軍役務提供を自衛隊との協同訓練、災害応急対策、外国における緊急事態での邦人輸送、訓練、連絡調整その他の日常的な活動に拡大したが、ここではこれまでどおりに「弾薬」も提供可能物資から外されている。[38]つまり、日米同盟の基幹をなす日本本土防衛に関する協力の部分に限っては、米軍による武力行使と一体化するとして一連の特措法や周辺事態法ではずされてきた自衛隊から米軍への弾薬提供が可能になっているのである。

小泉政権のテロ特措法立法は事件発生から約二カ月後で、自衛隊派遣も直後に行われたが、イラク特措法の場合は戦闘終結から二カ月で成立したにもかかわらず、派遣までには半年を経過していた。野党の側（特に民主党）にも、与党が個別立法でじりじりと既存の自衛隊海外派兵への制約を外していく手法に対する不満があり、恒久法制定の審議に応じることでより現実的、かつ有効な歯止めを作り直す必要を感じている議員が多い。

イラクへの復興協力のための自衛隊派遣、インド洋での対テロ連合国（米国を含む）艦船への給油活動といった実際の海外活動で、自衛隊が日本の領土防衛以外の領域で、法律上は国連憲章や安全保障理事会決議に基づく日本独自の国際貢献活動としながらも、事実上の集団的自衛権の行使、対米協力の実行に踏み切った。本来ならイラクやアフガニスタンでよりも先に、日本の領土防衛、そして領土防衛に不可欠な周辺地域での安全の確保において、同盟国である米国への協力が必要とされていた。こうした意味で、近年の一連の遠隔地での対米協力の実績は、実は日本・北東アジア地域有事における自衛隊の役割を恒久法制化する一連の立法に役立ったといえる。

二〇〇四年六月の一連の立法で、日本の安全に直接関わる「有事」における日米協力が緊密化、そして有事・平時における対米役務提供の手続きが簡素化した。その一方で、自衛隊海外派遣の恒久法制定に意欲を見せていた小泉首相がその後トーンダウンし、恒久法制定の課題は安倍政権へと持ち越された。日本への差し迫った武力攻撃の無い状況で、恒久法を根拠にアメリカから恒常的な派兵要請という外圧にさらされるよりも、個々の事例を国会へ諮ることで日本独自の決定を正当化する道を残しておきたいという考えも与党内に強く残っている。今後の党内調整および民主党との協力の如何が、恒久法制定の行方を左右すると言える。

集団的自衛権解釈の見直し

米ソの対立が深まった一九八〇年代初め、中曽根康弘首相は有事における「三海峡（宗谷、津軽、対馬）封鎖」、「日本列島不沈空母化」といった政策を打ち出し、日本の本土防衛とアメリカのグローバル対ソ戦略をリンクさせ、米国戦略の一環を担う自衛隊の役割の再定義を行ない、自衛隊装備の充実にも、対潜水艦哨戒能力を高めるための哨戒機（P‐3C）やイージス型駆逐艦の導入を図った。海上自衛隊のハワイ沖で行われるリムパック演習への参加などを通じて、協同作戦行動への準備が行われた。しかし、こうした防衛の現場での協力関係とは裏腹に、政治レベルでは自衛隊そのものを違憲とする社会党と、自衛隊は合憲としながらも、その役割は「専守防衛」であり、日本が「集団的自衛権を行使することは憲法上許されない」とする自民党の間の、まったくかみ合わない憲法論に時間を浪費するばかりで、具体的に専守防衛と集団的自衛権の間の境界（そのようなはっきりとしたものがあるのかどうかも含めて）を議論することが先延ばしにされてきた。したがって、ソ連の核搭載原子力潜水艦を探知・破壊することを目的とした日本の自衛隊の戦力拡充も、日本経済の生命線たるシーレーン（航路）防衛のためと、理由をすりかえて国民に売り込まねばならなかった[39]。

ソ連が崩壊して、東西冷戦が終結したが、九〇年代半ばには北朝鮮の核開発・ミサイル実験、台湾海峡の緊張など、北東アジアの安全が依然冷戦期の遺産ともいえる諸問題によって脅かされていることを知らしめる事件が連発した。短命細川内閣の打ち出した、日米安保は継続しながらも日本のアジア外交における自主性、安全保障政策における独立性を高めるという方針はすぐにUターンして、日米防衛協力に関するガイドラインの見直しという、むしろ安保体制を強化する方向へ向かった。周辺事態法が一九九九年に成立し、二〇〇〇年の改正を経て、「そのまま放置すれば我が国（日本）に対する直接の武力攻撃に至るおそれのある事態等我が国周辺の地域における我が国の平和及び安全に重要な影響を与える事態[40]」における、自衛隊の対米協力の許容範囲、および必要手続きを定義した。日本領域、近接の公海、およびその上空における補給（武器・弾薬を除く）、輸送、修理・整備（戦闘作戦参加準備中の航空機を除く）、医療、通信、港湾業務、遭難者救助、海上臨検活動（二〇〇〇年に追加）などでの対米協力が認められた。「我が国周辺の地域における」という文言が、具体的にどのぐらいの広さを指すのかについては、特定の国、紛争事項（特に台湾問題）への言及を避けるために曖昧にされ、「地域」よりも「事態」に重きを置く概念であるといった説明がされている。[41]

イラクへの自衛隊派遣に関して民主党以外の野党、特に共産党と社民党から問題とされたのは、集団的自衛権の問題である。つまり、自衛隊のイラク派遣は集団的自衛権の行使にあたり、憲法違反であるというものである。集団的自衛権についての自民党の立場は、現在の政府解釈は憲法がこれを禁じているというものであるが、将来政府の解釈が変わる可能性を否定してはいない。これまでの日米安全保障協力や国連平和維持活動への参加は、すべて憲法で認められた（個別）自衛権の範疇でなされたもの、との立場である。民主党は革新・護憲系と保守・改憲系議員が同居するという異常な構成のため、この問題を大きく取り上げることは無かった。

集団自衛という概念には、突き詰めれば国連のような集団安全保障体制も含まれる。この立場を取れば社民党や共産党のように、PKO法にも反対ということになる。国連中心主義を唱えて、日本の海外派兵に枠を設けようという（小沢一郎など）改憲論者は、冷戦終結を機に集団的自衛権をはっきりと認めた上で、二国間（日米同盟）から多国間枠組みへ比重を移すことを試みている。[42]

日米防衛協力ガイドラインの見直しがされ、一九九九年に関連の国内法が成立したことで、日米防衛協力がより緊密なものとなったが、それでも政府の現行憲法解釈で禁じられている集団的自衛権の行使にあたらないようにとの配慮がなされている。日本が米軍の後方支援にあたれるのは、日本の安全に対する直近の脅威が存在する場合に限られ、通常の同盟関係にある国の間に存在する「双務性」を出来る限り排除しようとしている。ワシントン、ニューヨークに対する二〇〇一年九月一一日同時多発テロ攻撃後、米軍はアフガニスタンのタリバン政権、および同国内に潜むアルカイダ勢力に対する軍事攻撃を行った。日本は同年暮れ以来米軍およびその同盟国艦船への燃料補給を続けてきたが、北朝鮮という近接の国からの脅威への対応を念頭において作られた新ガイドラインは、かなりの拡大解釈をしなければ二〇〇一年同時多発テロへの対応に使うことが出来ないため、日本政府は国連憲章に保証される自衛権の行使、および同時多発テロ前後の一連のテロリズムに関する国連安保理決議という異なる根拠に訴えた。国連決議がアメリカへのテロ行為を国際社会への脅威とみなし、日本政府がこれをもって日本への脅威でもあるとしたことで、集団的自衛権と個別自衛権の境界が曖昧になった。これに対して、イラク特措法は国連との関係のあいまいな米英主導のイラク暫定統治機構との合意を根拠として制定されたが、その運用段階では国際情勢の変化から、駐屯する多国籍軍に対する国連の関与がより明確になった。にもかかわらず、自衛隊は法律上多国籍軍の一部としてではなく、日本独自の作戦としてイラクでの任務を行った。日本が自衛隊海外派遣を恒久法化するにあたって、国連決議の有無、あるいはこれがあいまいな場合など、をどう位置付けるのか、今後の争点となるのは疑いない。

国連中心主義を越える

日米同盟を米英同盟と同格にアメリカのグローバル戦略の要に据えようというブッシュ政権の期待に応える形で、遠くはなれたインド洋やイラクへ自衛隊を送った日本だが、同盟関係の維持のための「お付き合い」という側面は隠せない。日本本土への直接の武力攻撃をアメリカに排除してもらう際においてまで、集団的自衛権行使の禁止を掲げてアメリカとの共同作戦行動を一切とらないということは、アメリカに受け入れられないばかりでなく、日本にとっても実務上の不都合が予想されたため、できるだけ戦闘行動への協力から距離を置きながらも対米協力を深めた。しかし、アメリカ軍の参加した戦争のほとんどに付いて行ったイギリスのような同盟国には、日本はならないだろう。

朝鮮戦争、ベトナム戦争、湾岸戦争、対テロ戦争、そしてイラク侵攻と全て付き合ったオーストラリアが、すでに東洋のイギリスを演じている。

しかし、冷戦後の様々な紛争を通じて、人道的理由から介入が必要なケースや、明らかに紛争の一方の当事者が国際法を犯している場合などにさえ、国連安全保障理事会が必ずしも機能するわけではないことが明らかになった。ルワンダの民族紛争での大虐殺には、メンバーが皆介入の意思を欠き、旧ユーゴスラビアのコソボでの民族紛争では、ロシア、中国の介入反対から北大西洋条約機構国（アメリカ、カナダ、西欧）がこの問題で安保理の承諾を求めず軍事介入に踏み切った。現在スーダン西部で起きているアラブ系民兵による黒人住民の虐殺が「史上最悪」とまで表現されているが、安保理理事国はアフリカ諸国連合による軍事介入に国連のお墨付きを与えるに留まっている。

直接日本本土への脅威は無くても、日本がこうした問題の解決に人的貢献を求められている。一九九二年にPKO法を通して、国連の平和維持活動に自衛隊が参加できるようになり、カンボジア、モザンビーク、ゴラン高原、東ティモールなどへの派遣を通じて国際的にもその貢献がようやく認められるようになってきた。二〇〇七年一月の防衛庁から防衛省への昇格に伴う自衛隊法改正で、これまで「付随的任務」とされてきた国際平和協力活動（PKO法下で行われる海外活動）などが、自衛隊の「本来任務」に格上げされ、世論も六三％がこれを「評価する」としていることから、[43] 自衛隊の国連要請を受けた海外における非戦闘活動については国民の広い支持が固まったようだ。しかし、国連が機能しないときにはどうしたらいいのか、今後恒久法制定の議論と絡んで、二種類の集団的自衛権、つまり国連安保理体制に基づく集団安全保障と国連安保理決議による明確な権威付け抜きでのアメリカを中心とする有志連合による作戦行動の間で、日本の憲法改正をめぐる議論が高まるであろう。

アメリカ以外の国との防衛協力

アメリカ以外の国とも少なくとも国連ＰＫＯ活動において役務の相互提供をスムースにする必要もあるだろう。オーストラリアやニュージーランドがアメリカから南太平洋の治安維持を「委託」されているように、日本が地域安全保障の中心的な役割を任されるような動きがこれから高まるであろう。すでに東ティモールではオーストラリアと日本が、限定的な輸送任務に留まったアメリカの参加を上回って、ニュージーランド、韓国、東南アジア諸国などとのＰＫＯ活動の中心となっている。日豪、日韓といったアメリカ以外のパートナーとの協力も進めていかなくてはならない。

こうした安全保障協力の推進には、「集団的自衛権の行使にあたる」と常に反対が出る。そこには、「アメリカに守ってもらうが、アメリカを守る義務はない」という安保条約の「片務的」解釈を笠にきた甘えがある。実際には、アメリカとの間においてさえ、基地提供だけでは日米相互安全保障条約という条約の公式のタイトルに示される「相互性」をもはや認めてもらえず、本土防衛以外でアメリカに協力しているのだから、日本はすでに集団自衛に踏み込んでいるともいえる。さらに国際連合の安全保障メカニズム自体が（そのように実際に機能するかは別として、法律上は）集団自衛であり、日本の安全を国際社会の良識に託した日本国憲法と安保理メカニズムに矛盾は無い。

イラクのサマーワに駐屯する自衛隊はいざというときには同地にいるオランダ軍（オランダ撤退後はオーストラリア軍）にも守ってもらえたが、逆にオランダ軍やオーストラリア軍を守ることは法律上出来なかった。自衛隊の国連ＰＫＯ参加でもこの「集団的自衛権」の問題が制約となってきたが、二〇〇一年のＰＫＯ法の改正で、同一の指揮下にあり同所に在する他国部隊も守れることになった。しかし、サマーワ派遣のようにＰＫＯ法に基づかない「特措法」派遣では、日本の自衛隊は「独自指揮権」に基づいて活動しているという論拠が立てられたことから、ＰＫＯ法同様の条文を特措法に盛り込むことすらできない。場当たりの特措法による非国連活動参加が続けば、この点も問題となってくるだろう。

4　日本の対外政策の中の「沖縄」

転機としての普天間基地移設問題

丹治三夢

「沖縄の基地問題」、即ち、沖縄本島における基地の過重負担とそれに関連したあらゆる社会的そして経済的な問題が、外交または対外政策と関連して語られることは意外に少ない[1]。なぜだろうか。沖縄の基地問題が、日本の外交にとって重要なのは明らかだ。沖縄の米軍基地の存在は、日米政府の政策決定者たちによって、安定した日米同盟、そして日本の安全保障のために不可欠とされている。しかし対外政策との関連性が明らかであるにもかかわらず、沖縄の基地問題が議論される時、それは主に日本政府と沖縄県の不平等な関係という国内問題として捉えられている[2]。沖縄における基地の現状維持は、東京から流れる基地関連の補助金や公共投資などに、沖縄の財政や雇用創出が依存していることと切り離せないからである[3]。普天間米海兵隊飛行場の県内移設も「地方」（名護市東海岸）の「中央」（日本政府）への経済的従属構造が背景にあることが明らかである。このようにして沖縄の基地問題は、日本の外交、対外政策のあり方から発しているにもかかわらず、「国内」それも「地方」の問題として捉えられている。

普天間飛行場の県内移設問題が浮上してからの沖縄の地方政治は、基地に関する県民の意思を正確に反映しているとはいえない。沖縄の選挙では基地はもちろん重要な争点であるが、経済をどうやって支えるかという争点とすりかわるからである。絶対平和主義の立場から県内移設に反対する候補者は、基地関連政府補助金に依存した経済からの構造的脱却という、達成困難な目標を同時に唱えなくてはならない。これに対して、自民党系の候補者は基地には賛成反対の立場を明確にせず、東京との交渉による現実的な経済効果を強調する。選挙のたびに基地容認か経済不況かの二項選択が激しい政治的分裂となって住民コミュニティを二分し疲弊させることは、沖縄県知事選、名護市長選、県民・市民投票にて繰り返し明らかにされてきたとおりである。この二者択一が不当なのは、基地には本当は反対でも、生活上の必要から経済に有利な候補者を選ばざるを得ない県民の、基地に対する意思が正確に反映されないからである。特に一九九八年に稲嶺恵一候補が知事選挙で勝利して以来、日本政府の米軍県内移設要請に応じつつ、経済的利益を引き出す可能性のある自民党系の知事、名護市長が選挙で選ばれている。この場合、選挙という民主的手続きは、政府や米国が「沖縄県民が普天間基地の県内移設に合意した」と主張するための道具となっている。[4] そして多数がヘリポートの受け入れに反対した一九九七年の名護市市民投票の結果は、政府によって無視され続けている。最後の手段として地元の人々や外からの支援者たちは、二〇〇四年四月一九日から続いている座り込みによる非暴力住民運動によって、そして普天間代替施設のジュゴンなどの海洋生態系に対する適切な環境アセスメントを要求することによって、普天間基地移設の着工を遅らせてきた。[5] 一方、沖縄本島の約五分の一を占める普天間飛行場やその他の基地の近くに住む人たちには、ヘリ墜落、流弾事故、軍人、軍属からの暴力などの危険とそれにたいする恐怖感、日本本土に対する不平等感が、六〇余年前の戦争の記憶と重なって残り続けている。

この辺野古や宜野湾で起こっている、民意として政治の場に反映されない沖縄県民の苦しみや怒りを、主に国内の「地方対中央」の力関係として理解することは正確であるかもしれない。しかし、そうした理解の仕方は、国家間安全保障に対して普遍的に投げかけうる肝心の問題、即ち「住民に対する暴力と屈辱と危険を持続させてでも国家間同盟の現状維持を優先させる」という外交のあり方を見えなくする結果をも生みかねない。

本章では、この沖縄の基地問題を、主要な国際関係理論との関係を明確にしながら、日本の外交、対外政策という文脈で検討し直すことを試みる。以下、（1）まず、基地に関して沖縄が抱える諸問題が、地方に特有な社会、経済問題として扱われることによって、国際安全保障の領域から見えなくされてきた仕組みを考える。（2）次に、一九九〇年代中期に沖縄で起こった「島ぐるみ闘争」によって一時的に露呈した日米間の安全保障に内在する危険性が、普天間基地の県内移設によって再び地方問題に収斂され、隠されてきた過程を説明する。（3）最後に、加速している東アジアの米軍再編に留意しながら、普天間基地を沖縄県内に移設せずに閉鎖することが日米同盟に対する受動的、隷属的な日本の外交姿勢を克服することにつながることを指摘し、日米二国間同盟への極端な依存を克服することで開かれる新たな日本外交のあり方について考える。

沖縄の基地――地方問題に隠された国際安全保障のジレンマ

在日米軍基地の沖縄への過重負担の経緯をみてみると、少なくとも一九世紀後半の日本による琉球王国併合（琉球処分）にさかのぼり、沖縄の日本国内での不平等、あるいは特別扱いされる立場、社会的差別、経済格差および政府への依存を含む、歴史的な「沖縄問題」と切り離して考えることはできない。しかし、今日なお沖縄本島の二〇％近くを占める米軍基地の存在を左右してきたのは、あくまで日米関係の動向であった。したがって、国際関係論、国際安全保障の問題と考えられてしかるべきである。

在沖縄米軍の存在理由たる日米同盟関係は、支配的な国際関係の理論であるリアリズム（現実主義）の視点から説明されてきた。このリアリズムとは、国際政治、対外政策においては、平和という理想よりも力、主に軍事力の均衡状態によって国際秩序を保つことに重点を置く考え方である。この考え方は国際関係では国家が最も重要な主体であるとし、複数の主権国家群はその上に統治者がいないために無政府（アナーキー）状態におかれているとする。そのため、どの国家も国力の増強による安全の確保という国益追求にむかう、と理解する。外交、同盟、戦争などはリアリズムにとって不安定な国際関係に秩序をもたらす手段である[6]。冷戦中ケネス・ウォルツが正統化したネオ・リアリズム（新現実主義）は、国際関係における国家の行動や対外政策は主に国家間の無政府状態という構造のなかでいかに秩序を達成するかという命題に支配される、とした[7]。国家の存続つまり「安全」を「人」や「国内」に関係する要因から切り離し、国家間の相対的な力の違いと力関係（国際システム）に集中する考え方である[8]。特に外交や政策にかかわるエリートの間ではこの考え方が強い。たとえば沖縄の基地や戦争にまつわる歴史は、古典的リアリズムにとっては外交における重要な解釈要因とされるが、ネオ・リアリズムでは「国内要因」として切り離すことができるのである。

今日沖縄に基地が集中しているのは、第二次世界大戦の際に日本軍によって基地が建設され、日本本土の「捨て石」として日米間の戦場にされたことに始まる。沖縄戦では、砲弾や集団自殺、餓死などで四分の一以上もの住民が生命を失った。この惨禍は、日本本土のそれとは区別されるべき反戦平和主義となって今日の沖縄人のアイデンティティの一部となっている。沖縄では戦争の記憶がその歴史に強く刻みつけられており、平和や反戦は、この地に特有な規範として定着している。この絶対平和主義という観点からは、沖縄を戦争活動に加担させる米軍の存続は正当化できず、すべての米軍基地のみならず自衛隊基地も許されるべきではない[9]。

一方、外交または対外政策というレベルでは、沖縄の基地問題は、日本の安全保障に不可欠な国内に駐在する米軍事力の過剰な負担として語られ得る。絶え間ない抗争状態を想定する国家間においては、沖縄に特有の平和主義という国内あるいは地方の規範は、日本政府の対外政策の決定的要因にはならない。決定的なのは、アナーキーな国際システムの中で日本が国家として生き延びるには、アメリカとの同盟関係を保つために沖縄で米軍に基地を自由使用させることが何をおいても必要であるという認識である。ネオ・リアリズムによって描き出されるアナーキーな国際システムにおいては、どの国家も、軍事力や経済力を増強し、同盟を強化して、国家の存続を守ることを何よりも優先させるという前提があるからだ。[10] 沖縄特有の歴史的背景や平和主義はそれ自体説得力をもつ理念であっても、国内（地方）要因であるかぎり、国際システムレベルとは別次元の問題となる。沖縄本島における基地の集中と、沖縄という地方の特殊性や反戦平和主義志向とは別次元の問題、と単純化することができるのがネオ・リアリズムによる国際関係観の特徴といえる。[11]

敗戦後、軍事力の行使を憲法で制限することになった日本は、冷戦が始まってからはアメリカとの相互安全保障条約を根拠に防衛をアメリカに依存し、「守ってもらう」ことによりアナーキーのなかで築かれた米ソの力の均衡という国際秩序の中に自らを組み入れてきた。日本の経済成長は、冷戦下でアメリカが東アジア諸国に与えた特別な市場アクセスによるところが大きい。[12] 引き換えに、日本では米軍の駐留と基地、施設の使用の確保を提供することとなった。沖縄は多くの米兵の犠牲を経て占領されたゆえ、サンフランシスコ講和条約第三条によって日本から切り離され、共産圏にたいする「太平洋の要石」として米軍が自由使用できる島になり、日米間の取引の大切な道具となったのである。一九七二年の沖縄の日本への返還も、これまでどおりの米軍による沖縄の使用を確保することが最も大事な条件であった。

ネオ・リアリズムの極度に割り切った世界観は、あらゆる方面から批判されてきた。たとえば理想主義を排した自由主義であるネオ・リベラリズムは、アナーキーな環境での他の国家との競争状態のみを問題にするのではなく、自己利益の合理的な追求というどの国家も普遍的に持つ性質に注目し、国家間の協力の可能性を見出す。ネオ・リベラリズムはまた、国際システムの秩序形成には、軍事力のみならず、国際経済市場の調和的なメカニズムに基づいた貿易、金融の分野における国際機構や多国籍企業などの役割が重要であることを強調した。複数の国家（レジーム）によって形成する国際法的取り決めにより秩序形成が可能という考え方は、平和や民主主義、国家間相互依存といった理念の役割を強調する。[13] このリベラリズムの視点は、リアリズムとは正反対の世界観を提示するようであるが、国家を最も重要な主体とし、アナーキーな国家システムの構造の克服という基本的な認識はリアリズムと一致している。[14] 国家とくに米ソ対立という冷戦構造が崩壊してからの、民主主義や市場中心経済を共有する国家間での戦争なき相互依存圏とそうでない国家との間の緊張という構図は、リアリズムとリベラリズムが合同して出来たようなものである。

冷戦中活躍した外交官キッシンジャーの「アジアにはウィルソン主義者は少ない[15]」という考え方に代表されるように、東アジアでは中国、日本、朝鮮半島、東南アジア諸国などの間で共通の価値感、経済相互依存による秩序を築くことは難しいとされ、力の均衡による平和の維持という選択が合理的とされた。近隣アジア諸国に脅威を与えないために日本の軍事化は制限してその防衛を米軍に担当させ、同時に日本の軍事化拡大をチェックするのが、アメリカの戦略的利益にとっても東アジア地域の平和にも貢献するという論理である。日本は独立を達成して、経済活動に専念し外交や防衛では受身の姿勢を保つことで中国その他の近隣諸国との平和を築いてきた。ネオ・リアリズムの考え方からすると、沖縄の米軍基地は日米同盟に基づいた地域安全保障という日米両国の国益にとって明らかに重要な役割を担っていた。

しかし、これらのことはそこに住む多くの一般の人たちにとっては「お上が勝手に決めたこと」である。沖縄戦から立ち直る期間を含む二七年間、米軍の「軍による軍のための統治」が行われ、新たな米軍基地建設がすすみ、演習やベトナムへの爆撃が行われる中で沖縄住民の家や土地は強制接収され、一般市民の権利や要求は二の次とされた。沖縄の米軍基地から核を撤去し、本土並みにまで削減することを要求して日本に復帰したが、一九七二年の復帰後も、日米相互安全保障条約五条と六条によって沖縄の米軍基地はほとんど変わらず存在し続けた。米軍特別措置法によって、米軍の使用する土地は日本政府による土地所有者への賃貸料の大幅引き上げと引き換えに、継続使用契約が法制化された。日米地位協定によって米軍人、軍属の特権的な地位が保証され、交通事故の不十分な摘発、犯罪者の引渡しや告訴前の拘留の免除、環境汚染の原状回復義務免除などで沖縄県民の権利が侵害され続けた。沖縄の経済は基地収入、それから特別に中央政府から支給される基地所在市町村交付金、公共事業、その他の補助金に依存するようになり、日本一高い失業率と最低の収入率を誇るようになってしまった。一方で、沖縄は、土地の強制接収、米軍統治からの解放と日本への復帰および基地の完全撤去、不平等地位協定の改定を求めて「島ぐるみ闘争」と呼ばれる大規模なデモ、ストライキ、集会などが繰り返される、日本では例外的に民主主義の伝統が強いとされる土地柄である[16]。その過程で、沖縄という主体は復帰以後、日本本土に取り込まれながらも別個の政治的アイデンティティを保ってきた。「沖縄問題」とはこれらの歴史的、経済的、社会的諸要因の複合である。しかしネオ・リアリズムの仮定する国際システムではアナーキーな国家間の力関係とは直接関係のない国内の領域、つまり異なったレベルで分析するべき事柄となる。沖縄の基地の問題を外交の問題として理解し難いのはこのためであろう。

冷戦の終焉と沖縄——国際安全保障問題への「昇格」？

前述したとおり、国際政治学の分野は、リアリズムが重点を置く国家間の軍事力や経済力の均衡以外にも、民主主義、相互依存、ガバナンスなどの理念、更には国家のみならず環境保全、貧困や疫病の克服などにおける多国籍企業、レジーム、非政府組織などの国家以外の主体の役割へと理論的な広がりを見せるようになった。特に米ソ冷戦の終焉以来、日本やアメリカで日米同盟の現状維持を疑問視する意見が出ていた。同盟は「ギブ・アンド・テイク」のバランスが重要といわれるが、日本にとって米国によるソ連・共産圏の核の脅威からの防衛という「テイク」の項目がなくなった。さらに日米間貿易交渉が決裂したことなどから、米国の市場への寛大な日本経済のアクセスというアメリカの「ギブ」も米議会で疑問視され、日米同盟は明確な存在意義を失って「漂流」を始めていた。[17] 湾岸戦争への日本の九〇億ドルの経済的協力がアメリカに高く評価されなかったことへの衝撃から、日本が米軍の駐留を提供するという形の「ギブ」では不十分という声が高まるなど、冷戦後の日米安全保障条約に基づく同盟は「再定義」を迫られていた。

同時に、東アジアはヨーロッパにくらべ冷戦後も朝鮮半島や中台関係で軍事的な緊張関係が続くというネオ・リアリズムの考え方が強く残った。ジョセフ・ナイが米国国防次官補として一九九五年春に発表した「東アジア戦略報告書」は、基本的には東アジア地域のアナーキーな環境を強調し、一〇万人規模の米軍基地を残す方針を明記した。ここで注目すべきなのは、リベラリズムを代表する国際政治学者であったナイの考え方を反映して、中国、北朝鮮の予測困難な行動などあらゆる不安定要因から、東アジア地域の経済的な安定とともに、発展しつつある民主主義体制を他国と協力して守るという同盟のあり方に対する新しい正当性が加わったことである。冷戦後の日米同盟はもはや、共産主義圏の核抑止を主な目的としたものではなく、東アジア諸国と米国で形成する安全保障レジーム全体の一部へと移行したのである。東アジア諸国の経済の成長や運営を共通利益とし、東アジアの防衛を、冷戦中よりは多国間レジームに近い体制に託すという視点も取り入れられた。さらにこれまでの片務的な関係から、日米間のアジア地域の経済的な安定を協力して守るという相互性の強い関係に移ることが期待された。

だが日本に存在する米軍の規模に大きな削減はなかった。相変わらず、日本からの「ギブ」は米軍にとって必要な基地、施設を駐留させること、その運営、維持に必要な予算の提供を確保することを中心としていた。つまり、ソヴィエト連邦が解体し、冷戦構造が崩壊してからも、沖縄の基地は動かなかった。

沖縄では、ナイ報告書はこの点で大きな落胆をもたらしていた。同じ年の九月、沖縄キャンプ・ハンセンの所在する金武町で一二歳の少女が三名の海兵隊員によってレイプされたことが明らかになった。これは沖縄では決して珍しい事件ではなかったが、大田知事の土地強制使用代理署名拒否、最大規模の県民総決起大会につながり「島ぐるみ闘争」に発展した。(18) これにより、そうでなくても冷戦が終わって存在意義を問われていた日米同盟の正当性は一時的に危険にさらされた。米軍の駐留により長い間、地域の女性の人権が侵害されてきたということが国際的に明らかになったからであるが、むしろ「女性の人権の侵害」は、「沖縄という弱者の安全の侵害」というやや異質な問題にシフトされた。(19) 国家の安全が、沖縄の犠牲によって保障されていること、つまり、冷戦中には沈黙させられていた日米間安全保障体制の暴力的な性質が、問題視される危険性が出てきたのである。

これは「日米同盟が国家の安全を守る」という考えが疑問視されること、ひいては同盟存続の正当性が脅かされることを意味し、同盟を維持したい日米政府にとっては由々しきことであった。このとき、五〇年間にわたって米軍駐留による土地強制使用、不平等な地位協定をふくむ沖縄のあらゆる問題は、地方問題から日米間の安全保障問題に「昇格」した。否、しそうになった。

この後、日本と米国は人口八万八千人の宜野湾市街地の真ん中にある、危険と騒音が誰の目にも明らかな、普天間基地を返還することによって沖縄に対する償いとした。と同時に、一九九六年一月のクリントン・橋本日米共同声明により日米安全保障体制の再強化を宣言したのである。しかし、一九九六年一二月のＳＡＣＯ（The Special Action Committee on Okinawa: 沖縄に関する特別合同委員会）合意で同時に約束された普天間飛行場を含む基地及び施設の返還も、代替施設の新設（普天間の場合は県内に）が条件であった。日米安全保障条約に基づく日米同盟の正当性を守るための措置である。

多くの沖縄の人たちは、これによって安全保障体制が沖縄に強い続ける暴力または屈辱という点では基本的に変化はないであろうことを見抜いていた。異議申し立ては続き、特に名護市では一九九七年に移設を拒否する市民投票の結果が出た。しかし、この直接民主主義の原則と手続きにしたがって行われた住民の意思表示は無視されることとなった。不況に苦しむ地元の市長が、北部の経済振興への特別措置を条件に、移設を受け入れたからである。その後、新基地建設着工不可能な状態が続いたのは、辺野古の住民とその支援者による不断の座り込みによるボーリング調査の阻止行動のために他ならない。業を煮やした日米政府は二〇〇五年一一月の安全保障合同委員会で、辺野古沖の珊瑚礁を埋め立てて建設する案を中止し、抵抗する住民が入れないキャンプシュワブ内から二本の滑走路を大浦湾、辺野古湾を埋め立ててV字に建設する案へと変更した。沖縄県知事と名護市長は、この案を受け入れる前に経済効果、騒音などの面でより地元に有利になるよう建設予定地を沖合に移動するよう要求してきたが、日米政府がこれを受け入れる見通しはない。仲井真弘多知事の公約である、三年以内に普天間飛行場を閉鎖状態にすることの実現も悲観されている。[20] 政府は二〇〇七年五月には海上自衛隊掃海船まで出動して事前環境調査を進め、二〇〇八年三月からは建設を進めることを前提にしている、と地元の市民や専門家から批判されていた方法書に基づき環境アセスメントを正式に開始した。二〇〇八年七月には沖縄県議会が辺野古への新基地の建設反対を決議した。SACO以来、普天間飛行場の移設はいかにして地方―中央の合意に至るかという国内問題に再び移ったのである。

普天間基地の移設なき閉鎖――日米二国間同盟から東アジア多国間同盟へ

普天間基地の閉鎖という日本にとっての対米関係に関する重要な問題が、主に沖縄県内のどこに、いつ、どういった条件で移設されるかという地方問題に回帰してしまったことで、見えなくなったものとは何だろうか。

リアリズムやリベラリズムの理論は、国家の安全を保障すること、すなわち国民の生命や財産を守ることを、最重要課題とする。しかし、そこでは国家全体の安全のために個人がある程度のリスク、危険を請け負わされることは仕方のないこととされる。[21] たとえば個人が戦争に行くことや、基地の近くに住むことなどにより危険を脅かされるなどの場合である。しかし、南山淳がいうように、この国家安全保障の優位性が、いかなる利益、価値観とも分離した客観的な真理とされるところに、国家安全保障に関する理論の「権力効果」が作用している。[22] つまり、アナーキーな東アジア国家間システム内で日本という国家の安全を保障するためには日米同盟の現状を維持することが何をおいても必要であるという概念そのものに内在する権力性、あるいは暴力性によって、沖縄県民という「特定の者たちの安全」が切り捨てられていると考えられる。[23] 普天間飛行場の沖縄県内移設を国内問題と定義することで見えなくなっているのは、現在の日米同盟が、沖縄に対するこのような権力作用によって、かろうじて維持されているということである。

対外政策のリスクがどのように個人によって負担されるかは、民主主義国では公的に議論され決定される余地がある。[24] つまり民主主義的な手続きによって誰がどのようなリスクを負うかを決めることによって、国家の安全保障という概念に内在する権力を、ある程度は制限することができるといえる。たとえば、米自治領プエルトリコのビエケス島住民投票の結果に従い、事故で住民の死者を出した米海軍の爆弾投下訓練場が閉鎖された。島で行われた住民投票の結果が尊重されたからである。その直後の二〇〇一年八月、米海兵隊の司令官がビエケス島の結果が沖縄に影響し海兵隊撤退の要求が高まることへの懸念を表明したことは興味深い。[25] 海兵隊の使用する普天間飛行場の代替基地を受け入れるということは、特定の住民が日本の対外政策のリスクを負うということである。名護市民は住民投票によって、このリスクを負うことを拒否した。これを無視して地元の経済振興という手段を使ってでも移設を強行することは、プエルトリコでは尊重されている民主主義的手続きが、日本では適用されない、ということである。この日米間における民主主義のダブル・スタンダードを懸念したのが米海兵隊司令官だったことは皮肉である。

こうして考えると「沖縄問題」を地元経済振興策との関係といった国内問題と定義することが、いかに日米同盟の不安定要因を温存することに役立っているかがわかる。一九九五年九月の少女レイプ事件後続いた沖縄からの市民の抗議により、日米同盟が一時的に不安定な状態に陥ったのはなぜか。船橋洋一が説明したように[26]、日本の「安全」を保障するための日米同盟が、実は一部の国民である沖縄に「非安全」を強いるものであるという構図が明らかにされ、同盟の存続の正当性が危うくなったからである。それ以前とそれ以後は、沖縄への経済的な優遇措置政策により、この不当な安全保障の構図に対する正当な抗議や地元の反論はつねに「島ぐるみ」にならずに抑えられている。たとえば、辺野古地区への普天間飛行場の移設を基本的に支持する姿勢の仲井真弘多氏が沖縄県知事に当選したが、その直後の二〇〇六年一一月、沖縄振興特別措置法の改正が行われ、米軍の再編によって負担が増える自治体の公共事業の国負担分が九〇%から九五%に引き上げられた。さらに、沖縄中南部に集中する米軍基地を比較的過疎地域である北部に移すことへの住民の同意を促すため、政府に委託された人物が「ムラムラの畦道まで入り込んで金をばらまいた」ことは地元で知られている[27]。基地の受け入れに反対しないことと経済的な利益は明確に直結している。だが、解決されるべきなのはこのような国内の経済的な構造のみではない。一部の国民(沖縄)に危険を強いることなしには日米同盟を維持できないということがまず問題にされる必要がある。これは対外政策および外交の問題である。

逆説的なようだが、対外政策問題としての「沖縄問題」を根本的にとりのぞくことは日米同盟をより安定させることにならないだろうか。それにはまず普天間飛行場に代わる基地を沖縄県内に建設することを中止しなければならない。それを米国に受け入れさせるには、今日、国際的に通用する規範たる人権や民主主義の原則を侵害せずには満足できない安全保障上の取引には応じられない、という明確な立場をとることが必要になる。それには、経済的な報酬が明らかであったのにもかかわらず、名護市民が住民投票によってヘリポートの受け入れを多数決で民主的に拒否したことを、外交の場で主張しなければならない。しかし、沖縄という場所は、硫黄島に次ぐ戦闘で失われた米兵の血で占領したという歴史的な背景から、米海兵隊にとって特別であると反論されるかもしれない。このような「感情的な」反論には、米兵をはるかに上回る死者を出した沖縄戦での経験にもとづいた沖縄県民の「感情」、すなわちこの地特有の平和主義に訴えることが必要だろう。こういった姿勢を打ち出すことは、これまで対米関係において散々指摘されてきた受身的、保守的な取り組み方から、もっと主体的な、米国以外の、特にアジア太平洋諸外国からも支持されうる外交姿勢への突破口になるのではないだろうか。

もちろん、普天間基地が閉鎖するだけでは、「沖縄問題」そのものは根本的には解決されない。女性に対する暴力、犯罪、事故による人権侵害、軍事基地内の環境汚染などに関しては、特に軍駐留地の住民に対して不平等な日米地位協定を改定しなければならない。この協定によって米駐留軍に特権的地位が与えられているからである。この特権的地位の内容は、受入国との交渉によって成立する。たとえば、基地の返還時の原状回復義務が日本の土地に関しては与えられないため、米軍は日本では、米国の法律で定められた環境汚染に関連した義務を無視することができることとなっている。これらの特権は、特に基地の集中する沖縄の県民および環境を傷つけることによって保証されてきた(28)。現在、日本政府は、日米地位協定の改定を拒否している。もし米国に対し普天間基地の県内移設を拒否するという選択をするならば、日本政府は理由づけとして、不平等な地位協定によって沖縄県民が被ってきた環境面、人権面での被害を強調しなければならない。沖縄県内への移設の中止をきっかけとして、日本政府は地位協定の改定という課題にむけても交渉を進めることができる。このような姿勢の転換は日米の同盟関係をより対等なものにし、長期的には安定させることになる。

同時に進めることができるのが、一〇年以上前に大きな課題となった、冷戦の終焉による日米安全保障条約の再々定義である。特に一九九四年八月、冷戦後の日米同盟関係を再定義する必要性から、細川首相の私的防衛問題懇談会が発表した樋口レポートと呼ばれる報告書に示された方針をもう一度検討する必要がある。この報告書は、日本の自衛隊の米軍との連携、後方支援活動や直接戦闘行為にかかわらない範囲での平和維持活動のための海外派遣を合法化することを提案した。が、より重要なのはこの報告書によって提案された、日本の東アジアでの多角的な安全保障対話の促進という方針である。

クリストファー・ヒューズと福島安紀子はこの方針が報告書どおり実行されていたら、冷戦後の日本の外交は多国間主義（multilateralism）にシフトできていただろうと分析する。[29] ナイ報告書にも示されていたが、この東アジアにおける多国間主義という方針における複数の国家間対話やレジームの形成は、日米安全保障同盟の重要性と両立するべきものとされた。樋口レポートに示された「多角的」という言葉は英語で「多国間」（multilateral）とも「多方面にわたる」（multidimensional）とも翻訳できる。そのため、日本政府はこの言葉を、米国との二国間安全保障関係において多方面にわたる防衛協力を強化するという意味に用いると解釈し、二国間関係外交から遠ざかるという政策に使うことを避けてきた。[30] このあいまいな言葉の使い分けは、日本の外交が柔軟に、対米二国間関係を軸としながら、多国間の外交にも従事できるという利点だという説もある。[31] しかし二国間同盟が圧倒的に支配的な現状では、日本の安全保障体制の多国間主義へのシフトへの可能性に対しては悲観的にならざるを得ない。日米、中国、ロシア、韓国、北朝鮮間の非公式な政治、経済、安全保障の対話の場であるNEACD（Northeast Asia Cooperation Dialogue: 北東アジア協力対話）や、ささやかながらも共通の地域アイデンティティの形成を目的としたARF（ASEAN Regional Forum: ASEAN地域フォーラム）など、補足的なものにとどまり、日米安全保障同盟に代わる多国間安全保障同盟の形成には程遠い。[32] 二〇〇七年三月の日本とオーストラリアによる共同宣言で明らかにされた日米豪安全協力関係強化も、日本とアメリカ、そしてオーストラリアとアメリカの二国間同盟関係を中心とした軍事、情報収集協力関係の強化であり、中国その他のアジア太平洋諸国に開かれた多国間安全保障体制への前進ではない。[33] ヒューズと福島が指摘するように、多国間、特に中国との安全保障体制に伴うリスクの予測不可能性から、長期的な日本の安全保障は、やはり米国との二国間同盟をあくまでも最優先にするという考えが、日本の外交、政策作成関係者の間では根強い。[34]

普天間基地の沖縄県内への移設も、冷戦中からの在沖兵力および米国に排他的に依存した同盟のあり方を冷戦後も維持する政策である。日本政府が普天間飛行場の移設なき閉鎖を要求することは、米国との同盟関係においてより主体的な、住民重視の安全保障という立場を開拓することである。

現在、世界的な米軍の再編を背景に、日本政府は普天間基地を米海兵隊ヘリ基地としての機能を損なうことなく、より早く沖縄の新しい場所に移すよう米国から圧力をかけられている。普天間の基地は海兵隊航空部隊が使用しているが、必ずしも沖縄に常駐しなければならないものではないと、一九九〇年代後半にマイケル・オハンロンらが指摘している。朝鮮半島における戦闘に海兵隊が出動する際にはどうしても傍に訓練や補給の施設があることが必要なら、装備を事前集積船に搭載しておき、海兵隊員を米本土から運ぶという方式がある。[35] 今日の在日米軍基地は、国家間の軍事的対立のみならず、テロリズムという非国家による暴力に対応し、極東だけでなく、中東地域を含む世界のどこへでも、米国の利益を守るために出かけていくためのものとなっている。沖縄における恒常的な海兵隊の常駐を減少させて、必要なときに米本土から同盟国と協力して調達する方式に移行させることは、トランスフォーメーションと呼ばれる、米軍事基地の海外軍事基地再編への動きとも一致している。

日本が、普天間飛行場の代わりとして、米国の望みどおりの新しい基地を言われるままに提供することは、沖縄県民に危険と屈辱感を強い続けることなしには不可能である。このことは、先に述べた国家の安全保障という概念に内在する一部の国民に対する構造的な暴力性を放置し、日米関係の長期的な不安定要因を温存することである。沖縄県民の基地被害の歴史、辺野古の非暴力的抗議行動と名護市民投票の結果を理由に、普天間基地の沖縄への県内移設は拒否するべきである。

日米間安全保障関係は戦後、日本が軍事力を持たない代わりに米国が守るという片務的な関係とされてきた。今日、憲法九条の改正が実現されるかどうかを別にしても、日本との同盟関係は米国にとってもどうしても必要なものとなっている。まず日本は、どの国よりも米軍駐留基地のために多額の思いやり予算を出し続けている。[36] そして日本は第七艦隊の空母母港という米国の世界的な戦略にとって欠かせない海軍基地を横須賀に提供している。これらだけをとってみても、日本は米国の最重要同盟国の立場にある。普天間にかわる基地を米国に言われるままに名護に新設することは、米軍の駐留により日本の軍事大国化に対する懸念を近隣諸国に与えないことで地域の安定をはかるというこれまでの方針と一貫したものである。しかしこのような安全保障および同盟のあり方は、日本独自の立場でアジア諸国との関係を築くことをますます難しくしているように思える。民主主義的手続きや、国民の安全を犠牲にしてでも米軍にこれまでどおり基地の使用を確保し続ける日本は近隣諸国の反感を買い、かえってアジア地域においてますます不安定な立場におかれるのではないだろうか。

まとめ

沖縄における在日米軍基地の過剰な集中は、国内あるいは地方において深刻な政治問題となりながらも、外交および安全保障の領域では日米の同盟関係を保つためという必要性だけで正当化されてきた。これは冷戦下では二極化した国際システムのもとで、ネオ・リアリズムの視点が支配的であったことに関連している。国家間アナーキーのなかで、米国との同盟を存続させることで相対的な軍事力の増強をはかり日本の安全を確保することが当然とされ、復帰後の沖縄における米軍基地の自由使用は沖縄以外ではあまり問題視されなかった。

しかし特に冷戦の終焉以来、国際政治学や安全保障研究の分野は、国家間の軍事力、経済力の均衡以外にも民主主義などの理念、多国籍企業、レジーム、非政府組織などの国家以外の主体の役割や、環境保全など国家のみならず世界全体の利益を追求するものへと理論的な広がりを見せるようになった。また「国家」や「安全」という概念の定義そのものに権力関係が作用していることが指摘され、その過程で切り捨てられるものに焦点を当てるような理論が国際関係論にも出てきた。国家の安全が、沖縄の危険によって保障されるという、日米間安全保障体制の暴力的な性質を指摘することは、とくにネオ・リアリズム的な考え方が支配的であった東アジアの国際関係論にとって重要である。

いまなお宜野湾市にある普天間基地は、米本土であれば軍のマニュアルの安全基準によって不合格となる場所にある。国防総省の勧告する航空施設整合利用ゾーン（Air Installation Compatible Use Zones, AICUZ）プログラムが定めるところによると、普天間飛行場に存在するタイプの滑走路の場合、「その両端から四五〇〇mの範囲は住宅、学校、病院、文化施設、集会場の設置は適さない」となっているが、「普天間飛行場においては利用禁止区域及び事故危険区域に学校や住宅地が密集した状態となっており、米国の安全指針に適合しない」[37]。この基地が、日米間の安全保障の本質的な権力性、暴力性を暴露するものであることは、前国防長官ラムズフェルドの考えを代弁した米政府関係者の「日米同盟の強化に向けてどんな高邁な議論を積み重ねようとも、普天間飛行場周辺で大きな事故でも起きれば、米軍撤退の県民世論がふたたび噴き出し、日米同盟が根幹から崩れかねない。なんとしても普天間飛行場を別の場所に移設させたい」という発言に明らかである[38]。日本政府が県内移設にこだわるのは、その移設場所が日本本土のどこかになると、沖縄では振興策によってかろうじて蓋をすることができている、日米同盟存続に内在する権力や暴力がより明らかになってしまうためであろう。

普天間基地の移設が検討される中、それよりもむしろ閉鎖という手段をとることによって、これまでのゆがんだ日米関係のあり方を排すことができることはこれまで述べてきたとおりである。それは、アメリカとの二国間同盟の維持のためには無条件に米国の要求に従うといった日米関係のあり方を変えることでもある。この外交姿勢の転換により、国家間アナーキーの中で生き抜くために不平等な日米同盟に依存する以外にも選択肢があることが、見えてくるのではないだろうか。

5 日本の多国間安全保障政策
リージョナルおよびグローバルアプローチ

芦澤久仁子

はじめに

冷戦終結から既に一五年以上が経つが、この期間は、日本の安全保障政策研究者にとって、いろいろな意味で新展開を観察することが出来た面白い時代だったと言える。代表的な例としては、一九九二年の国際平和協力法（正式名称は、国際連合平和維持活動等に対する協力に関する法律）の制定、一九九六年の日米同盟の再確認、それにともなった約二〇年ぶりの日米防衛協力指針（ガイドライン）の見直し・改定、二〇〇一年の九・一一米国同時多発テロ後のインド洋への自衛隊派遣、二〇〇三年の弾道ミサイル防衛システム導入の正式決定、そして二〇〇四年からのイラクへの自衛隊派兵などがある。これらの事例の全般的な特徴を挙げるならば、最初の国際平和協力法制定を除いた全てのケースが、日米関係または日本の対米政策という「二国間（バイラテラル）」の文脈および、日本の軍備拡張・「普通の国に」[1]という「ユニラテラル」な文脈の中で語られてきた、という点である。言い換えれば、多国間（マルチラテラル）枠組み・アプローチという視点における日本の安全保障政策に関する議論・研究は、少なくともこの十年余、比較的地味な扱いであったと言えよう。

もちろん、これは、冷戦後の日本の安全保障政策の展開において、多国間アプローチの要素が皆無であったという意味ではない。ポスト冷戦期の初期である一九九〇年代の前半から中盤に見られた、アジア地域の安全保障に関する多国間アプローチに対しての日本の積極的な関わり（具体的には、ASEAN地域フォーラムの設立とカンボジアPKO活動）は、日本の外交・安全保障政策の変化・新展開を象徴するものとして注目を集めた。特に、ASEAN地域フォーラム（ARF）設立に向けての日本の積極関与は、それ以前から注目されていたアジア太平洋経済協力（APEC）設立における日本の役割と並んで、冷戦後の日本の外交政策における「地域多国間主義」の誕生という観点から、頻繁に指摘されてきた[2]。ところが一九九〇年代後半以降、こういった多国間枠組みという文脈からの日本の安全保障政策に対する言及は、減少傾向になった。その理由には、先にあげたように、一九九〇年代後半から二国間及びユニラテラルな意味合いでの安全保障政策に非常に目立った展開が見られ、それが今でも引き続き進展していることと同時に、アジア地域における地域多国間枠組み作りのブームが一段落したことが挙げられる。さらには、現存のアジアにおける地域多国間制度の機能の限界や効用性への疑問が、日本政府内を含めたいろいろな所で指摘されてきていることも[3]、直接・間接的な原因と考えられる。

以上のような傾向を背景に、本章では、あらためて、多国間アプローチという観点から、日本の安全保障政策を考察する。具体的には、アジア地域におけるリージョナルなレベルと、国際安全保障全般の問題を扱うグローバルなレベルの二つのレベルにおいての多国間安全保障政策に、日本が冷戦後どのような対応をしてきたかを整理・検分し、それらの特徴を考察する。従って本章の構成は以下の通りとなる。最初の節では、リージョナルレベルでの考察を、ポスト冷戦期の前期（一九九〇年代後半まで）とそれ以降の二つの時期にわけておこない、次の節では、グローバルレベルでの分析を、国連平和維持活動（Peacekeeping Operations: ＰＫＯ）、国連主導の平和構築活動（Peacebuilding）そして、多国籍軍およびアメリカ主導のいわゆる有志連合（Coalition of the Willing）の枠組み、それぞれに対する日本の対応を見ていく。最終節では、先行する二つのレベルでの観察に基づいて、九〇年代以降の日本の多国間安全保障政策の特徴（二つのレベルに共通する特徴、及び、どちらかのレベルに特徴的なもの）を挙げ、それらの日本の外交・安全保障に対する意味合いを考察する。

リージョナルアプローチ

ポスト冷戦期前半——地域多国間枠組み作りへの機運

冷戦中における日本の国家安全保障および地域安全保障政策の根本理念が、日米二国間主義に基づいていたことは、広く認識されている。これは、戦後の独立交渉の時期を通して出来上がった「吉田ドクトリン」（軽武装、日米同盟を通じての安全保障の確保、経済発展重視）に基をなし、米国の対アジア安全保障政策の基盤となる「ハブ・アンド・スポーク」システムの確立によって、ゆるぎのない根本理念となった。このため、地域多国間枠組みという政策オプションに対する日本政府の基本的な態度は、冷戦期を通じて、消極的、懐疑的であった。その理論的根拠は、アジアにおける安全保障の多国間枠組みは、日米安全保障の二国間体制を弱めることになる、[4] さらに当時の地域国際関係状況では多国間枠組みの設立は実際問題として非現実的である、[5] という二点に収束出来よう。

このような冷戦期の日本の安全保障政策が背景にあったため、ポスト冷戦期（特にその初期において）の日本の安全保障政策は、冷戦時代のほとんど排他的とも言える二国間主義に何か新しい変化が起きているのか、という視点から観察される傾向にあった。この文脈の中で、前述した日本のARF設立時の関わり、および、カンボジアPKOへの参加が注目されることになる。言うまでもなく、この二つのケースは、アジアの地域安全保障問題を扱う多国間枠組みで、まさにポスト冷戦期の東アジア国際関係における新しい現象と理解されたからだ。従ってこの項では、この二つのケースに対する日本の対応を参照しながら、ポスト冷戦初期の日本のリージョナルレベルにおける多国間安全保障政策を考察する。

ARFは、東アジアの安全保障を取り扱う地域多国間枠組みとして一九九四年に正式に設立された。設立時のメンバーは、当時のASEAN諸国、日中韓の北東アジア三カ国に加え、ロシア、米国、豪州、ニュージーランド、カナダ等の域外諸国、さらにEUも含めた一八国・機関であった。現在のメンバーは、北朝鮮も含めた二六国・機関に増加している。ARFの目的は、安全保障関連の対話および協議を促進することによって、アジア太平洋地域での信頼醸成と予防外交に大きく貢献することである[6]。具体的には、年に一度のメンバー諸国の外務大臣が集合する外相レベルの会議が最重要イベントで、それを柱に、官僚レベルでのさまざまな会合・研究セミナーがテーマ別に随時開催され、報告書・提案書が外相会議に向けて作成される。つまり、多国間地域安全保障の枠組とは言っても、NATOやアフリカン・ユニオンのように軍事的な行動をとるわけではなく、メンバー諸国の軍機関の関わりも、対話と情報交換の活動に限られている。目玉の外相会議は、米国の国務長官を含めた各国の外相が一同に集まるため、それなりのメディアの注目を集めるが、特に新しい政策やイニシアチブを出すというよりは、その時その時の、地域安全保障関連の問題（例えば、地域内でのテロリズム活動や北朝鮮のミサイルテスト）に対して共同声明を出し、共通意識を強調する、というのが主な機能と言えよう。さらには、ARFでの定期外相会議の機会を利用して、さまざまな二国間外相会議が行われていることは、副産物的な意味での信頼醸成メカニズムとして、ARF外相会議のメリットとして見られている。しかしながら、設立から一〇年以上経ているにもかかわらず、対話と信頼醸成の役割以上の安全保障機能にすぐさま発展する展望は見えておらず、その点から、ARFの存在意義自体に懐疑的な声があるのも事実である。

その名称が示すように、ARFの設立にあたってはASEANが中心的役割を担った。[7] 従って、日本の関与は、あくまでも脇役的な役割であったが、脇役の中では最も注目度の高い立場であったと言えよう。具体的には、一九九一年夏のASEAN―PMC(ASEANとダイアログ・パートナー諸国――日、米、カナダ、豪州、ニュージーランド、韓国、EU)の定例会議において、当時の中山太郎外相が、地域安全保障に関する「政治的対話」のためのフォーラムの設置を提案したことから始まる。しばし指摘されるように、この「中山提案」は、既存のASEAN―PMC会議の枠組みを利用しての「安全保障対話」の定例化であったわけで、参加国の構成という点だけで見ると、最終的に出来上がったARFの枠組みそのものを提案していたわけではなかった。[8] しかし、機能の点から言えば、中山提案は、後のARFの中心機能となる「安全保障対話」を明白に打ち出していたのである。

この中山提案に対する各国の反応は、カナダ、豪州といった、既にアジア多国間安全保障枠組みの必要性をオープンに提案していた国を除いては、当初、あまりかんばしいものではなかった。ASEAN諸国は、インドネシア、マレーシアを中心に、中山提案に対して異議を唱え、さらに、米国のベーカー国務長官も「現存する(二国間の)枠組みの役割の変更に関わるようなことについては、注意すべきだ」と異議を表明した。[9] このため、中山提案後の日本政府の態度は「暫く様子見」となった。ところが、翌一九九二年になると今度はASEAN側が、地域安全保障対話の枠組み作りを正式に提案し、[10] これを受けて、日本はその後二年間、後方支援的な役割で(例えば、首相の外遊中のスピーチで安全保障対話の必要性を指摘するなど)ARFの設立に向けての外交活動を行った。ARF設立以降、九〇年代の後半を通じて、日本政府の対ARF政策は、セッション間会議の議長を務めたり、関連セミナーを日本で開催するなど、概ね積極的、肯定的だったと言える。

一方、一九七八年末のベトナム軍侵攻及びヘン・サムリン政権（親ベトナム）発足以降、一〇年以上に及ぶ内戦に見舞われていたカンボジアに和平をもたらそうという機運が本格的になったのも、ARF設立のケースと同様、冷戦末期から終結への過渡期における地域国際関係の変化と呼応する。要約すると、一九八九年から一九九一年にかけて、フランスとインドネシアが共同主催したパリ和平会議と国連安全保障理事会が連携する形で多国間枠組みによる和平交渉が展開され、一九九二年からの国連カンボジア暫定機構（UNTAC）下での治安回復及び選挙を経て、翌年、シアヌーク国王の下、カンボジア王国政府が発足した。日本の関与は、これもまたARFのケースと同様、側面からであったが、それまでの日本の地域外交活動と比較すれば、画期的といえる積極外交であった。まず、日本政府は、一九八九年のパリ和平会議（一九関係諸国＋カンボジア四派）への参加を、水面下の外交工作を通して果たした。和平のための国際会議に日本が参加するのは戦後初めてのことであった。この会議で、日本は単なる関係諸国としての参加だけではなく、和平後の復興援助及び難民問題を議論する委員会の議長国をオーストラリアと共に務めた。

その後、カンボジア四派の不合意のため交渉が停滞したが、それを打開するために、日本政府はタイ政府の協力を得て「カンボジアに関する東京会議」（一九九〇年六月）を開催するとともに、カンボジア各派のリーダーへの直接接触を通して、和平への機運を高めようと努力した。[11] これらの日本の活動が、本筋のパリ和平会議及び国連安保理による和平交渉にどの程度影響を及ぼしたかは意見が分かれる所ではあるが、少なくとも、カンボジアの四派のみならず、その他の主要関係国からも、肯定的な評価を受けた、と言えるだろう。一九九一年一〇月のパリ和平会議に於いての和平協定締結を受けて、カンボジアでのUNTAC活動開始に伴い、日本政府は、一九九二年の九月から、自衛隊施設大隊、停戦監視要員、文民警察官、および選挙要員として、延べ一三〇〇人を派遣した。[12] また、一九九二年に国連事務総長に就任したばかりのブトロス・ガリからUNTACの特別代表に任命された明石康氏（当時国連事務次長）を全面的にバックアップした。平行して、一九九二年六月にはカンボジア復興閣僚会議を東京で開催し、その結果、日本はカンボジア復興支援の最大拠出国となるとともに、そこで決定したカンボジア復興国際委員会の議長に就任した。その後行われたカンボジア支援国会合でも、日本政府は三回に渡って開催国を務めてきている。

以上の二つの例に見られる、アジアにおける安全保障問題を扱う多国間アレンジメントへの日本の積極的な関与は、ひとつひとつの独立したケースを見るよりは、地域安全保障全般に対しての日本のアプローチにおける基本的な変化という大きな文脈の中で理解する方が良いであろう。前述したように、冷戦時の日本の地域安全保障政策の基本原理は、「ハブ・アンド・スポーク」システムによる秩序維持であった。言い換えると、アジア地域の秩序は、アメリカを中心とした一連の二国間同盟・安全保障協力によって維持される、という考えである。ところが、九〇年代に入ると、外務省及び外交専門家の間で、冷戦後における地域安全保障の秩序のあり方を模索する動きが出て来た。その結果「重層的システム」という概念が次第に言及されるようになり、九〇年代半ばまでには、この概念が地域秩序の基本原理として、外務省を中心とした日本の外交政策当局者の間で定着した。(13)

この概念を要約すると、アジア地域の秩序は、これまでの二国間同盟・安全保障協力の枠組みに加えて、いろいろな形式の多国間枠組みを重層的に配置することによって、維持することが出来るという考え方である。具体的には、第一層には、従来の米国を中心とした二国間同盟・安全保障協力体制が位置し、防衛と抑止の役割を担い、第二層では北東アジア（特に朝鮮半島）や東南アジアといったサブリージョナルな問題に焦点をあてた多国間枠組みが紛争解決や紛争後の秩序維持の役割を果たす。第三層ではアジア全体を包括する多国間枠組みで地域安全保障の対話をすすめることによって信頼を醸成し、第四層では、APECといった非安全保障的な問題（経済や環境等）を扱う多国間枠組みによって広義な意味での信頼醸成をうながす、というイメージである。この文脈で見ると、先のARFは第三層における枠組み、カンボジアPKOは第二層に描かれた機能となる。言い換えれば、両ケースにおける日本の積極的な行動は、自らが描いた重層システムを構築するための努力の一環として見ることが出来る。(14) 特筆すべきは、この重層システムという概念には、官僚的な政策形成にありがちな漸進主義が全面的に反映されているという点である。つまり、これまでの「ハブ・アンド・スポーク」システムからの完全な脱却ではなく、逆にハブ・アンド・スポークを基盤にしながら、その上に多国間枠組みの要素を付け加えただけの発想とも言える。しかしながら、四〇年余に渡って受け入れられていた排他的二国間主義という実態を考慮すれば、たとえ漸進的とは言え、この重層システム概念の採用は日本の対アジア外交政策においての新展開として評価されるべきであろう。

中国の台頭と二一世紀の東アジア——混迷する地域秩序概念?

九〇年代半ばから二一世紀の初頭に至るまで、日本のアジアにおける多国間安全保障政策は、上記の重層システム秩序概念に従って展開され、種々の地域多国間枠組みの発展を積極的に推進した。例えば、ARFにおける個々のプロジェクトへの積極的な参加に加えて、域内の防衛・軍担当者間のマルチの会合(東京ディフェンスフォーラム及びアジア太平洋諸国安全保障セミナー)を定期的に開催し、さらには各国の防衛大臣間の公式年次会合を提案している。[15]また、この時期の日本政府は、九〇年代半ばに始まった北朝鮮の核問題を扱う多国間枠組み——朝鮮半島エネルギー開発機構(KEDO)、日米韓三国調整グループ会合、四者協議——を、忠実にサポートしてきたと言えよう。さらに一九九九年の東ティモールの独立問題に絡む内紛に対しては、カンボジアの際と同様、東京で支援国会合を開催するとともに、その後の国連PKOの活動を全面的に支援した。しかし世紀の境目の前後から、このような地域多国間枠組みの推進における日本の態度に、別の面も表れ始めてきた。

まず、ARF外交に当初見られたような日本の熱意には、ここ数年陰りが見えている。[16]象徴的な例としては、ARFのメインイベントである七月の閣僚会議に日本はそれまで必ず外務大臣を送っていたが、二〇〇五年、初めて外務大臣の代わりに副大臣の出席にした。これは、当時、国連安保理改革の協議が大詰めにあったために町村外相が訪米することになったと同時に、アメリカ側もライス国務長官ではなくゼーリック副長官の出席となったことが背景にある。町村外相はぎりぎりまでARFへの出席の準備をしており、やむを得ない判断であったようだが、それでも、初めての外務大臣の出席見合わせは、日本のARFへの熱意・関心が以前程ではなくなってきたという印象をアジア各国に与えたことは否めない。また、北朝鮮の核問題を扱う新しい多国間枠組みである六者協議における日本のこれまでの行動も、拉致問題の扱い方の関係で「協議運営の障害になっている」との批判を時に浴びるなど、多国間枠組みの熱心な推進者というにはほど遠い(17)。

一九九七年のアジア通貨危機への対応を契機に始まったASEAN+3(ASEAN諸国+日中韓、APT)に対しては、日本は一見、忠実な支持を示してきたように見える。しかし、実際のところは、この唯一の(地理的な見地からみて)東アジアの枠組みの設立時の日本の行動は基本的には受身外交であったし、その後の日本のAPTへの対応にも微妙な曖昧さと揺れがある(18)。例えば、二〇〇〇年のAPTサミットの場で当時の森首相は、APTの枠組みが、経済問題だけでなく、将来的には地域安全保障の問題も扱うことへの同意を表明しているが、その後の日本政府のAPT関連の演説・政策文献からは、安全保障がらみの言及・提案は見られない。また、APTの活動を通して構想・推進されてきた東アジアサミットの開催に関して、日本政府はAPTの枠組みではなく、そこに豪州、ニュージーランド、さらにはインドを加えた枠組みで行うべきだと主張(アメリカのオブザーバー参加も提案)し、APTの枠組みで東アジアサミットを行うべきだとする中国と対立したのは記憶に新しい。結局、この東アジアサミットは二〇〇五年の一二月に、APTに豪州、ニュージーランド、インドを加えた一六カ国の枠組みで開催されたが(アメリカのオブザーバー参加は実現せず)、ここでも、将来の東アジア共同体形成に向けてAPTの純粋東アジア諸国間で目指すのか、東アジアサミットの枠組みで進めていくのか意見がわかれ、日本は後者の立場であったと報道されている(19)。

もちろん、新たな地域多国間枠組み作りという課題に対して、日本政府の興味が全く失われてしまったわけではない。例えば、二〇〇五年の四月に日本、シンガポール、ラオス、カンボジアが署名した「アジア海賊対策地域協力協定」（マラッカ海峡での海賊対策を目的とした情報共有のための法的枠組み）は日本が提唱・推進してきた新しい地域協力体制である。また、二〇〇六年三月に第一回閣僚会合が開かれた「日米豪戦略対話」というミニラテラルの枠組みについても、日本は豪州と協力して実現を目指した。しかしながら、全体を考慮してみると、ここ数年のアジアにおける多国間枠組みの構築・発展に対する日本の態度は、九〇年代初頭から中盤すぎまでに見られた、やや盲目的とも言えるような積極的推進主義からは明らかにトーン・ダウンした、選択的な慎重推進主義に変化してきた、と言えるだろう。この変化は、以下の二つの点に帰すると考えられる。

第一に、八〇年代のいわゆるバブル・エコノミーが九〇年代初めにはじけ、その後長期にわたり経済状況が停滞に陥ったため、九〇年代後半になると、日本の相対的な国力低下の感覚が非常に顕著になってきたことである。特に、当時は、経済回復への見通しが不透明な上に一部の主要金融機関の破綻が現実となり、さらに一九九七年のアジア金融危機の打撃が加わったため、実際のところはいまだに世界第二の経済だったにもかかわらず、著しい国力低下の認識と出口のない閉塞感が九〇年代後半の日本国内全体で共有されていた。これは外交当局者も例外ではなく、結果として八〇年代後半から九〇年代前半に見られた積極的リーダーシップ志向に水を差されてしまった。そんな状況下では、前述の重層システムのアジアの秩序作りという長期的・大局的な政策、それに伴う多国間機構・枠組み構築への関心は必然的に低下し、従って、受け身的な外交姿勢が逆に目立つようになった。

第二の点は、中国の台頭である。九〇年代後半からの中国経済の目覚ましい躍進とそれに伴う中国政府の軍備拡張と国際政治舞台での積極性が、日本の国内および外交政策に与えた影響の重要さは、ひろく指摘されている。アジアでの多国間枠組み作りに対する日本外交も例外ではなく、さらに言えば、非常に大きな影響を受けた分野のひとつと言える。なぜなら、この地域多国間枠組み構築の分野での中国の積極外交は非常に目覚ましく（APT、北朝鮮核問題の六者協議での活躍に加え、上海協力機構という新しい中国・中央アジア諸国の地域機構の創設）、その活動は概ね肯定的な評価を受けているからである。[20] このため、日本政府は中国の積極外交に押され気味で、それに反応・対応する形での外交活動になる傾向が強くなった。そして、もっと根本的な点から述べるならば、前述の日本独自の地域秩序構想――重層システムによる秩序――の概念の中に、台頭する中国の位置、役割が明白に組み込まれていなかった、という問題がある。

先に述べたように、この重層システムは、冷戦直後の地域内外の国際関係とその中での日本の位置づけを反映していたため、当時の地域最大国の日本と域外超大国のアメリカの存在を前提とし、両国の協力が各種の多国間機構・枠組みの基盤になることを暗黙の了解としていた。もちろん、中国経済の発展は既に始まっており、中国台頭の見通しは当時でも論じられていたことであるが、日本の外交当局者らは九〇年代前半の段階で、近い将来に強大になるであろう中国の役割を、新しい地域秩序構想に組み込むに至らなかったのである。さらに、アメリカが参加しない東アジア諸国のみの多国間枠組み――つまりAPTの枠組み――が実現される可能性も、日本の外交当局者が描いた重層システムの概念の中には、明白に認識されていなかった。言うまでも無く、中国にとってこの米抜き東アジア枠組みは望ましい枠組みであり、実際、APTでの中国政府の積極外交が目立っている。それが翻って、日本の対APT外交を受け身的で曖昧なものにしてきたのである。

また、東アジアサミットのメンバーシップをめぐる日本の対応も、この点から説明出来る。つまり、東アジアサミットのメンバーに豪州、ニュージーランド等を含めようと日本が努力したのは、APTの枠組みでは相対的優位を持つ中国を牽制するためと見ることが出来る。その根本にあるのは、単なる対抗主義や反中感情だけではなく、APTの存在と発展（そして、そこでの中国の活躍）自体が日本の描いた地域秩序概念にすんなりと収まらない、という問題なのである。

前述のように、重層システムの地域秩序概念は、日本の外交当局者の間では、冷戦中の「ハブ・アンド・スポーク」システム概念に替わり、日本の対アジア政策の中に定着してきた[21]。ところが、その中身は、域内情勢の予想以上の展開に鑑みると、既に時代遅れになっており、具体的にどのような多国間枠組みがどのような組み合わせでどのような機能を果たすべきなのかという見直しが必要なのである。しかし、本章の執筆時点で、そのような重層システム概念の中身の見直し、もしくは、新たな地域秩序概念を模索する動きは、日本の外交政策の中においてはまだ見られない。

グローバルアプローチ

国連平和維持活動——ポスト冷戦型PKOと日本

グローバルレベルでの安全保障を扱う多国間枠組みと言えば、伝統的には国際連合による活動を示すことになる。国連の第一の目的が「国際平和と安全を維持すること[22]」であり、国連による国際安全保障に関連する活動は、実際、非常に多岐にわたる。紙面の都合上、本章では、その中の主要と考えられる活動——平和維持活動（PKO）と平和構築活動——に絞って、ポスト冷戦期の日本の政策と対応を、まず見ていくことにする[23]。

冷戦期の米ソ二超大国による東西対立の状況下ほとんど機能不全となっていた国連による紛争解決・平和構築の役割が、冷戦の終結によって復活したことは繰り返し指摘されている。いわゆるPKOと呼ばれる国連平和維持活動が、一九八八年を境に九〇年代半ばにかけて急増し[24]、この活動に対してノーベル平和賞が贈られるなど世界的に注目を浴びた。日本の外交当局者も、この趨勢に適切に反応していた。一九八八年のPKO再生当初から、国連アフガニスタン・パキスタン仲介ミッションと国連イラン・イラク軍事監視団に、それぞれ文官を一人ずつ派遣したのを皮切りに、翌年には、三一人の選挙監視要員をナミビア（国連ナミビア独立支援グループ）に、選挙監視員として六名をニカラグア、二名をハイチ（国連中米監視団）に派遣した[25]。これらのケースはすべて文官の派遣だったためか、この時点での国内での日本のＰＫＯ参加に対する関心は低かった。

この状況が変わるのは、一九九一年の湾岸戦争によってであった。湾岸危機に際しての日本の対応については既に繰り返し語られているので、ここでは詳細を省くが、日本は、アメリカ軍を主体とする多国籍軍へのいわゆる「人的貢献」が出来なかったため、一三〇億ドルの財政援助をしたにもかかわらずそれが正当評価されず、さらには米国議会など国際社会の一部から非難さえ浴びた、という痛烈に苦い経験をしている。この一連の湾岸危機・戦争の結果として、一九九二年に国際平和協力法が制定され、この法律により、日本は、国連のＰＫＯ活動に自衛隊を派遣することが出来るようになった。これによって、国際平和のための「人的貢献」が条件つきながら可能になり、前節で触れたように、法律制定の三カ月後にはカンボジアに六〇〇名の自衛隊施設部隊を派遣した（警察官等の文民はおよそ一二五人）。その後、この国際平和協力法に基づいて、日本政府は二〇〇六年の九月までに、合計八件の国連ＰＫＯ活動（モザンビーク、東ティモール等）、および五件の国際救援活動（ルワンダ、東ティモール、アフガニスタン、イラク等）と六件の選挙監視活動に、合わせて五七〇〇名余の人員を派遣している[26]。また、国連のＰＫＯ経費に対しての日本の分担率は、一九九二年に一二・五％とアメリカに次いで第二位の貢献国となり、二〇〇六年の時点では一九・四％（第二位）の分担率で、分担金額は二〇〇五年でおよそ九億二〇〇〇万ドルであった[27]。

このような日本のＰＫＯ活動には、いくつかの特徴を挙げることが出来る。まず、派遣地域に関しては、アジアに大きな比重が置かれている。前述のようにカンボジアには七〇〇名以上、東ティモールのＰＫＯ活動には延べおよそ二三〇〇名を派遣したのに対して、アジア以外のＰＫＯには、モザンビーク（国連モザンビーク活動）が最大の六八人で、ゴラン高原（国連兵力引き離し監視隊）四五人、エルサルバドル（国連エルサルバドル監視団）一五人と続く。東ティモールへの派遣は二〇〇四年半ばで終了しており、二〇〇八年一二月の時点での日本のＰＫＯ派遣は、ゴラン高原、ネパール、スーダンの五三人のみとなっている。[28] 各国の派遣状況と比較してみると、二〇〇六年の時点で、日本の派遣人数は計四五人で、これは、一〇七カ国中六七位、先進国の中では、オーストラリア（五一）、スペイン（五〇）、フィンランド（三八）に近い。ちなみに、東ティモールの派遣の全盛期だった二〇〇二年の時点では、日本の派遣人員ランクは一五位であった。[29] 国連全体でのPKO派遣人員数は一九九九年以降毎年増加の傾向にあり、二〇〇六年には約七三〇〇〇名が計一六のPKO活動（うち七件はアフリカ）に関わっている点に鑑みると、日本の派遣状況と国連PKO全体の趨勢とは、明らかなずれがある。

日本のPKO派遣要員の任務内容にも大きな特徴がある。一九九二年に制定された国際平和協力法が、自衛隊の参加条件と活動内容にさまざまな制約を課してきたことは良く知られている。参加条件で言えば、紛争当事者間で停戦合意が成立しており、当事者全てが平和維持隊の活動に合意しており、従って平和維持隊が完全に中立の立場で活動出来る、ということ。また、自衛隊員の携行出来る武器は最小限で、自己防衛のためだけに使用出来る、という条件。自衛隊の具体的な活動内容も、制定当初は選挙監視、道路や橋などの施設の復旧や整備、運搬や通信などの後方支援的な業務などに限られていて、PKO活動の中心とも言える停戦履行の監視、武装解除と武器の回収、緩衝地帯における巡回などの任務への参加は、当面「凍結」とされたのである。これらの制約が自衛隊のPKO現場での活動に少なからず支障をきたし、そのため内外からの批判を呼ぶことになった。

例えば、携帯武器の内容と使用目的の規制のため、東ティモールPKOに参加した自衛隊部隊の一部は、ニュージーランド、ポルトガル等の他国PKO隊に、自らの安全を頼る結果となり、[30] また、一緒に活動している他国PKO隊が襲撃された場合、自衛隊はその援護のために武器を使うことが出来ないという問題も持ち上がった。さらに、ルワンダでのPKO活動に対しては、停戦合意条件が満たされていなかったために自衛隊派遣は出来ず、結局、隣のタンザニアとザイールに日本の自発的な形で延べ四〇〇名余の自衛隊を難民支援隊として派遣せざるを得なかった。この派遣は国連からの要請を受けたものではないので、現地での自衛隊の安全に対しての国連からの保証は得られない、という結果となった。さらに、近年、PKOの活動において文民警察官の必要性がますます高まっている状況だが、日本政府はカンボジアPKOでの七五名の文民警察官派遣以降、東ティモールに計五名を出しているだけである。これは、カンボジアでの高田警部補の殉職が大きく影響しているのであるが、最近のPKOの趨勢に応じた文民警察官の今後の派遣についての国内議論は、一部の専門家と外交担当者の域を出ていないようだ。(31)

こういった問題に対して、日本政府はそれなりに対応をして来ている。国民のPKOに対する理解も一九九二年の時点に比べて明らかに深まっており、国際平和法制定時に絡む制約の問題点も徐々に理解されてきた。日本の参加については、二〇〇五年の調査では、五〇％近くがこれまでの日本の参加を評価しており、二五％近くはもっと積極的な参加を求めている。(32) このような国民のサポートを背景に、政府は一九九八年と二〇〇一年の二回に渡って国際平和法の見直し・改定を行い、武器使用の制約の緩和、武装解除や武器回収などの活動の「凍結」解除を実現している。なお、冷戦後、国連安保理決議に基づく多国籍軍の設置も増加しており、その多くが国連PKO活動と連携する形で展開しているが（例えば、東ティモールの「東ティモール国際軍」、コソボの「コソボ国際安全保障部隊」など）、国際平和協力法で派遣出来る対象は国連の統括下の活動と規定されているため、自衛隊部隊・要員のPKOがらみの多国籍軍への直接参加は行われていない。(33) この点については、「多国籍軍と有志連合」の項でさらに触れる。

平和構築――国際平和協力における新概念

これまで述べてきた国連の平和維持活動（PKO）は、冷戦後に続出した国家基盤の弱い国の中の武力紛争に対応する形で立ち上げられ、展開されてきた。冷戦中に主体だったのは国家間の紛争であったから、新しいタイプの紛争が国際安全保障の問題として登場したことに呼応したものだ。従って、平和維持活動は当初、ポスト冷戦型の紛争管理の方策として脚光を浴びたのだが、九〇年代半ばに入ると、平和維持活動の限界、問題点が浮上してきた。特に、ソマリアや旧ユーゴスラビアなどでの経験により、国際社会全般に国連PKOに対する一種の失望感が植えつけられた。それらの問題点のうちの一つが、停戦とPKOによってもたらされた脆弱な平和を恒常的なものにするためのメカニズムがPKO自体には備わっていない、という点であった。つまり、一旦終結した紛争の約半数が五年以内に再発する、という問題に、PKOは正面から対応していない、という点である。これに呼応して、国際関係における紛争管理の方策としての新しい概念――平和構築――が登場した。この項では、この平和構築に対する日本の関わり方を見るが、その前に、この比較的新しい概念の成り立ちを簡単にまとめたい。

国連の場で「平和構築」という概念が意識的に使われたのは、一九九二年のガリ事務総長（当時）の報告書「平和への課題」でのことであった。その中で、「紛争後の平和構築」（Post-conflict Peace-building）という表現で、予防外交（Preventive Diplomacy）、平和創造（Peace-making）、平和維持（Peace-keeping）に並んで、紛争勃発前から紛争終了後を含めた包括的な紛争解決の枠組みの中の最終段階の要素として、平和構築（Peace-building）概念が使用された。

その後、カナダ政府の提案やOECDの開発援助委員の報告書を経て、二〇〇〇年の国連平和活動検討パネル報告書（通称ブラヒミ年レポート）で、従来の平和維持活動に平和構築の観点を取り入れることの必要性が強調された。実際、この頃になると「平和構築活動」と名付けられた活動が、国連の実践の場で開始されている。一九九九年に設置された「国連ギニア・ビサウ平和構築支援事務所」、二〇〇〇年の「国連タジキスタン平和構築事務所」などがそれであり、これらの多くは、紛争終結後の状況がやや安定した国の再建を支援する目的で、比較的地味で小規模なプログラムとして展開した。

その後、二〇〇四年に発表された「脅威・挑戦・変化に関する国連事務総長ハイレベル・パネル報告（通称、ハイレベル・パネル報告）」が、国連諸機関の平和構築活動における調整の欠如を指摘し、紛争終了後の永続的な平和の確立のために一貫性をもって平和構築を担当する新たな機関を国連本部に設置する提案をした。これによって、二〇〇五年の国連首脳会合で、国連改革の目玉の一つとして「平和構築委員会(Peace-building Commission)」の設立が決定したのである。以上のような経緯をもって、平和構築という概念は、紛争予防から平和創造、平和維持、そして復興支援・開発活動までを含む包括的なアプローチとして理解され、その実践面では特に、紛争から抜け出しつつある国において、従来の国連PKOや多国籍軍の軍事的な活動に加え、復興・開発にかかわるガバナンスと開発援助の分野の活動を、総合して戦略的に取り組むことが強調されている。

このような国連における展開に、日本政府は比較的タイムリーに呼応してきた。二〇〇〇年の九州・沖縄G8サミットで、日本政府は「紛争予防への包括的なアプローチ」というテーマで議長国としてのイニシアチブを取り、その延長で、同年、「紛争と開発に関する日本からの行動——アクション・フロム・ジャパン」を発表した。ここでは、平和構築という言葉自体は使われていないが、紛争予防および紛争後の復興支援における開発援助の役割が強調され、この分野に対する日本の積極的な貢献を約束している。さらに、二〇〇二年、小泉首相(当時)がシドニーでの演説で「平和の定着および国づくり」という考え方を日本の国際協力の柱とすることを表明し、これを受けて「国際平和協力懇談会」が内閣官房長官の下に設置された。この懇談会の報告書(二〇〇二年一二月提出)の中で平和構築の概念が明確に扱われ、先の小泉演説に連動する形で「平和構築=平和の定着+国づくり」と位置づけられた。

具体的に報告書は、「平和の定着」を紛争の再発防止を目的とする支援、と位置づけ、(1)和平プロセスの促進(外交調停、紛争当事者の対話、選挙支援)、(2)人道・復旧支援(難民・国内避難民の支援、基礎インフラの復旧)、(3)治安の確保(治安制度構築、対人地雷除去、元兵士の武装解除元動員解除動社会復帰支援)の三つの柱に分けている。「国づくり」については、(1)政治的な枠組み(民主的政治制度の整備、行政組織、警察、司法制度の整備)、(2)経済的な枠組み(経済・金融制度の整備、経済インフラの整備)、(3)社会的枠組み(保険医療、教育など基礎的社会インフラの整備、人権・ジェンダーの平等確保、メディア支援）の三つの分野の構築としている。ちなみに「平和の定着」は、日本政府独自の言い回しで、「Peace-consolidation」と英訳されており、これ以降、日本の国際平和に対する政策の基本概念として使用されてきている。また、この報告書においての平和構築の扱われ方の特徴を挙げるならば、この概念が特に日本のＯＤＡの役割と関連付けられている点である。つまり、上記のさまざまな分野での活動の多くがＯＤＡによって実行され得ることを挙げ、紛争の包括的な解決・予防を目指す平和構築においてＯＤＡの役割が不可欠なことを強調している。[34] そして報告書は、日本の従来のＯＤＡ政策は平時、平和地域に集中してきたとして、その見直しを求めるとともに、日本が包括的な意味での平和構築全体に対応するよう、ＰＫＯ派遣や人材養成等を含めた法制面、制度面での整備の必要性を提言した。

この後、一〇年ぶりに改定された二〇〇三年のＯＤＡ大綱で、平和構築が日本のＯＤＡ政策の四重要課題の一つとして明記された。[35] また前述の二〇〇五年の国連平和構築委員会の設立に際しては、日本は二〇〇〇万ドルを平和構築基金に拠出し、三一カ国からなる組織委員会に財政貢献国のカテゴリーで初代メンバーとして参加し、さらに、二〇〇六年六月から一年半に及び議長国を務め、平和構築委員会の役割の明確化、組織運営の具体化、平和構築という概念の浸透化、といった課題に取り組み、概ね積極的な貢献をしてきた、との評価を得ている。[36] また、日本政府は、平和構築を担う人材育成の機関を、日本人だけではなくアジア人も対象にして設置し、人的な（特に文民の）面においての日本の平和構築活動参加の強化に力を入れている。

さて、比較的新しい概念である「平和構築」という方策に対して、日本政府は具体的にどのような政策を行ってきたのだろうか。本章の執筆の時点で、平和構築委員会によって始動した平和構築プログラムは、非常に小規模で、アフリカに集中しており（シエラレオネ、ブルンジ等）日本の関わり方も資金援助に限られている。従って、ここでは、日本政府が、これまで既に、平和構築の分野であると明白に認識しているケースを見ることにする。具体的には、イラク、アフガニスタン、そしてアフリカであり、[37]これらには、国連の政治及び平和構築ミッションがそれぞれ活動している。

まずイラクであるが、日本は二〇〇三年のイラク復興国際会議（マドリッド会合）で最大五〇億ドルの支援（二〇〇七年末までの実施）を表明しており、うち一五億ドルは無償資金協力で、残り最大三五億ドルの円借款を供与する予定である。その後、二〇〇五年には、イラクの日本に対する公的債務のうち約六〇億ドルを削減することを決定している。一五億ドルの無償資金は、主にイラク人の生活基盤の再建のための分野（発電所、浄水設備、医療・教育施設、道路整備等）に提供されており、前述の日本独自の定義である「平和定着」の第二番目、人道・復旧支援のカテゴリーに入る。これと連動してイラク南部での学校建設、道路補修、浄水施設の供給などの支援活動に、自衛隊が二〇〇四年一月から二〇〇六年七月まで派遣され、いわゆる「人的貢献」を行なった。これはイラク復興支援特別措置法[38]に基づくもので、陸上自衛隊計七〇〇名（イラク、クウェート）、海上自衛隊三二〇名（ペルシャ湾）、航空自衛隊二一〇名（クウェート）が派遣された。なお、航空自衛隊は、二〇〇六年六月の陸上自衛隊の撤収後も、国連のイラク支援ミッション（UNAMI）や多国籍軍への空輸支援を行うために引き続きクウェートに駐留している。また、この自衛隊の派遣は、人道復興支援と安全確保支援の二つの活動を目的としているが、後者の活動は、米軍・多国籍軍への後方支援（物資・兵員輸送）が主である。この点については、後でさらに詳しく触れる。

次に、アフガニスタンだが、日本政府は、対アフガニスタン政策を特に意識的に平和構築概念と結びつけていることが観察される。例えば、外務省は「平和の構築に向けた我が国の取り組みの評価」をODA評価有識者会議に依頼したが、その中で、アフガニスタンが代表のケーススタディとして取り上げられている。[39]実際、アフガニスタンの平和構築に対する日本政府の外交イニシアチブは目立ったものがある。まず、二〇〇一年末にアフガニスタン暫定政府がカブールに発足すると、日本政府は翌一月には、アフガニスタン復興支援国際会議を開催し、五億ドルの復興支援を表明し、四月には川口外相（当時）がアフガニスタンに対する支援構想として（1）和平プロセス（2）国内の治安（3）復興・人道支援を三つの柱とする「平和の定着」構想を発表した。さらに翌年には、元兵士の武装解除、動員解除、社会復帰（通称DDR：Disarmament, Demobilization, Reintegration）に焦点を絞った「アフガニスタン『平和の定着』東京会議――銃から鍬へ」を開催し、DDR分野での復興支援に主導国としてイニシアチブをとった。日本政府はその後もいくつかの追加支援策を表明し、二〇〇六年三月までの支援総額は一〇億ドルとなった。これはプレッジ額としては、米国、EUに次ぐ第三位の規模である。イラクのケースとは異なり、アフガニスタンの復興支援という形では、自衛隊の派遣は行われていない。[40]

最後にアフリカのケースだが、外務省は日本のアフリカ諸国に対するODAを一括で語る傾向がある。これは、日本が一九九三年にアフリカ開発会議（TICAD）を開催し、当時冷戦終結の影響で低下していたアフリカへの関心を再喚起することを謳ったことに帰する。日本政府は、TICADを、アフリカ援助における日本のイニシアチブの目玉として、その後五年ごとに開催してきた。そして、二〇〇三年の第三回会議で初めて「平和の定着」分野を、「人間中心の開発」「経済成長を通じた貧困削減」に並ぶ、日本の対アフリカ支援の三本柱の一つとして位置づけた。これ以降、アフリカ援助が「平和定着」もしくは平和構築の文脈で語られるようになり、二〇〇三年から二〇〇五年の間に、アフリカでの平和定着分野（治安確保、政治ガバナンス、復興・社会経済開発、人道緊急援助）に対して三億五〇〇〇万ドルの援助が実施された。[41]この中には、スーダンへの一億ドルの支援が含まれる。また、この時期、スーダンPKOに対して地雷探知装置や四輪駆動車などの物資協力も実施された。さらに、二〇〇六年二月には、シエラレオネ、リベリア、コンゴ、スーダン、ブルンジ、大湖地域における平和定着のプログラム（DDR、地雷除去等）に対して、新たに総額六千ドルの援助の実施が発表された。[42]

以上のケースから、日本の平和構築に対するアプローチには以下の三つの特徴が挙げられる。まず第一に、この平和構築という概念自体が、日本の国際安全保障に対する外交政策作りにおいて、非常に好都合なものであったということだ。九〇年代後半から二一世紀初頭における紛争・安全保障問題に対する国際協力・国際政治の舞台においての日本の「人的貢献」は、湾岸戦争の頃に比べれば格段に増加しているとはいえ、まだまだ地味なものであった。これは国内における様々な制約のためであり、一朝一夕で変わるものではなく、必然的に外交当局者は日本の伝統的な外交手段である「財政貢献」に頼らざるを得ない状況であった。この意味で、平和構築という概念が、国際紛争・安全保障の分野での非軍事的な手段の重要性を謳い、結果的にＯＤＡの役割の価値を高めたことは、日本の外交当局者らにとっては渡りに船であった。また、日本のＯＤＡ政策の観点からも平和構築の概念は好都合だったと言えよう。九〇年代後半以降の経済停滞および財政削減の影響でＯＤＡの使われ方に対する疑問や批判の声が国内で高まる中、ＯＤＡ政策担当者にとって平和構築はＯＤＡ使用目的として説得力があり国民受けしやすい概念と考えられたのである。[43]加えて日本政府が九〇年代後半から、国連外交の一つとして推進してきた「人間の安全保障」の考え方とも平和構築のアプローチは重なり合う部分が大きいため、この点でも、平和構築概念は好都合であったと言えよう。

　これに関連して、第二の特徴としては、上記のケースで挙げられた日本の平和構築関連の援助は、政治・治安分野に比べて、社会・経済分野への比重が大きいことだ。例えば、アフガニスタンのケースで言うと、二〇〇二年一月から二〇〇五年七月の間の復興支援七億八五〇〇万ドルのうち（緊急人道支援を除く）約五億一五〇〇万ドルが幹線道路整備、医療、教育等の社会・経済分野に振り分けられたのに対し、治安改善分野（ＤＤＲや地雷対策等）には約一億五〇〇〇万ドル、政治プロセス・ガバナンス（行政経費・強化、メディア等）には約一億二〇〇〇万ドルが配分されている。[44]前述の一五億ドルの対イラク無償支援の内訳の上位三位は、発電所の建設等の電力整備（五億ドル）、浄水設備等の水・衛生関係（二億六〇〇〇万ドル）、医療関係（二億九〇〇〇万ドル）で、やはり社会・経済関係のインフラに明らかに重きが置かれている。[45]二〇〇三年から二〇〇五年の対アフリカ平和定着支援の三億五四〇〇万ドルの内、約半分の一億七六〇〇万ドルは緊急人道支援に振り分けられ、残りは社会・経済開発に一億三四〇〇万ドル、政治ガバナンス・治安改善分野は合わせて四五〇〇万ドルに満たない[46]。

この傾向は、日本のこれまでのODAの傾向をそのまま反映していると言えるが[47]、結果、本章の主題である日本の「多国間安全保障」に対するアプローチという観点から見ると、大きな意味合いを持っている。それは、これらの社会・経済開発分野に対する援助は、その性質上、二国間ベースで行われる傾向が強いという点である。つまり、平和構築の対象国の政府（移行政権や暫定政権を含む）や地方自治体への直接支援の形態である。対照的に、政治ガバナンス・治安改善の分野は、これもその性質上、国連支援ミッションに関わる国際機関・地域機関の多国間組織を経由した援助となる傾向が強い。具体的には、対イラクの一五億ドルの無償資金協力の内訳を見ると、二国間直接支援の約九億ドルに対して、国際機関経由支援は約一億ドル、国際機関（国連、世銀）に管理されるイラク復興関連基金に五億ドルとなっている[48]。これを言い換えると、平和構築という名のプロジェクトは、国連を中心とした国際社会の取り組みという意味で、大枠的には国際安全保障における多国間アプローチであるが、その概念的な多国間枠組みの中で、日本政府は二国間ベースの活動をかなり大きな規模で展開している、ということである。

最後の特徴として、その比較的地味な政治ガバナンス・治安分野での援助で、日本が力を入れているのが、DDRの分野である。前述のように日本政府は、DDRの支援主導国（国連ミッションと共同主導）としてアフガニスタン復興支援・平和構築に関わり一億ドル余を拠出してきた[49]。対アフリカの平和構築支援でもDDRプログラムが政治ガバナンス・治安確保全体の七割を占め、その他コソボ、ソロモン諸島等の紛争後地域でも日本は対DDR援助に力を入れており、DDRは日本の新しい得意分野として認識されている[50]。そして、日本のDDR支援は、プロジェクトの性質上、UNDPを主とした国際機関を通した援助であることも、その特徴である。

多国籍軍と有志連合（Coalition of the Willing）

平和維持活動の項で触れたように、国連PKO活動に先行、もしくは平行する形で、国連安保理決議に基づく多国籍軍が、国連加盟国や地域機構（NATO等）によって構成されるケースが九〇年代半ばから増えている。多国籍軍は、国連が指揮権を持たないこと、停戦や中立性の条件が必要でないこと、武力行使に関してより大きな権限を持っていること等の点でPKO軍とは違う。前述の国際平和協力法は国連の指揮権下にある活動を対象にしているので、これらの多国籍軍に対する自衛隊の参加についての法的根拠を供与しておらず、自衛隊のこれまでの参加はない。また、多国籍軍は、前項のような国連主体の「平和構築活動」にも平行する形で展開されている。アフガニスタンにおいてのNATOを主体とする国際治安支援部隊（ISAF）とイラクにおけるイラク多国籍軍（Multi-National Force-Iraq）等である。前項で触れたように、イラク多国籍軍の活動に対して、日本の自衛隊（主に航空自衛隊）は二〇〇四年から後方支援活動を行っている。[51] これは、イラク措置法に基づく派遣で、当初は連合国暫定当局からの要請という形で派遣された。しかし、連合国暫定当局が二〇〇四年の六月に解散されイラク暫定政権に主権が移譲されたため、日本政府はその時点から自衛隊が多国籍軍下に入ることを閣議決定した。[52] 陸上自衛隊は二〇〇六年に前述の復興支援任務を予定どおり終了し撤退したが、クウェートに駐留していた航空自衛隊は、その後も多国籍軍の物資・兵員の輸送、及び、UNAMIへの空輸支援のため、二〇〇八年末まで、駐留を継続した。

このイラク多国籍軍は、国連安保理決議一五一一（二〇〇三年一〇月）と一五四六（二〇〇四年六月）を根拠としているが、その前身は、二〇〇三年の米国によるイラク攻撃の際の米軍率いるCoalition of the Willing――有志連合――であり、当初は、明白な国連安保理の権限移譲を受けていない多国籍軍であった。[53] この有志連合の設立までの経緯やその国際法上の正当性に関する議論に鑑みると、これまで見てきた国連PKOや平和構築などと同等のレベルの多国間アプローチとして、有志連合を扱うには無理があるかもしれない。実際、形式上は多国間の枠組みであるとはいえ、実質は米国の一国主義と見なす考え方も少なくない。しかしながら、この有志連合的な手法——国連と連動しない、アドホック、選択的なグルーピング——が、国際安全保障の分野で今後ますます実行される可能性もしばしば指摘されている。従って、ここでも、イラク有志連合に対する日本の対応に触れることにする。

二〇〇三年の三月に米英軍で実質構成された有志連合のイラク攻撃が開始されると、日本政府はすぐさま支持の立場を表明した。(54) フランス、ドイツ、ロシア等の反対で国連安保理が二分した状態での米英の見切り発車となった武力行使であったが、日本は、アメリカの言う「安保理決議六六〇、六七八、一四四一を根拠にした集団安全保障」という武力行使の根拠を認めたのである。そして、五月初めにブッシュ大統領がイラクでの主な戦闘の終結を宣言したことを受けて、国連安保理が米英連合軍による占領体制によるイラクへの復興支援を認める安保理決議一四八三を採択すると、日本政府はこの安保理決議を基にする形でイラク措置法を設置、前項で延べたイラク南部での人道復興支援とともに安全確保支援活動という範疇で米英連合軍への自衛隊による後方支援を開始している。その後、前述にあるように、二〇〇四年六月にこの米英連合軍によるイラク暫定当局が解散されると、自衛隊は多国籍軍下に直接入って活動を続けるに至る。ここで言えることは、日本政府は、米軍率いる有志連合を公に支持する立場に最初から立ったが、実際の自衛隊の支援は、この有志連合が国連に明白に認められる（安保理決議一四八三）のを待った、ということである。つまり、外交的には国連をバイパスした有志連合を認めたが、自衛隊の派遣にあたっては、国連の与える正統性をやはり必要としたと言えよう。

最後に、二〇〇一年一一月のテロ対策特措法に基づく自衛隊のインド洋沖の活動に触れておこう。これは、言うまでもなく、二〇〇一年九月のアメリカへの大規模なテロ攻撃を受けての措置であり、当初、アフガニスタンのタリバン政権およびアル・カイーダを攻撃する米英連合軍に対しての後方支援を行うことで始まった。この米英連合軍は「不朽の自由作戦（Operation Enduring Freedom）」の名称で、自国内での同時多発テロを「武力攻撃」に該当すると見なした米国の自衛権発動を根拠としており、この自衛権の解釈については国連安保理も認めている。その後、タリバン政権が崩壊し、国連の斡旋でアフガニスタン暫定政権が発足した後も、連合軍はアフガニスタン内部・周辺でのテロ活動壊滅を目的として活動を続けており、日本政府も当初二年の時限立法であったテロ措置法を三度延長、二〇〇八年一月に新たに補給支援特措法を制定して後方支援を継続している。二〇〇八年一月の時点で約三四〇名の海上自衛隊がインド洋に駐留しており、二〇〇一年一一月から二〇〇七年一一月の間に、米英を中心とした計一一カ国の艦艇に燃料等、総額約五九〇億円相当の補給を行ってきている。[55] この連合軍は、イラクの有志連合のケースと同様、本質的には米国の一国主義との見方も出来るが、同時に、発足時から名目的には七〇以上の国と地域機関がサポート（軍事的または情報分野の）を表明しており、[56] その意味では、集団自衛権を行使する多国間枠組みと見ることも出来る。従って、不朽の自由作戦に対する自衛隊の後方支援は、現在のところ憲法解釈上違憲である集団自衛権の行使に限りなく近いと見ることが出来、日本内で大きな議論を呼んだが、日本政府は派遣継続の姿勢を変えていない。[57]

冷戦後の日本の多国間安全保障政策――着実な拡大と機能主義アプローチ

これまでの観察をまとめると、国際安全保障に関する多国間枠組みにおける日本の活動は、冷戦後の一〇数年間、明らかに量と種類の両方の面で拡大してきている。また、そのような活動が目立って活発になったのは、リージョナルのレベルでは九〇年代中心、グローバルのレベルでは二一世紀に入る時期以降である。特にグローバルレベルにおいて、国連主導の平和構築プログラムに対しての日本の関与はここ数年際立っており、これが一時的な現象なのか長期的なトレンドなのか、引き続きの観察が必要であろう。

時期的な差に加えて、リージョナルレベルとグローバルのレベルでの日本の多国間安全保障政策の違いは、リージョナルのレベルでは日本政府が「多国間枠組み作り」そのものに積極的だったのに対し、グローバルレベルでは、既に出来上がった枠組みに対してどのように参加していくか（または、しないか）という点が焦点になる傾向が大きい、ということである。つまり、リージョナルレベルでは、具体的な枠組み作りに関わり、新しい枠組みを推進することが重要な政策目標になってきた。この特徴は特に九〇年代に顕著であったが、最近でも「アジア海賊対策地域協力協定」の推進の例などに見ることが出来る。もちろん、最大の地域大国（これまでのところ）という日本の立場を考えれば、この傾向はごく自然なことと理解できよう。これはまた、世界第二位の経済力を持ちながらも、グローバルのレベルでは依然として受け身的な傾向が日本外交の中に強いことを示していると言えよう。

リージョナル、グローバルの両方のレベルで言えることは、冷戦後の日本の多国間安全保障政策は、冷戦中はありえなかった自衛隊の海外派遣実現が非常に大きな注目を集めたが、実際に全てを考慮してみれば、依然として非軍事的な手段――つまり、経済的及び外交的手段――に多くを頼っている、ということである。具体的には、リージョナルレベルでは、紛争解決や復興支援のための会議開催や、新しい多国間枠組み作りの提案や比較的インフォーマルな会議・セミナー開催を通じての外交イニシアチブ、グローバルレベルでは、ＰＫＯへの財政援助や平和構築におけるＯＤＡを使った復興支援政策である。中でも、国際安全保障のためのＯＤＡという考え方が明白な政策として認識されたことは、冷戦後、特に九・一一後の日本の安全保障政策における大きな特徴と言えよう。そして、ある意味では、冷戦中の日本外交の特徴とされた経済外交重視主義が依然として継続されていると見ることが出来る。(58) もちろん、日本が長期経済停滞にもかかわらず世界第二の経済大国の地位を維持し、また軍事的な外交手段の使用に対して、国内、及び国外（近隣諸国という点で）からの制約がいまだに存在する状況に鑑みれば、これはもっともなことである。

しかしながら、既に述べたように、自衛隊派遣という軍事手段の活用も、徐々にではあるが着実に、質と量の両方の面で拡大してきている。この傾向が今後も継続するのであれば、ヒューズが言うような「国際安全保障において、日本の軍事的役割が経済的役割を追い越し始める」[59]可能性は、しっかりと認識されるべきであろう。また、この軍事手段の拡大については、多国間安全保障政策という観点においても、特に注意深い観察が必要である。これは、安全保障政策における多国間アプローチの形態が一様でないことに起因する。前述のように、国連のPKO軍が概ね純粋な多国間枠組みと見ることが出来るのに対して、指揮権が国連に移譲されていない多国籍軍、さらには国連をバイパスした有志連合の枠組みは、形式的には複数国が参加している多国間枠組みとは言え実質的には強大国による一国主義の色合いが強くなってくる。この点で、日本の軍事手段による関与は、後者の枠組みに対しての比重が大きくなっている。既に指摘しているように、PKOへの自衛隊参加はここ数年停滞しているのに対して、アフガニスタン及びイラクにおける多国籍軍に対しての軍事的貢献には（後方支援とはいえ）目覚ましいものがある。これは、アフガニスタンとイラクのケースが、日米安全保障におけるアメリカへの援助という二国間レベルと、国際安全保障への日本の積極的な貢献というグローバルレベルの両方において、日本の国益遂行のための有効な政策オプションであったからである[60]。反対に、近年の国連PKO活動が東ティモールを最後に東アジアで展開されておらず、またアフリカに集中している傾向を受けて、PKOへの日本の軍事貢献は減少したと考えられる。

ここで言えることは、日本政府の安全保障に関する多国間枠組みへの対応の中に、多国間アプローチに暗示的に伴う「多国間主義」と称される行動規範、そしてその行動規範を基にした国際安全保障のマネージメント自体を推進する、という考え方は明白には存在しない、という点である。つまり、日本の外交当局者は、国際安全保障における多国間枠組み（及び、それに準じるもの）を、国連安全保障理事会の常任理事国入り等をめざした国際政治での役割拡大や日米安全保障の維持・強化といった外交政策上の目標を達成するための方策の一つとして見ているのであって、多国間アプローチの推進自体を外交政策目標の一つとは見ていないのである。これは、多国間枠組みに頼らざるを得ない中小規模の国とは一線を画す日本の国力を考えれば、伝統的な国際政治の観点から見て当然とも言えるが、別の言い方をすれば、日本の国際安全保障政策に対する基本的態度は、国際協調・多国間主義を謳う理想主義というよりは、伝統的な勢力均衡概念に象徴される現実主義を根本としており、その傾向が冷戦後、実際の行動として如実に表れてきている、ということであろう。

また、この外交目標遂行の方策の一つとしての多国間アプローチという日本の姿勢は、軍事手段における政策行動に限ったものではない。リージョナルレベルで見れば、前節で見たように、九〇年代全般においての日本の地域機構作りへのイニシアチブは、日本が描き推進した新地域秩序の実現のためであったし、ここ数年の東アジアの枠組み作りを巡っての日本の外交活動は、急速に台頭する中国の影響力が過大になることを牽制し、日本にとって比較的居心地の良い多国間枠組みをいかに作るか、という目的遂行のためであったと言える。グローバルレベルでは、前述のように、国連主導の平和構築活動に対する日本の財政援助はイラクで総額三五億ドル、アフガニスタンで一〇億ドルと大規模なものであるが、その形態内容は、二国間ベースのODAが、国際機関経由のODAに比べて、非常に大きな比重を占めている。つまり、繰り返しになるが、国連を中心とした国際社会の取り組みにおいて、日本政府は、概念的には多国間アプローチである平和構築プロジェクトの枠組みの中でODAという経済手段を通じた二国間ベースの活動をかなり大規模に展開しているのである。そして、国際機関を通じてのODA使用は、UNDP経由のDDRプロジェクトやガバナンス関連のプロジェクトといった、日本のODA執行機関（JICA等）が得意でない分野に限られていると言える。つまり、ここでも、日本の外交当局者にとって、多国間枠組みは日本の利益と外交目標達成のために利用するものであって、多国間主義そのものを推進する、もしくは既存の国際機関の役割を優先する、という考え方は特に意識されていないようだ。

従って、全体で見れば、グローバル及びリージョナルレベルでの安全保障問題に対する多国間アプローチへの日本の基本的な態度は、外交目的遂行のための道具・方策としての多国間枠組みという認識であり、あくまでも機能中心主義の立場をとっている。つまり、日本にとって有利で便利な機能があるから、多国間アプローチを採用し支援する、という姿勢である。これは、国際関係理論で言う、いわゆるネオリベラル制度主義者の見方と一致している。翻って、コンストラクティビストが示唆するような、多国間主義（multilateralism）そのものを政策理念としているわけではなく、また、暗黙の了解的な互恵主義（diffused reciprocity）や運命共同体的な感覚（indivisibility）といった多国間主義に内包される行動規範を、国際政治において推進するという姿勢も、日本のこれまでの行動の中には見られないことを最後に指摘しておきたい[61]。

第Ⅱ部　東アジアの中の日本外交——歴史の克服から多国間協力へ

6 分割された東アジアと日本外交

歴史検討から諸問題解決の鍵を探る(1)

原貴美恵

本章は、日本をとりまく東アジアの安全保障環境を、冷戦とサンフランシスコ平和条約という局面から再考するものである。特に国境、領土主権、そして領土の地位に関する問題に焦点をあて、これらが如何にして第二次大戦後の対日処理から今日まで禍根を残す「未解決の諸問題」となったのかを、主に公文書資料検討を基にした近年の研究成果から論じる。そして、過去に盲点となりがちであった諸問題の共通の起源に傾注し、そこにみられる幾つかの特徴を踏まえた将来の解決を考察する。最後に、領土紛争解決の先例として北欧のオーランド裁定をとりあげ、北方領土問題への適応・応用を検討する最近の事例研究を紹介する。

東アジア——残存する冷戦構造

一九九〇年代以降の国際安全保障環境が語られるとき、「冷戦後」或いは「ポスト冷戦」は報道だけでなく学術の場でも必須の形容表現として使われてきた。日本をとりまく東アジアの安全保障環境についても例外ではない。
「アジアの冷戦」という概念は、数々の冷戦研究の中で検討され、欧米とはその性格も展開の仕方も同一ではないという共通認識を得ていたはずである。[2] しかし、ひとたび欧米でヤルタ体制が崩壊し「冷戦の終焉」が高らかに謳われると、それはその後の国際政治の普遍的前提となり、東アジア地域の安全保障議論でも当然視されるようになった。だが、東アジアの歴史と現状を見直せば、この前提には妥当とは言いきれないものがある。

今一度、東アジアの地域冷戦についての認識を整理し直してみよう。冷戦には、概して（1）共産主義対非共産主義という異なるイデオロギーに立脚した社会システム間の対立、（2）それに伴った軍事開発や安全保障同盟などの軍事的対立、更に（3）対立の前哨としての地域紛争の存在、という特徴があったことが想起される。[3] それらに即して考えてみれば、まず第一の異なる社会システム間の対立については、東アジアにおける冷戦体制は、中国が共産圏の中核的存在として台頭した点で欧米の米ソ二極体制とは異なっていた。中国は、朝鮮戦争介入を機に米国による「封じ込め」政策の対象となったが、一九六四年の核保有や一九七一年の国連加盟等を通じ国際舞台においてアジアの極としての地位を名実共に確立した。一九八〇年代末から一九九〇年代初めには、欧米での歴史的「冷戦の終焉」に続き、東アジアでも劇的な緊張緩和が見られた。しかし、この地域で起った変化には、東欧諸国で見られた民主化や共産主義政権崩壊のような根本的なものは少なく、ソ連の消滅以外には主な冷戦構造自体は崩壊を免れていた。中国の共産政権は、近隣の共産・権威主義国家同様、現在も健在であり、近隣諸国にとっての潜在的脅威であることに変わりない。（但し、中国は七〇年代末からの改革路線で資本主義への移行が始まっていたので、地域冷戦はその時から経済システムの面においては、部分的終焉に向かっていたと見ることは可能であろう。しかし、当時「米中冷戦だけが終焉し、米ソ冷戦が継続していた」という一般認識は不在であった。）

第二の軍事面・安全保障面での対立については、東アジアの冷戦は、欧米の北大西洋条約機構（NATO）対ワルシャワ条約機構といった多国間同盟を軸とした対立とは異なり、米国が地域諸国と個々に結んだ二国間同盟を基礎とした対共産主義「封じ込め」体制を特徴としていた。この同盟体制は、一九五一年にサンフランシスコで対日平和条約と共に調印された相互安全保障条約に基づいていることから「サンフランシスコ同盟体制」とも呼ばれる。一九九〇年代には、ワルシャワ条約機構は消滅し、欧米のＮＡＴＯは反共産主義の性格を失い、かつて共産主義国であった東欧諸国もメンバーとして受け入れるようになったが、東アジアではサンフランシスコ同盟体制は現在でも存続しており、これが共産主義国へ拡大される可能性は希薄である。一方、この地域での新しい動きとして、ＡＳＥＡＮ地域フォーラムや六カ国協議など、多国間枠組みでの安全保障協議や対話の開始が指摘できるが、これはＮＡＴＯのような同盟ではなく、(既に七〇年代に始まっていた) 全欧州安全保障協力会議（ＣＳＣＥ）[4]に近いデタント的性格のものである。いずれにせよ、東アジア地域諸国間の関係は、隣国同士複数国で安全保障条約機構が設立できるまでの信頼関係には未だ至っていない。

第三の地域紛争は、主に旧枢軸国の処理をめぐる国境や領土紛争として出現したが、これは欧州より東アジアで顕著に現れた。欧州ではドイツが唯一の分断国家であったのに対し、東アジアでは幾つもの冷戦の前哨が出現したのである。台湾海峡、朝鮮半島にみる分断国家の問題、更には北方領土、竹島、尖閣列島、それに南シナ海の南沙・西沙諸島問題といった領土・国境問題は、全て旧大日本帝国の処理に起因する問題である。そして東西二つのドイツは既に一九九〇年に統一されたものの、これら東アジアの諸紛争は今日までどれ一つとして解決に至っていない。

私は、東アジアで一九八〇年代末から九〇年代初めにかけて起こった緊張緩和の動きは、「冷戦の終焉」というよりもむしろ一九七〇年代の欧米デタントに近いと解釈するほうが相応しいと考えてきた。[5]振り返ってみると、「冷戦」という言葉は、超大国間或いは対峙する体制間の対立が緊張した「状態」と、そのような対立の「構造」という概しで二通りの使われ方をしていた。一九九〇年代初めに「終焉した」根拠として受け入れられたのは、第一の認識のみに基づくものである。東アジアでは地域冷戦の基本的対立構造は現在でも残存しており、似たような紛争が再燃する可能性は常に潜在している。五〇年代の「雪解け」そして七〇年代のデタントに見られた緊張緩和は、後に再び東西関係の悪化に取って代わられた。東アジアではこれと同様の現象が、米ソ・欧米での「冷戦の終焉」後も見られている。天安門事件以降の米中対立や台湾の選挙期間中の中国による軍事演習、第二次大戦中の歴史認識や竹島・尖閣列島をめぐる日中間の政治的緊迫および朝鮮半島の緊張、更には日本と北朝鮮間の国交回復交渉の中断などが例として挙げられる。緊張緩和という「状態」は必要条件であっても、そこに根本的な「構造」の崩壊という十分条件が伴わなければ、冷戦は完全に終焉してはいない。東アジアにおける「冷戦の終焉」は、過去の史実ではなく将来への課題である。

サンフランシスコ平和条約と地域紛争

ところで、先にあげた東アジア冷戦の特徴でも三番目の地域紛争は、第二次大戦後の対日処理、特に一九五一年のサンフランシスコ平和条約と深く関係している。同条項は、かつて日本が支配した広大な領域の処理を規定しているが、個々の処理領土の厳密な範囲や最終帰属先を明記していない。このため、東アジアには様々な地域紛争の種が残されたのである。次の表は、現存の地域問題、関係する平和条約の領土条項、及び問題当事国の関係を示したものである。

戦後対日処理から派生した東アジアの地域紛争は、(1) 北方領土、竹島、尖閣、南沙・西沙諸島などの領土問題、(2) 朝鮮半島や台湾海峡問題にみられる分断国家の問題、そして (3) 沖縄にみられる領土の地位に関する問題、という三種類に分類できる。これらの諸問題は現在ではそれぞれ別個の問題として扱われがちであるが、それは資料アクセ

サンフランシスコ平和条約第二章・領土処理と「戦後未解決の諸問題」（種類別）

未解決問題	サンフランシスコ平和条約	紛争当事国（政府）
（1）領土帰属		
竹島	2章（a）朝鮮	日本，大韓民国
尖閣	2章（b）台湾，3章	日本，中華人民共和国，中華民国
北方領土	2章（c）千島・南樺太	日本，ロシア（ソ連）
南沙・西沙諸島	2章（f）南沙・西沙諸島	中華人民共和国，中華民国，ベトナム，フィリピン，マレーシア，ブルネイ
（2）分断国家		
朝鮮半島問題	2章（a）朝鮮	大韓民国，朝鮮民主主義人民共和国
台湾海峡問題	2章（b）台湾	中華人民共和国，中華民国
（3）地位		
沖縄基地問題	3章	米国，日本

スの制限や個々の問題の異なる発展の仕方から、この戦後初期に遡る共通基盤が忘れられていたためだと思われる。[6][7]

関係連合国の公文書館に残る戦後対日処理関係ファイル、特にサンフランシスコ平和条約の主起草国である米国の平和条約草案は、諸々の地域問題が未解決に残されることになった過程を知る上で貴重な資料である。これら公文書資料の検討からは、実に興味深い事実が浮かび上がってくる。米国では一九五一年のサンフランシスコ講和に至るまでの時期、かなり詳細な対日戦後処理が準備されていた。対日平和条約の表記が曖昧なのは、単なる偶然でも手違いでもなく、慎重な準備・検討と度重なる修正が施された結果である。多くの問題は意図的に未解決にされていたのである。そして、これら公文書資料の検討からは、「戦後未解決の諸問題」を理解する上で重要な鍵として（1）地域冷戦、（2）リンケージ、（3）多国間主義／国際化が指摘できる。以下、これらの点について言及し、諸問題の将来への考察に繫げてみたい。

（1）地域冷戦と「戦後未解決の諸問題」

欧州に端を発した冷戦は、終戦から講和会議までの六年間に東アジア情勢を大きく変容させ、実際の「熱い戦争」にまで発展していた。対日平和条約の作成に指導的役割を果たしたのは米国であるが、国務省を中心に起草された数々の平和条約案には、この時期の同国アジア政策が刻々と変化していく様子が色濃く反映されていた。

戦後初期の米国草案は、連合国間の協調と日本に対する「厳格な平和」を特徴としていた。カイロ宣言、ヤルタ合意、ポツダム宣言といった連合国間の戦中合意は、必ずしも一貫するものではなかったが、初期草案は、それらを大まかに踏襲する内容になっていた。草案は、長大で詳細なもので、領土条項では戦後日本の新しい国境線が緯度・経度を用いて克明に記載されており、それを示した地図も添付され、また「竹島」や「歯舞・色丹」といった個々の島名も帰属先も明記されていた。全体として、初期草案は「将来に係争が残らないこと」を特に配慮して準備されていた。(8)

しかしながら、冷戦の激化に伴い米国のアジア戦略における日本の重要性が増し、その防衛と「西側」確保が最重要課題の一つとなると、対日講和は「厳格」から「寛大」なものへと変容していく。中国本土と朝鮮半島北半分に共産政権が樹立された後、一九五〇年一月には米国の西太平洋防衛線、所謂アチソン・ラインが発表されたが、日本とフィリピンはその線の内側に、一方「喪失」を覚悟していた台湾と朝鮮半島はその外側に置かれていた。しかし、一九五〇年六月に朝鮮戦争が勃発すると、米国は政策を一転し、朝鮮と中国の内戦に介入、翌年に戦況は膠着状態に陥る。その間、ジョン・フォスター・ダレスの下で仕上げられた条約草案の内容は、初期のものとは随所で異なり、条文は「簡素化」され、諸々の問題が曖昧にされた。そこでは、戦時連合国間の国際合意の遵守は選択的（selective）になり、ソ連へ千島譲渡を約束したヤルタ合意は無視された。(9)

締結されたサンフランシスコ平和条約には、日本による「千島・南樺太」「台湾」「朝鮮」(10)等の領土放棄が規定されているが、初期草案に見られたような処理領土の厳密な範囲や、戦後の新しい国境線についての規定はなくなっていた。千島・南樺太や台湾については、初期草案にあった「中国」や「ソ連」という帰属先の記載が消えてゆき、最終的には、全ての処理領土について帰属先名は明記されなかった。(11)各係争の種はここで蒔かれたのである。沖縄については、平和条約の条文は日本による放棄を明言していないものの、日本の主権を認めたわけでもなく、将来の帰属先はやはり未定となっていた。講和会議でダレスは、日本が沖縄の「潜在主権」を有するという米国の見解を口頭で表明している。しかし、その五年後には日ソ平和条約交渉に介入し、妥結可能性が出てきた北方領土問題とリンクして、沖縄の主権の行方は条件次第で変わり得る旨の「脅し」を行っている[12]。

サンフランシスコ平和条約は冷戦の副産物であり、そこにみられる対日領土処理から派生した「未解決の諸問題」は、地域冷戦の地理的前哨（frontier）である。アチソン・ライン上に沿って北東から南西に向けて並ぶ日本の領土問題は、その一〇〇％が共産主義のソ連との間に残された北方領土問題、北半分が共産主義化した「朝鮮」との間に残された竹島問題、そして大陸部分全てが共産主義化した「中国」との間に残された沖縄・尖閣問題である。これらの係争は、日本を西側陣営に確保するための「楔」、或いは共産主義圏から隔てる「壁」のように並んでいる[13]。元来、日本と中国との領土問題は沖縄であった。蒋介石の中華民国政府は、大戦中から様々な機会に、中国による沖縄の領有或いは「回復」の意思表明を行っていた。だが、一九七二年にその施政権が日本に返還される頃から日中間の領土係争の焦点は尖閣に移行した[14]。

アチソン・ラインに反映されたように、一時台湾と朝鮮は共産圏への「喪失」或いは「放棄」が認識されていた。しかし、これらの領土は朝鮮戦争の勃発により完全な共産化を免れる。結果として、朝鮮半島は三八度線で、中国は台湾海峡で分断されたまま「封じ込め」の前哨線として固定化してしまう。朝鮮半島の三八度線と台湾海峡は、日本防衛の観点からは朝鮮との竹島、中国との沖縄・尖閣係争に加え、二重の楔（壁）と見ることも出来る。

一方、対中国方針の観点からは、沖縄／尖閣、南沙・西沙諸島問題という中国の海洋フロンティア問題は、台湾問題と共に、対中「封じ込め」の楔としても位置づけられる。同条約中で処理された南沙・西沙諸島は、アチソン・ラインの西南端に位置し、米国東南アジア戦略の中核であるフィリピン防衛のための楔（壁）と見ることもできる。こ

サンフランシスコ平和条約領土処理と地域紛争 (17)

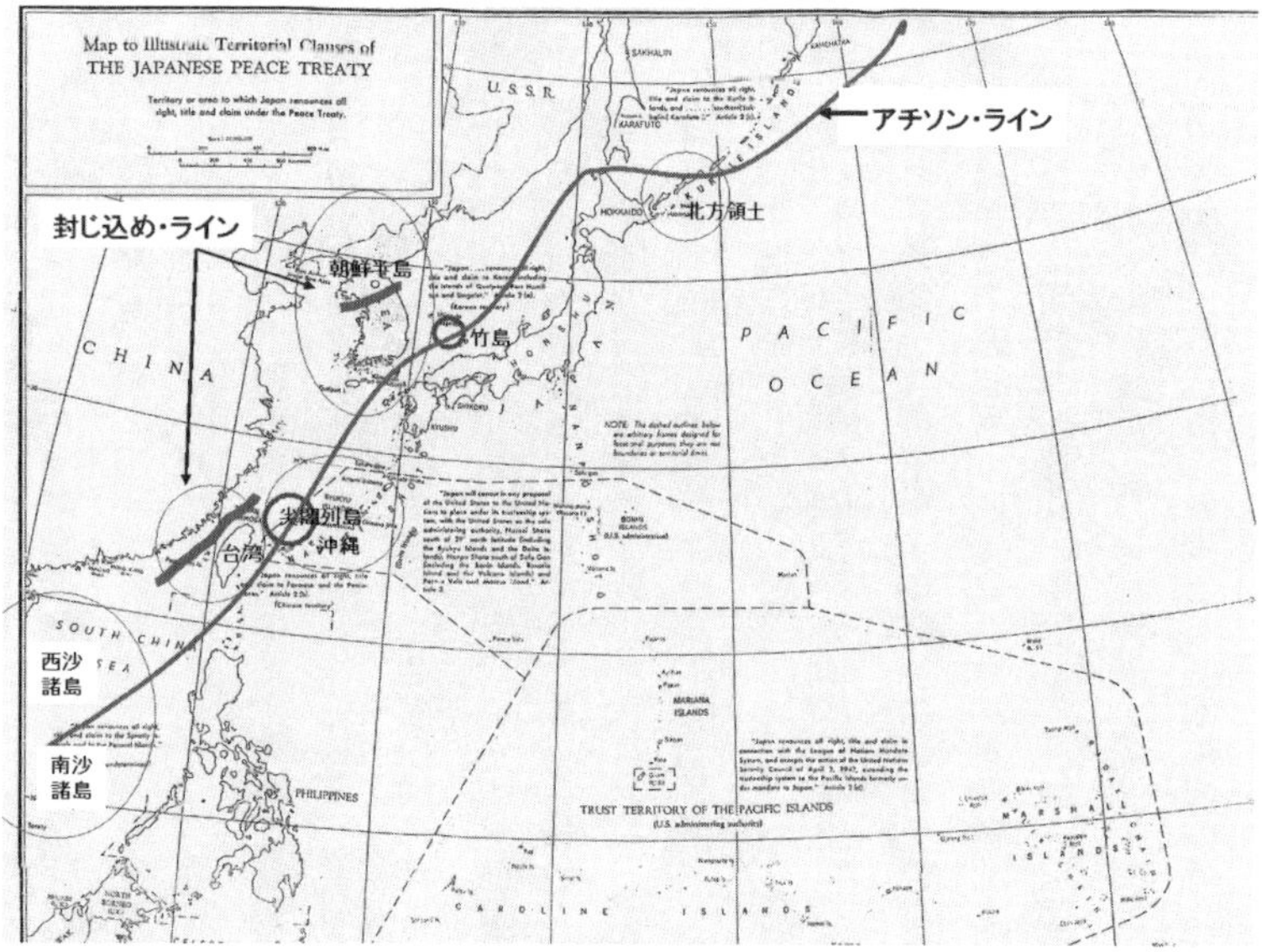

れらの領土は、根拠に強弱の差はあるものの、全て大戦中の国務省による検討では中国への帰属が検討されていた。(15) にもかかわらず平和条約で帰属先を未定にしたのは、帰属の根拠が不十分であったというよりも、どれ一つとして共産化した中国の手に渡さないことを確実にするのが一番重要なポイントであった。南沙・西沙諸島に限っては、戦前もその主権をめぐり係争は存在したものの、当事国も問題の性格も異なっていた。即ち、大戦前の（日仏英による）植民地獲得競争の前哨から（対中国）冷戦への前哨へと、生まれ変わったのである。(16)

その後、これらの領土の幾つかに変化が起こる。一九七二年には沖縄の施政権が日本へ返還された。沖縄については、台北の中華民国政府が正式に沖縄への主張を取り下げたかどうかは不明である。かつて北京の中国政府は日本への沖縄返還を支持したが、これは米軍の沖縄駐留に反対する政治プロパガンダ以外の何でもなかった。南沙・西沙諸島係争におけるベトナムの方針転換という前例にみたように、北京と台北の両政府が日本の主権を承認しない限り、将来中国が「伝統的」主張を引き継ぎ、沖縄を主張する可能性は必ずしも否定できない。（ベトナム国土が南北に分断されていた頃は、南ベトナム政府は南沙・西沙諸島双方の権利を主張する一方、北ベトナム政府は中国の主権を全面的に支持していた。しかし統一後、北の共産主義政府は南沙・西沙諸島係争に対する立場を逆転し、敗北した南ベトナム政府の主張を受け継いで中国と対立することになる。[18]）沖縄を巡る問題は「返還」後は、日米安保条約下の米軍プレゼンス継続に伴う「基地問題」として今日に至っている。一九九〇年代には、沖縄の米軍基地撤退が日本全土を巻き込んだ論争へと発展したが、論争の中心はいつしか「撤退」から「移転」へとすり替えられた。（「沖縄の基地問題」については、第4章で丹治論文が論述している。）

(2) 諸問題間の「リンケージ」

対日戦後処理では、全ての領土が独立して個々に処理されたわけではない。「未解決の諸問題」の発生は、戦後の占領政策中、平和条約中、そしてその後これらの領土処理が検討された際、その時々に存在した領土処理同士や他の問題とも関係していた。朝鮮半島の南北分割占領（＝ソ連による朝鮮半島全土占領の阻止）やミクロネシアの信託統治処理（＝米国による「南洋」の排他的統治取り決め）には、千島とのリンケージが米国の対ソ交渉で重要な役割を果たした。即ち、勢力圏・支配領域取り引きのバーゲニング・カードとして使われたのである。

朝鮮戦争勃発後、平和条約草案に「国連に領土処理を委ねる」という案が一時浮上したが、これは朝鮮処理案がその他の領土（台湾、千島等）に波及したものだった。結局それが廃案になったのも、朝鮮戦争の展開が（米国に不利になり）その採用を難しくしたのに加えて、国連で処理すると英国が中華人民共和国を承認したため、台湾が中国に渡り共産化することを懸念したため、即ち、今度は台湾処理が朝鮮と千島処理に影響したためであった。一九五〇年の朝鮮戦争勃発後、台湾の帰属先として明記されていた「中国」の文字が米国草案の条文から消えたことは、すべての領土処理に影響した。[19]「不公平処理」との非難を懸念したカナダ等からの提案が受け入れられた結果、全ての領土の帰属先が未定にされたのである。[20] また、韓国が講和会議参加国リストから脱落したのは、中国の参加問題とも深く関係していた。結局、朝鮮半島からも中国からも講和会議へ代表が招聘されることはなかった。[21]

千島及び沖縄処理は、米国が最も注意深く検討した互いに密接に関連した問題であるが、日ソ平和交渉中の「ダレスの脅し」でそのリンケージは明白なものとなった。米国のアジア戦略に沖縄は不可欠であり、そのためには「北方領土問題」の存在も不可欠であった。北方領土問題が解決すると、次は沖縄返還に圧力がかかるのは目に見えていたからである。そして、日ソ間に平和条約が結ばれることはなく、日本の北方の領土はソ連の、そして南方の領土はアメリカの支配下に留まったのである。一九七二年に沖縄の施政権は日本に返還された。しかし、米軍は沖縄に留まり、北方領土問題は日ソ間交渉では何ら根本的和解には至らなかった。現在でも日本は、これらの懸案を巡ってそれぞれ米国、ロシアと調整・交渉を続けている。

(3) 多国間主義/国際化と当事国間合意の欠如

サンフランシスコ平和条約は日本と四八カ国との間で締結された多国間条約である。この条約から派生した地域紛争について注目したいのは、日本以外は係争の主な当事国が関係取り決めに参加していない、即ち、問題の当事国同士の合意が存在しなかったという点である。竹島については朝鮮が、北方領土についてはソ連が、台湾、南沙・西沙、尖閣・沖縄では中国という関係国が、この条約の取り決めに参加していない。しかし、この多国間条約に参加した国は、ある意味で係争領土の処理に加担した「関係国」ともいえる。

朝鮮半島と台湾海峡については、サンフランシスコで平和条約が調印される前に問題は既に国際化していた。この国際化は、元々は紛争当事国が望んでいたものである。即ち、蒋介石の国民党政府と李承晩の韓国政府は、国土統一(本土回復、半島統一)の野望をもっており、米国の援助を必要としていた。しかし、一九五〇年一月発表のアチソン・

ラインに見たように、米国はこれらの地域に介入する意思はなく、共産圏への「喪失」さえ覚悟していた。ところが、朝鮮戦争の勃発で米国は介入政策に転向し、蔣、李らが望んだ国際化が実現したのである。日ソ間では、サンフランシスコで残された領土帰属と平和条約締結問題は、一九五〇年代半ばに日本への歯舞・色丹「二島譲渡」で当事国間の和解が実現しそうになるが、ここでも第三者である米国の介入が入る。以来、四島が日ソ間にしっかり打ち付けられた楔として固定していく。中華民国は、自国が沖縄帰属問題の当事国であると主張していたが、七〇年代の日本への沖縄返還は両中国の関与なしに行われた。いずれも、戦後国際秩序構築の過程で、当事国間のコンセンサスなしに、多国間枠組みで或いは第三者によって「未解決の諸問題」になったのである。

過去の「盲点」と解決の糸口

東アジアの安全保障環境に関係する多くの問題は、それが一九九〇年代以降注目を集めている北朝鮮の核開発であれ、「中国脅威論」であれ、元々は冷戦対立に起因している。たとえ緊張が一時的に緩和しても、基本的対立構造が残存すれば、将来対立が再燃する可能性も残存する。「積極的平和（Positive Peace）」という表現が意味するように、平和の最良の防衛は紛争の種をなくすことである。しかしながら、これらの問題は果たして解決できるのであろうか。

東アジアにおける、個々の紛争については、既に数多くの先行研究が行われている。しかし、戦後初期に遡る問題間を貫く歴史・政治的相互関係には、長年全くと言ってよい程注意が払われておらず、既存研究における重大な「盲点」となっていた。それ故、諸問題理解の共通の鍵である、地域冷戦、リンケージ、多国間主義／国際化という点に注目し、解決の糸口を求めるのは妥当かもしれない。

地域冷戦に注目すればその対立構造の崩壊、すなわち「ヤルタ体制崩壊」の東アジア版が、次の段階ということになろう。「中国の民主化」や「朝鮮半島統一（北朝鮮政権の崩壊）」などは、近年多くのジャーナリストや学者達により幾度も議論されてきた。しかしながら、過去の異なる発展の仕方を考えると、東アジアの国際関係が必ずしも欧米と同じ軌跡を辿るとは限らない。実際ソ連崩壊の経験を反面教師として、中国は、国家の分裂を招き、またその指導部の立場を脅かしかねない民主化には断固抵抗してきた。北朝鮮も既存政権の生き残りをかけて、核やミサイル開発等あらゆる手段を使って、米国や隣国から協力や保証を得ようと努力を続けてきた。更に、これらの国で民主化が発展したとしても、北方領土問題の例に見るように、民主化だけでは地域紛争の解決には結びつかない。

とはいえ、国内で「冷戦の終焉」を象徴する画期的な変化があった国で、これらの問題に対して顕著な政策変更が起こっていることは注目に値する。ソ連（後にロシア）では「新思考」が持ち込まれ、北方領土問題に対する自国の政策が再検討された。その結果、一時は領土問題の存在自体を否定した頑な姿勢は、一九九〇年代には一九五六年の（歯舞・色丹譲渡を約束した）日ソ共同宣言の有効性を認めるまで柔軟化した。中華民国（台湾）の「一つの中国」政策にも重要な変化が見られている。台湾では民主化が進み、一九九〇年代には独立志向が強まった。二〇〇〇年には初めて国民党以外の政権が誕生し、国（島）内政治における冷戦体制を終結させている。しかしながら、地域紛争、特に領土問題の他の当事国では、根本的な政策変更は起こっていない。各国の立場は、同じ主張を長年繰り返す間に政策規範として固定し、問題の性質は政府の面子や威信を賭けたものに化してしまっている。

ところで先に指摘したように、一九九〇年代以降、この地域でも多国間枠組みを使った安全保障協力対話や協議といった新しい動きが見られている。北朝鮮の核開発は近年この地域で最も危惧されている問題であるが、これを巡っては一九九〇年代後半に（米中朝韓）四者会談が持たれ、二〇〇三年に（米中朝）三国枠組みで会談が再開された後、枠組みは（米中朝韓日露）六者協議に拡大した。南シナ海では行動規約（Code of Conduct）の設置等に見られるように、多国間協力は紛争管理（Conflict Management）や信頼醸成措置（Confidence Building Measures）において成果を上げてきている。しかし、これらはあくまでデタントの枠を超えるものではなく、諸問題の根本的解決には至っていない。とはいえ、「国際化」或いは「再国際化」は、これらの問題の多くにとって適切なアプローチに思われる。歴史的経験が示唆するように、これらは現在の当事者間の枠組みに留まっている限り、解決不可能な問題である。問題発生の歴史的経緯や、また今日的利害関心を考えても、解決に向けた国際社会の関与は妥当であろう。

これらの問題の中でも特に領土係争については、多国間枠組みを使った重層的アプローチが重要であるにもかかわらず、これまで欠如してきたように思われる。相互に受け入れ可能な条件を模索することにより、相互に受け入れ可能な解決を見つけることは不可能ではなかろう。多国間枠組みでは、懸案の組み合わせ次第で二国間枠組みでは不可能な解決方法が交渉で見出せる可能性が幾多もある。また「相手国に大幅に譲歩した」とか「交渉に失敗した」といった、二国間交渉にありがちなゼロ・サム的な国内批判をかわしやすく、当事国政府の面子を保つことも出来るであろう。係争当事国にとっては、冷戦時代に固まってしまった政策の再検討も必要かもしれない。しかし、その起源と同様、問題間のリンケージ或いは協力分野を模索してみる価値はありそうである。仮想例としては北方領土、竹島、尖閣、又は南シナ海紛争の間で妥協策を組み合わせることも考えられる。或いは領土係争と他の「未解決の諸問題」とのリンケージ、更には、これらの問題と他の政治・経済・安全保障問題を結び付けることも可能かもしれない。一つの問題の解決は他の問題の解決へと結びつくであろう。現在でも数多くの組み合わせが考えられるが、将来新たに出現した政策課題と結び付ける可能性もあろう。まだまだ模索されていない可能性はありそうである。

サンフランシスコ平和条約と日本の東アジア外交――過去と未来

日本は、米国と共にこれらの地域問題の解決に主要な役割を果たす可能性を持っている。歴史的にはサンフランシスコ平和条約の起草を主導したのは米国であるが、詰まるところ、この条約は日本との戦争を終わらせる処理であった。

一九五一年九月当時の日本は、敗戦と六年にわたる米国による占領を経て、同条約に調印して西側の一員として国際社会に復帰する以外の選択肢を持っていなかった。それから五年後、一九五六年の日ソ交渉の際、日本は同条約で未解決にされた問題の国際化、或いは多国間枠組みでの検討を米国に働きかけてみるが、当時の複雑な国際情勢は平和条約の再検討を許さなかった。[22]しかしながら、その後半世紀の間に日本の国際的地位も日本を取り巻く地域の国際政治環境も大幅に変化した。ソ連の崩壊と近年にみる世界規模での民主化の発展により、共産主義の「ドミノ理論」はもはや妥当性を失っている。この地域の重要性、特にその経済的重要性は大幅に増加した。地域紛争の解決は紛争当事国にとって重要な外交案件であるだけでなく、地域全体の安全保障にも大きな意義を持つものである。これらの問題の解決を模索する際、その共通の起源を想起し、「関係国」に協力を仰ぐのは理に適っているように思われる。

とはいえ、少なくとも近い将来、問題の具体的解決に向けて米国にリップ・サービス以上の貢献を期待するのは難しいかもしれない。近年、特に二一世紀に入ってからのアジア太平洋地域の状況は、ある意味でサンフランシスコ平和条約が起草された時期に似ている。一つの世界規模の対立が終わった後、別の対立が世界政治を支配しつつある。新しい国際政治の現実の中で、この地域の現状は、米国の新しい世界戦略の中に統合されつつある。即ち、波及する冷戦を背景に明確な日本の領土処理を好まなかったその過去のように、今後の米国戦略もまた、これら「未解決の諸問題」の明確な解決を望まないかもしれない。

この地域における現状維持は、米軍の地域プレゼンスを正当化し、そしてそれはまた、地域における米国の影響力維持だけでなく、更に遠方、特に中東における軍事行動の中継地点としても貢献する。朝鮮半島や台湾海峡問題における緊張が続けば、米国がここ数年推進してきたミサイル防衛システムの開発を正当化できる。一方、地域紛争の解決は地域の安全保障バランスを変え、結果的に米国の安全保障戦略、特にサンフランシスコ同盟体制の解体を余儀なくされかねない。日本とアジア隣国との和解は地域の平和と安定にとっては望ましいが、それがロシアや中国との軍事同盟や、米国の地域からの撤退や影響力の排除につながる可能性がある場合、それは必ずしも地域における米国の戦略利害に適うとは限らない。更に、中国とは根本的な政治的差異が解消されておらず、敵対する覇権国家に成長する前に「封じ込める」必要があるかもしれない。そういった状況を考慮した場合、地域の諸国間に将来利用可能な亀裂を残しておくのは米国の利害に適うように見えなくもない。

しかしながら、日本については事情が多少異なっているように思われる。戦後、日本は米国との安全保障体制を外交の基軸に米の傘下で経済発展に専念し、世界第二位の経済大国にまで成長した。その間、隣国との間に抱えてきた領土問題やその他の「過去の清算」問題は、無視されるか、率先して取り組む必要のない問題としてなおざりにされたところがある。また、冷戦という状況下、ある意味では問題の存在自体が好都合だったという面もある。例えば、北方領土問題は、西側陣営に属していた日本にとって、「ソ連と和解しない理由」として使える便利な面があった。しかし、一九九〇年代に入り、米ソ冷戦の終焉に続き他の先進国の欧米メンバーが次々にソ連(後ロシア)との関係を改善していく中で、日本はこの領土問題が障害となりその流れから取り残されてしまったところがある。北方領土問題では、米国、それにかつては中国でさえ、日本の立場を支持したことがあるが、それは米ソ冷戦や中ソ対立といった、国際政治の背景があったからである。しかも、こういった支持は、ソ連批判が主目的で、必ずしも問題の解決に向けられたものではなかった。米ソも中ソも和解した後、この問題を取り巻く国際環境は変わってきた。これは、日本外交の将来、特に東アジアにおけるその役割や位置づけを考えるとき、重要な意味合いを持っている。即ち、隣国との二国間問題が残ったままだと、将来米国や他の国々がこの地域で関係を改善しても、日本はその流れから取り残される、更には孤立してしまう可能性さえあることを示唆している。

欧州でヤルタ体制が崩壊した後に訪れたのは平和ではなく、冷戦対立の中で埋もれていた、より歴史的に古い民族間の対立と紛争であった。東アジアには冷戦以前からの抗日ナショナリズムが根強く残っているが、これが新しい対立構造を構築する材料とならない保証はない。日本が隣国との間に抱える「未解決の諸問題」は、その起爆剤となる可能性をはらんでいる。

共通の敵や「脅威」の存在は、国民や国同士の結束を助長する。それはナショナリズムであったり、パートナーシップや同盟に発展したりする。本当は脅威でなくても、国民や国同士をまとめるために、政治指導者がどこかの国を人為的に脅威にしてしまうことさえある。一九九六年には日本の右翼団体が尖閣列島の小島に灯台を建設したのを機に、(返還前の)香港、マカオ、そして台湾をも含む多くの中国人が「抗日」で団結し、今世紀に入ってからは靖国問題を巡って中国と韓国の指導者が「共闘」を確認するまでに至った[23]。将来こうした問題は、統一後の(或いは統一に向けた)国内政治の不安を外にそらす目的で、中国や朝鮮半島で意図的に使われる可能性が十分に考えられる。また、日本との間に北方領土・竹島・尖閣列島という領土問題を抱える隣国全てが「抗日」で結束したらどうなるだろうか。半世紀以上も前に引かれたアチソン・ラインを境に、日本がこの地域で政治的に孤立してしまうかもしれない。

米国は、戦後一貫して日本の最も重要な外交パートナーである。憲法で戦争を放棄している日本は、日米安保体制の下でその防衛を米国に大きく依存し、同時に政治経済他様々な局面においても米国との密接な関係を発展させてきた。この日本外交における米国の基本的位置付けは、当面変わることはないであろう。しかし、長期的視野に立って、この地域の将来を考える時、米国と日本が位置するところには、かなり異なるものがある。米国は朝鮮半島や台湾を植民地化した経験もなければ、この地域で領土問題を抱えているわけでもない。朝鮮半島問題や中台問題が解決に向かえば、米軍が地域から撤退する可能性もある。米国はこの地域から撤退出来ても、日本がこの地域から撤退するのは物理的に不可能である。それ故、将来の非常事態に備えるために、憲法を改定して「普通の国」になるのも一つの選択かもしれない。しかし、将来、日本がこの地域で孤立するのを避け、外交の選択肢を広げていくためには、日米協力関係を維持しながらも、隣国との間で懸案を解決し、「楔」や「壁」を取り除いて、建設的関係を築いていく必要があろう。そのためには、対日平和条約から派生した「未解決の諸問題」の解決に向けて、率先してイニシアチブをとる価値は十分あると思われる。但しその際には、自国が当事国である問題を先決課題とすることが重要である。

北欧の先例と北方領土問題事例研究

私はここ数年、日本の領土問題で最も比重が重い北方領土問題を事例研究としてとりあげ、先に指摘した問題理解の鍵の一つである「多国間枠組み」に特に着目して、北欧の紛争解決の成功例であるオーランド裁定の応用を検討する研究に携わってきた[(24)]。以下、当研究の紹介をもって本章のむすびに換えたい。

オーランド諸島問題は、第一次大戦後に設立された国際連盟が最初に手がけた国際紛争である。この問題は一九一七年、フィンランドのロシアからの独立を機に国際紛争に発展した。大半がスウェーデン系を占めるオーランド諸島の住民はフィンランドに留まるよりスウェーデンへの帰属を望み、スウェーデンも民族自決権に則りこれを支持したが、フィンランドはこれを拒否した。その後、この件で両国関係は緊迫し、事態を憂慮した英国により問題は設立後間もない国際連盟の理事会に付託された。

オーランド諸島問題は、裁定の具体的内容も興味深い。国際連盟の理事会は、オーランドの主権はフィンランドに属するが、島に高度の自治権を認め公用語はスウェーデン語とし、また島を非武装・中立地帯とする調停案を提示し関係国の合意を取り付けた。これにより、フィンランドは島の主権を、オーランド住民は民族的アイデンティティ維持と島の自治権を、そしてスウェーデンは、同国にとってオーランド島が軍事的脅威にならないという保証を得たのである。これは、係争諸島の住民を含む全当事者が利益を得る（Win-Win）解決方法であった。調停から八〇余年を経た今日でも基本原則は守られており、当事者のみならず北欧全体の平和と安定に大きく寄与し続けている。

歴史的経緯の違いを考えれば、北方領土問題にオーランド裁定方式をそのまま適応するのは無理かもしれない。とはいえ、日露交渉は二国間で袋小路に入ったままであり、住民の利害・権利への配慮は十分とは言いがたく、北方領土にはロシア軍が駐留を続けている中にあって、「多国間枠組みによる解決」「住民の利害尊重」「非武装・中立化」といった点は特に検討に値する。

ところで、ここでいう北方領土の「住人」とは、ロシア人の「現住民」、日本人の「元住民」、そしてアイヌ人の「先住民」を考慮すべきであり、歴史を遡る限りスウェーデン系住民が大半を占めたオーランド諸島と比べ、事情はより複雑である。だが、この問題は近年日本が推進してきている「人間の安全保障」の文脈で処理すれば、その政策に対外的説得力を持たせることも、また国内的支持や理解を取り付けることも可能であろう。更に、北方領土とオーランド諸島は、それぞれ太平洋とオホーツク海、バルト海とボスニア湾の出入り口という要所に位置しており、戦略的重要性という点でも性格を共有している。これらの島に敵対勢力の軍事基地が配備されれば、当事者のみならず隣接地域諸国の安全保障にとっても脅威となる。それ故、オーランド諸島の場合と同様、北方領土の非武装化は日露間だけでなく東アジア地域全体の平和と安定にも大きく寄与すると考えられる。また、住民の利害が二の次にされ、基地問題に翻弄されてきた沖縄の過去と現在を踏まえても、オーランド裁定から学ぶべきものは少なくない。この他オーランド裁定は、日本が国際連盟理事国の一員で、新渡戸稲造が事務次長を務めていた中で出されたものである等、現在停滞している印象が拭えない日本の国連外交に照らしても、検討すべき点は多い。

これまでオーランド裁定について数多くの研究がなされてきたが、アジア太平洋の地域紛争への適応可能性について掘下げて検討したものはない。同様に、北方領土に関する研究も数多くあるが、オーランド裁定との関連を詳述したものはなかった。「未解決」にされ半世紀以上を経過した今、これまでとは違った角度から解決を模索する価値は十分にある。

北方領土に限らず、東アジア地域の「戦後未解決の諸問題」を巡っては、当事国及び関係国の国内政治の変化、それに伴う既存方針の見直し、更には大きな国際環境の変化といった、解決に向けてのプラス要因が将来新たに出現する可能性もあろう。年月をかけて幾重にも縺れ固まってしまった国際関係の糸は容易には解れない。しかし解決の糸口がある限り、決して不可能な課題ではないと思われる。

7　日本外交と東北アジア地域システム

世界システムから見た地域平和の可能性

池田　哲

経済的に密接な関係にあるにもかかわらず、日本、中国、韓国の国民感情に関して言えば、これらの三国が友好関係にあるとは言い難い。特に二〇〇一年から二〇〇六年に亘り小泉政権が中国・韓国の国民感情を無視した行動を取り、対中国・韓国外交を軽視したことで、東アジアの隣国関係は緊張の度を深めた。外交とは国際的安全保障を確実なものとし世界的な友好関係の構築を目指すべきものであるが、変動する経済、政治状況に合わせて外交の目的や手段も対応していかなければならない。最近の重要な経済、社会、政治の変動としては、中国の経済的台頭（一九八〇年代から）と日本の平成不況（一九九〇年代から）、アメリカ合衆国の対テロリズム戦争（二〇〇〇年代）とオバマ政権による一国覇権主義から多国間協調路線への転換（二〇〇九年から）、そして二〇〇八年のアメリカ合衆国の金融危機に始まった世界不況があげられる。このような変動に対し日本の外交は的確に対応しているのだろうか。現在の日本外交はどのような問題を抱えているのか。これからの日本の外交姿勢はどの方向に向かわなければならないのだろうか。本章では日本を巡る国際経済・国際政治を世界システム論の立場から分析し、日本の外交が抱えている問題と東北アジアの地域における平和的共存の可能性を考える。

以下の分析では、東北アジアにおける歴史のサイクルと世界システムにおける社会変動のサイクルに注目して、日本を巡る国際状況を分析する。日本は世界近現代史の転換に主体的に関わってきた重要な国であるが、バブル崩壊後経済が停滞し、さらにアメリカ合衆国の圧力に屈して金融自由化・郵政省解体等を行うなど近年では自らの動向を決定できる可能性は限られている。今後の日本外交のあり方を探るとき、世界全体を分析単位とする世界システムの視点に立つ分析と、世界システムを構成する一地域システムである東北アジアの歴史システムを認識する分析が重要となる。以下の分析では、まず東北アジアにおける国際関係を考える際の前提として、日本、中国、韓国、北朝鮮という国名が国家および対外的な国家の立場を共有する国民を指すことを明らかにし、続いて日本をめぐる地域システムと世界システムの分析を短期的分析、中期的分析、長期的分析の順に行っていきたい。

国家は東北アジアの歴史を考えるときに最も重要な歴史主体、すなわち歴史を形作る主要な行為をおこなうものあるいは組織である。東北アジアにおける国家は、言語的に共通性を持った人々が自らの文化的・経済的再生産を達成する枠組みとして長い歴史の中で形成され維持されてきた。ヨーロッパの近代国家の概念と比較した際の最大の違いは、東北アジアでは民主主義のもとで国家のあり方を決定する「市民」という存在が歴史的に形成されてこなかったことであろう。東北アジアの国家は武力を持った一部の強者が民衆を統治し支配を継続するための政治経済的主体として形成されてきた。さらに国家は他の国家との関係性によって規定される存在でもあった。他民族の支配を逃れるため、あるいは支配・従属関係の中でより自立性を確保するための主体として国家が存在してきたのである。したがって国内的には支配されている民衆や相対的に自由な存在であった知識階級も、いざ国家間の問題が発生すると支配階級の国家意識を共有してきた。東北アジアにおいては、このような国家と民衆の関係が継続的に存在していると考えることができる。言い換えると、国家間の問題に関して民衆は国民となり、国家の境界を越える国際的な「市民」の連帯はほとんど存在してこなかった。

中国では共産主義革命から現在に至るまで、中国共産党が支配する中華人民共和国政府が国家を体現している。支配階級が党や軍幹部の地位世襲、あるいは新たに作られた企業の経営を独占することで自らの再生産を図っている点では、現在の中国と近代以前の国家のありようにそれほどの違いは無い。北朝鮮では世襲の支配者が戦前の日本の「国体」と同様に国家そのものとなっている。労働党と軍幹部が共産主義を大義名分に支配体制を形成している点では中国と似ている。韓国と日本は民主主義国家の体裁をとってはいるが、実質的には歴史的に形成されてきた東北アジアの国家のあり方からそれほどかけ離れてはいない。

日本においては第二次大戦後以降武力による政権交代は無く、代議制民主主義を表象する有権者による選挙が定期的におこなわれている。新参者が支配階級に参入する機会はこれまでも多少はあったが、全体としては高級官僚・政治家・財界有力者間の閨閥形成により戦前のような政財界のエリートと官僚の支配が継続している。民衆は経済成長の結果により物質的にはより豊かな生活を達成し、一時期は大多数の日本人が中流意識を共有した。とは言っても政治主体として批判的な意見を自ら形成できる市民の形成はおくれ、戦前の日本人の「天皇の赤子」というアイデンティティは戦後の「会社人間」というアイデンティティに置き換えられ、欧米的な近代市民社会の代わりに過去の国家主義の延長である大衆社会が形成されてきた。日本人の投票行動は地縁、血縁、経済的利益（直接的な金銭授受あるいは間接的な選挙区や地域有力者への利益還元）、そして宗教的な理由や人気投票的な動機に大きく左右される。例えば自公連合が成立してからは、宗教を基にした公明党の組織票が自民党の支配を可能にしていることは明らかである。日本のマスコミ・知識人は中国と比較すれば多様な意見を発表し報道しているが、一九九〇年代以降これまで国家に批判的であった勢力は周縁に押しやられている。ソビエト連邦の崩壊と一九九〇年代の平成不況の結果、共産主義や社会主義に基づいた日本社会批判が受け入れられなくなったといえる。一九九〇年代の一時期政権の座を失ったとはいえ自民党は官僚・財界とともに日本における国家を担う存在であり続けている。小泉政権から安倍、福田、麻生政権に移った後も自民党政権が国家としての日本を代表しており、野党第一党である民主党の代議士の多くも自民党が打ち出す国家のアイデンティティを共有している。日本には中国にない言論の自由があるが、平成不況以降日本における言論は保守政党が決定する国家の利害に沿ったものになりつつある。

韓国では軍事クーデターが政権交代の道であった時期が長く続いたが、最近は武力によらない政権交代が行われている。しかし経済力の集中と強力な官僚の指導力に変化は無い。韓国民衆は様々な規模の運動を行って自国政府の政策に反対の意思表示をするが、国の根幹にかかわる問題、特に対日本外交と東北アジアの安全保障問題に関しては自国政府と同様の立場をとる。あるいは韓国人のアイデンティティは韓国国家主義そのものになる（米軍の存在に関して民衆が反発することはたびたび起こるが、北朝鮮に対する抑止力としての米軍の存在を否定することには繋がらない）。このような意味で東北アジアの国々ではこと外交関係になると大衆、知識人は国家主義を国家と共有する国民となり、国家を超えて連帯する東北アジア市民あるいは世界の市民という意識は隅に追いやられる。したがって、国家と民衆の間の見解の相違に特に注意を払わずに国名を主語にして議論することとする。[1]

短期的分析――一九九〇年代以降

日本・中国・韓国は経済的に密接な関係を形成している。国際通貨基金（ＩＭＦ／二〇〇六）の貿易統計によれば、二〇〇五年の日本から中国（香港・マカオを含む）への輸出は一一六億ドルであり、中国は日本の総輸出の一九・五％を占める第二の輸出市場である（第一の輸出市場はアメリカ合衆国で二二・九％）。また日本から韓国への輸出は日本の総輸出の七・八％を占め、韓国は日本の第三位の輸出市場である。一方、日本は中国にとってアメリカ合衆国（二六・五％）に次ぐ第二の輸出市場であり（一二・五％）、韓国にとっては中国（二八・九％）、アメリカ合衆国（一四・六％）に次ぐ第三の輸出市場である（七・八％）[2]。このような緊密な経済関係にもかかわらず韓国・中国における対日感情はかんばしくなく、日本における対韓国・中国感情も冷えている[3]。世論調査によれば韓国人の七五％、中国人の八三％が日本に親しみを感ぜず[4]、日本人の六一％が中国に親しみを感じない[5]。村川亘は「苛立《いらだ》ちをため込み冷めた対中感情を抱く日本の若者像」を伝えている[6]。また日韓の若者の間には相互の認識に大きなギャップがあることも伝えられている。日本人は歴史において日本が韓国に対して犯してきた「罪」を全く認識していないのに対し、韓国人の日本観は主に日本による過去の犯罪によって形成されている[7]。

韓国と中国における日本人観が悪化した日本サイドの要因としては、近年起こった次のような事件を指摘することができよう。すなわち二〇〇二年に政権を取った小泉純一郎が首相として靖国神社を再三にわたって参拝したこと、新しい歴史教科書をつくる会の会員が執筆した扶桑社版の歴史教科書が韓国・中国の抗議にもかかわらず国の検定に合格したこと、日本が中国向けの政府開発援助（ＯＤＡ）供給を終了すると発表したこと、日本が国際連合安全保障理事会の常任理事国入りを推し進めたこと、さらには島根県が竹島（韓国名・独島）を記念する日を制定したこと等があげられる。対して中国側の原因はサッカーアジアカップ決勝戦における日本人選手、ファン、そして日本人外交官に対する暴力、日本の安保理常任理事国入りに対する反対運動が日本の在外公館や日本人経営の商業施設に物理的な攻撃を加えるという形をとったこと、そしてそのような行為に対して中国政府が厳正な処分を行わなかったこと、さらに尖閣諸島近くの海域で中国が国際的な慣例を無視して独自の資源開発を行っていること等があげられる。日本と韓国の間にも問題が存在する。日本では韓国のテレビドラマや役者・歌手に対する人気が近年高まり、韓国に対する親しみを増す要因として存在するが、韓国の竹島占領は日本における反韓国感情を高める要因となっていることも否めない。日本からの中国・韓国への旅行者数は増え続けているにもかかわらず、以上のような出来事が日本と中国・

韓国の間の溝を広げている。

このような最近の事件はフェルナン・ブローデルのいう「イベント」であるが、(8)これらをもたらした地域と世界システムにおけるサイクルは何であったのだろうか。小泉政権の中国・韓国の国民感情を無視した外交姿勢は、東北アジア地域における政治経済的な変動に対応したものと捉えることができる。中国経済が順調に発展を続けるのに対し、平成不況の下で経済停滞を続ける日本はアジアにおける経済の要の地位を失いつつある。日本は対外投資と技術力では現在でも重要な役割を果たしているが、中国はアジア各国の輸出先としてナンバーワンになっている。このような経済的な地位低下は日本の将来に関する不安感や中国に対する劣等感を育て、一方で中国では経済的な成功が大国意識を台頭させ、自信を持った中国が日本に対する不満や不快感を露骨に表現するようになった。韓国もまた一九九〇年代に日本が経済的困難に直面すると、日本に追いつく好機とばかりに外国資本を導入して経済発展に邁進した。一九九七年の金融危機で一時的に後退したとはいえ、韓国は日本とともに経済協力開発機構(OECD)のメンバーとなり日本と肩を並べる立場になった。一九九〇年代における日本経済の停滞と中国・韓国経済の発展が、二〇〇〇年代における小泉政権の中国・韓国を軽視し日本の国家意識を前面に打ち出す外交をもたらす背景となったのではないだろうか。

一九八〇年代に、アメリカ経済が停滞する一方で日本経済は強力な輸出力で外貨を稼ぎ、豊富な貯蓄を梃に資本輸出を行った。一九八五年のプラザ合意で円高・ドル安の為替操作が行われたが日本の対日貿易黒字は減らず、円高は日本の対外資産投資を促進した。このような経済的な成功は日本の自信を深めた。ところが円高対策の金融拡大が資産バブルを引き起こし、資産インフレを生産財や消費財の価格上昇と混同した金融当局が一九八九年に突然金融引き締め策を採った結果、バブル経済が崩壊し、一九九〇年代から現在につながる平成不況に突入した。一九九三年から二〇〇二年の小泉政権に至るまで、自民党を筆頭にほとんどの政党とすべての省庁が汚職・スキャンダルで摘発され、一貫性のない経済対策と景気刺激効果のない公共工事の結果、経済は低迷を続け政府の財政赤字だけが拡大した。日本型資本主義として唱われた政府主導の経済運営が全く効果を発揮できない状況の中、二〇〇二年から小泉・竹中の新自由主義経済政策が導入されることになった。この経済政策転換は、アメリカ合衆国主導の日米経済協議で打ち出されたアメリカの対日要求を一方的に受け入れたものである。小泉政権が最後に達成した郵政民営化は、郵便貯金と簡易保険の豊富な資金をアメリカをはじめとする欧米の銀行・保険会社に解放するための政策であり、小泉政権は日本の金融を外国資本に明け渡したようなものである。経済政策でアメリカに従うことで、小泉純一郎は確かに古い自民党を壊し日本の政治を変えることに成功したが、小泉政権の外交政策もこれまでの日本の東北アジアにおける軍事・政治的存在を大きく変えた。

小泉政権の対米追従、中国・韓国軽視の外交は、ある意味では経済的に後退する日本が試みた政治・外交的な賭けであった。ジョージ・W・ブッシュ大統領の対テロリズム戦争は、世界システムにおける覇権を失いつつあるアメリカ合衆国が打った最後の軍事的賭けであったが、小泉政権は国際社会の合意がないイラクへの軍事的侵略に参加することで、日本が独自の判断で軍隊を外国に送れる国家となることを宣言したのである。この動きは世界システムにおけるアメリカ合衆国の覇権が終了しつつあることと連動している。オバマ政権は国際的な協調を軸にアメリカの指導的役割を回復させようとしているが、世界システムの政治的枠組みは新たに半周縁（セミペリフェリー）として近年台頭した中国・インド・ブラジル・ロシア等の国を取り込みながら、ヨーロッパ・アメリカ・日本の中核（コア）国家が、東ヨーロッパの元社会主義国家や第三世界と呼ばれた発展途上国からなる周縁（ペリフェリー）を共同で支配する体制に移りつつある。日本が軍事・経済的にアメリカの軍事戦略を支援することは、アメリカがすでにヘゲモニーとしての力を失っていることを明らかにしているとともに、日本が東アジア諸国に対して中核対周縁（コア - ペリフェリー）の関係を再確立し、中国と対抗してこの地域における政治的リーダーシップを取り戻す努力ととらえられる。

小泉政権が始めた日本の変革は安倍政権に受け継がれ、憲法改正手続きの法制化、防衛庁の防衛省への昇格、国民意識を育てる教育基本法の改定等が達成された。安倍内閣が憲法改正を果たすことなく福田政権に移った後には、憲法を改正せずとも憲法解釈を変えることで自衛隊の海外軍事参加は可能になるという方向で推移している。

小泉政権から安倍、福田、麻生政権と移る過程で自民党党首の指導力が低下するとともに、日本の軍事国家としての国際復帰（あるいは国際的な再登場）は延期されているが、世界システムにおけるアメリカのヘゲモニーの終焉と中核国家連合による周縁国家支配への移行が、対テロリズム戦略、あるいは核不拡散戦略の展開という形で継続している。また中国の経済・軍事・政治的な台頭に日本が対抗するために、東北アジアを超えた世界的な舞台で日本の軍事・政治的指導力を確立するという小泉政権の選択は中国と韓国の反発を招き、加えて北朝鮮のミサイル開発が東北アジアの将来を不安定なものにしている。小泉政権以来の日本の外交は東北アジアにおける日本経済の相対的低下に対する反応であり、世界システムにおけるアメリカ合衆国へゲモニーの終焉というプロセスに対応するものではあるが、この外交姿勢は東北アジア諸国の友好の促進や平和的な共存を進めるものではない。

中期的分析——第二次世界大戦後

太平洋戦争終了後、中国においては共産党が国民党を台湾に追いやり中華人民共和国を成立させ、朝鮮半島では朝鮮戦争を経て韓国と北朝鮮という二つの国家が形成された。東北アジアの植民地であった韓国・北朝鮮と半植民地であった中国が独立した近代国家として発展する過程は、日本が帝国としての国家のあり方を解体しアメリカ合衆国に従属する近代国家として発展する過程と平行して進んだ。世界システム的には、アメリカ合衆国へゲモニーの上昇サイクルは共産主義革命に対する軍事的介入を伴い、東アジアにおける三つの分断国家（中国・台湾、南北朝鮮、一九七五年までの南北ベトナム）の成立という結果をもたらした。アメリカ合衆国の対共産主義政策に組み込まれた日本は、かつて植民地化した東北アジアの隣国に対し国家としての誠意を持った謝罪や賠償を避けて、ひたすら国家の存続と経済の発展に邁進した。一方中国・韓国・北朝鮮においては、支配階級・支配政党の国家経営を正当化するために日本との関係が利用された。世界システムの東西冷戦という枠組みの中で、東北アジア地域システムにおいては戦前・戦中・戦後に亘る日本と中国・韓国・北朝鮮の歴史の記憶が恣意的に作られ、政治的に利用されてきた。この歴史の記憶をめぐるプロセスがどのように再生産されてきたのかを中期的なプロセスとして分析してみたい。

日本では明治以降のアジア太平洋における戦争は、どのように記憶され伝えられているのだろうか。小中高の公教育では、大日本帝国の軍隊や日本人入植者がアジアの人々や連合軍捕虜に対してどのような陰惨な行為を行ったのかについて、ほとんど触れない。戦争を体験していない世代は、戦争の記憶を公教育の過程で学ぶことはほとんど無い。戦争に関する日本人の記憶はテレビドラマ、映画、歌謡曲といったマスメディアによって伝えられているが、その中で描かれているのは日本人にとって戦争がどのように悲惨なものであったかということである。NHKの朝の連続ドラマが戦中戦後を生きた主人公の経験を描くとき、戦中の思想統制がいかに言論や表現の自由を踏みにじったものであったか、連合軍の無差別爆撃や広島長崎の原爆投下がいかに非人間的なものであったか、そして終戦後の物不足がいかに悲惨であったか等が主要なメッセージである。世界各国で人気を集めた「おしん」の場合、戦中の経験はアメリカ軍の空爆で失った財産や疎開後の苦労が中心であった。兄弟、息子、父を兵隊に「取られる」ことは家族にとって手痛い損失であり、兵隊は国家の名の下に犠牲にされた被害者であった。

日本で作られた戦争体験を描いたテレビドラマや映画が、日本人が国家の名の下に行ったアジア人の殺戮や搾取について語ることはほとんど無い。日本の兵隊は、絶対的権力を握る無能な軍の指導者による無謀な戦略戦術の犠牲者として描かれ、彼らが大日本帝国軍の名で戦争中に行った非人間的な行為について伝えられることは少ない。日本で伝えられるのは彼らが乏しい食料と装備にもかかわらず戦い続けることを強制された太平洋の島々での苦労であり、中国やロシアの強制収容所に抑留され様々な苦難を乗り越えようやく日本に帰還したという経験であり、或いは前途有望の若者が神風パイロットとして自らの命を犠牲にしたという悲劇である。直接戦争に関与しなかった満州国や朝鮮半島への日本人入植者も現地の人々に対して様々な抑圧搾取を行ったが、マスコミによって伝えられる彼らの経験のほとんどは彼らがどのような苦労を経てようやく日本に帰ってきたかである。日本本土で戦争を体験した人々は、実際には様々な形で戦争に協力し、アジアの人々の抑圧、搾取、殺戮に主体的に関わり（例えば兵器生産への参加や、国債を買うことによって政府の戦争遂行を助けた）、帝国軍の「活躍」を共に喜んでいたが、戦後の記憶の中では彼らは戦争への協力を強制された被害者ということになった。この被害者意識は太平洋戦争後期のアメリカ軍の無差別爆撃や広島・長崎の原爆の犠牲者という形で増幅された。一方、戦後の混乱期の苦労の中で戦前のアジアの人々に対する加害者であったという記憶は希薄となり、サンフランシスコ平和条約の締結とともに過去の出来事として葬られたかのようである。

日本は一八九五年の日清戦争以降、台湾・朝鮮・満州を次々と植民地化し、日中戦争・太平洋戦争の過程で占領地を拡大していった。これらの植民地・占領地とされた国々の人々が日本帝国に対しどのように抵抗したか、その抵抗の経験が現代の世代にどのように伝えられているのかについて日本人は全く無知である。戦争の過程で日本の兵隊が行った虐殺や婦女子に対する暴行は、日本に無事逃げ帰った兵隊たちによって語られることはほとんど無く、語ろうとする少数の人たちも戦争責任を負うべき軍の上級将校たちによって沈黙させられた。[9] 日本の加害者としての経験を隠そうとする動きは、戦後一貫して続いている。つい最近では南京虐殺を描いた漫画の出版に対して、出版社が圧力を受け、見送った例がある。[10] このように加害者としての意識が消されていくのと同時に、戦後の日本では「平和主義」が叫ばれるようになった。

日本の平和運動は、自国が唯一の被爆国であることを軸に反原爆・反戦争を叫ぶものである。しかし、日本人が戦争被害者の立場で平和を語るとき、日本の侵略により被害を受けたアジアの人々はどのように感じるのであろうか。加害者としての記憶を置き忘れた日本の平和運動は、アメリカ合衆国の被占領国から従属する同盟国になった日本が、東アジア地域で合衆国が行った戦争の最大の利益享受者であることから目を逸らすための偽善的なジェスチャーと捉えることもできる。もちろん、日本の平和運動の主な担い手は、日本国政府の対米追随政策を批判する人たちであることも事実である。しかし国家のレベルで日中戦争・太平洋戦争を美化する資料館を擁する靖国神社に参拝することはあっても、日本の軍隊や植民者がいかなる被害をアジアの隣人にもたらしたかを調査・記録・公表することはあまりない。[11] 自らの加害者としての過去を直視できない国家とその国家のアイデンティティを自らのものとする日本人が平和を語る時、その説得力を欠く言葉の裏には過去の軍事的拡大主義を復活させる意図があると疑われても仕方がない。実際、安倍政権は憲法第九条を「改正」し、自衛隊を軍隊とし、日本軍を外国に送れるようにすることを政権の主要目標の一つとした。主要閣僚からは、北朝鮮の核実験を理由に核装備も考慮すべきとの意見も出された。日本における平和運動は、国家が過去についての反省なきままに物質的成長を追求してきた際の隠れ蓑の役割を終え、あからさまな再軍備運動に取って代わられたかのようである。

戦後日本の公教育と主要メディアは、戦前戦中に日本の軍隊、植民地政府、日本人植民者が犯してきた犯罪行為を矮小化、あるいは隠蔽してきた。日本人にとっての戦争の記憶は犯罪者としての記憶ではなく、無謀な戦争を生きながらえた者、戦地で無残な死を迎えた兵隊の家族、あるいはアメリカの無差別爆撃の被害者としての記憶である。このような戦争犯罪に関する「学習された無知」は、日本の帝国主義的侵略の犠牲となった人々の立場からすると「悪意ある忘却」となる。中国、韓国、北朝鮮では、日本の犯した様々な犯罪は現在も生きた記憶として再生産されているからである。日本の首相や閣僚が戦犯を祀り戦争と日本の植民地支配を正当な行為であると主張する靖国神社に参拝し、日本の戦争犯罪を隠蔽する教科書を作ることで、日本の「悪意ある忘却」は東アジアの隣人を侮辱する。金永熙のいう「過去に対する日本の道徳的不感症」は、日本の国民的文化として定着しているかのようである。[12] 日本が戦争責任を反省していないことは世界の世論が認めており、[13] 戦争の過ちを認め戦争責任に誠実な態度を示しているドイツとは対照的な存在となっている。[14] ドイツにおいては過去の反省には終わりが無く日常生活の一部であるのとは対照的である。[15]

戦後日本の戦争記憶操作をまとめると、「加害者であることを忘れ、自らを被害者として描く」ということになる。広島と長崎に平和記念館はあるが、日本がかつてアジアの人々にどのようなことを行ってきたのかを研究し展示する記念館は存在しない。[16] もし加害者が自らの行為を語らなければ、戦争や植民地支配にまつわる日本人の犯罪的行為は被害者のみが語ることになる。被害者の伝える歴史に対し、加害者である日本はこの歴史は誇張であり事実無根であると否定しているが、自らが調査・研究をしない限り日本は歴史問題に関して発言権を持つことができない。戦争を経験しなかった世代から首相が出る時代になったが、国家の歴史隠蔽の結果としての無知は日本のアジアにおける将来に暗い影を落としている。そのような国において愛国主義を唱え自己肯定を図ることが、[17] 中国や韓国の日本に対する懐疑をもたらすのである。

日本において戦前戦中の記憶が否定されるのと奇妙な対比をなすのが、中国・北朝鮮・韓国における戦後日本の平和的存在の否定である。中国・韓国における日本のイメージは、日本が植民地化・軍事的侵略の過程で示した残虐性・非人間性のイメージである。戦前戦後一貫して中国は日本を東洋の鬼と表現している。中華人民共和国の成立後製作された数多くの劇、映画、テレビドラマの中で日本人は侵略者・略奪者として描かれ、日本の支配・侵略から中国を救った中国共産党と人民軍の支配を正当化する道具として歴史が使われてきた。[18] 韓国においても反日感情が国家によって都合よく使われてきたし、ごく最近まで日本のテレビドラマや歌謡曲を韓国で放送することが禁じられて、韓国人がマスコミを通じて直接日本について知ることが妨げられていた（一九九八年から二〇〇六年に亘って段階的に解禁された）。中国・韓国の歴史教科書では反日が戦前・戦後を通したテーマとなり、戦後も日本は変わらないと教えられている[19]。韓国の軍事政権と中国共産党の一党支配を正当化し民衆の不満を逸らす役割を、反日感情と抗日の歴史が果たしてきたのである[20]。北朝鮮では朝鮮戦争以降の韓国・米国に対する敵対心に加えて、日本に対する敵愾心が国家の存続を支えている。対日本という対外関係が国家の内的支配に正当性を与えているという点は、中国・韓国・北朝鮮に共通している。

しかしここで問題にしたいのは、戦前の日本と同じイメージを戦後の日本についても伝え続けているという点である。戦後の日本は戦闘員としての兵士を日本国外に送ったことは無い。韓国がベトナム戦争に参加したことや中国がベトナムを侵略したこと、さらに北朝鮮がテロ行為を外国で展開したことと比較すると、日本は「平和」国家であった。日本の憲法第九条は戦争を放棄し軍隊を持たないことを規定しているが、このことについては中国・韓国・北朝鮮の学校教育では触れられない。日本を戦前から変わりない敵とみなし反日を国是としてきたのは、戦後日本の平和国家としての存在を無視する「学習された無知」である。これは日本が戦前・戦中の記憶を消し去ろうとする「学習された無知」と対称を成す。

日本と中国、日本と韓国の間には友好関係を謳う条約が締結され、日本が過去にもたらした被害に対する賠償は経済援助という形で支払われてきた。中国に対して日本が賠償という形をとらなかったのは、中華人民共和国が成立する以前に中華民国との間に平和条約が締結され、中華民国が賠償請求権を放棄していたからであると同時に、日本が戦前・戦中に損害を与えたということを認めたくなかったからでもある。しかし中国政府は日本が中国に与えた無償援助・借款の存在を人民に伝えず、中国の人々の間では日本は歴史的な罪を全く認めず賠償もしていないと理解されている。韓国の場合、日本政府は韓国人の一人ひとりに与えた損害を賠償する必要は無いとの密約を韓国政府と取り交わし、無償援助・円借款による経済援助でもって植民地時代の罪を償ったことにしたが、このようなやり方が韓国人の中に根強い反日感情を育てることにつながっている。日本は罪を認めまいとする外交姿勢をとることによって諸問題を解決せず先送りしてきたが、[21]そのような姿勢が自らの足かせを用意してきたという矛盾に気づいていない。

中国における反日感情について辻康吾が興味深い分析をしている。[22]中国共産党は日本の戦争犯罪について国家と人民を分け、国家の罪は問うが日本人民は中国人と共に被害者であったとすることにより、日本人を対中国加害者であるという認識から解放している、というものである。一九九〇年代には経済成長を背景に中国は大国意識に目覚めたものの、アメリカの極東政策が親日であることに変わりなく、盛り上がってきた中国民族主義を傷つけた。そして九〇年代以降増大する社会問題のはけ口として、反日が利用されている。この分析を、予期された結果と予期されなかった結果を歴史主体間の関係性に注目して分析する歴史社会学の方法を用いて捉えなおすと、次のようになるだろう。文化大革命以降の経済的低迷を打開するために中国政府は一九七九年以降経済改革を行ってきたが、中国共産党と人民軍の幹部が改革を利用して裕福になっていく「腐敗」に対して、中間層の子弟でありエリート予備軍であった大学生が民主化運動を起こした。中国政府はこれを弾圧したが、天安門事件をきっかけにアメリカ合衆国は親中国政策の見直しを行い、旧ユーゴスラビアにおける戦争で米中間の関係は更に冷えこんだ。中国政府は民主化運動をうまく押さえ込んだが、中国共産党が推し進める資本主義のもとで経済的格差は拡大する一方であり、民衆の不満をごまかすためにサッカーやオリンピックといったスポーツを通じて愛国主義を利用したり反日感情を利用している。しかし中国の反日政策は、日本の歴史政策を変えることなくいたずらに日本人の対中国感情を悪化させている。

中国政府が日本の国連安保理常任理事国入りを阻むために反日運動を促し、中国民衆が日本人に危害を加え日本大使館や日系企業を攻撃する時、「学習された無知」が「悪意ある忘却」になり予期せぬ結果を引き起こすこととなる。日本が戦前・戦中のアジアにおける植民地化・帝国主義的侵略についての記憶を教育やマスメディアを通して風化させることで、「学習された無知」がアジアの人々にとって「悪意ある忘却」となるのと同じように、中国・韓国・北朝鮮が国家的戦略として戦後日本の平和的存在を無視し日本を戦前と変わりない軍国主義国家であると嘘をつくことにより、「学習された無知」は反日感情や反日的な暴力行為となり日本人にとって「悪意ある忘却」となる。このように国家の必要に応じて歴史が操作され、日本と中国・韓国・北朝鮮の間に「相互の悪意に基づく忘却」が形成されることになる。

戦後の東北アジアにおける中期的な歴史プロセスが現在の外交問題の底流となる「相互の悪意に基づく忘却」を生み出した。小泉外交もこのプロセスの延長として捉えられる。この中期的なプロセスは現在も続いており、東北アジアにおける平和的共存の道を阻んでいる。

長期的分析——一六世紀以降

世界システム論では、一国の近代から現代に至る社会的な変遷過程を世界システムという歴史的な社会システムの一部として位置づけることにより、新しい理解を導きだそうとする。歴史的には一五世紀末からのヨーロッパ諸国の植民地拡張の動きにより、世界諸国の経済活動は資本蓄積を目的とした資本主義の力で世界レベルでの分業体制に組み込まれていった。この分業体制からより多くの資本を蓄積するために、ヨーロッパ諸国はそれぞれの軍隊と国策会社を推進したが、ヨーロッパ国家間の戦争は生産と破壊のための技術革新をもたらし、ヨーロッパ諸国がヨーロッパ以外の国々と人々を武力で支配していくことを可能とした。世界システムにおける国際関係はインターステートシステムとして捉えられているが、これは力のある中核諸国同士が比較的安定した力のバランスを保つ一方、資本蓄積において搾取される側となる周縁国や植民地を支配する仕組みとなっている。中核国の中でもインターステートシステムをリードし、革新的な経済活動で資本主義を牽引するのが覇権国であり、一九世紀の世界システムの覇権国はイギリスであった。ヨーロッパ諸国(ならびに後に中核国となる日本)が支配した植民地は独立国家としてインターステートシステムに参加することになった(ラテンアメリカの国家形成は主に一九世紀に、アジア・アフリカの独立は二〇世紀に達成された)。そのなかでも一八世紀の後半にイギリスの植民地支配からの独立を果たしたアメリカ合衆国は、二〇世紀における覇権国として世界システムの動向に大きな影響を与えた。長期的に日本と東北アジアの外交関係を考えるとき、アメリカの覇権サイクル、インターステートシステムの動向、そして資本主義世界システムのサイクルを考慮する必要があると考えられる。

アメリカ合衆国が世界システムの覇権国家として経済的にも軍事的にも圧倒的な優位を保っていたのは、第二次世界大戦終了後の二〇年ほどであったが、ベトナム戦争やヨーロッパ諸国・日本の復興・経済発展の結果、アメリカ合衆国の経済的優位は失われていった。しかしアメリカ合衆国は一九八〇年代の新自由主義に基づくグローバリゼーション政策で、金融を梃にした資本蓄積活動を世界的に展開し、世界からの輸出を吸収する消費大国ならびに世界金融の最重要な市場として資本蓄積のリーダーとなった。二〇〇八年のアメリカ経済は金融危機で世界的な不況をもたらしたものの、アメリカ合衆国は依然として唯一の軍事大国であり、国際社会で最も発言力の強い国である。第二次世界大戦後の日本外交政策の基本は、アメリカ合衆国の軍事的な保護のもとに世界の自然資源や市場へのアクセスを確保することにあったが、アメリカ合衆国の力が衰えるに従い、日本を含めた主要中核国がアメリカ合衆国に協力して世界的な安全保障と資本主義の経済秩序を支えていく方向に転換している。中核諸国が周縁諸国を支配し搾取する世界システムのあり方は、周縁諸国が植民地から独立国家となった後も続き、一九八〇年代以降のグローバリゼーションの過程でほとんどの周縁国が累積債務に縛られて経済的に従属している。しかしこの中核国による周縁国の支配・搾取という世界システムの枠組みは、次の二つの点で大きな転換点にさしかかっている。

第一に周縁国の中で経済規模を拡大し政治的な発言力を高めた国が出てきた。特に中国、インド、ブラジル、ロシアは一兆ドルを超える国民総生産を記録し、G7に属するカナダやイギリスよりも大きな国民経済となっている。政治面でもこれらの諸国の重要性は高まっており、これらの諸国にメキシコやインドネシア等の半周縁国を含めた主要二〇カ国が、二〇〇八年から始まった国際的な経済危機に対応するための会議に招集された。このような新興国は一人当たり国民総生産では中核国にかなり劣っているが、国民経済の大きさでは多くの中核国を凌ぎ潜在的成長力はかなり高い。これまでの世界システムは人口的に少数の中核諸国が人口的に大多数の周縁諸国を支配・搾取してきたが、世界人口の半数を代表する中国・インドが大きな経済力とそれに伴う政治・軍事力を持つようになれば、これまでの中核・周縁の関係が変わらざるを得ない。

第二の転換は資本主義経済の成長が限界を迎えていることによる。経済成長を支えてきた自然資源や地球環境が限界を迎えつつあるのである。すでに地球温暖化や河川・海洋・大気・土壌の環境汚染がかなり進み、農業生産拡大による水資源の枯渇、表土の喪失、砂漠化が進んでいる。中国・インドの一人当たり国民所得が増加すれば地球環境汚染と資源に対する需要はさらに増えるであろうし、世界最大のエネルギー消費国であるアメリカ合衆国が短期間でエネルギー節約国に転換するとは考えられない。環境や自然資源の限界によりこれまでのような経済成長が継続できなくなる。

さらに二〇〇八年の金融危機に始まった世界経済不況は、資本主義経済が破綻したことを示しているとも考えられる。資本主義の基本的な矛盾は、利潤率を上げると賃金率が低下し、賃金の低下は生産された財・サービスに対する需要の低下をもたらすことにある。第二次世界大戦後の中核国では賃金を高めつつ設備投資や技術革新で利潤の低下を防ぎ、労働者を中産階級の消費者として資本主義経済に組み込んできたが、一九八〇年代からの新自由主義の経済政策がこの仕組みを根本的に変えた。特にアメリカ合衆国とイギリスにおいて採られた政策により、賃金は低下する一方で減税により高所得階級の所得が増えた。賃金低下による需要の減少を抑えるために、労働者階級や中産階級への消費者金融がクレジットカードや自動車や住宅購入のためのローンという形で増加した。さらに金融自由化により世界中の金融市場が一体化し、アメリカやイギリスの金融市場には世界中の投機・投資資金が流入することとなった。一九九〇年代にはアメリカの中産階級は借金で消費することに加えて借金をして投資をするようになり、アメリカの株式や不動産の値段が上がり、さらに多くの投機・投資を呼ぶこととなった。このような資産価格の高騰は日本が一九八〇年代の後半に経験したバブル経済に他ならず、最終的にはアメリカの不動産価格が低落することで金融危機に至ったのである。資産価格が上昇している時には資産の値上がりによる評価額の高騰が旺盛な消費意欲を支えてきたが、いったんバブルがはじけると金融の縮小が際限なく続き実物経済の縮小を加速する。この事態に対する中核諸国の対応を見ると資本主義の終わりが始まっていると解釈できないこともない。

アメリカ合衆国やイギリスでは政府の資金を投入して金融機関を助け、財政投融資で景気の回復を図っているが、日本のバブル崩壊後の過程を振り返れば景気回復が簡単に達成できないことは明らかである。一九九〇年代からの平成不況の最中でも日本の輸出は順調であった。しかし世界的不況のもとでは輸出に依存する経済ほど不況は長引くであろう。資産価値が低迷する限り消費者金融で需要を拡大することも不可能である。政府の企業への資金投入は企業の国有化あるいは国営化と捉えることもできるが、実際には金融機関をはじめとする大企業の経営者が経営不振の責任を取らずに納税者からの所得再配分を受けるという、大企業福祉政策であると考えた方が妥当であろう。企業間の競争により技術革新がもたらされ経済が拡大していくという資本主義経済の基本は失われており、中核諸国の経済は非効率な大企業を政府が公的資金で支えるという一昔前の中国経済に似てきている。資本主義は大企業福祉を中心とした国家的社会主義に移りつつあるのだろうか。

経済活動は企業という経済主体によって成り立つ企業経済（コーポレートエコノミー）、政府が管理する公共経済（パブリックエコノミー)、そして利益を目的としない社会企業が形成するソーシャルエコノミーの三つに分けることができる。ソーシャルエコノミーの例としては家計、消費者生協、地域通貨、提携農業、非営利団体、クレジットユニオン、第三セクター等があるが、世界不況で企業経済が多くの失業者を出し家計貯蓄の目減りをもたらす中、ソーシャルエコノミーが就業機会を作り出しいろいろな形で家計所得の確保に貢献していくことが予想される。[23] 利潤追求を目的とする企業経済は、環境汚染・破壊や世界規模での所得格差の拡大をもたらしてきた。それと比べると社会企業は環境を守り、民主的な経営を可能にし、生活の必要に応じた生産と消費を可能にする。各国政府は現在の大企業への資金投入から、社会企業への支援と地元に根ざした経済の育成に移行していくのではないだろうか。企業経済が相対的に縮小し、ソーシャルエコノミーが活動領域を広げていくとき、資本主義を前提に存在してきた世界システムは終わることになる。

資本主義世界システムの終焉と日本の外交

小泉・安倍政権以降の日本の外交の基本は中国・韓国との協調、アメリカ合衆国の覇権が終わった後の中核諸国との安全保障政策での協調、そして経済的には中核国と力のある半周縁国による経済回復への協力にある。このような外交姿勢は短期的には妥当なものかもしれないが、中期的、長期的に見ると別の方向性も検討しなければならない。中期的には第二次世界大戦後に形成されてきた「相互の悪意に基づく忘却」を乗り越え、東北アジア諸国が平和に共存できる環境を整備することが必要であろう。長期的に見て世界システムが最終段階に入っているという本章の議論が正しければ、長期的な日本の外交方針もそれに合った方向に転換しなければならない。具体的には世界的な所得の格差を拡大した国際的な金融システムを改め、周縁国に課せられた累積債務の重荷を軽減しなければならない。国際的な政治力の配分は中核国から経済規模の大きい半周縁国や周縁国に移りつつある。アメリカ合衆国に追従して中核国が周縁国を搾取・支配する体制を守ろうとするのでなく、半周縁国や周縁国が資源・環境に配慮した経済発展を遂げることを助け、より平等な世界政治を可能にすることが日本の長期的な利益となろう。日本は中国・韓国と協調して環境・資源に関して持続的成長が可能な世界経済を作り上げていく必要があり、中国と北朝鮮が国際社会に受け入れられる国内統治体制を作り上げる環境を東北アジアに準備しなければならない。日本はヨーロッパ世界の外にありながら資本主義世界システムの中で中核国になった唯一の国であったが、アメリカ合衆国の押し進めた新自由主義の経済的グローバリゼーションの過程で経済的停滞を経験した最初の国になった。世界システムがその終わりを迎えている今、資本主義の弊害を克服し、自然環境を破壊しないより平等で民主的な経済システムを求めていかなければならない。そのようなポスト・世界システムの政治経済体制を東北アジアの隣国と全世界の国々と共に作っていくことが、日本外交の基本方針になっていかなければならないであろう。

8 戦後日本の中国政策
外圧と国益のはざまで

高嶺 司

はじめに

二一世紀に入ってからの日中関係は、靖国公式参拝問題、尖閣諸島問題、東シナ海におけるガス田開発問題等をめぐって政治対立が繰り返される状況がつづいている。一方、経済的には日中それぞれが相手の最大の貿易相手国となるなど、ますます相互依存・相互利益関係を深めている。ある日中関係の専門家は、このような経済関係の現状を「もたれ合い」と表現している。(1) これはつまり、一方が経済的に頓挫すると他方も深刻な影響をうけるといった経済的相互確証破壊とも呼べる状況が、日中間で現実のものとなりつつあることを指摘している。さらに中国では、二〇〇五年に日本の国連安保理常任理事国入りの動きを警戒するかたちで大規模な反日デモが、市民レベルで組織され実行された。一方、日本においても、内閣府の世論調査のデータが証明するように、一般市民の中国に対するイメージは、軍拡や反日デモの問題もあり、最近ますます悪化する傾向となっている。[2] したがって、近年の日本の中国との付き合い（つまり外交）は、過去に比べて、ますます複雑で難しくなって来ているように見受けられる。果たしてそうなのだろうか。

この問いを念頭に置きながら、本章では、一九四五年から一九七一年までの日本政府による中国政策を考察する。もっと具体的に言うと、本章は、日中国交回復以前における吉田茂・鳩山一郎・岸信介・池田勇人・佐藤栄作と続く日本の戦後保守政権による中国政策を検討する外交史研究である。さらに、本章では、国交回復以前の中国政策が、二一世紀の日本の中国外交と、どのように類似しており、あるいはどのように異なっているのかの比較考察も加えている。国交なき時代の対中国外交政策を考察することにより、二一世紀の日中関係を考える上で、より客観的で興味深い視点を提示することが本研究の目的である。

本章で私が論じたいのは、吉田茂・鳩山一郎・岸信介・池田勇人・佐藤栄作と続く日本の戦後保守政権が、日中を二つの敵対するイデオロギー陣営に分断したアジアの冷戦という現実にもかかわらず、一貫して日本の中国に対する「関与政策」を追求していたということである。そうさせた主な要因とは、日本の「商業利益の追求」であり、日本の安全保障にとっての根本的な懸念材料である「中国との地理的な近さ」であった。しかし、日本外交のアメリカへの従属、中国を承認しないよう求める台湾の圧力、国内情勢の混乱による中国の対日強硬路線、そして、中国政府による日本国内の非政府組織の政治利用が、吉田・鳩山・岸・池田・佐藤政権による中国との公式な経済・外交関係の構築という政策を、実行不可能なものにしていた。結局、これらの保守政権にとって、日本の軍事的・経済的な安全を保障する上で圧倒的に重要な日米同盟を傷つける可能性の高い中国との公式関係の樹立は、あまりにも危険すぎたのである。さらに結論からいうと、経済的に中国市場を強く必要としつつも、政治や安全保障分野での摩擦の対応におわれるといった日本政府の中国外交の基本構造は、本章が研究対象とした一九四五―一九七一年当時も現在もほとんど変化していない。

本研究では、日中関係や対中国外交に関する和洋図書や論文を参考文献とする他に、論点の証拠として、あるいはまた歴史的経緯をより深く考察する手段として、著者が二〇〇〇年から二〇〇一年にかけて東京の外務省外交史料館より収集した外交文書を多用している。作成当時は極秘扱いであったものを含むこれらの外交文書は、作成されてから最低でも三〇年以上たった後、政府判断でもって公開されることになっている。よって本章で使われた外交文書の発行年代は一九六〇年代までのものとなっている。本研究の対象年代を一九四五年から一九七一年に制限した理由の一つでもある。この時期、日本と中国の間には公式な外交関係は存在しなかった。通常は外交関係が存在するるから日本の中国政策もあると考えがちだが、以下の本文で示すように、公式な外交関係がなくても日本の中国政策は存在したのである。いうならば外交関係なき時代の外交政策である。

本章では第一に、戦後保守政権による中国に対する外交アプローチやこれらの政権に対する中国政府の態度を理解するうえで必要である戦後の日中関係の歴史的背景を、日本と中国それぞれの国内状況や両国を取り巻く国際環境を中心に整理する。第二に、連合国による占領期にアメリカ政府の圧力に苦しみながらも、アメリカの「中国封じ込め」政策に反する「中国経済関与」政策を追求した、吉田茂政権（一九四六—四七、一九四八—五四）による中国政策を検討する。第三に、対米自主独立路線の外交を目指し、中国とソビエト連邦という冷戦当時の二大敵国との国交回復外交を目指した鳩山一郎政権（一九五四—五六）の中国政策を検討する。第四に、就任当初は台湾と中国の双方との関係を重視するバランス外交を目指したものの、米国と台湾による外圧や中国の国内情勢の混乱にともなう対外強硬路線のあおりを受け、中国政府によるバッシングを受けた岸信介政権（一九五七—六〇）の中国政策を考察する。第五に、首相在任中に中国との民間貿易の再開を果たすなど、対中融和政策をとった池田勇人政権（一九六〇—六四）と中国政府の関係を扱う。最後に、個人的には中国との外交及び経済関係の正常化に最も熱心な首相でありながらも、内外からの政治的圧力および文化大革命やベトナム戦争を契機とする中国政府の対日外交の強硬化によって、中国との国交正常化を実現できなかった佐藤栄作政権（一九六四―七二）の中国政策を検討する。本外交史研究の今日的意義を提示することをもって、本章の結びとしたい。

歴史的背景

第二次世界大戦における日本の敗北は、いやおうなしに中国との新たな関係の出発点となった。戦争中の中国大陸における日本の軍事侵略のみならず、戦後間もない時期における日中両国それぞれの複雑な国内事情が、実は現在まで継続する日本の対中国関係の難しさを生む要因となった。一九四〇年代の終盤には、冷戦が東アジアにおける国際関係を決定的に支配するようになった。その中で、異なった政治体制と経済システムのもとで戦後復興をはじめた日中両国は、それぞれ相手を戦前とは違った意味での敵国とみなすようになった。したがって、日本は、一九三〇年代及び四〇年代の中国に対する軍事侵攻や旧日本軍による残虐行為という過去の罪を償い、中国と公式に和解するタイミングをうしなうこととなる。

一九四五年八月の敗戦後、日本はアメリカに率いられた連合国による直接統治をうけることとなる。それ以後、ダグラス・マッカーサー（Douglas MacArthur）元帥に指揮された連合国総司令部（通称ＳＣＡＰ）は、戦前の日本の国家体制を破壊し、リベラルな改革を断行する占領政策を行っていく。日本の対外政策も国家主権の喪失にともないＳＣＡＰ、いや、実質的にはアメリカ政府の支配下におかれることとなる。

一方、中国では戦後間もない時期、蔣介石率いる国民党政権は安定から程遠く、毛沢東率いる共産党による武力攻撃の危機にさらされていた。結局、イデオロギー的に対立する二つの政治勢力によって戦われた一九四〇年代後半の中国内戦は、毛沢東の共産党の勝利で終わった。その結果、毛沢東は一九四九年に中華人民共和国を設立し、その翌年にはスターリンのソビエト連邦と「中ソ友好同盟相互援助条約」を締結する。この軍事同盟条約により中国は名実ともにソ連を中心とする同盟網に取り入れられ、アメリカが率いる自由主義陣営と対立していた共産主義陣営の中で、第二の大国としての地位につくこととなる。(3)

中国内戦での共産党の勝利と国民党の敗北が日本に対してもたらした影響の一つに、戦後賠償の問題がある。日本政府は終戦当初、中国大陸を統治していた蒋介石の国民党政府による報復的賠償要求をかなり恐れていた。当時、国民党政府は賠償の一部として、「琉球(沖縄)の中国への返還」も要求していたのである。(4) しかし、その後内戦に敗れ台湾にのがれた国民党政権は、中国大陸を支配する共産党政権への対策の必要性から、日本に対する過激な賠償請求が困難な状況へと追い込まれる。つまり、東アジアでの冷戦激化という状況においてアメリカの軍事抑止力を安全保障上絶対に必要とする国民党政府にとって、対日賠償要求に後ろ向きな姿勢をとり始めたアメリカ政府に反することはできなかった。(5) 結果として、国民党政権は不本意ながらも、一九五二年に日本との間で締結した日華平和条約により対日賠償請求権を放棄することになる。(6) しかし、公式な賠償ではなかったが、戦後間もなく国民党政府は中国本土・満州・台湾で莫大な日本の資産を接収していた。さらに、賠償としてわずかではあるが日本からの物資も受け取っていた。(7) 一方、朝鮮戦争での米中直接武力衝突に端を発するアメリカの「中国封じ込め」政策により、講和が難しくなった日本政府と中国共産党政府の間では、当然のこととして賠償問題は取り上げようがなかった。結局、中国共産党政府との賠償協議は一九七二年の国交回復交渉時まで待たなければならなかった。(8)

一九四〇年代終盤になると、アメリカは中国内戦での共産党の勝利と東アジア地域におけるソビエトの影響力拡大を認識し、日本での占領政策の転換を行った。対日占領政策の優先順位は、リベラルな改革を断行することから、冷戦という現実の中でアジアにおけるアメリカの同盟国をつくることを目的とした日本国家の急速な復興・再建へと移っていった。[9] この「政策の大転換」にもとづきアメリカは、日本からの戦後賠償を放棄したばかりか、日本経済を再生するため多額の資金援助を行ったのである。[10] 国内政治の面では、日本社会への共産主義の浸透をおそれたアメリカ政府は、戦前からの古い勢力と当初決め付けていた保守派政治勢力を支援しはじめた。[11] 戦後日本での、保守政党による政治支配はこうして始まったのである。

戦後日本において、国家安全保障をアメリカに委ねるとする考えは、国内で完全なる支持を得たわけではなかった。当時、主に左翼政党によって唱えられた非武装中立論や、国連主導による世界平和を期待する政府論も存在したのである。[12] しかし、戦争によって疲弊しきった日本にとっては、安全保障を確保するため、国内治安を維持するため、さらには限りある財政資源を国防よりも経済復興にまわすためには、アメリカとの軍事同盟路線は最も現実的であり、また死活的に重要だったのである。[13] 日本政府にとって、そうすることのコストはアメリカ政府への政治的従属であり、また対外政策や安全保障政策を決定するうえでの自立性の大幅な喪失であった。当時外務省では、日本の外交や安全保障政策の米国への従属をできるだけ極小化することを検討していたようであるが、やはり現実的にそれは不可避であった。[14] 以上のような事情により、吉田茂から佐藤栄作に至るまでの戦後保守政権による対中国政策は、「中国封じ込め」政策をとるアメリカの冷戦戦略に大きく左右されることとなる。

吉田茂政権とアメリカの圧力――一九四六―五四

戦後日本の中国に対する関与外交政策の原型は、すでに吉田政権時代に存在していた。東アジアにおける冷戦構造という現実にもかかわらず吉田首相は、日本が中華人民共和国との経済関係を発展させるべきであると考えていた。[15] この考えの基本は吉田のきわめて現実的な中国観にある。彼は、共産主義であろうとなかろうと中国が日本の隣国であることに変わりない、したがって日中関係を長期的に見た場合、経済的必要性や地理的な近さがイデオロギーの違いや貿易障壁に勝ることになるだろう、といった内容の発言をしている。[16] 吉田首相にとって日中経済関係の構築と発展は、日本の商業的利益の追求のみならず、彼の外交目的の達成にとっても必要だったのである。吉田は、中国の日本に対する貿易依存度を飛躍的に高めることによって中国を「経済的」にソビエト陣営から引き離し、最終的には西側陣営に引きずり込みたいと考えていた。[17] 吉田は、中ソ同盟は一枚岩だとする米政府の見解とは異なり、将来の中ソ関係悪化を文明・国民性・政情の違い、[18] そして何より中国のソ連に対する歴史的不信感といった観点より、かなりの確信をもって予想していた。[19] したがって吉田にとって日中経済関係の構築と深化は、もし実現できるならば、日本の経済的利益のみならず戦略的利益にとっても大いに貢献するものであった。

しかし、実際には吉田政権の対中経済関与政策は、アメリカの対中封じ込め政策という制約により、実施に移すことは困難であった。対中経済関与を実現させたい吉田は、個人的には「二つの中国」政策を支持していた。[20] この政策とはつまり「一つの中国、一つの台湾」の立場に立ち、台湾の国民党政権との外交関係を維持したままで、中国大陸を統治する共産党政権との関係正常化を目指すものである。[21] しかし、アメリカ政府は当時、国務省補佐官であり、またサンフランシスコ講和条約および日米安全保障条約に関するアメリカ側交渉代表であったジョン・フォスター・ダレス（John Foster Dulles）を通して、吉田内閣が二つの中国に対してアメリカと同様の外交政策をとるよう強い圧力をかけた。アメリカの政策とはつまり、台湾の国民党政権を中国の唯一の正統な政府と承認するとともに、大陸を支配していた共産党政権をあくまで無視するものであった。

結局、吉田首相はアメリカ政府に譲歩する形で、消極的ながらも台湾の国民党政権が中国の唯一の正統政府であることを認め、[22] アメリカ政府の意向に従い、台湾との戦争状態を終わらせ国民党政権との関係正常化を実現すべく日華平和条約を締結することを受け入れた。吉田は、国民党政府の承認を求める米政府の要求を拒否することの政治的リスクを十分に認識していたのである。最大のリスクは、当時、共産中国に対する強行路線が支配的だったアメリカ議会上院が、日本の主権回復と独立を保障するサンフランシスコ講和条約を批准しないという可能性であった。[23] さらに吉田は、彼の政府が台湾を承認することが日本の国益に寄与することも理解していた。つまり彼は、そうすることで日本の国連への正式加入に対する台湾の支持と、日本の安全保障に対するアメリカのコミットメントの継続の両方を確保できると考えていた。

以上の状況のもと吉田首相は、一九五一年一二月に日本が中華人民共和国を承認する意図が全くないことを確約する書簡をダレス顧問あてに送っている。その目的は「アメリカ国民がサンフランシスコ講和条約の批准を支持するように仕向ける」というものだった。[24] この書簡の中で吉田は、「もし先方が望むならば、日本は台湾の国民党政府との国交を正常化する用意がある」ことを述べると同時に、日本政府が「中国共産党政権との間にはいかなる二国間条約をも結ぶ意図がない」ことをアメリカに対し保障している。吉田はこの書簡のなかで、日本政府が国交正常化の相手として中華民国（台湾）の国民党政権を選択した理由として、中華民国が「国連における中国の正式メンバーであり、また国連での発言権及び投票権をもっている」ことを挙げている。反対に、中国大陸を支配する共産党政権を正当な政府と承認しない理由としては、第一に、中共政権が「国連から敵対国（侵略国）とみなされている」こと、第二に、「日本の現政府と立憲制度を転覆させることを目的として日本共産党を支援している」こと、そして第三に、「一九五〇年にモスクワで締結された中ソ同盟条約が実質的に日本を標的にしている」ことを挙げている。[25]

この吉田書簡と呼ばれる外交文書に隠された事実とは、吉田首相からダレス顧問あてに送られたはずのこの書簡が、実際は日本政府によって作成されたものではないことである。それはダレス自身によって草稿が書かれ、署名のため吉田に渡されたものだったのである。[26] 吉田はダレスの草稿に微修正を加え署名を行った後、それを日本政府の文書としてダレスに送り返したのである。ダレスは日本の反中共政策を明らかにするこの書簡が、サンフランシスコ講和条約の批准をしぶる米議会上院の態度を軟化させることを疑わなかった。つまり、裏を返せば、日本の毛沢東政権に対する曖昧な態度こそが、米議会のサンフランシスコ講和条約の批准に関する消極的な姿勢をもたらしていたのである。[27]この史実は、当時アメリカが日本の対外政策（特に中国政策）の決定に対して、いかに大きな影響力をもっていたのかを浮き彫りにしている。中国および台湾の双方との公式な貿易関係を構築・発展させたいという吉田政権の対中国関与政策は、結果的にアメリカの圧力により実現不可能であった。徐々に弱まって行ったとはいえ、日本の中国政策に対するアメリカの影響力は、日本が主権を回復した一九五二年以降も続いていった。[28]

鳩山一郎政権と自主外交路線の模索——一九五四—六二

吉田の後を継ぎ一九六四年に首相となった鳩山一郎は、日本の外交政策における対米独立路線を模索した。[29]鳩山は、アメリカと距離をおく日本独自の外交を目指して、当時日米にとって冷戦の二大敵国であったソビエト連邦と中国との国交正常化を試みた。しかし、鳩山による自主外交路線は、結果としては、部分的な成功でしかなかった。なぜならば、鳩山内閣は一九五六年一〇月にソビエト連邦との国交正常化を達成するものの、中国との国交正常化は実現できなかったからである。当時日本の国民の多くが期待していたのは、どちらかというとソビエトとの国交回復ではなく中国本土との関係正常化であった。しかし、この時期、中国との国交正常化は、対中国封じ込め政策を堅持する米政府の反対により実現不可能なものであった。逆に、ソ連との国交正常化は、米国自身がソ連との外交関係を維持していた状況もあり、日ソ国交回復交渉に対するアメリカの反対圧力はそれほど強くはなかったのである。結局のところ、鳩山の対米自主独立外交は、米国の国益に挑戦しない範囲でのみ履行できるものだった。

吉田茂と同じく鳩山首相は、日本が中国との経済関係を発展させながらも台湾との外交・経済関係を継続させることが可能な「二つの中国」政策を支持していた。[30] 鳩山にとっては、日本が中国を承認する代わりに台湾の国民党政府との公式な関係を絶つことは必要のないことであり、また日本が中国と台湾の両政府と公式関係を持つことは矛盾する問題ではなかった。[31] ある外交文書によると、日本外務省は台湾を中国から引き離すかたちで自由主義陣営にとどめておくことの戦略的重要性を十分に認識していた。しかしこれは、日本が中国と距離を置き続けることを意味するものではなかった。[32] 外務省の政策担当者たちは、台湾が自由主義陣営に留まる限り、日本が中国政府との公式関係を構築し中国との貿易による経済利益を追求するのは問題ないと考えていたのである。しかし、日本政府のこうした考えは、あくまで中国を承認しないとするアメリカ政府の中国政策とは相容れないものであった。鳩山の追求した自主独立外交の実現は、いまだ時期尚早だったのである。

ところで、吉田から鳩山政権へと続く時代、日本において中国との経済関係を構築するためのイニシアチブをとったのは、アメリカの外圧から比較的自由であった親中派の人々や団体であった。それはつまり、共産中国に対してイデオロギー上の親近感をもつ人々、日本の傀儡国家であった戦前の旧満州国にノスタルジーをもつ人々、および戦前の中国ビジネスの経験者達であった。これらの人々の中でも、特に財界のエリート達が日中経済関係の再開に意欲的であった。戦前の日中貿易に従事したこれらの財界エリートにとっては、当時、中国市場が日本の総輸出量の二割近くを吸収した、という記憶はいまだ生々しいものだったのである。[33] このような状況のもと、一九五二年には日中間において民間（非公式）貿易がスタートする。この民間貿易は、日本政府の意に反するかたちで中国を訪問した親中派国会議員数名と中国国際貿易促進委員会との間でかわされた合意に基づくものであった。[34]

しかし、日本の財界にとってこの民間貿易は、彼らが経験した戦前の日中貿易と同様なものとはならなかった。それはつまり、中国が輸入したがったプラント建設資材や工業機械のほとんどが対共産圏輸出統制委員会（通称ＣＯＣＯＭ）の対象となっており、日本からの輸出は実質的に不可能だったのである。[35] しかしながら、ＣＯＣＯＭ規制の対象となる戦略物資を除いた日中貿易の総量は一九五二年以降着実にのびていったことは注目にあたいする。[36]また一九五〇年代には中国を訪問する日本人の数や、逆に日本を訪れる中国人の数も増えて行った。日中貿易が断絶する一九五八年五月までの間、毎年約千人近い日本人が中国を訪れている。[37]

興味深いことに中国政府は一九五〇年代に、日本との国交回復を目指した外交イニシアチブを取っている。一九五五年八月に、在ジュネーブ中国総領事から在ジュネーブ日本総領事（田村氏）へ渡された書簡には次のような記述がある。

中国政府は日中関係の正常化を進める上で、両国に関する諸問題について日本政府と協議を行う必要性を感じる。協議のテーマは貿易のこと、戦後それぞれの国に取り残された在留民のこと、民間交流のこと、そして、その他それぞれの国民が関心のある問題等である。もし日本政府が協議の必要性を共有するのであれば、中国政府は、日本政府が代表団を北京に派遣することを歓迎する。以上の提案が日本政府に公式に伝えられることを願う。[38]

一方、日本政府もほぼ同時期に、中国との公式な外交関係の構築を望んでいたことが、他の外交文書によってうかがえる。一九五六年八月に外務省内のある政策グループが、中国との公式な接触を開始するための戦術と、それを実行した場合に予想されるアメリカ政府の反応を検討している。この政策グループによる文書は以下のような記述を含んでいる。

現実論としては、大規模な政策論をまとめて、中共〔中国共産党政権〕とどの程度の接触をひらくかを一応予定することは困難なるべく、又その方針を米〔国〕に改めて説明の要もなく、中共と徐々になしくずしに、郵便関係等の技術的接触から始めれば、米国からall or nothingの反対をうける可能性は少ないであろう。[39]

この文書は鳩山政権時代の外務省が既に一九五〇年代中頃までに、アメリカ政府に距離をおいた中国政策を模索しはじめていたことを示している。この事実も、対米自主独立の中国政策を行なおうとした鳩山外交の一環として考えるとわかりやすい。

岸信介政権と日中非公式チャネル——一九五七—六〇

一九五〇年代終盤の日本と中国それぞれにおける内政変化は、日中関係の悪化をもたらした。日本では病気により石橋湛山首相が辞職したあと、戦前の満州国高官であり、また戦後は裁判にこそかけられなかったもののA級戦犯として投獄された体験をもつ、岸信介が首相となった。[40]岸は対中国関係の重要性を認識しながらも台湾の国民党政府との関係を重視し、総理大臣になってすぐ台湾を公式訪問した。これを踏まえ、中国政府は岸に対する数々の非難を開始したのである。

実は台湾公式訪問だけが、中国政府が岸バッシングをはじめた唯一の理由ではなかった。中国の国内的事情もあったのである。一般的にいって、中国の対日政策は内政が乱れている時は過激で攻撃的であり、逆に、国内が安定しているときは謙虚でむしろ友好的な傾向がある。一九五〇年代終盤の中国は、安定から程遠い状態だった。毛沢東による破滅的な「大躍進政策」は、中国に莫大なる人的および経済的損失をもたらした。[41]この政策による飢饉によって約二千万人の国民が餓死し、国家経済は大きく破壊された。[42]中国政府の自由主義諸国に対する外交姿勢も、大躍進政策の開始にともなって、よりイデオロギー的で過激なものへとなっていったのである。もちろん、岸政権に対する外交姿勢も例外ではなかった[43]。

しかし、興味深いことに、中国政府に敵視される以前の岸はむしろ中国にたいして、融和的な関与政策をとっていたことである。岸政府は当初、在日中国貿易代表部にある程度の外交的地位を与えること、及び同貿易代表部事務所に中国国旗を掲げることを許可することを決定していたのである。ところがこの決定は、中華人民共和国の実質的承認になるとして、台湾政府と米国政府から強い反発をまねくこととなった。当時、国務長官になっていたダレスは岸政府に対して、日本の国土に中国の国旗を掲げることを認める決定を覆すよう強く求めたのである。台湾政府もまた岸が決定を変更しない場合は、日本との国交を断絶する決意を伝えてきたのである[44]。その結果、岸政府は在日中国貿易代表部にある程度の外交的地位を与え、その事務所に中国国旗を掲げることを許可する決定を覆したのである。岸にとっての懸念は、彼の政権がアメリカ政府に抵抗することで、一九六〇年に予定されていた日米安全保障条約（以下、日米安保）の改定がなされない事態を招くことであった。岸は、日米安保改定を彼の政権の最重要外交課題と位置づけていたのである[45]。もちろん岸政権の決定変更は、中国政府の岸に対する激しい怒りをもたらした。

こうした状況下で起こったある事件は、岸政権と中国政府の関係をさらに悪化させた。一九五八年五月、日本の一青年が長崎のデパートで開催されていた中国物産展において、そこに掲げられていた中国国旗を引きずり降ろす事件が発生した。この長崎国旗事件と呼ばれる出来事は、すぐに日中間の政治対立へと発展していった。この事件に対する日本政府の対応の不十分さに不満を抱いた中国政府は、岸内閣がわざと事件を無視しているとして強い怒りを表明した。これに対し岸は、中国政府がこの事件を意図的に政治利用していると応じた[46]。こうして中国政府は、始まってからまだ六年しかたっていなかった日中間の民間貿易と人的交流を、一方的に断絶してしまうのである。

ある外交文書によると、当時日本の外務官僚は、日中貿易の中断によって中国は商業的利益を獲得する機会をうしなうとともに、日本の内政に介入するすべを失ったと考えていたようである[47]。実際、日本の対外貿易全体に占めた対中貿易の割合は微々たるものだったため、日本は対中貿易の中断によって深刻な経済的打撃をうけずにすんだ。明らかに日本政府にとっては、大切な同盟国であり貿易相手国であったアメリカや台湾との関係を悪化させるリスクをおかしてまで、共産中国との経済関係を発展させる差し迫った理由はなかったのである。しかし、国家レベルとは対照的に、当時、積極的に対中貿易を担っていた個々の日本企業にとっての損失は大きかった。(48)

二つの要因が、発足当初の岸政権による対中国関与政策を促していた。一つは、彼の政府が中国共産党政権との公式関係を築くことによって、日本社会党や日本共産党といった国内の左翼政党の、拡大する政治的影響力に歯止めをかけたかったことである。岸内閣は、中国政府が日本社会党や日本共産党及び中国にイデオロギー的愛着をもつ日本国民との非公式チャネルを利用することで、国内への勢力浸透を図ろうとしていることをかなり懸念していた。(49)よって岸内閣は、逆説的ではあるが、中国政府と公式な関係を築くことで、中国政府と日本の左翼政党や左翼活動家との非公式な関係を弱めることができると考えていた。そうすることによって中国政府は日本社会党や日本共産党との非公式な関係に頼ることなく、公式な外交チャネルを使って日本政府と直接交渉ができるからである。したがって、岸内閣は中国との公式関係の樹立が、活発化する国内の左翼運動にダメージを与える効果があると考えていた。(50)二つめは、鳩山政権時代と同じく、戦前に中国でのビジネス経験のある財界エリートの強いノスタルジアが、日本政府に対して、中国との経済関係の構築を常に促し続けていたのである。一九五〇年代のある外交文書は、当時の経済界の対中貿易への強いノスタルジアを次のように表現している。

過去数十年来わが国の産業貿易構造はことにその経済立地の条件からして、鉄鉱石、石炭、塩等原材料及び消費嗜好からする大豆、油脂原料等農産品を中国大陸市場に依存し、その工業生産品の捌け口を大陸にもとめて発展してきた。今日、この市場との関係を断たれた底の浅いわが国経済が、国際競争力をうしない……景気の沈滞傾向をみるたびに、経済界はとかく〔中国〕大陸への郷愁にかられ勝ちである。[51]

こういった状況を背景に、日中経済関係の発展を目的として経済界によって組織された団体の一つが日本国際貿易促進協会である。この協会の設立メンバーには高崎達之助（元満州重工業総裁）、岡崎嘉平太（池貝鉄鋼社長）、松原與三（日立造船社長）など当時の財界実力者が名を連ねていた。[52]

池田勇人政権と政経分離政策――一九六〇―六四

一九六〇年、日米安保条約の改定問題をうけ岸内閣は総辞職し、代わって経済官僚であった池田勇人が総理大臣に就任した。池田の中国に対する柔軟外交路線と、中国政府が親台湾政権とみなした岸政権が終わったことは、日中貿易の再開の気運を大いに高めた。

池田は首相になるとすぐ日中関係改善に向けた積極的外交姿勢を打ち出し、特に断絶していた中国との経済関係を再構築するとの意欲を示した。[53] 池田による対中国外交イニシアチブに対する中国政府の反応もまた早かった。一九六〇年に、原水爆禁止世界大会のため日本を訪問していた中国政府要人の一人であった劉寧一は、岸内閣という障害が取り除かれたいま中国政府は日本国民と向き合うことができる趣旨の発言を行い、日本政府との和解に対する中国政府の意欲を示した。[54] したがって当時、中国政府は日本における政権交代というタイミングを、日中関係を改善する好機としてうまく利用したわけである。

興味深いことに、中国政府によるこれらの外交アプローチは、靖国神社公式参拝の問題をめぐり対立していた小泉首相（二〇〇一―二〇〇六）との首脳会談を拒みつづけながらも、小泉が首相の職務から引退した直後の二〇〇六年一〇月に後継総理となった安倍晋三を北京に招き、はやばやと首脳会談を実現させた中国の最近の対日外交に酷似している。

池田政権による対中国経済関与の推進政策は日中貿易の再開を促した。一九六二年、日本から中国に派遣された非公式交渉団は、中国政府との数日間の折衝後、中断していた日中貿易の再開について合意に達した。この非公式交渉団を率いたのは、松村健三という自民党の派閥リーダーであった。岸の政治的ライバルとして有名だった松村は、中国共産党の指導者達との個人的な太いパイプをもち、歴代の自民党議員の中でも最も親中国派として知られる政治家である。[55]松村交渉団と中国政府の合意にもとづき、通称ＬＴ貿易という新しい経済関係が一九六二年一一月よりスタートした。[56]

たしかに、中国政府と貿易再会の協議を行いその実現に貢献したのは、非政府交渉団であった。しかし、この交渉団には松村をはじめ与党である自民党の政治家や、池田首相のアドバイザーでもあった財界人も加わっていたのである。さらに、通産省や財界がこの貿易の実現へ深く関与していたことからしても、ＬＴ貿易は民間貿易というよりは、むしろ半官貿易であったことが伺える。[57]当時、池田内閣は対米関係への配慮から中国と「政府間貿易」の協定を結ぶことは差し控えた。[58]しかし、池田内閣の松村交渉団にたいする積極的支援は、少なくとも貿易再開交渉を成功へ導く上で重要だったはずである。

特筆すべきことは、池田首相が、彼の日中経済関係の構築と発展に対する積極的姿勢にもかかわらず、一九五〇年代から日本の中国政策の柱であった「政経分離政策」を堅持していたことである。[59]この政策は日中間の政治問題を意図的に経済関係より切り離すもので、その主な目的は、中国政府が日本との貿易関係を政治的に利用することにより、日本政府による中華人民共和国の正式承認及び台湾との国交断絶をせまることを防ぐことにあった。[60]池田政権にとってこの政経分離政策を堅持することのメリットは、中国との貿易により経済的利益を獲得しながら、日本の大切な貿易相手国であり、なおかつ対米関係の上でも重要である台湾との公式関係を維持できるということであった。[61]

佐藤栄作政権と貿易の政治利用——一九六四—七一

一九六四年一一月に池田首相が病気により辞職したあと、佐藤栄作が日本の総理大臣となる。首相になった当初の佐藤の中国に対する態度は、むしろ池田のそれよりも好意的なものであった。佐藤はすでに首相になる数カ月前に、中国国際貿易促進委員会主席だった南漢宸に対して、彼が政権を取った場合は、中国に対する政経分離政策をとらないことを示唆していた。加えて佐藤は、実現には至らなかったものの、中国の周恩来首相と一九六四年にビルマ（現ミャンマー）にて会談する準備を進めていた。[62] さらに佐藤は、首相就任の日に行われた記者会見において、中国問題を彼の内閣の最重要外交課題と位置づける意気込みを表明した。この様な佐藤の前向きな対中姿勢は、当時、中国の指導部を大いに喜ばせた。

しかし、日中関係の改善に向けた佐藤の意気込みにもかかわらず、日中それぞれの国内事情やそれを取り巻く国際環境は、彼の目指す中国政策を履行することを許さなかった。結局、彼の思惑とは裏腹に、佐藤内閣と北京政府との関係は徐々に悪化していったのである。一九六〇年代中頃になるとベトナム戦争が激化した。アメリカの北ベトナムへの軍事攻撃に対する佐藤内閣の積極的支持は、中国指導部の佐藤にたいする当初の好印象を傷つける結果となった。さらに、佐藤にとって不運だったのは、中国の文化大革命（一九六六—七六）が彼の首相在任中におこったことである。今から振り返ると、文化大革命の実態とは、毛沢東が彼のライバル達より政治的主導権を奪い返すために一般大衆を利用して行った一連の権力闘争であり、中国全土に一〇年間におよぶ大変な社会的混乱をもたらした。[63] この大混乱は、対日政策を含めた中国の対外政策全般を、よりいっそうイデオロギー的で過激なものへと変えていった。当然のこと、中国政府の佐藤内閣に対する外交姿勢も、かなり敵対的となって行ったのである。

一方、国内においては佐藤による当初の対中宥和政策に失望した親台湾派の自民党議員が一九六四年一二月に、「アジア問題研究会」という政策グループを立ち上げる。このグループの自民党内での影響力の拡大は、佐藤政府が中国との関係改善を進めようとする上で足かせの一つとなった。[64] こうした中、佐藤内閣は、一九六五年二月に日本の対中国プラント輸出に対する日本輸出入銀行の借款を認可することに失敗する。さらに、一九六七年の佐藤の台湾訪問により、日中関係の悪化は決定的となった。この訪問を受け中国政府は、同年七月に在中の日本人ビジネスマン数人をスパイ容疑で逮捕し、また九月には同じく在中の日本人新聞記者数人を国外追放処分にしたのである。[65]

しかし、前述した岸内閣時代の事例とは異なり、佐藤政権と中国政府との外交紛争が日中貿易の断絶にまでエスカレートすることはなかった。それはなぜならば、中国政府が対日貿易によってもたらされていた経済及び政治の両面での利益を、失ってしまうことを危惧したからである。当時、中国政府は商業的利益の追求に加え、日中貿易を佐藤内閣に対する政治的武器としても利用していた。[66] 中国政府は政治的圧力をかける対象を、日本政府から「友好商社」と称された中国貿易を実際に担っていた日本企業及び団体へと変更した。[67] 例えば、一九六七年八月には、佐藤首相の台湾訪問計画に中国政府が強く反発するなかで、ほとんどすべての友好商社が、その日本人従業員を東京での反佐藤デモに動員するといった事態となった。要するに中国政府は、これらの日本企業およびその従業員を、佐藤内閣の対中姿勢を批判したり、日本に中国の公式承認を求めるための政治的武器として利用したのである。[68] このように経済関係を巧みに政治利用する中国の政策は、上述した日本の政経分離政策とは対象的に「政経不可分」政策と呼ばれていた。

ところで日本の外務省官僚は、中国貿易が日本の民間企業によって行われていることの危険性を、一九五〇年代の中頃までにはすでに察知していたようである。[69] ある外交文書は、日本の民間企業との貿易関係の裏に隠された中国政府の意図を、次のように指摘している。

> 中共〔中国共産党政権〕はこれらの民間団体を自由に駆使しうる立場にあり、今後中共は、実際上の両国の懸案事項をたくみにかかげて、わが国政府民間の分離、国内への勢力浸透を計り……わが国内に親中共勢力の醞醸、国ぐるみ中立化ないしは左翼化の方向に向かって更に努力を傾倒するであろう。(70)

明らかに当時日本外務省は、日中貿易に携わる日本企業や民間団体の中国政府にたいする忠誠心を懸念していたのである。

良し悪しは別として大変興味深いのは、以上の状況が、中国ビジネスへの悪影響を懸念するあまり小泉首相の靖国公式参拝を批判する発言を繰り返したり、あるいは参拝を行わないよう首相に対する説得を試みたりした日本財界首脳の最近の動きに、かなり似ているように思われる。経済的に惹かれ合いながらも政治的には対立を繰り返すといった日中関係の基本構造は、半世紀前も二〇〇〇年代の今日もさしたる変化はないようである。

アメリカの冷戦戦略である中国封じ込め政策と日本のアメリカへの外交的従属を除くと、(71)佐藤政権をして中国との公式な経済・外交関係の構築を不可能ならしめた最大の要因は、中国政府の民間貿易を利用した日本の内政への積極的な介入であった。佐藤や財界の思惑とは裏腹に、中国との公式な経済及び外交関係を構築することは、実際には難しい課題であった。したがって戦後間もない頃の吉田内閣にはじまり、その後長期にわたって追求されてきた日本の対中関与政策は、いまだ履行することが困難な段階であったのである。

特筆すべきは、中国に関する新たな安全保障上の懸念が、佐藤内閣による対中関与政策の模索を促す新しい要因となったことである。例えば、一九六四年一〇月に中国は最初の核実験を成功させ、世界の新しい核兵器保有国となった。このような事態をうけ佐藤は、中国の核保有に強い懸念をもつ東南アジア諸国を念頭に、中国が国際社会の本当のメンバーになるべきとする彼の希望を一九六九年三月に表明している[72]。中国を国際政治の枠組み、特に国連の枠組みへ取り込みたいとするこの声明は、国際的に孤立した新核保有国中国による日本への軍事的脅威の認識に基づくものであった。興味深いことに、日本外務省の政策担当者の間ではすでに一九五〇年代から、将来中国が国連へ加盟した場合の日本にとっての利害得失に関する熱心な検討がなされていた[73]。

おわりに

一九四六年から一九七一年まで吉田・鳩山・岸・池田そして佐藤と続いた日本の戦後保守政権は、一貫して中国に対する関与政策を追求した。しかし、日本の対外政策のアメリカへの従属、中国を承認しないよう求める台湾政府の圧力、大躍進政策や文化大革命による社会的大混乱を背景とした中国の対日強硬路線、そして中国政府による日本の民間（非政府）組織の政治的利用が、これらの保守政権をして中国との公式な経済・外交関係を樹立することを実質的に不可能なものとしていた。結局、日本の安全保障にとって死活的に重要な日米同盟関係を傷つける可能性のたかい中国との国交回復を実現させることは、これらの政権にとって当時は余りにも危険すぎたのである。

これらの戦後保守政権が、中国に対する関与政策を追求した動機はまちまちである。吉田内閣にとっては、戦争の結果失われた中国大陸市場を取り戻すことが、中国との貿易関係を構築したいとする動機の一つだった。さらに吉田にとっては、中国の対日貿易への依存度を飛躍的に高めることで、中国をソビエト連邦が率いる共産主義陣営より経済的に引き離すことが、日中経済関係の構築を目指した政治目的であった。鳩山内閣にとって対中国交回復の目的は、アメリカに距離をおいた自主独立外交路線の追求であった。また、戦前において日本の総輸出量の二割近くを吸収した中国市場へ再度アクセスしたいとする日本財界の強い希望も、国交回復政策を促した。岸内閣にとっては、商業利益の追求に加え、中国政府による日本の左翼政党及び活動家との非公式なチャネルを利用したかたちでの内政への浸透を阻止することが、対中関与政策の政治的動機であった。[74] 池田内閣については、経済官僚出身の池田の経済的現実主義が、彼の政権をして中国に対する柔軟路線をとらせた要因の一つであった。佐藤内閣にとっては、経済的利益の追求に加え、一九六〇年代中頃に中国が核保有国となったことが、中国との外交関係樹立を目指す動機となった。なぜならば、核兵器を保有した隣国となんの交渉手段も持たないことは、日本にとって危険と判断されたからである。したがって、一九四五年から一九七一年までの二七年間、日本と中国を敵対する陣営に分断した冷戦という国際環境にもかかわらず、これら日本の戦後保守政権に中国との公式関係を樹立することを促した究極的要因とは「中国市場へのアクセス」であり、また、日本の安全保障にとって根本的懸念材料である「中国との地理的な近さ」であった。

先進国として成熟期に入った日本と急速に経済発展する中国というように、日本と中国の発展段階や国際的位置は、本章が研究対象とした一九四五―一九七一年の時期と二一世紀の現在とではだいぶ様変わりした。しかし、中国の市場と安価で豊富な労働力に魅了され続ける日本と、経済発展のためには日本の高度技術と投資が必要な中国、という基本構図にさほどの変化はないようである。結局、日本外交にとっての中国とは、政治や安全保障の分野においては対立と和解の局面を繰り返しながらも、経済分野においては相互依存・相互利益関係が成り立つ対象であるように思われる。経済や文化や環境面でのグローバル化が急速にすすむ二一世紀において、地理的に隣接する大国中国との関係は、日本にとって重要性が増すことはあっても減ることはないであろう。今後の日本の対中国外交を考える上で、本章が少しでも興味深い視点を提示できたならば幸いである。

9　東アジア地域主義と日本
地域概念の形成と定着における役割

寺田　貴

はじめに

二〇〇二年一月、シンガポールでの演説において、日本の小泉純一郎首相は東アジア共同体の構築を訴えた。経済発展度をはじめ、さまざまな点で差異をかかえる構成国からなる東アジアでの共同体作りは長期的な構想と考えられがちだが、東南アジア諸国連合（ＡＳＥＡＮ）と日中韓の枠組みであるＡＳＥＡＮ＋３の会合の数は、首脳会合から分野別の高級事務レベル会合まで五〇に上る。例えば、エネルギー担当閣僚間の緊急コミュニケーション・ネットワーク、東アジア米備蓄システムの構築、ＳＡＲＳの予防・管理のための行動計画の枠組み、石油備蓄システム構築へ向けた動きなど、多くの分野でその協力体制が広がりつつあり、九七年の誕生以来、その制度化は着実に進んでいると言えよう。

このASEAN＋3にみるような地域共同体や地域組織を総じて地域主義と称するが、それは加盟国と非加盟国とを分け隔てる境界を明確にする地域概念を基本として成立し、その加盟国の域内で政策協力を履行、共通の利益を追求することを目的としている。ここでいう「地域概念」とは、必ずしも厳密な地理上の位置に基づくのではなく、地域組織に基づく枠組みを意味する。例えば、オーストラリアは一般的に、地理上では東アジア地域に属する国とみなされていないが、東アジアサミット（EAS）という地域組織の参加国になっている。それは、後に述べるように、域内で増大する中国の影響力を懸念するアメリカや日本が、同じ民主主義国であるオーストラリアの参画を望んだ結果、実現しており、そこには地域という単なる地理的な性格を超えた、政治的な判断が存在する。つまり、地域主義を語る際の地域概念とは、地域組織という国際政治におけるプレイヤーの参加（または排他）を規定する概念であるとここでは定義する。

地域主義がもつ有益な機能の一つは、関連する様々な会議やワーキング・グループを通じて、貿易、産業、財務など、関連省庁の実務者間のネットワークが各政府内及び他のメンバー国のカウンターパート達との間で形成され、情報交換を密に行う手段が多層的に構築されていくことにある。例えば、ASEAN＋3の参加政府間に、国内省庁間（intra-government）や他国の省庁間（inter-government）との交流とネットワークがより多く構築されれば、政治的、経済的思惑が複雑に絡む東アジアの国々の間で、共通の政策的関心を集約し、それを推進する手段が確立されたことを意味する。何より地域協力の進め方に関し、意見や利益の相違が顕著である場合、このような政策コミュニケーション機能の充実は不可欠であろう。実際、あらゆる地域組織はこの機能を持ち、それゆえ、排除された国々は関連する政策情報網から外れ疎外感を抱く傾向にあるが、このような地域政策ネットワークの「内」と「外」を規定する想像上の境界線を示すのが地域概念である。

従来、東アジアとは日中韓に台湾や香港を含めた地域を指すことが多く、東アジア地域主義の一つと位置づけられるASEAN＋3会合のような、東南アジアまでを含む政策協力の及ぶ地域としての東アジア概念は長らく存在しなかった。そこで、本章は東アジア地域主義がなぜ、どのようにして設立され、発展してきたのかという問題を、地域概念の共有という構成主義の視点から、「派生」「伝播」「定着」という過程を通して分析することを主眼とする。つまり、ある地域概念が生じ（派生）、様々な相互作用を通してメンバー間にその地域概念が浸透（伝播）、実際の地域協力活動や制度が確立（定着）されていく過程を見ていく。その際（1）八九年以後のアジア太平洋経済協力会議（APEC）と東アジア経済協議体（EAEC）（2）九七年以後のASEAN＋3（3）〇二年以後の東アジア共同体論とEASという、各々「アジア太平洋」「東アジア」「拡大東アジア」[1]と異なる地域概念を擁する地域組織に焦点を当て、東アジア地域主義の発展とそこでの日本の役割、それを支える動機が構築される要因を明らかにしたい。また、九〇年代後半、新たな東アジアの指導国家として出現した中国の東アジア積極外交の影響を受け、日本の東アジア地域主義政策は、それを追うという受動性を特徴とした形で主に展開されていることを示し、域内大国である日本と中国の主導権争いが、東アジア協力の推進役となっていることを指摘したい。

「アジア太平洋」と「東アジア」地域概念の派生

北東アジアと東南アジアを融合させた「東アジア」という地域概念が、戦後初めて正式に外交政策として打ち出されたのは、九〇年一二月にマレーシアのマハティール首相によって発表された東アジア経済グループ（EAEG）構想であった。翌年、排他的な経済ブロックとしてのイメージを払拭し、協議中心の緩やかな集合体を目指すという意味で、東アジア協議体（EAEC）と名称を変えることになるが、アメリカ、特にベーカー国務長官が、EAECはアジア太平洋を分割し、アメリカの利益を損ねるという理由で強固に反対し、主要メンバーと考えられていた日本と韓国へ強烈な圧力をかけるに至った。[2] 日本がEAEC構想に対し積極的に対応しなかったのは、このようにEAECがアメリカを排除した地域主義構想であったからに他ならないが、換言すれば、日本の外交政策に東アジア地域を想定した域内協力の概念が存在しなかったからだとも言える。

日本の地域主義政策は、戦前にアジア諸国だけを構成メンバーとした大東亜共栄圏構想を打ち上げた反省もあり、六〇年代以降、アメリカやオーストラリアを含む「アジア太平洋」地域という枠組みの中で立案され、常に「開かれた」アプローチを訴えてきた。[3] マレーシアに対し、EAECに「太平洋」国家であるオーストラリアやニュージーランドを含めることが、日本参加の重要な条件と主張し続けてきたのは、この「アジア太平洋」を前提とする地域主義政策を日本が長く追求してきたことと関連している。マハティール首相がEAEC構想を打ち出した背景には、欧米諸国が農業分野での保護主義政策など自国の利益に固執した態度を取り、ウルグアイラウンド交渉の進展を妨げ、さらにNAFTAやEUなど差別的な地域主義を推進させる中、そのどちらにも属さない東アジアの国々だけで地域組織を作るべきだと考えたことが挙げられる。[4] 当時、このような動きに深憂を抱いていた日本が、その対応策の一つとして打ち出し、オーストラリアとの協力により、アメリカを取り込んで設立されたのが、アジア太平洋経済協力会議（APEC）であった。[5] つまりマレーシアと日本は、開かれた世界貿易システムの危機に共に懸念を抱き行動を起こすが、その手段として選択した政策は「東アジア」と「アジア太平洋」という地域概念を異にする地域組織であった。コヘインとゴールドステインは、国家は政策について異なる規範的な信条を持つため、似通った物質的な状況においても極めて違った対応をすると主張するが、[6] この時の両国の対応は、これに当てはまるものであった。北東アジアにおける親欧米先進国としての意識を持つ日本と、東南アジアにおけるかつての英国植民地で途上国という意識をもつマレーシアとでは、世界貿易体制の危機という同じ環境に置かれていても、協力機構として推進する地域概念と達成したい目標については違いが生じた。

しかし、東アジアで地域主義が成立するには、経済大国である日本の参加が不可欠と考えられた。そのことは先のベーカー国務長官もマハティール首相も認識していたが、そのためには、日本が東アジアという概念をその地域主義政策に取り込むことが前提であった。しかし、東アジア諸国だけで構成されるEAECは、マハティール首相の反アングロサクソン的な政策スタンスと合い重なって、人種差別的な組織としての印象を強め[7]、閉ざされたイメージを帯びるようになる。またアメリカやオーストラリアをメンバーとして含み自らがその設立に大きな役割を果たしたAPECが、逆に「開かれた地域主義」を標榜し、メンバーを拡大しながらアジア太平洋地域の発展へ向けて着実に政策協議を継続させたことも、東アジアでの地域主義の必要性を希薄にしていた。特に、APECへの関心が高まる中、マハティール首相が九三年シアトルで開かれた第一回APEC首脳会談をボイコットし、米豪両国との関係を損ねたことは、EAECの実現をさらに困難なものにしたと言える[8]。

東南アジアでも、九四年のAPEC主催国であったインドネシアのようにEAEC構想に対し異論を挟む国も存在した。しかし、メンバー間の連帯性に重きを置くASEANでは、同構想を真っ向から否定することは避け、毎年開かれる外相や経済担当相の閣僚会合で継続的に議論し、成立に向けた機運を高め、コンセンサスを形成する方策を取った。インドネシアでさえ、ASEAN内での話し合いを提案しており[9]、実際、ASEAN閣僚会議(AMM)では、九一年から九七年まで、EAECがその議題に上がり、早期実現に向けて努力を継続するというASEANの意向が、毎年その共同宣言に盛り込まれている。また九四年から九七年までの経済担当閣僚会議(AEM)の共同声明、九二年シンガポール、九五年バンコクで開かれたASEAN首脳会議の共同宣言でもEAECは同様に触れられている。このように、まず首脳・閣僚レベルでEAECのあり方を議論することで、それまで地域協力の枠組みとしてみなされなかった「東アジア」地域概念を受け入れる土壌が形成されていった。興味深いことに、AMMとAEMの共同宣言・声明には、ASEAN+3が設立された後の九八年以降、EAECの文言はまったく登場しない。これはASE

AN+3の発足により、EAEC設立の当初の目的は達成されたとの見解がASEAN内で大勢を占めることを意味していると言えよう。[10]

しかし、たとえASEAN諸国が開催する意思を確認しあっても、北東アジア三カ国、特に、先述のようにインフラ整備と人材育成を支える政府開発援助（ODA）など、経済的に強い影響力を域内で持つ日本の参加なしには、EAECは立ち上がらないと考えられた。そこでASEANが取ったのは、非公式な形での昼食会に北東アジアの三カ国を招待し、既成事実を積み重ねていく方策であった。九四年七月、バンコクでのAMMにおいて、ASEAN六カ国と北東アジア三カ国の外相が昼食を共にするが、これは後の地域協力枠組みとして東南アジアと北東アジアを連結した「東アジア」という地域概念の嚆矢となるものであった。この「6+3」と称されたASEANと日中韓外相のAMMでの昼食会は、翌九五年のブルネイ、その次の九六年ジャカルタでも開かれ、以後全ての日中韓が参加するASEAN会合のプログラムに盛り込まれることになる。

この非公式性は、東アジア概念の地域主義を立ち上げていく上で、さらに重要な役割を果たしていく。九六年三月バンコクでのアジア・ヨーロッパ会議（ASEM）の設立は、欧州側のEUに比して、政策協議の場を持たない東アジア側に同様の集合機会を作る契機となったが、そこには本格的な政策協議を東アジア諸国と行いたい欧州側の強い要請があった。日本とシンガポールは、担当国としてその枠組み形成に奔走し、そこで開かれたのが九五年のAPEC大阪会議の場を利用した首脳間での「6+3」非公式昼食会であった。[11] これを機会に、ASEMの場を通じEUに照応する東アジアという地域概念の形成が本格化する。

また、九五年バンコクでのASEAN首脳会議の冒頭に行われたシンガポールのゴー・チョクトン首相のスピーチはASEAN+3の起源の一つであるが、これもこの非公式性が重要なコンセプトとなっている。ゴー首相は、「今後一年或いは一年半を目途に、北東アジアの三カ国首脳をASEANの非公式サミットに招くべきである」と提言する。ゴー首相がここで目標としたのは、このバンコク会合で決定され、翌九六年一二月ジャカルタで開かれる第一回のASEAN非公式サミットであった[12]。ゴー提言を受けた九六年七月のジャカルタでのAMMは、ASEAN＋3を設立する上で分水嶺と言える会議となった。まずマレーシアがEAEC実現のための具体的方策をまとめたペーパーを提出し、その中で「7＋3＋3」という形の非公式首脳会談案を打ち出す。ここではASEAN加盟七カ国と北東アジア三カ国、そして当時ASEANへの加盟申請をしていたラオス、ミャンマー、カンボジアを加えた一三カ国が参加メンバーとして考えられており、これが後のASEAN＋3の構成メンバーを決定づけた[13]。そして、会合後の共同記者会見において、ゴー提案に対しどう対処するのかとの質問を受けた日本の池田行彦外相は、日本の首相を非公式サミットに招待するかどうかはASEANが決定することであるが、もし具体的な提案がなされたならば、日本は前向きにその要請に答えたいとする発言を行った[14]。日本が東アジアの地域主義構想に対し、それまでの消極的な態度から転換の兆しを見せた瞬間であった。これに対して、インドネシアのアラタス外相は「四年間も（EAEC構想を）否定してきた日本がこのような発言を行うなどとは誰が予測し得えただろうか」とその驚きを口にし、フィリピンのシアゾン外相も「この日本のスタンスの変化をASEANは予測していなかったが、実現に向けて、今こそ動くべきだ」と次へのステップを示唆している[15]。この池田発言に対しマレーシア側は、三カ月後のジャカルタ会合での実現が難しいと予測されることから、翌年の自国開催のASEAN非公式サミットに日中韓の首脳を招聘する用意があることを主張[16]、これが最終的に、ASEAN設立三〇周年記念の場として、九七年一二月、クアラルンプールでの第一回のASEAN＋3非公式首脳会合開催につながることになった。

東アジア地域概念の漸進的な醸成を促した非公式性アプローチは、ASEAN＋3発足後も継続された。クアラルンプール会合では、いきなり共同宣言を採択するようなことをせず、また新たな会合としての名称を決めることもなかった。実際、その後、継続されるのかどうかのコンセンサスも形成されていないことから、マハティール首相は、翌年ハノイで第二回会合を開くことだけを決めるに留め、この会合を自らが提唱してきたＥＡＥＣの実現とみなすことにさえ異を唱えるほど、第一回会合において非公式性、そして低姿勢が貫かれていた[17]。結局、翌年のハノイ会合にて、若干の慎重意見は出されたものの、以後毎年開催されることが決定、さらに九九年のマニラ会合で、一三名の東アジア首脳が歴史上はじめて集結、ようやく、初の共同声明を打ち出すに至る。

このように、東アジアの地域概念は、多様なレベルで、かつ漸次的に、非公式性を強調することで醸成されたと言え、またこの方式により、東アジア地域主義に対し差別的で否定的なイメージを持つ域外諸国の反発を抑えることができたとも言えよう。実際、ＥＡＥＣに反対したアメリカも、当初はその推移を見守るという姿勢をとらざるを得なかったし、日本のように慎重な態度を崩さなかった域内国をも、徐々にその枠組みに取りこむことを可能にし、最終的に地域協力の枠組みとしての「東アジア」という概念を定着させていくことに成功した。ただ後述のように、日本は、ＡＳＥＡＮ＋３の制度に当初から強く関与していたわけではなく、他の参加国もこの会合が今後有効な協力体制として機能するのかどうか未だ鬼胎を抱いていた。

「東アジア」地域概念の伝播と定着

これまでは、地域協力枠組みとしての「東アジア」概念を域内国が様々な会合で相互作用を重ねながら、漸進的に受け入れてきた経緯を見てきたが、その枠組みで本格的に地域協力を進めるようになるには、域内諸国の意思が形成されることが必要である。ここでは、共通の利益の派生や存在が地域主義生成に重要であると主張する新自由制度主義の立場を考慮しつつ、どの国家がどのような利益を持って地域主義に参画したか、それがいかに東アジア地域主義の設立・発展に関与し、東アジアという地域概念が定着していったのかを見てみる。

まず、その新たな地域概念での協力の動きを強力に後押ししたのが、九七年七月のタイバーツの暴落に端を発するアジア経済危機であり、その際、強力な援助国として果たした日本の役割であった。この日本の東アジア協力への関与が、中国や韓国などにも影響を与え、地域協力の枠組みとしての東アジアの概念が域内諸国でさらに定着していく。

当初の予想に反し、アジア経済危機はインドネシア、韓国、フィリピン、マレーシアに伝播し、各通貨も軒並み下落、東アジア経済の相互依存性を認識させるのに十分な出来事となった。フィリピンのシアゾン外相は「経済危機によって、東アジアの指導者達はASEAN+3の首脳会合を制度化することに強い関心を抱いた。日中韓で起ったことはASEAN経済に強い影響を与え、また北東アジアの経済復興もASEANの発展によって促進されうることを、我々はより確信をもって認識した」と述懐している[18]。この時、同盟国タイの救援パッケージに一セントも拠出せず、インドネシアへの関与をも躊躇したアメリカは、東アジア地域経済から自ら後退りするイメージを同地域内に植え付けた。逆に日本はタイ、インドネシア、韓国への援助に計四四〇億ドルを拠出、さらにその後の三〇〇億ドルの新宮澤プランも付け加え、東アジアの援助に深く関与する姿勢を強く印象付けた。この東アジア経済における日米の対照的なイメージは、日本を中心に東アジアの国々が集結し、協力しあう構図として東アジア諸国で認識され始め、政策協力の枠組みとしての「東アジア」の具現化を促すことになった[19]。アメリカの反対等で実現はしなかったものの、日本の打ち出したアジア通貨基金（AMF）構想もこの構図の定着に拍車をかけたと言える。実際、アジア経済危機の対応にあたった榊原英資大蔵省財務官は、九七年九月、タイ支援国会合を東京で開いた際、危機の拡大を食い止めようとする「アジアの連帯感」とも呼べる雰囲気が醸成されたことを指摘し[20]、またフィリピンのシアゾン外相も「アジア経済危機の経験を共有し、互いに協力して対処しあったことは、ASEAN+3加盟国の連帯感を強め、その成立をより自然なものとした[21]」と述べるなど、その設立において、アジア経済危機という「共通の経験」が、東アジアという地域概念での協力の必要性と連帯感を後押ししたことを示している。

ＡＳＥＡＮ＋３の起源にアジア経済危機が深くかかわったことは、東アジア地域主義の発展が、他の地域主義のような貿易自由化などの地域統合アプローチではなく、新たな通貨危機を防ぐために〇〇年五月に締結された「域内通貨スワップ協定」（チェンマイ・イニシアチブ：ＣＭＩ）といった金融協力問題を中心に始動したことからも理解できる。非常時に為替市場への介入資金を相互に供給しあう様々な二国間通貨スワップ取り決めを定めたＣＭＩは、グローバル経済危機に対応するため〇九年五月に開かれたＡＳＥＡＮ＋３財務相会合の合意を受けて、総額一二〇〇億ドルにも上ることになったが、そこでは、東アジア地域協力推進の立場から、二国間の取り決めを多国間に拡大し、地域の枠組みに転換することにも合意している。ＡＭＦを日本が提案した当時、国際通貨基金（ＩＭＦ）よりも緩い貸付条件だと規律が緩み、モラルハザードが生じるとして反対したアメリカに加え、説明不足から中国を含めアジア諸国の中にも日本の真意に対する猜疑心が生じたこともＡＭＦが頓挫した原因となった[22]。しかし、提供資金を増やすこともでき、交渉も一括でよいことから、二国間より多国間の地域枠組みの方が望ましいとするコンセンサスが域内で次第に形成されてきており[23]、ＡＭＦ構想に否定的だったＩＭＦのケーラー専務理事（当時）も、東アジア諸国が自らの利益に最もかなうのがＡＭＦと考えるのであれば、それを推進すべきとの見解を示していた[24]。このような見解の変化は、アジア危機が再び起これば、提供できる資金の規模に限りのあるＩＭＦだけでは対処できないことから、それを補完する体制作りが必要となる認識に基づいている。米国のサブプライムローン問題に端を発するグローバル経済危機は、多国間枠組みへ向けた動きを一挙に進めたが、そこには、国内経済の立て直しに専心せざるを得ないアメリカが反対を唱えず、中国も日本と同様の資金（全体の三二パーセントにあたる三八四億ドル）を提供するなどの指導性を発揮したことも、影響を与えている。

また、アジア経済危機は、地域協力機構としてのＡＰＥＣの有用性を失わせてしまった。当時のＡＰＥＣは、早期自主的分野別自由化（ＥＶＳＬ）プログラムを推進し、自由化へ向けた動きを本格化させようとしていたが、時を同じくしてアジア経済危機が襲ったことも手伝い、アジアのメンバーを中心に同プログラムへの関与が鈍った。そこに、九八年のAPECクアラルンプール会議で、日本がアジア経済危機の影響を克服するため、さらに三〇〇億ドルの追加支援（新宮澤プラン）を打ち出し、EVSLに水産、林産品を含めることに反対する日本の立場を多くのアジア諸国に支持させたため、EVSLは結局、頓挫することになる。この結果、オーストラリアや米国からは、日本が自由化の動きを損ねたと批判を招くと同時に、すでに自由化問題を巡り参加国の意見の相違が先鋭化していたAPECはその後、有力な経済協力機構としての地位を失うに至った。[25] また九・一一テロ事件以降、アメリカがAPECの議題を安保問題中心に持っていたこともあり、ASEAN＋3に対する新たな期待を域内に生じさせる契機となった。[26]

このように、東南アジアと北東アジアを合わせた「東アジア」という地域概念が浸透し、ASEAN＋3という新たな地域組織発展のための「土台」が作られるということは、次に本格的に域内の協力を促し、参加国の国内システムをそれに伴い規定する制度を構築しやすい環境が整うことを意味した。この東アジア地域概念の定着期において重要なのは、北東アジアの三国もASEAN＋3への関心を強め、指導力を共に発揮しようとしたことで、さらにこの地域概念が定着、協力組織として発展したことにある。

日本の当初の関心はASEAN＋3ではなく、日本とASEANの首脳会議、つまりASEAN＋1であった。これは九七年一月、橋本龍太郎首相がシンガポールで行ったスピーチで明らかにしている。[27] このことから、シンガポールのトミー・コー無任所大使が述べるように、「日本が本当にASEAN＋3に関心があるのかどうか、九九年のマニラでのASEAN＋3会合まで、ASEAN側には分からなかった」という印象を植え付けた。[28] そのマニラ会合にて、エストラーダ大統領が後に「小渕プラン」と名づけるに至った「東アジアの人材の育成と交流の強化のためのプラン」を小渕恵三首相が発表し、翌〇〇年のシンガポール会議では、森喜朗首相が東アジア協力推進の原則としての三原則（パートナーシップの構築、開かれた地域協力、政治・安全保障も含む包括的な対話と協力）を提唱し、AS

EAN＋3を積極的に活用する姿勢を打ち出す。特に小渕首相は、ASEAN＋3外相会合、日中韓首脳朝食会などASEAN＋3を利用した新たな会合を提言し、「ASEAN＋3を重視していた」[29]指導者としての印象を加盟国に与えた。

日本の動きと呼応して、中国と韓国もASEAN＋3に対し強い関心を示し始める。元来、中国は、九八年ハノイでの非公式首脳会合に副主席を送りこんでベトナムを落胆させ、ASEANも、中国は大国として独自の路線を歩むのか、或いは他の地域諸国と協力して東アジアの繁栄と安定に協力していくのか、その判断に迷うほど、その東アジア政策のアプローチは曖昧であった。しかし九九年に入り、中国は、ASEAN＋3蔵相代理・中央銀行副総裁会合を提案、同年三月ハノイでの初の蔵相会合への布石を打つ。[30]さらに日韓両国が二カ国間のFTAに関心を示し始めたのを受け、〇〇年シンガポール会合では、中国とASEANのFTAを提案、それまで地域主義に反対の姿勢をとってきた中国の政策転換を印象付ける。[31]この提案は、前年のマニラ会議で議題に挙がっていた東アジアFTA案を本格的に将来の目標として打ち出す契機となった。

韓国もシンガポール会合にて金大中大統領が官民合同で東アジア協力のあり方について検討する「東アジア・スタディ・グループ」の設置を提案し、大国である日中間にはさまれ、ASEANとの経済的繋がりも両国に比して薄い韓国の存在感のアピールに努めた。金大中大統領は前年のマニラ会合の際、EUやNAFTAが発展する中、世界経済の三極の一つとして、東アジア地域主義の制度化の重要性に言及し、WTOなどでの発言力強化を図るべきだとする意見を開陳している。[32]これは、韓国が距離を置いたEAEC構想の動機とほぼ同じものであったことからも、韓国の関心の変化がうかがえる。

アジア経済危機に誘発されたASEAN＋3の形成は、さらにEAS、東アジアFTAの動きを中心に発展し、東アジアという地域概念をさらに定着させることになる。二〇〇〇年のシンガポール会議の際、「東アジアサミット」

設立の可能性を研究する作業部会設置の合意が首脳間でなされた。[33] ウェントが指摘するように、サミットは国家間で共通のアイデンティティが形成され、協力に向けた集団行動を取る上で有益であるが[34]、この意味で、サミット設立は東アジア地域主義の象徴的な制度として位置づけられるものであった。

ＥＡＳ設立への動きは、〇三年一二月、日本がＡＳＥＡＮ首脳を東京に招く形で開いた「日・ＡＳＥＡＮ特別首脳会議」に一つの起源を見出すことができる。この会議はＡＳＥＡＮ首脳を東南アジア域外に初めて集めたという意味で、両者の関係が「特別」なものであることを示した。実際、日本の莫大な政府開発援助（ＯＤＡ）は東南アジア諸国のインフラ整備や人材育成に貢献し、八五年のプラザ合意以降の円高に起因する直接投資の増加は、同地域で多くの雇用を生み出すなど、その後のＡＳＥＡＮ成長の主要なエンジンとなった。また、アジア経済危機の際、日本が差し伸べた援助額は、どの国よりも大きかった。この「特別サミット」は、三〇年間で大きな変容を遂げた日・ＡＳＥＡＮ関係を将来にわたって維持し、そして発展させる意思と方策を互いに確認するための会合でもあった。

しかし、同じメンバーでの会談はその年の一〇月、バリで開かれたＡＳＥＡＮ＋3首脳会合の場にて一度開かれていることから、わずか二カ月後に、多忙な一〇名の首脳たちを再度東京に集め、その「特別性」を誇示する必要がどこにあったのであろうか。その大きな要因の一つは、日本のＡＳＥＡＮ外交が、近年、中国のＡＳＥＡＮ外交の後塵を拝することが多くなったことにあり、東京での特別サミット開催には、ＡＳＥＡＮにおける日本の存在感と役割を再度、中国に示すことにもその狙いの一つがあった、と経済産業省の担当課長は述べている。[35] この特別会合はＡＳＥＡＮ首脳を東南アジア域外に招く先例となり、中国が〇六年、ＡＳＥＡＮ＋3設立一〇周年を祝うという名目で、ＡＳＥＡＮに日韓の首脳を加えた「東アジアサミット」を開催したいという希望を表明する契機となった。

これらの動きを受けて、〇四年四月に次官級の日・ＡＳＥＡＮフォーラムが開かれたが、最も熱心にこの問題を進めようとしたのは、同年五月、首相の訪中・訪日でその意思を示し、同年七月のジャカルタでのＡＳＥＡＮ外相会談で、サミット自国開催を主張したマレーシア（〇五年のASEAN議長国）であった。しかし、北東アジア三国、特に中国の影響力の増大を懸念するインドネシアなどとの意見調整が進まず、外相会議では結論が出なかったため首脳会議まで持ち越されるなど、各国の思惑の違いが顕著になった。そこで中国は、以前からサミット開催国となることを希望していたマレーシアに対して、第一回の開催国となることの支持を表明、その次の北京開催への道筋をつけようとする戦術をとった。しかし、〇四年一一月、ラオスのビエンチャンでのASEAN首脳会合では開催時期と場所を決めただけで、議題や参加国など、中身について詳細を詰めることはできなかった。ただし、議長を務めたラオスのブンニャン首相がこのマレーシア案に関して議事申し入れを実施し、これに首脳の大半が賛成したほか、インドネシアのユドヨノ大統領も、敢えて反対せず開催条件を述べたにとどまったことから急遽、EASの開催が決まった。[36]その翌日開催されたASEAN＋3首脳会合のためビエンチャン入りしていた日本の外務省高官は、それまで反対していたインドネシアの姿勢から、この決定に「驚いた」と述べているが、[37]ASEAN首脳会議に初参加のユドヨノ大統領が、初回から会議を紛糾させることを好まず、また同じイスラム国のマレーシアに配慮したとも伝えられている。ASEAN＋3の将来像を提言した東アジア・スタディ・グループの最終報告書では中・長期的目標とだけ記されていたEASであったが、[38]日中などの様々な思惑が絡みあった結果とはいえ、その設立は東アジア地域概念のさらなる定着を加速させることとなった。

先に述べたように、東アジア統合、特に域内での二カ国間FTAネットワークの発達も、参加国の東アジア地域関与を促す共通の関心事項であった。そこで中心に動いたのが、再び日本と中国であった。中国のFTAへの関心は、九八年一〇月に発表された日韓FTAへの動きに刺激される形で高まっていったが、中国は〇〇年一〇月にASEANとのFTAを提案することで、その動きに追従した。逆に、この中国とASEANのFTA交渉合意に焦燥感を深めたのが日本で、小泉首相はその合意の翌年の〇二年、同様に日本とASEANのFTA（日・ASEAN経済連携協定）を提案、中国のアプローチへの対抗を示した。また同年に調印された日本・シンガポール経済連携協定は、FTAに消極的とみられていたマレーシアとインドネシアが、それぞれ日本とのFTAへの関心を高める引き金となったし、また〇四年に開かれたジャカルタでのASEAN経済閣僚会議において韓国は、ASEANと〇九年までにFTAを締結することで合意した。これも、日中に先んじられたくない思いによる。[39] さらに、これら日中韓の東アジア統合へ向けた関心は、仮に域内の既存の二国間および地域のFTAが統合されていけば、やがて東アジア市場統合を達成できる可能性を示し、実際、〇三年にバリで開かれたASEAN＋3首脳会議では、中国の温家宝首相の東アジア自由貿易圏の構築に向けての調査提案、韓国の盧武鉉大統領の東アジアにおける人と情報の交流促進案、シンガポールのゴー・チョクトン首相の東アジアFTAのための日中FTA締結案など、多くの首脳から東アジア経済統合に関する意見が述べられた。[40]

東アジアでFTAネットワークが拡大している要因の一つは、FTAの持つ差別的性格と関連している。FTAでは、非関税の対象となるのは、締結国で生産された製品に限られるため、締結国間の貿易は増大するが、それ以外の国の製品は締結国市場から関税により差別を受けることになり、ビジネス機会の喪失につながる。この傾向は工業部品や電化製品等、多くの輸出製品が競合する東アジアでは特に顕著であり、不利益を被らないためにも、より多くのFTAを主要貿易国と結ぶ必要があるとの認識が広がりつつある。また、FTAが多く結ばれれば、それだけ自社製品が非関税扱いを受けることができる海外市場が増えるため、企業もそのような国を魅力的な投資先として選択するということも重要な要因である。

先に述べたように、中国が拡大を続ける自らの大市場を梃子に積極的な東南アジア外交を展開したことは、日本を大いに刺激することになる。この傾向は、FTAのみならず、後に述べるように、EAS参加の条件となった東南アジア友好協力条約（TAC）の締結に関しても中国が先んじ、日本が中国の後を追う形で協定を結ばざるを得ない状況を作り出したことにも見受けられる。中国がＡＳＥＡＮにＦＴＡを提案するまで、ＡＳＥＡＮを一つの経済単位とみなしてＦＴＡを推進する考えは日本にはなかった。また中国は、内政干渉を禁ずるＴＡＣ締結を台湾問題の観点から有益とみなしたが、日本は人権改善や民主化を迫る外交手段に制限が課される可能性等があるため、一度は締結に難色を示した。このようにＦＴＡでの農産物や繊維製品の取り扱い、ＴＡＣの有用性への疑問等から両協定に消極的姿勢を示す日本に対し、ＡＳＥＡＮ政府やメディアが失望や不満を漏らすケースも見られた。[41] これらＦＴＡとＴＡＣのケースは、三〇年にわたり築かれてきた日本とＡＳＥＡＮの関係がもはや「特別」ではなく、日本に遅れること約二〇年、九六年にようやくＡＳＥＡＮのダイアログパートナーとなった中国が、日本同様、ＡＳＥＡＮの最重要国の一つとして広く認知される契機となった。

このような日中のＡＳＥＡＮへの新たなアプローチは、結果として東アジア地域協力を促進、この地域概念が定着する原動力となったが、リーダーシップを巡る競争は、日本が「拡大東アジア」と呼ばれる新たな地域概念を生み出し、さらに激化することになった。

「拡大東アジア」地域概念の派生と伝播

東アジアでの共同体作りを訴えた〇二年のシンガポール演説で、小泉首相は、日本、ＡＳＥＡＮ、中国などに加えて、オーストラリアをその中核メンバーとして加えた。共同体作りの提案はＡＳＥＡＮ内では総じて歓迎されたが、オーストラリアの参加問題だけは、各国首脳、とりわけマレーシアのマハティール首相から反対にあった。[42] かつて同首相は「ＥＵにアラブ諸国を加盟させるようなものだ」とし、日本が支持したバンコクで九六年に開かれた第一回ＡＳＥＭ首脳会議へのオーストラリアの参加に反対し、[43] また二〇〇〇年にオーストラリアが行ったＡＳＥＡＮ、オーストラリア、ニュージーランド間でのＦＴＡ（ＡＦＴＡ—ＣＥＲ）締結の提案をも拒否している。[44] つまり、オーストラリアを東アジア共同体作りに参画させることについて、域内ではコンセンサスがほとんど形成されていない状況であったため、オーストラリアの東アジア地域協力への関与と域内国の受け入れが、「拡大東アジア」地域概念が定着していく上での鍵であった。以下、東アジア地域概念へのオーストラリアの受け入れ過程をみていく。

〇三年一二月に日本とＡＳＥＡＮ一〇カ国首脳が打ち出した東京宣言では、重要な目標として「普遍的なルールと原則を尊重しつつ（中略）アジアの伝統と価値を理解する（中略）東アジア・コミュニティの構築」を掲げるが、オーストラリアを含め、参加国に関する記述は一切ない。それは、「アジアの伝統と価値」にオーストラリアが十分に理解を示してきたかどうかについて、依然として域内に疑問が残っていたことと無関係ではない。この点について、ダルリンプル元駐日オーストラリア大使は、オーストラリアと東アジア諸国との文化的な相違は、近年ますます顕著になっている反面、欧米との親密度は強くなっているため、「東アジア地域主義を推進している勢力と折り合いをつけるのは難しい」と述べている。[45] この見方の妥当性は、ダウナー外相が二〇〇〇年にＡＳＥＡＮ＋３を文化的地域主義とし、オーストラリアが参加を望む現実的な地域主義ではないとした発言[46]からも見て取れる。この発言は、オーストラリアは文化的に東アジア地域に属さず、ＡＳＥＡＮ＋３はオーストラリアの国益を推進する地域組織とみなしていないと域内では理解され、オーストラリアの東アジア地域主義参画への支持の取り付けを難しくした。では、このようにオーストラリアが外交政策で東アジアに背を向けていると認識されていた時期に、なぜ小泉首相は自らが提唱する東アジア共同体にオーストラリアを参加させ、旧来のＡＳＥＡＮ＋３の「東アジア」とは違う、「拡大東アジア」地域概念に基づく考えを打ち出したのであろうか。また、オーストラリアが「拡大東アジア」の地域概念を受け入れ、ＥＡＳ参画を求める理由は何だったのであろうか。

その問いを考える上で重要なのは、東アジア共同体構築を巡り、ＡＳＥＡＮ＋３を舞台にした経済問題を中心に扱う動きと、ＥＡＳを舞台にした政治問題を中心に扱う動きの二つの展開が見られる点である。それは、域内において中国への二つの異なる見方が存在することに起因する。一つは高い経済成長と市場拡大を継続する中国経済が、先に述べた東アジア市場統合への推進力となることへの期待で、他方は軍事力を増強するのに伴い、中国が政治的発言力を増大するかもしれないことへの懸念である。後者については、「中国を脅かす国は存在しないのだから、なぜこれほど軍備投資を拡大しているのか、なぜこれほど大量の兵器を、しかも大量に購入し続けているのか」[47]と、〇五年五月シンガポールでの会議で発言したラムズフェルド米国防長官の問いかけにその懸念が集約されている。中国の軍事費の増大が東アジアの安全保障を脅かすとするこの見方は、同時期に開かれた日米安全保障協議委員会（いわゆる「２＋２」）において、日本側も共有していることが示されている。ＥＡＳ及びＡＳＥＡＮ＋３の両方で排除されている米国は、このような中国の政治的・経済的台頭により東アジアが中国の勢力地域になれば、ほとんどのメンバーが途上国である東アジアでは、中国がこのグループの代表格であり、その中では日本は孤立し、知的財産権保護や人権推進など民主主義国、工業国の視点を協力枠組みに反映させることができないことを憂慮、自国の利益にとって好ましくないと判断していた。そこで、日本の小泉政権同様、安全保障分野で米国との同盟関係を強めるハワード政権のオーストラリアを東アジア地域の協力枠組みに入れ、日本との協調を通して米国の利益に反しない、「拡大東アジア」という地域概念を作るというのが米国の思惑であった。そしてこのことを通じて、日本の外交政策においてオーストラリアの存在意義が再び強まる結果につながっていく[48]。

ただ、日本の中でも、アジア諸国との関係を強化することがより重要と考える政策担当者達は、必ずしもオーストラリアを東アジア地域概念に参加させることに賛成ではなかった。従って、オーストラリアが共同体の中心メンバーになるべきだという日本の主張には、一部東アジア諸国が抱いているオーストラリアに対する否定的な見方を変えるため、オーストラリアが外交政策の方向性を抜本的に転換することが望ましいというメッセージを含んでいた。言い換えれば、日本が東アジア地域主義における日豪パートナーシップの重要性を再認識し、それを実現するためには、まずオーストラリアが東アジア情勢に積極的に関与し、インドネシアやマレーシアといったASEANの主要メンバーと関係改善を行うことが不可欠な条件と考えられた[49]。

その動きを受けてか、ハワード政権は九六年の成立以来、四期目にして初めて、積極的な東アジア外交を展開するに至った。その理由のひとつとして、これまで関係が悪化していたインドネシアとマレーシアに、それぞれ実務派のユドヨノ、アブドラ新政権が誕生し、両国との関係改善に動きやすい環境ができたことが挙げられる。内政的な理由としては、東アジア諸国がFTAを含む緊密な経済関係を結ぶ動きが進む中、孤立し機会の喪失を危惧するビジネス界からの要請があった。そこには、ハワード首相が政権についてから堅実な財政政策でオーストラリア経済を立て直し、平均約四パーセントの高い成長率を記録するなど、海外投資家にとって魅力的な市場を作り上げたことに加え、中東の政情不安でエネルギー不足が懸念される中、主要な資源供給源としての期待感もあって、シンガポール、タイに加え、中国やマレーシアもオーストラリアとのFTAに関心を示すようになった背景がある[50]。

このように、オーストラリアの東アジアへの関与は、市場統合や投資促進といった域内FTAネットワークへの参画という形で現れた。四選直後の〇四年一一月、ラオスでのASEAN首脳との会議にオーストラリアが招待されたことは、その関与政策に対する東南アジア側の受け入れ姿勢を示すもので、実際、この会議でAFTA—CERのFTA形成に向けて交渉を開始することが合意されている。先述のようにこの構想は主としてマレーシアの反対で〇〇年に一度拒否されただけに、ASEANとオーストラリアの関係改善を示す象徴的な意味合いを持っていた。

小泉首相によって提唱されたオーストラリアを含む「拡大東アジア」概念に基づく東アジア共同体形成は、〇五年一二月、マレーシアでのEAS開催により、その実現に向けた努力が本格的に動き出した。その参加への条件として、マレーシアは、オーストラリアがTACに調印することを要請してきたが、オーストラリアは当初、それは冷戦の遺物であり、現在の地域秩序維持にあまり関係がないと強い関心を示さなかった。ASEANの中心原則である内政不干渉が盛り込まれたTACに調印することは、米国が東南アジアで人権と民主主義を推進する際、外交協力を行う足枷になるとの懸念があったためだが、オーストラリアのEAS参加を支持していた日本は、オーストラリアのTAC調印を後押しする役目を担う。オーストラリア同様、日本も一時はTAC調印をためらっていた。バリ島で開かれた〇三年ASEAN＋3首脳会議で、小泉首相はTACに調印しなくても日本とASEANとのつながりを強めていくことは可能で、この点に関しASEAN諸国の理解は得られていると述べているが[51]、日本はその後、中国がTAC調印を発表したことに影響を受け、その立場を変更、さらに三カ月後の日・ASEAN特別首脳会議の東京開催を成功させるためにも、この調印を決めた。日本はTAC調印決定に際し、自国の外交政策、とりわけ日米同盟システムに及ぼす影響と意味合いを検証しており、その分析の結果は、在京の大使館を通じてオーストラリアに伝えられていた。またTACに調印してもオーストラリアの外交政策に何ら深刻な問題をもたらさないことを伝え、オーストラリアの調印を促したのは〇五年三月ダウナー外相と会談した町村外相だった。オーストラリアがTAC調印を決断したことは、ハワード首相の個人的な政治信条よりも首脳会議参加を重視したことを意味し、この決断が、域内でオーストラリアを東アジア共同体構成国として受け入れる契機となった[52]。

オーストラリアの対東アジア関係におけるこのような外交的進展は、日本が東アジアでの共同体構築のためにオーストラリアとより強力なパートナーシップを築く新しい機会を与えているが、かつては地域経済機構を中心に展開されたパートナーシップが、安全保障分野で機能するかどうかは、両国がどのような役割を互いに期待し、或いはサポートし合っているのかに拠る。その意味でオーストラリアが中心的役割を果たした東ティモール国際軍の活動を資金面・人材面で支えるための日本の貢献は、安全保障における両国の協力を示す好例と言えよう[53]。〇五年二月には、日米の要請に応えて、オーストラリアはイラク駐留の日本の自衛隊を護衛のため、新たにサマーワに部隊を派遣することを決めたが、これも日本の安全保障分野での役割に対するオーストラリアの期待の表れであろう。これに対し日本は、オーストラリアが有力な農産物輸出国であるにもかかわらず、日豪FTAのフィージビリティ・スタディ創設を了承し、オーストラリア軍のサマーワ派遣への感謝の意思を反映させた。[54] 結局、東アジア共同体構想にオーストラリアを関与させたいとする日本の意思は、この地域における中国の政治的影響力の拡大を抑え、協力して米国の域内プレゼンスを支えながら、政治・安保分野で相互協力していくという両国共通の思いから生まれたものと言える。

このような中国の影響力を意識した形で露呈した日本のオーストラリアへの関心は、EASといった政治課題だけでなく、FTAといった経済分野にも見られる。〇六年八月、ASEAN＋3にインド、オーストラリア、ニュージーランドを加えた一六カ国による初の経済担当閣僚会議がクアラルンプールで開かれたが、日本はこれら一六カ国による東アジアFTA構想を提案した。これまで一三カ国を東アジア所属国とみなし、この地域概念の中で地域統合を推進してきた日本であるが、経済産業省はインド、オーストラリア、ニュージーランドが既にASEANとのFTA交渉を開始していることに加え、高い成長率を示し始めたインド、資源供給国としてのオーストラリアの役割などにも注目、「拡大東アジア」でのFTAを提案した。[55] しかし、その提案の背後には中国が主張するASEAN＋3の一三カ国FTA構想に「くさびを打ち込む意味がある」と報道されている。[56] 実際、シンガポールやインドネシアは、インド、オーストラリア、ニュージーランド同様、積極的に支持する姿勢を示したが、中国の易小准商務次官は東アジア経済統合の柱はASEAN＋3であることを強調し、あくまで一三カ国で進めるべきだと主張、日本の提案に反対意見を述べている。[57]

一六カ国でサミットやFTAを進める枠組み「拡大東アジア」は、日本が中国の台頭を意識して推進している地域概念であり、そこでは、先述のようにオーストラリアの扱いがひとつの焦点であった。日本もオーストラリアも自国の経済成長のために中国とさらに良好な経済関係を築くことに大きな利益を有しているが、オーストラリアは特に、鉄鉱石と羊毛の世界最大の輸入国である中国とＦＴＡ締結を含め、できるだけ良好な経済関係を維持することに強い関心を抱いている。そのことが米豪の対中アプローチに相違をもたらす結果となっている。例えば、〇六年四月、中国が輸入ウランを軍事転用するかもしれないとの懸念が米国他諸国間に残る中、ハワード、温両首脳は、オーストラリアが今後一〇年の間に中国に対して二万トンのウラン鉱石を輸出することに合意した。〇五年七月、ブッシュ大統領から、米豪が共有する価値を「普遍的」価値として中国が受け入れるよう協力していこうとする提案がなされるが、ハワード首相は、中国に対するアプローチは「われわれが共有しているものをベースに築くべきで、われわれを分け隔てている価値観にはこだわらない」と述べ、その提案を断っている。[58]これらのことから、日米と共に、中国の影響力拡大の動きに圧力をかけるには、オーストラリアよりインドの方が適しているとする意見も日本には存在し、実際、一六カ国のＥＡＳではなく一三カ国のＡＳＥＡＮ＋３を東アジア共同体構築の基盤としたい中国に強く反発し、圧力をかけたのはインドであった。[59]

中国の台頭には、政治的な憂慮と経済的な期待の二面性が存在するため、拡大する中国の影響力を意識して形成された「拡大東アジア」概念に基づくＥＡＳは、ＡＳＥＡＮ＋３同様、中国が重要な役割を果たす市場統合など経済分野も扱っており、必ずしも両地域組織の役割分担が明確になっていない。従って、ＥＡＳとＡＳＥＡＮ＋３の相違は、基本的に、オーストラリア、インド、ニュージーランドが入るかどうかのみ、といっても過言ではない。これらの国々は、二国間ＦＴＡを活発に締結するなど、地域統合問題が東アジア地域主義へ関与する最大の理由であるし、また広大な市場を持つインド、資源の安定供給源としてのオーストラリアに対しては、東アジア諸国も経済的な連携の強化を望んでいることを考えると、ＡＳＥＡＮ＋３とＥＡＳの二つの枠組みで地域統合という全く同じ問題に取り組むのは、資金や人材が限られる途上国からすれば理不尽であろう。現在、首脳の相互訪問が活発化するなど、日中関係好転の兆しが見え始めたが、もしこの傾向が続くと、「拡大東アジア」という地域概念を構築した意義は薄れるため、

ＡＳＥＡＮ＋３とＥＡＳの融合を図り、一六カ国を「東アジア」地域概念で包含する案が浮上する可能性も指摘できる。従って、「拡大東アジア」概念が定着していくのかどうかは未だ定かではない。

おわりに

本章ではＡＰＥＣ、ＡＳＥＡＮ＋３、ＥＡＳというそれぞれの地域組織の参加メンバーの範囲を示す「アジア太平洋」、「東アジア」、「拡大東アジア」という三つの地域概念に焦点をあてながら、誰（どの国）がどのような目的で「東アジア」や「拡大東アジア」の地域概念を形成しようとしたのかを、その試みがいかなる過程や相互作用によって展開されてきたのかの議論を通して論じてきた。ＡＳＥＡＮを中心に、漸進的に対話を重ねることで、「東アジア」という新しく派生した地域概念はＡＳＥＡＮ及び日中韓三カ国に伝播、その後、経済危機やＦＴＡの動きにより、地域協力に対するより直接的な共通の関心が作られる形で、地域協力が促進され、同概念の定着が図られた。同概念がさらに定着していく大きな要因として、日中の相克が挙げられる。

東アジア地域主義は、ＡＳＥＡＮ主導で運営されている点が大きな特徴であった。例えば、ＡＳＥＡＮ＋３首脳会合においては、「＋３」の日中韓の首脳はあくまでＡＳＥＡＮの「ゲスト」として扱われ、首脳会合の開催権は付与されていないし、ＥＡＳも同様である。これは、日中の主導権争いが東アジア協力に与えるマイナスの影響を懸念する意見が東南アジアを中心に多く、両国が東アジア協力でイニシアチブをとろうとすると逆に進まないと訴え、ＡＳＥＡＮは自らが「運転席」に座ることを主張したことに拠る。しかし、ＡＳＥＡＮの役割は、会議の場所や参加の条件を決めるのが主にその役割で、実際の協力制度の推進役は日本と中国、より正確に述べれば、両国のライバル関係が東アジア協力を進めてきたと言える。ＥＡＳ参加の条件である、ＴＡＣの締結においては、締結に躊躇していた日本を動かした要因は、日本より先に何の問題もなく署名をした中国の存在であった。FTAに関しても、小泉首相が〇二年に提唱したASEANとのFTAは、中国とASEANのFTAに刺激を受けたわけで、その中国のFTA政策の推進も、先にシンガポールや韓国と二カ国間で交渉し始めた日本の影響を受けてのものであった。EASに関しては、東南アジアの首脳を域外である東京で初めて集めた〇三年一二月の日本・ASEAN特別サミットに刺激を受けた形で、中国が第一回EAS開催を発表、それが結局、〇五年のマレーシアでの開催に至った。この両国の東アジア協力を巡る主導権争いは、両国にはさまれた韓国の地域協力への強い関心を呼び起こし、また影響力低下を懸念するASEANがさらに自らの統合を深めるという相互作用を生み、東アジア協力の大きな構造の役割を果たしてきたと言ってよい。実際、日本がオーストラリアなどの東アジア協力への参加を希望し、結果として「拡大東アジア」という政治色の強い新たな地域概念を生み出すことになったのも、この日中主導権争いに起因する。

また、このライバル関係は、日本の地域政策の観点から言えば、後を追う形になったとはいえ、FTAやTACを日本がASEANと締結し、日本・ASEAN関係を強化していく上で、重要な機能を果たした。FTAやTACは、共に国会の批准を必要とする国際協定であり、そこには法的強制力も伴う。これまでの日・ASEAN関係は、このような法的根拠を欠く、フォーラム中心に展開されており、またODA、直接投資、特恵関税、技術移転など、日本の一方的な付与に基づく片務的な要素の存在が大きな特徴の一つであった。TACやFTAは、このような日・ASEAN関係に、法に基づく相互主義の要素を新たに加味し、FTAは特に相手国から関税引き下げや投資における内国民待遇を日本が得る「ギブ・アンド・テイク」な関係を作り上げていく上で、有益な方策となっている。この意味で中国の積極的な東アジア地域外交は、日本のASEAN政策に強い影響を与え、この関係がさらに発展する機会を与えたと言え、したがって、中国の積極外交が、日本のASEANを含めた東アジア地域関与を促したという解釈も成り立つ。

終　国際権力政治の論理と日本

川崎　剛

はじめに

世界政治の本質は国際政治秩序をめぐる権力政治にある。現在、その中心にいるのはいうまでもなく米英両国とその同盟諸国である。この権力政治は、地政学的にいえばユーラシア大陸全体を舞台として軍事力を背景に展開される。しかし、それは軍事力のバランス・オブ・パワーのみに還元できるものではない。普遍的な言葉でもって正統性を主張し、できるだけ味方を多くするという言論レベルでの闘争もこの権力政治の一面をなすのである。政治学者が長年指摘してきたとおり、政治秩序は実力と正統性の両方が揃わなければ成り立たず、したがって権力闘争はこの二面において戦われるが、国際政治も例外ではない。

世界規模における権力政治において生き延びていくには国家はしたたかでなければならない。このことは、権力政治の論理を理解することはもとより、その文脈における自国の位置を正確に把握し、権力政治の論理に添って国益を追求していくことを意味する。平和と繁栄はそのような権力政治の文脈においてのみ達成・維持可能なのである。

以上の議論は、民主主義国家においては政府のみならず、それをとりまく言論界やエリート層さらには一般国民の間においても、広く認識されているのが望ましい。とくに言論界に通じているエリート層は政治家や外務官僚を生み出す土壌を形成しているので、長期的には重要な位置を占めている。世界政治の中枢に位置する米英両国ならびにカナダやオーストラリアにおいては、そのような世界政治に関するグローバル・パースペクティブともいうべき素養を国民が持っているように思われる。

では現在の日本はどうであろうか。世界規模で展開されている権力政治の論理について、またそのなかでの日本の位置について冷徹かつ正確な認識をエリート層は持っているのであろうか。グローバル・パースペクティブの素養は培われているであろうか。外務官僚など一部はともかく、言論界をみている限り、大変心もとないというのが、一在外日本人(それも国際政治学者としての在外日本人)としての実感である。

海外の国際政治学者の間でも「日本ではストラテジストは数少ない」という意見はよく耳にするし、日本人自身、「国際政治にかんして大局観が欠如している」とこれまで自戒を繰り返してきた。それはまさにグローバル・パースペクティブの素養がないということと同じである。

しかしそのような素養を蓄えようにも、世界規模での権力政治の性質を解説した日本語の著書が数少ないということが真の問題ではなかろうか。本章はこのような問題意識から、微力ながらでも問題の解決に寄与せんとするものである。

本章はまず、世界規模における権力政治の基本的特徴を整理する。次に、そのような権力政治状況のなかで生き抜いていく国家の大戦略(つまりグランド・ストラテジー)の発想法を明らかにしていく。その文脈で日本の状況の評価も試みることとする。

世界規模における権力政治の基本的特徴

国際政治の本質としての権力政治

本章の冒頭で述べたように世界政治の本質は権力政治にある。このことは古来、変わりがない。一九世紀までは各地域がそれぞれ独自の「世界政治」のシステムを形成していたが、ヨーロッパ勢力の増長の結果、一九世紀以降は地球全体がひとつの世界政治システムとなった。以来、今日に至るまで国家間の権力政治も地球全体にまたがって展開されている。

すべての権力政治がそうであるように、世界規模における権力政治もつまるところ政治秩序をめぐる権力闘争である。それは現状維持国家群（これらが現存秩序の支配的地位にある）と現状打破国家群、それに中立・非同盟諸国群という三グループの間に展開され、その影響は外交、軍事、さらには経済ならびに文化という諸分野にわたる。国際文化交流活動や国際経済活動は直接的な形で権力闘争の道具として使われることもあるが、そうでない場合もある。後者の場合、自由な人的・物的国際交流が権力闘争に悪影響を与えないという判断を国家がもっているから直接介入しないまでなのである。もしそのような判断が覆されたなら即時、交流は中断されるであろう。したがって、直接的であれ間接的であれ、権力政治の文脈に人的・物的国際交流は常におかれている。

権力闘争は友敵関係に帰着する。現状維持勢力と現状打破勢力の間は顕在的であれ潜在的であれ「敵同士」の関係である。それはゼロサム・ゲームの関係と言いかえることができよう。そこではいわゆるバランス・オブ・パワーをめぐって両者は競争するのである。他方、各陣営内は「友同士」の関係ではあるが、常に平穏であるとは限らず、同盟国家同士が意見を違えることも多々ある。お互いに猜疑心さえもつこともある。そして最悪の場合、一部の国家が敵陣営に鞍替えするのである。したがって、陣営内部状況・陣営間状況ともに流動的で状況が意外な方向に展開する可能性は常に高い。同じ陣営内にいても、頻繁に相互の協力の意思を表明することが必要となるのである。

このような状況において、国家は自陣営が相手陣営よりも優位な立場に立とうと努力する。現状維持勢力の究極的目標はその支配的地位の継続にあり、現状打破勢力のそれは新たに支配的地位につくことである。そのような目標の追求は、自陣営内部の団結を維持する一方、相手陣営内の混乱や分断を図るというような外交活動（外交交渉や合意）を伴う。同時に、右でふれたような諸分野において国家はその政策手段を行使しようとするのである。このような文脈のなかで、各国はさらには自陣営における自国の地位の向上をめざすというのが世界規模における権力政治の基本的な構図である。

権力政治のプライマシー

このような文脈において、軍事対立は政治現象である権力闘争の下位活動に過ぎない。つまり軍事活動は政治目的を達成する一手段にすぎないということである。まさにクラウゼヴィッツの格言どおり「戦争とは他の手段でもってする政治の継続に他ならない」と言えよう。[1] もちろん、自国の他に頼るものがないという状況下（国際政治学者はこれを「国際アナーキー」と呼ぶ）では軍事力はもっとも重要な手段ではあるが、それでも手段の枠を出ることはない。言い換えれば、時々の軍事的判断ではなく長期的政治目的の追求が常に優位に立つのである。さらにいえば、軍事問題を純粋に軍事問題としてだけ理解し、その権力政治的文脈や政治的効果を熟考しない態度は、国家を誤った方向に推し進めかねない。国際政治の本質は、武力対立という軍事現象にあるのではなく、権力闘争という政治現象にこそあるのである。

同時に、権力闘争においては誰が支配の正統性を持っているのかという点が非常に重要であり、イデオロギー闘争あるいは言論闘争を常に伴う。したがって対外言論活動あるいは対外文化情報発信活動も権力闘争の一部であり、軍事活動と同様、政治目的を達成するための一手段である。一般的に、政治秩序は「実力（軍事力）と正統性」に依拠するが、国際政治における政治秩序に関してもこの点は貫徹される。そこでは対外軍事活動と対外言論活動は二つの車輪のごとく、世界規模の権力闘争にかかわっているのである。

そのほか、経済力と国際制度も権力闘争の手段である。まず、経済力を考えてみよう。権力政治の文脈では、経済活動もその政治的効果が問題となる。たとえば軍事力を長期的に支える効果がそれである。[2]経済力がなければ軍備を整備し強化することができないのでこのことは自明であろう。また、敵陣営に対して経済制裁を課したり、中立国に経済援助を提供し政治的協力関係を強化するというような活動もよく知られている。しかし、これら以外の経済力の政治的効用も無視できない。例えば、同盟国との間の経済活動は互助効果のため政治的友好ならびに団結の証となりえるのである。逆に、同盟国が経済面で困っているときに「軍事関係とは関係なく、純粋に経済的問題として対応しよう」というような態度は経済活動の政治的効果を無視しているもので、かえって同盟関係を傷つけざるをえない。これらは経済活動の象徴的な意味に注目するものであるが、権力政治というものは既に述べたように友敵関係に他ならないので、そのような象徴的意味は実は国際政治では決定的に重要である。したがって軍事力の場合と同様、経済力の行使もその政治的効果を理解したものでなければならない。

この原則は、もうひとつの政策手段である国際制度についてもあてはまる。例えば同盟はその軍事的効用（自国の軍事力が同盟国の軍事力と加算されるという効用）の他、友邦国同士の証として、つまり政治同盟として機能する。もっといえば、そのような政治同盟の基礎があってこそ軍事同盟としての本格的な機能が可能なのである。（実は日米同盟もその本質は政治同盟である。）あるいは、第三国からの軍事的脅威に対抗するためではなく、同盟相手国の行動を規制するために同盟を結ぶ場合もある（例えば第三次日英同盟に関する英国側の目的がそうであった）。一九世紀ヨーロッパ外交史の大家であるシュレーダーが指摘するように、同盟というものはこのように（軍事的手段のほか）外交的手段として用いられることが歴史上しばしばあったのである。[3]

また、現実主義者が長年主張してきたとおり、一見公平な国際機関や国際法も、実は支配の制度化を目的に構築される場合や、仮に意図されなくても事実上そのような結果をもたらす可能性を常にもっている。[4]同様に、表面的には政治中立的にみえる技術協力協定などに関しても、その政治的意図や政治的結果を無視することはできない。さらには現状維持勢力に対抗するために現状打破勢力が新たに国際機関を設立するような場合もある。国際制度が持っているそのほかの機能（例えば予測不可能性を軽減させる機能）もリベラル制度論学者たちが分析してきたが、国家はそのような機能をも政治目的のために利用するのである。[5]このように、国際制度は決して政治中立的なものではなく、いうなれば政治的産物であり、さらには政治的効果を伴っているといえよう。

以上、世界規模における権力政治の文脈では、外交交渉はもとより、軍事力、対外広報活動、経済力、国際制度などもすべて国家の政策手段であり、国家はこれらの手段が持つ権力政治上の意味あいに常に関心をもっているという議論を展開してきた。言いかえれば、そのような意味合いを十分に理解できない国家は権力政治にうまく適応していない国家ということができよう。また、国際政治の動向を追う者は常にそのような「権力政治上の意味あい」に注目しなければ分析を間違うこととなる。幾度も指摘してきたように、権力政治こそが国際政治の本質であり、国際政治における権力政治のプライマシーが現実なのである。

では、これらの政策手段によって追求されるべき戦略目的は何なのであろうか。つまり世界規模の権力政治において国家の戦略目的とは何なのか。

繰りかえしになるが、他陣営に対する自陣営の優位、ならびに自陣営内部における自国の地位の上昇といったような高度に政治的な目標こそが、国家の戦略目的である。（もちろん自国の独立の確保といったような最低限の目的は常に達成されていなければ元も子もない。ここではそれを超えた目的を議論することとする。）平和と繁栄という普遍的な価値こそが戦略目的と思われがちであるが、これまでの議論の流れから言えば、そのような戦略目的を挙げる発想自体が実は妥当ではない。平和と繁栄といったような価値はこれまで指摘してきたような権力政治の文脈でのみ意味をなすのが現実である。したがって、平和と繁栄そのものを獲得すること自体が戦略目的ではない。そのような価値を獲得できるような政治的条件の確立、それこそが戦略目的なのである。権力政治の文脈の外に「平和と繁栄」は存在しないのであって、そのような文脈を無視した「平和と繁栄の追求」は国家にとって致命的な危機をもたらしかねない。

覇権戦争のサイクル

これまで抽象的な言葉で解説してきた「世界規模での政治秩序をめぐる確執」は、具体的には地政学の文脈で歴史上あらわれてきた。それを理解する鍵は覇権戦争という概念である。[6]

一九世紀以降、世界政治秩序をめぐる権力闘争は一八一五年のナポレオン戦争以降、三度の覇権戦争という形となって極度の緊張レベルに達した。第一次世界大戦、第二次世界大戦、それに冷戦の三つがそれにあたる。合計四つの覇権戦争のうち、冷戦は実際の開戦にはいたらなかったものの、各々の覇権戦争の後、勝者と敗者が決定し、権力闘争が一時的にせよ決着したのである。そして勝者がその支配的立場を利用して、新しい世界政治秩序をまさに覇権的な形で自分自身の構想に基づいて形成したのであった。

地政学の視点にたてば、これらの覇権戦争はマッキンダーが「世界島」（World Island）と呼んだユーラシア大陸をめぐって展開される。[7] より正確には「世界島」の外延海岸部付近で（スピークマン流に言えばリムランドで）「海洋勢力」と「大陸勢力」との間で覇権戦争が繰り広げられたといえよう。(8) 具体的にはヨーロッパ、中東・南アジア、それに東アジアの三地域である。これら三地域で「世界島」から外側に（つまり海にむかって）勢力を伸ばそうとする「大陸勢力」の攻勢に対し守勢で応じたのが「海洋勢力」という構図であり、その緊張が遂に覇権戦争という形で現れたのである。このことは言い換えれば「海洋勢力」が現状維持勢力の地位にたち、「大陸勢力」が持つ現状打破の野望にくりかえし直面したことを意味する。そして「海洋勢力」はこれまで全ての覇権戦争で勝利したのであった。

「海洋勢力」の中心は英国や米国（いわゆる「アングロ・サクソン勢力」で後にはオーストラリアやカナダを含む）である。一九世紀は英国がリードしたが第一次世界大戦後は米国が主導権を握るようになった。それ以降、英国は米国のジュニア・パートナーとなったが、それでもその政治力は優れており「海洋勢力」内部の第二位の地位を占め続けている。オーストラリアやカナダといったような旧英国植民地のほか、オランダなどもこのグループに属する。

「大陸勢力」はナポレオン下のフランスからはじまって時代ごとに主役が変わっていった。その後、ドイツ（両世界大戦）、日本（第二次世界大戦期。ただし日本は強力な海軍をもち、それ以前からも「大陸勢力」とは単純に割り切れない特殊な地位にあった）、さらには冷戦期のソ連（そして一九七二年ごろまで中華人民共和国）が現状打破勢力としてアングロ・サクソン勢力に対抗したのである。

「海洋勢力」は覇権戦争の勝利後、自分たちに都合のよい新政治秩序を直接的・間接的に作る努力をした。それは新しい国際制度の構築を伴うものでもあった。ナポレオン戦争後のウィーン体制（コンサート・オブ・ヨーロッパ体制）、第一次世界大戦後のベルサイユ体制（それに国際連盟）、第二次世界大戦後のＩＭＦ・ＧＡＴＴ体制や国際連合が具体例としてあげられよう。冷戦直後、勝者である米国は直接的な形では新たな国際制度構築にその力を注がなかったが、各地域における国際制度の成立を間接的に支援した。例えば、アジア太平洋地域におけるＡＳＥＡＮ地域フォーラムやヨーロッパ地域における欧州安全保障協力機構などである。（一九九四年にＣＳＣＥ（Conference on Security and Cooperation in Europe）つまり欧州安全保障協力会議がＯＳＣＥ（Organization for Security and Cooperation in Europe）欧州安全保障協力機構に変わり、「会議」から「機構」へと制度化された。）

これらの組織は勝者の主導権を制度化あるいは構造化せんとするのが目的であり、その意味で勝者の戦後秩序における支配の正統性を確立する一装置なのである。（例えば、国連安全保障理事会の常任理事国という地位は第二次世界大戦の勝者によって占有されている。）それと同時に勝者が信奉する政治的価値を普遍化せんとする装置として国際制度は機能する。例えば、第二次世界大戦後のＩＭＦ・ＧＡＴＴ体制はまさに自由経済思想を体現するものであったのである。

では軍事面ではどうであろうか。覇権戦争後の新しい秩序においては、勝者側が自分たちに都合がいいように敗者の領土を分割・整理し、さらには敗者側の軍事力に制限を与えようとさえする傾向が強い。戦後初期においては、勝者は軍事力において徹底的に有利な立場に立つのでそれを制度化・固定化しようとするとも言いかえることができよう。一般的には、そのような努力が敗者側との講和条約によって成文化されるのである。（ここでも例外は冷戦であるが、それでもＳＡＬＴⅢ条約の締結やＡＢＭ条約の破棄などが似たような役割を果たしているといえよう。）

もちろん、覇権戦争後では敗者側の軍事力は壊滅状況に近く、軍事バランスにおいて圧倒的に不利な立場にあるので、敗者側は勝者側の意図に従わざるをえない。加えて、内政面においても敗者側は戦後かなり不安定になっており、政体として弱体化している。まず、戦前にもっていた植民地帝国が解体するのが典型的な形であった。同時に、宗主国内部においても体制変化が顕著に現れる。たとえば第一次世界大戦後にドイツ帝国は崩壊し、カイゼルは亡命、そしてワイマール共和国の成立にいたった。ロシア帝国やオーストリア・ハンガリー帝国も似たような崩壊の道を進んだのであり、その結果としてバルカン半島などに新興国が出現した。冷戦が終わったときには「ソ連帝国」が崩壊し、東欧地域や中央アジア地域に新たな国家群が出現したのも記憶に新しい。そして内政面においても共産党政権が弱体化し、ついには崩壊したのである。

第二次世界大戦後の大日本帝国の崩壊もこの文脈で捉える必要がある。サンフランシスコ講和条約の締結や日本国憲法の制定、さらには旧植民地であった朝鮮半島ならびに台湾に独立国家が出現したという現象はまさに典型的な「覇権戦争に負けた大国が直面する症候群」であった。(ただし、敗者帝国の王室は崩壊し王は退位することが多いが、日本の皇室は——その規模・権威が縮小されたものの——例外的に生き延び今日にまで至っている。皇室は幸運にめぐまれたといえよう。)

覇権戦争での敗戦は軍事面での敗戦だけではなく、政治的正統性、つまりイデオロギー上での敗戦も意味する。なぜなら、「海洋勢力」の政治的正統性に対してイデオロギー的に挑戦し(そうすることによって大義名分を掲げたのである)そして負けたからである。一九世紀の覇権戦争においては、フランス革命に源を発する共和制のイデオロギー(反君主制のイデオロギー)が君主制のそれに負けた。二〇世紀の覇権戦争をみれば、ナチス・ドイツのファシズム、大東亜共栄圏を支持する思想、ソ連のマルクス主義など全てアングロ・サクソン勢力のイデオロギー(自由民主主義・資本主義)に負けてしまい、ついには冷戦後にはフクヤマをもってして「歴史の終焉」を宣言させしめたほどである。[9]そして負けた側は多かれ少なかれ勝者側のイデオロギーを取り入れ、「改心」していったのであった。

勝者の立場をみれば「過去の戦争は自分のイデオロギーと敗者側のイデオロギーとの対立に関するものであり、勝利した我々に正義がある」として戦後における自己の地位の正統化を図る傾向がつよい。自然、自分たちのイデオロギーを具現化するような国際制度を既にのべたような形で構築するのである。(極東国際軍事裁判——いわゆる東京裁判——もこの文脈で捉えることができる。)このように、「実力(軍事力)と価値(正統性)」の独占化・恒久化を図ることによって覇権戦争後、勝者である「海洋勢力」は世界政治秩序を形成してきた。そのような秩序下では、勝者の価値が戦後の唯一の正統的価値となり、勝者の力(究極的には軍事力)が圧倒的というまさに覇権的支配が確立されているのである。

しかし、時間がたつにつれ、そのような世界政治秩序は不安定となるのが歴史の常であった。つまり、現存の政治秩序に不満をもつ国々があらわれ、現状打破勢力として現状維持勢力と対峙するようになるのである。このことは、これら二大陣営の間において、外交政治手段、軍事手段、経済手段、さらには文化手段を使った様々な権力政治活動が展開されることを意味する。外交作戦においては、相手陣営の分断をはかる一方、自陣営内部の統一を維持しようとする。あるいは軍事力でもって要所を攻略する。経済制裁に打って出る。さらにはイデオロギー戦に打って出て、相手方を貶める。これらの諸活動が「世界島」の外延部でもって、つまりヨーロッパ方面、中東・南アジア方面、それに東アジア方面の三舞台において（あるいはその一部で）集中的に展開される状況が出現するのである。このように、現存の世界政治秩序に対して挑戦する大陸国家（群）が現れ、「大陸勢力対海洋勢力」の対立のサイクル――その究極の終了地点は次の覇権戦争である――が継続されていくというのが歴史上繰り返されてきた。

どの国家が大陸勢力側に立って現れるのか予想は簡単ではないが、「世界島」にあるのだけは確かである。過去を見れば、ドイツが二度、覇権戦争の形で海洋勢力に戦いを挑んだが、ナポレオン戦争後から一九世紀末まではドイツではなくロシアが英国の主たる「世界島」での競合相手であった。そのロシアはソ連というプレーヤーとして冷戦に参加した。ロシアがこれから三〇年後に再びアングロ・サクソン勢力に挑戦するのか、あるいはこれまでの覇権戦争においては脇役でしかなかった中国が現状打破国家となるのか現時点では判断できない。また、「悪の枢軸」と米国（ブッシュ前政権）が非難した三国のうちのイランと北朝鮮が、これまで核開発をめぐって米国と対立してきたが、これが第五次覇権戦争につながっていくのかどうか今のところ予測不可能である。

前の覇権戦争に負けた国が次の覇権戦争にはアングロ・サクソン勢力側につく傾向がみられる（第二次世界大戦でのドイツは例外であったが冷戦ではこの傾向に添った行動をしている）。ナポレオン戦争の敗者であるフランスはその後の覇権戦争ではアングロ・サクソン側について勝者となっている。同様に第二次世界大戦の敗者である日本は冷戦で勝者側にたった。別の言い方をすれば、これらの覇権戦争の敗者は、その後、勝者が占める支配層においてジュニア・パートナーのポジションを確保したのである。しかし最近の覇権戦争（つまり冷戦）の敗者であるロシア（ソ連）がそのような政策をとるのかどうか今のところ明らかではない。確かに、冷戦で負けた直後はアングロ・サクソン勢力側と友好的な政策をロシアは採った。しかし冷戦終了後二〇年にならんとする今日では、国連安全保障理事会での行動やその他の行動を見る限り、ロシアはかなり中立の方向に進んできている（現状打破勢力とはいえないまでも）と思われる。冷戦初期には現状打破国であった中国の長期的動向に関してもロシア同様、不透明である。

軍事力の「進化」

これまでの議論で我々は「覇権戦争・秩序成立・秩序衰退・覇権戦争」という循環的図式を示した。しかし、この図式だけでは覇権戦争がもたらす「進化」の側面を我々は十分に理解できない。ナポレオン戦争と冷戦との間の共通点だけでなく、差異も我々は理解しなければならないのである。世界政治秩序をめぐる地政学に関していえば、軍事力の進化（兵器のもつ破壊力の増大がそのもっとも顕著な面であろう）と覇権戦争の関係を理解することがとりわけ重要といえよう。

一般的にいって、覇権戦争の最中に著しい科学技術の進歩が見られる。戦争に勝つために国家が惜しみもなく兵器の開発・改良、さらには科学研究活動に資本や人的資源を注ぎ込むからである。機械化されたはじめての覇権戦争であった第一次世界大戦を経てこの傾向がとくに強くなった。同大戦が毒ガス兵器、戦車、飛行機、潜水艦などの兵器を生み出したのは周知のことである。第二次世界大戦においてはこれらの兵器の性能が格段と伸びたのと同時に、その終了間近にはジェット機、ミサイル、さらには核兵器といった新型兵器が生まれていった。冷戦期においてもこれらの兵器の改良は進み、原子力空母や原子力潜水艦といったような超長距離運行が可能な船舶や、核弾頭ミサイルといったような大量破壊兵器の出現をみることとなったのである。

これらの兵器開発と平行して、「平面地図上で戦闘プランが練れる」というような二次元空間のみの戦闘形態（そこでは陸軍と海軍が戦闘主体である）が変化し「立体的に戦闘プランを練らざるをえない」三次元にわたる戦闘形態が現れた。つまり、空を担当する空軍が誕生し、海においては深く潜航できる大型原子力潜水艦の登場をみることとなったのである。くわえて冷戦後期には「空」の範囲が宇宙にまで広がり、宇宙衛星の軍事偵察利用というような枠を越えて、宇宙空間でのミサイル防衛作戦まで語られるようにさえなった。さらには冷戦終了直後以来インターネットの使用が広がり、現在ではサイバー戦、サイバーテロリズムなども政策論議のテーマになっている。これまでは暗示的あるいは付随的な地位しか与えられていなかった情報戦、情報コントロール、指示系統の防衛と言った、いわば第四次元における戦闘が独自の戦闘分野として確立されるのも時間の問題となった。

このように、運行距離や破壊力、あるいは耐久力といった点において兵器は覇権戦争前後に加速度的に強力となる傾向がみられたが、その政治的結果はどのようなものであろうか。端的にいえば、最も重要な政治的結果は、大国となる条件が兵器の技術革新のたびごとに厳しくなっていったという事実である。つまり、大国とみなされるハードルが覇権戦争の発生ごとに高くなったといえよう。ここでいう大国とは「いかなる国に対しても、一対一の全面戦争をしたならば自力のみにて勝てる見込みが高い国」のことをいう。世界政治秩序をめぐる権力闘争においては、そのような国は現状維持勢力、現状打破勢力、中立勢力のいずれにおいても指導的立場にたつのであるから、大国となれる条件がどんどん厳しくなるということはそのような権力闘争に本格的な形で参加できる国の数が少なくなってきたということに他ならない。

この文脈でもっとも画期的な兵器はいうまでもなく核弾頭ミサイルである。この「絶対兵器」はその抜きん出た殺傷力のため他のいかなる兵器をも「通常兵器」というカテゴリーに閉じ込めてしまった。地球のほぼ全体が核弾頭ミサイルシステムの射程範囲に入り、周知のとおり、その使用は人類を絶滅に追いやる可能性をもっている。その意味でも格別の地位をこの兵器は占めているといえよう。

第二次世界大戦以降の世界においては、多数の大陸間核弾頭ミサイルを保有し、そのようなミサイルの攻撃を受けても生き延びる可能性がある国こそが（真の意味での）大国である。そのような国家とは大陸級サイズの国土を持ち、かつ人口の地理的分散がまばらで少数都市が核攻撃をうけても残りの人口が生き延びられるというような特色をもっている。そのような国家は今のところ米国、ロシア（旧ソ連）、中国しかない（インドも将来、この意味での大国になる可能性がある）。

覇権戦争期間中に加速度的に伸びてきた科学技術は、それ以外の時期にも進歩し続ける。とくに二一世紀における日常的な科学進歩のスピードは全くもって革命的であり、これまでの覇権戦争期間中のスピードよりもはやいかもしれない。であれば、次の覇権戦争が起こるまでにも、現在の我々が予想だにしない新兵器やそれに基づく戦争形態が出現する可能性は否定できないであろう。我々が予想できるのは大国になるハードルが高くなり、「真の大国」と呼べる国の数がより少なくなるということだけである。米国だけがその範疇に入る時代が到来するのであろうか。

小括

表層的な事象に惑わされずに、近現代の世界政治を理解する作業（世界政治の本質を透視する作業）の出発点は、権力政治のプライマシーを再確認することにある。この点は誠に重要であり強調しすぎることはない。その上で、覇権戦争のサイクルや地政学といったマクロな歴史的文脈のなかに権力政治のダイナミズムを据える必要がある。そして、そういった歴史継続を重視する枠組みの上に、軍事力の「進化」という長期的歴史的変化の視点を組みあわせるのである。（もちろん、第五次覇権戦争を引き起こすことなしに、それとは別の形で権力政治上の対立に決着が図られるかもしれない。そのようなシナリオは歓迎されるべきものであろう。しかし、そのような英知が生まれえるのかどうか、予測は不可能である。）

政治には権力闘争は付き物であり、権力闘争のない政治というものは存在しない。その意味ですべての政治は権力政治である。世界政治も同様であり、国内政治と異なった文脈や条件の下で権力闘争が行われるに過ぎない。この点は当然のことかもしれないが、複雑にみえる国際情勢や動向に直面するとき、思ったよりも簡単に見失われがちなのである。

グランド・ストラテジーの発想法

前節で描写したのが世界政治の論理であるならば、そこで生存していかなければならない国家はどのような点に注意して長期的な対外政策を策定していけば良いのであろうか。あるいは、世界規模の権力政治という文脈において、とある国家の外交政策の意味を理解するのにどのような基本点を抑えればよいのであろうか。このような思考方法こそが本章の冒頭でふれた「グローバル・パースペクティブ」の発想法に他ならない。そして、それこそが大戦略、つまりグランド・ストラテジーの発想法なのである。そのような発想法はきわめて単純である。ここでは「適切な戦略目的の設定」、「政策手段の政治的合理性の確保」、「地政学的政策の推進」、それに「正義論の戦略的利用」を解説していく。

適切な戦略目的の設定

グランド・ストラテジーの出発点は、当然、国家が占める戦略的立場を正確に把握する作業である。覇権戦争サイクルの文脈でいえば、前の覇権戦争が終了した直後の自国の立場をまず確認することである。そして現存する世界政治秩序に対して、現状維持、現状打破、中立のいずれの立場をとるのか決定せねばならない。これが基本的な戦略目的の設定となる。時には覇権戦争直後の立場から離脱するという決定かもしれないし、あるいはそれを継続するという決定かもしれない。端的にいえば、現状維持勢力の中心をなすアングロ・サクソン諸国に協力するのか、対抗するのか、あるいは中立の立場を追求するのかという選択である。

もちろん、いずれの陣営に参加するとしても、その陣営の中でさらに微妙な立場を選ぶかもしれない。たとえば、「限りなく中立に近い現状維持」とか「限りなく現状維持に近い中立」などである。つまり上記の三つのカテゴリーを「極端な現状維持から極端な現状打破」にわたる連続体としてとらえることもできよう。いずれにせよ、どの立場をとるのか設定されなければならない。

他の国からみて最初に関心がある質問はすこぶる簡単なもので、「貴国はどの陣営に属しているのか（貴国は我々にとって友好国であるのか、どうか）」という質問である。あまりにも簡単すぎる質問ではあるが、権力政治における外交は全て、この点から始まるといって過言ではない。自陣営内部においても、おいおいお互いの戦略的立場（自陣営に対するコミットメントの深さ）を確認する作業が行われるのもまったく不思議ではないのである。

その次に、国力にもとづく自国の地位について正確に把握せねばならない。つまり、大国、中国、小国のいずれかであるが、大局的にみて意味があるのは「大国か、そうでないか」という点で、つまり「大国とそれ以外」の二種類しかない。「いかなる一国に対しても、一対一の戦争において自国のみの力で勝利できる可能性が高い国が大国」というのが我々の定義であるが、この尺度のみを冷徹に使用すべきである。つまり、国家のサバイバル能力に注目する定義のみが意味をなすのであり、それ以外の定義は問題の本質をあいまいにするだけで害あるのみといえよう。また、大国ではないのに大国の振るまいをするのは自国を取り巻く国際環境を正確に把握していないことになるので、場合によっては大変な危険を伴う。

このように、自国の戦略目的を設定し国力の規模を確認したうえで、（また繰り返しになるが）自国が属する陣営の勢力拡大、さらにはその陣営内部での政治的地位の向上をめざし、その結果として平和と繁栄を自身にもたらすという発想法こそが、世界規模の権力政治を生き抜いていくグランド・ストラテジーの根本的な発想法である。自陣営内部の統一の促進、相手陣営の衰退・壊滅・内部分断を図ることも戦略の一部となることも、繰り返し指摘してきたとおりである。

戦略目的の設定において、あるいは自国の国力評価において間違いを犯せばそのグランド・ストラテジーは破滅的失敗につながりかねない。一九四〇年代初めの日本が下した決定がまさにそうであった。一対一の対米戦ではとうてい勝てないとわかりつつも対米開戦に踏み切ったこともさることながら、ヨーロッパ戦線で米国が「準対戦国」と敵視していたナチス・ドイツと軍事同盟を結んだのは致命的な戦略ミスとしかいいようがない。そもそもナチス・ドイツはソ連と不戦条約を結び日独防共協定違反を犯していたのである。にもかかわらず、日本は日独軍事同盟（いわゆる三国同盟）締結に走った。その結果、日本は滅亡の一歩手前まで米国に追い詰められたのである。

言い換えれば、対ヨーロッパ戦線不介入という対米英中立路線を維持する絶好の機会を自ら放棄し、（さらには米国との間の国力ギャップを無視して）対米英対抗路線を追求した結果が敗戦であった。しなくてもよい「陣営鞍替え」を日本はやってしまったのである。（「陣営鞍替え」に成功した一例としては、一九七二年にそれまでの対米対抗路線を捨てて対米友好路線を採用した中国が挙げられる。）真珠湾攻撃を敢行することにより「清水の舞台から飛び降りた」日本であったが、陣営選びに失敗し、そのような「舞台に立つ」状況にまで自分を追い込んだことが戦略レベルでの間違いであったといえよう。

この例とは対照的に、冷戦期日本のグランド・ストラテジーは成功した。いわゆる吉田ドクトリンは従来いわれているような「安全保障は米国に頼り、もっぱら経済発展に努力を注ぐ」という重商主義的な方針ではない。その本質は、米国率いる自由諸国陣営に参加し対共産圏との政治闘争に勝利するよう貢献する、という戦略目的にある。その意味で吉田ドクトリンはまさに冷戦期日本のグランド・ストラテジーだったのである。[10] 日本が属した現状維持陣営は冷戦に勝利し、世界第二位という経済大国の地位まで日本は登りつめた。冷戦後も日本は現状維持陣営に残り続けており、この意味では日本の戦略目的は現在も基本的に変化していない。そしてそれは基本的に正しい選択である。

また、吉田ドクトリンの枠の中では日本は非大国（つまり非核兵器保有国）として自身を認識していた。それは日本の国土の脆弱性に対する正確な理解に基づいたものであった。既述のとおり核兵器の出現は、大国になれる条件を格段に厳しくしたが、国土が極端にせまく人口が密集している日本はこのテストに合格することが不可能になったのである。そして朝鮮半島と日本列島の両者は中国・ソ連という大陸勢力と米国という海洋勢力の利害関心が衝突する地域になり下がらざるを得なくなった。この構造的変化は日本が被爆したこととは無縁で単に核兵器の出現という「兵器の進化」による帰結だったのである。そしてこの状況は今日でも本質的に変化していない。北朝鮮が核兵器を製造したとしても変化しない。（ちなみに核開発をめざす北朝鮮は完全に世界から孤立してしまったが、これは大国でない国が大国のマネをすることにより生じた戦略的失敗である。）アジア大陸側及び太平洋側の両方から核大国にはさまれる状況で、国土が核攻撃に対して決定的に脆弱な日本は核兵器の時代には大国となりえないのである。

時に「日本は米国と中国と『二等辺三角形』を形成すべき」というような意見を現在の日本国内で聞くが、このような表現は国民に間違った状況認識を与えるので有害でしかない。なぜなら、三角形の比喩は日本が力の主体（つまり大国）であるかのような印象を与えしまうからである。現在の北東アジアにおいては中国と米国のみが大国であり、三角形ではなく「二点を結んでいる線」（二つの点が中国と米国）が妥当な比喩であろう。そこでは日本は中国につくのか米国につくか二つの選択肢しか持ち得ない。三角形の比喩は比喩だけで終わっており、実際の外交政策には反映していないが、それは賢明なことである。

政策手段の政治的合理性の維持

次に、外交交渉はもとより、軍事力と経済力の行使、そして対外広報活動や国際制度の利用なども、それらの権力政治的効果を考えて行われなければならない。一見「政治中立的」にみえる政策手段さえも、実は権力政治的意味を持っている。このことを正確に理解し、その上で戦略目的の達成を促進すべく政策手段を行使する必要がある。言いかえれば、戦略目的の内容が高度に政治的なものである以上、戦略目的と政策手段との間に「政治的な整合性」ともいうべきものが一貫しているようにしなければならない。このことが「政策手段の政治的合理性の維持」の意味である。

政策手段を遂行する上で、実利と政治的効果とが相反するとき、後者を尊重することが権力政治の文脈では正しい選択となる。例えば、自陣営内部において同盟国との間で経済摩擦が政治問題化している状況を考えてみよう。仮に純粋な経済論理のうえでは同盟パートナーに非があるとしても、そのような状況が続けば同盟関係にヒビが入り間接的にせよ競合陣営に利益を与えることになってしまう。世界政治秩序闘争という大局からみれば、同盟国の非ばかり責めずに必要ならば譲歩し、事態の収拾を図ることが望まれるのである。この視点からみれば、日米経済摩擦が華やかなりしころ、日本政府がとった一連の自主的輸出規制は高く評価されるべき対応であった。

同盟国から海外派兵協力の要請があるとき、自国に直接利害関係がない地域への派兵であれば実利はないどころか死傷兵もでるので躊躇するかもしれない。しかし、協力派兵の政治的シンボル効果は同盟間の絆を大いに強めるので、自陣営内の統一の維持促進という観点からは協力派兵は望ましいといえる。(もちろん、派兵コストが維持できる範囲で、協力派兵を抑えることは必要かもしれない。)そのような効果が吉田茂がいうところの「信用」(現代のことばでいえば「政治的信用」ともなろうか)であり、「誰がいざというときに信頼できるのか」という同盟国間の根本的な感情にふれるため非常に大切である。第一次世界大戦以降「肩をならべて血を流してきた」英米豪加間の連帯が強いのも、まさにこの政治的信用の蓄積の結果であろう(一八一二年ごろまでは英国と米国は戦火を交えていたが)。

重ねて言おう。究極的には友敵関係である権力政治、それも軍事力が行使されるような権力政治においては、政治的シンボル効果あるいは政治的信用は根本的に重要である。一九九一年の湾岸戦争の際には日本外交は「小切手外交」と揶揄され、日本の政治的信用は地に落ちたことは、我々の記憶に新しい。これとは対照的に、米国の対イラク戦争(二〇〇三年)を支持するとすかさず表明した小泉前首相の行動は大変効果的で、同盟国日本の国益を大いに増進させた。小泉政権下で陸上・海上・航空自衛隊を中近東・インド洋に派遣した動きも日本の信用を大いに高めた。現在も続いている海上自衛隊のインド洋上給油活動は、陸上自衛隊派遣と比べてコスト(特に自衛隊内で死亡者が出る確率)が比較的小さいながらも大きい政治的効果をもたらしており、日本外交にとって貴重な貢献をなしている。

国土防衛という伝統的な概念とは別に「国際安全保障」という概念が最近の日本では市民権を得るようになったが、この新概念はまさに政治的信用概念の延長上にある。危険を冒しながらも直接利害関心がない地域の安定に協力する、つまり国際安全保障に協力する、その権力政治的目的は自国の政治的信用(それも現状維持派国家としての日本の政治的信用)を増大することに尽きるからである。前述した小泉政権下での自衛隊の海外派遣は国際安全保障に貢献するものであり、その意味で高く評価されよう。また、国際安全保障概念が二〇〇四年に改定された防衛計画の大綱に取り込まれている。これも歓迎されるべきことである。

地政学的政策の推進

外交交渉やさらには同盟をふくむ国際制度や取り決めといった、広義の外交政策手段を使うとき、地政学的見地からみて効果的な利用が望ましい。つまり、世界島をめぐる「大陸勢力」とそれを取り巻く「海洋勢力」という図式において、相手勢力の分断をはかり自己勢力内の団結を図るという効果である。例えばアングロ・サクソン勢力からみて伝統的にはロシアと別の大陸国（冷戦前半期でいえば中国）との関係に楔を打ち込み、自陣営内部には楔をロシアには打ち込ませないというのが基本戦略であった。そのために国際制度が利用されてきたのである。周知のとおり、日英同盟も日本を英国の陣営内部に引き込むことにより極東地域でロシアに対抗するという、上述の基本戦略の応用形であった。

日本に近い例でいえば、アジア・太平洋地域に多国間安全保障協定を結ぼうという冷戦期ソ連の呼びかけは、実は日米同盟に楔を打ち込まんとする動きであった。また、米国は中ソ間の離反につけこみ、中国を自陣営に引き込むために中国との国交樹立を推進したのである（一九四九年の中華人民共和国建国から一九七二年まで、米国は中国と国交を持っていなかった）。ポスト冷戦期を見渡せば、中央アジアを囲む上海協力機構は、中国・ロシアという二大大陸国家の団結を図るという性格のものであるといえよう。それは対米の文脈でいえば中露の地政学的防衛的措置なのである。また、一部の論者には、東アジア共同体を推進する中国の動きは日米同盟の弱体化を図るものであるとするものもいるが、中国の真意はともあれ、このような解釈は「新制度で相手陣営に楔をうちこむ」という発想の一形態である。

したがって、日本は他国の間の新しい合意や制度の発足を知るにつけ、その地政学的な意味を理解するとともに、自国自身、地政学的に効果的な政策を推進することが必要となる。まず、前者の例として最近の米印原子力協定に対するメディアの反応を取り扱ってみよう。この協定に関して、二〇〇六年六月二八日付の『朝日新聞』の社説「米印核合意——首相は合意するな」、それに同日付の『読売新聞』の社説「米印原子力協力——核不拡散態勢を維持できるのか」が発表された。日本のメディア言論界を代表する両紙ともに核不拡散条約の遵守のみに焦点を絞り、米印原子力協定の地政学的意味に関してはほとんど触れていないのは残念である（ただし、『読売新聞』は「中国への牽制《けんせい》、エネルギー安全保障、原子力産業のインド市場参入など、米国にとって、戦略的意味合いは大きい。」としており『朝日新聞』よりは戦略的センスを示している）。そのような地政学的意味とは、インドが一九七四年以来渇望していた「核大国の地位」をとうとう米国が認めたということである。そのことにより米国はインドを戦略的に自陣営内にとりこもうとしたのであり、ポスト冷戦期における世界島をめぐる権力政治においてまさに画期的な合意であった。その戦略的重要性は一九七二年の米中合意に匹敵するぐらいである。

米印原子力協定が核不拡散条約を弱体化させるとか（肝心のIAEAは歓迎しているのにもかかわらず！）、核開発を進めている北朝鮮やイランに示しがつかないとかという両紙の論評は同協定の地政学的意味をあまり深く理解したものではない。世界島をめぐる権力政治の文脈で米国とインドは互いに利益の一致をみたのであり（もちろん一致しない部分も残っているが合意にいたるほど一致する部分が多かったのである）、その一致した諸利益は数々あるであろう。またインドが（北朝鮮やイラン、さらにはパキスタンとも違って）民主主義国家であることも米国の計算の一部をなしたと思われる。（実際、パキスタンからの要請にもかかわらず、米国はパキスタンには同じような合意を与えなかった。）いずれにせよ、地政学的に要所を占めるインドの戦略的協力を米国は必要としたのであり、インドも米国の協力要請を受け入れたのであった。その具体的な表現が原子力協定という形で現れたのである。

インド洋圏を制圧しているインド、そして冷戦期以来どちらかといえば現状維持陣営とは疎遠であったインドが核保有国として台頭するなかで、米国はインドを自陣営に引き込みたいという意思表示をした。いうなれば（完全なものではないかもしれないが）米印協定はインドの「陣営鞍替え」のサインなのである。米国陣営の一員として世界政治秩序闘争に参加している日本の立場（国力）と利害関心――米国のそれらとは異なる点もあろう――からすれば、この「陣営鞍替え」はいかなる意味を持っているのか。そして、この視点から日本にとってのプラス面ならびにマイナス面を総合して考えるに、米印間の現時点での接近に対して日本は基本的に賛成の立場をとるのか、それとも反対（あるいは中立）の立場をとるのか。さらには基本的に賛成するとしても、原子力協定とは異なった接近法があると議論するのか……といったような思考法が求められよう。

では海洋勢力に属する、日本自身の地政学的政策はどのようなものであろうか。例えば小泉前首相がその政権末期に中央アジアを訪れたがそれはまさに、上海機構のモメンタムを削ごうとする効果を間接的にせよ狙ったものと理解できる。また、同様にモンゴルやインドへの接近も海洋勢力の勢力増長を狙った動きとして捉えることができよう。（モンゴルはその地理的条件にかかわらず中国とロシアに挟まれているため、海洋勢力に好意的である。）加えて、最近はじまった日米豪間の外交レベルの戦略協議はまさにアジア・太平洋地域における海洋勢力の団結を図る一措置として歓迎できる。安倍前首相が就任前に構想したようにインドがこれに加われば海洋勢力の団結はさらに強化されるであろう。その上、日本からみて世界島の最西端にあるＮＡＴＯも日本やオーストラリアとの戦略的協力関係の樹立に関心を示している。これらの動きは日本の国益に沿ったものといえよう。

正義論の戦略的利用

軍事力の行使を伴う実力レベルの闘争のほか、正統性に関する闘争も権力政治では避けられない。後者では対外広報活動が大きくものをいうという点も我々は深く理解する必要がある。

自国をいかに特徴づけるのかというアイデンティティに関する（表面的には非政治的な）行為も、権力政治の文脈では政治的行為となってしまう。そもそも、現状維持陣営、現状打破陣営、中立陣営のいずれに自国が属すべきかという判断は、各陣営が信奉する価値観のいずれに自国が共鳴するのか、というアイデンティティ・レベルでの判断に基づいているのである。したがって、世界政治ではアイデンティティや信奉する価値の発表は権力闘争の一部とならざるをえない。その結果、自陣営の価値が「正しく（正義であり）」、他陣営の持つ価値が「間違っている（悪である）」（これらの主張は道徳論的色彩を負うことが多い）と宣伝することにより主導権を握る政策が必要となるのである。

ここで注意を要するのは、そのような価値は普遍的な価値であって、一国特有の価値（その国にしかない文化など）ではないという点である。仮にその普遍的な価値が自国の歴史経験に基づくものであっても、他の国々から共鳴を得られるような、つまり普遍的な言葉でもって語られねば、政治的効果は期待できない。

二〇世紀においては、アングロ・サクソン（現状維持）勢力は「自由」「民主主義」「資本主義」といったような価値を正当なものとして喧伝してきた。他方、現状打破勢力はそのような価値が持つ欺瞞性を指摘し、支配を正当化するための一手段にすぎないと主張し、「新秩序」の必要性を説いてきた。もっといえば、「歴史の解釈」もこのような正統性をめぐる闘争の一部と考えることができる。つまり、自分の都合のいいように（競争相手国に都合が悪いように）歴史を解釈し（それはとくに前回の覇権戦争に関するものが多い）現時点の権力政治場裡における自国の地位を強化し、競争相手国の地位を弱体化せんとするのが歴史解釈論争である。裏からいえば、そのような歴史解釈論争を制約するあるいは共通の歴史解釈を持つようにする、というような活動は、権力闘争を棚上げせんとする意思の現われと理解できよう。

このような権力政治的視点にたてば、小泉政権の対中外交は熟練度に欠けていたといわざるを得ない。まず、靖国神社参拝問題やいわゆる歴史問題に対する中国の対日態度は、まさに上で述べたような意味での権力政治的なものであったことを認識する必要がある。日本がとりえたひとつの対応は権力政治的なもので、それは自国の（そして現状維持陣営の）価値である政治的自由や民主主義を前面的に出し、徹底的に中国の非民主主義体制の問題点（基本的人権の弾圧など）を指弾するというものであったはずである。現在の世界秩序において正統（正義）とされる価値観はまさに現在の日本が信奉し体現している価値観であって中国が体現している価値観ではない。小泉政権はそのような土俵に議論を乗せずに終始してしまった。第二の権力政治的対応は歴史問題を棚上げする方式であるが、これは北朝鮮の核問題なども追い風となって、安倍政権が採用し成功したのである。安倍前首相の「あいまい作戦」（靖国神社に参拝したか、あるいはこれからするか一切公言しないというもの）は玉虫色の解決策であるがそれゆえに権力政治的の観点からいえば絶妙な作戦であった。

また、先の覇権戦争で負けて「勝者（現状維持勢力）の正義」を受け入れ、その後現状維持陣営に入っておきながら「実はその正義は受け入れていなかったのだ」というようなジェスチャーを示すことは、グランド・ストラテジーの観点からすれば好ましくない。例えば、もし仮に日本政府高官がいわゆる東京裁判の正統性を否定するような行為に出たならば、そのような問題が生じよう。サンフランシスコ講和条約第一一条にて、日本は東京裁判の正統性を認めている。それを覆すような行為（例えば「東京裁判史観」を糾弾するというようなもの）は次の意味で危険といわざるをえない。つまり、戦後、現状維持勢力についてきた姿勢は実は偽りのものであったということだけでなく、自ら講和条約にサインしておきながらそのような偽装を続けていたことを示唆するからである。そうなれば、日本はまさに信用がおけない嘘つきの国だということになろう——先に触れた政治的信用の重要性を思い浮かべていただきたい。

このことは、現状維持陣営のリーダーである米国への批判を封印するものではない。「正義」を標榜する自陣営の利益が米国によって犯されるときには米国を批判してもかまわないのである。しかし、そのような対米批判は米国も本来であれば遵守すべき普遍的道徳・正義の言葉でもってなされるべきであろう。また、「米陣営内部に亀裂が生じている」というような印象を外部に与えない形での対米意思伝達が求められる。

例えば、悪名たかきグアンタナモ基地(キューバ島の端にある米軍基地)を取り上げてみよう。二〇〇一年以降のテロとの戦いにおいて、ブッシュ政権は捕まえたテロリストたちをこの基地に監禁していたが、そこでの尋問では事実上の拷問が行われていたのである。「捕虜に関するジュネーブ議定書」はテロリストには適用されないというブッシュ政権の主張は説得力に欠けていたと言わざるをえない。現状維持陣営が「正義」と認める基本的人権概念やジュネーブ議定書といったような基準に照らせば、ブッシュ政権の行為は行き過ぎたもの——そしてそれは対テロ戦の正統性を自ら損なうもの——であった。米国のテロとの戦いを支援する同盟諸国が中止を求めるべき行為であったのである。

これらの例がしめすように、自国の正義を国際政治の文脈で語るときには権力政治の文脈に十分に留意し、自国のグランド・ストラテジーにとって効果的な政治的成果をねらうことが常に求められる。戦略感覚なしに「言いたいことを言う」といったような態度は国益を損ないかねない。政府レベルはもとより、国内言論をリードしていく——そして外国人と接するエリート層にもこの点の十分な理解が求められるところである。

こういった視点から国民レベルでの動向をみる限り、現在の日本人は情緒的ナショナリズムに毒されているように見える。戦略感覚に欠けているのである。一九八〇年代の言葉でいえば「ソープナショナリズム」(天谷直弘)であろうか。(11)その底に潜んでいるのは日本特殊論に基づく復古主義に他ならない。日本人は、右派も左派も押しなべてナショナリズムが大変強い(左派の「反米スタンス」もナショナリズムの一形態である)。そのこと自体は普通である。また、ナショナリズムに特有な自己中心性はいかなる国家も持っており、これまた目くじらをたてることはない。問題は、そのナショナリズムが日本特殊論的な色彩(民族的独自性を強調するという意味での、まさにエスノセントリズムの体裁)をとりがちなところにある。ひと皮むけば、日本特殊論が顔を出す。「日本人でどこが悪い」「日本の行為(文化、習慣、歴史)のどこが悪い」「悪いのは外国だ」と開き直るのである。様々な復古主義調の著書がベストセラーとなるような状況もこの日本特殊論に基礎を置くナショナリズムの一表現といえよう。

これではアイデンティティの問題を考えるときに、自然と「日本対非日本（つまり他のすべての国々）」の構図に陥りやすい。つまり、他の国との共有感をわかちあうことが必要以上に困難になってしまうのである。さらには現在の国際関係ではタブーとされる人種主義的な響きさえ伴うことになりかねない。上で指摘したように、正統性をめぐる言説では普遍的な言葉でもって他国に語りかけるのが必須である。自国の特殊面ばかりを強調する姿勢はその意味で日本の国益に反すると言わざるをえない。

長期的には、日本の独自の文化や言語を海外において理解してもらう、またそのような理解を持っている対日シンパ的な層を培っていくという地道な対外文化啓蒙活動は必要であり望ましい。とくに海外のエリート層への浸透が重要であろう。日本では一九七〇年代以来、国際交流基金がこの分野で大変な活躍をしている。にもかかわらず、我々は世界規模の権力政治場裡では「日本をよく知っているかどうか」ではなく「日本は正義を体現しているのかどうか」が議論の中心をなすことを忘れてはならないのである。そしてその正義は普遍的な言葉で語られなければならない。つまり正義論の戦略的利用が必要となるのである。

おわりに

世界規模に展開し続ける権力政治において日本はしたたかに生きていかなければならない。しかし、そのような「生き方のノウハウ」を一部の政府関係者は持っているものの、それを理解でき支持できる国民が数少ないというような状況であれば、民主主義国家として健全な姿とはいえない。したがって、国際政治に関する素養（本章の冒頭でグローバル・パースペクティブと呼んだもの）が言論界だけでなく、国民レベル全体で、それも世代を超えて培われていくことが望ましいのである。そのような過程を経ることによって、これまでたびたび感情的に表出されてきたパロキアリズム（偏狭性）が克服され、冷徹な世界レベルでの思考枠組みに国民が慣れ親しむことが可能となろう。その結果として世界の権力政治に関してセンスをもっている政治家が世代ごとに多数現れ、日本国民を堅実に導いていくような状況が生まれ得るのである。その一助となればと思い、本章はそのような思考枠組みのスケッチを提供した。

最近、在外日本人、それも国際政治学研究を生業とする在外日本人の一人として特に危なく思うのは、祖国にいる同胞たちが国民レベルで示す情緒的な対外態度である。特殊日本論にもとづく強いナショナリズムに関しては既に指摘したが、その他、大国になることへの憧れが潜在的であれ大変強いことがあげられよう。また「嫌米」や「媚米」というような言葉が流行するというような状況はまさに情緒的なもので、権力政治場裡における冷徹なグランド・ストラテジーの発想からはほど遠いと言わざるをえない。

実はこのような状況は驚くほど昔から変わっていない。日本外交史に関する書物を紐解けば、このことはよく分かる。情緒的態度が歴史上もたらしたのは、国民受けはするが世界政治における日本の国益を根本的に損なうような（いうなれば国際連盟を「さっそうと」脱退した松岡洋右のような）指導者の行動であり、あるいは国内特有の「空気」にのってしまい、誰も責任者がいないまま外交がとんでもない方向に進んだという結果である（対米開戦がその好例とされている）。

祖国日本がまちがった国策をとらず、中級国家として権力政治の荒波をたくましく乗り切り、自由民主主義国家の普遍的言葉でもってアイデンティティを語り、国際的責務を立派に果たし、国際社会で尊敬と信頼を受ける国になるよう、心から応援したい。

（註）読者を想定して、できるだけ翻訳がある著作を選んだ。

編者あとがき

企画から四年を経て、本書は出版にたどりついた。その間日本では二〇〇六年から二〇〇八年の二年間に首相が、安倍・福田・麻生と三回も交代する異常な事態に見舞われた。この原稿を書いている現在は、麻生政権も末期症状を呈しているとの見方がメディアでも大半を占めている。内政が混迷を極める中、当然ながら日本外交には根本的変化の兆しはない。

振り返ってみて、本書を企画した二〇〇五年は、二一世紀初頭の日本外交が抱える矛盾がはっきり露呈した年だったと改めて実感する。この年は「序」に述べたように、第二次世界大戦終結そして国際連合成立から六〇周年であった。日本を含め東アジア諸国では、六〇年のタイム・スパンというのは干支が一巡し、基点となった年の干支に再びもどる還暦にあたる。そこには一つの大きな歴史サイクルが終わり、新しい時代が始まる節目を祝う特別な意味がある。だが、この年際立ったのは新しい始まりを祝う精神より、終わっていない歴史の清算問題のほうであった。ここでは本書のしめくくりの意味を込めて、二〇〇五年を基点に日本外交の変遷と課題を振り返ることにしたい。

一九四五年の終戦から一九五一年のサンフランシスコ平和条約調印に至る六年間に、国際情勢は大きく変容した。冷戦という現実を背景に、日本は米国の占領下で同国の旧敵国から同盟国へと変わり、戦後日本の安全保障体制の基軸が形成された。西側資本主義陣営の一員として国際社会に復帰した日本は、その後米国の傘下で世界第二位の経済大国にまで飛躍的に成長を遂げる。「専守防衛」に徹し海外派兵を禁じる憲法九条は堅持され、戦争体験に基づいた平和主義の考えは国民に浸透した。しかし、冷戦終結後のグローバルな国際環境の変化の中で、日本の安全保障政策は大きな壁に突き当たった。日本の政府開発援助（ODA）は九〇年代には世界第一の座を占めるまでになっていたが、湾岸戦争を契機に路線転換が迫られ、経済の枠を超えた国際貢献が求められた。日本にとって米国の第一義的重要性に変化はないものの、「普通の国」への模索がはじまり、並行して政治的影響力や発言力拡大にむけた動きも見られるようになった。国連安保理事会常任理事国入りを目指した二〇〇五年の取り組みは、その延長線上に位置づけられる。

本書に掲載された論文では、「普通の国」がキー・ワードの一つとして頻繁に使われている。佐藤洋一郎氏による「日本の海外派兵決定の分析」は、その核心部分の海外派兵恒久法制定に向けての動きに焦点をあてた。芦澤久仁子氏は、日本の多国間安全保障政策は「実際に全てを考慮してみれば、依然として非軍事的な手段――つまり経済的及び外交的手段――に多くを頼っている」が、自衛隊海外派遣にみる軍事手段の活用も、「徐々にではあるが着実に、質と量の両方の面で拡大してきている」と留意する。平田恵子氏は、国内の論壇や政治指導者の間でも「普通の国主義者が主流になってきた」一方、憲法上の制限、国内のリーダーシップの低下や世論の反対などにより「普通の国化は容易には進まない」、また「それに替わる、海外でも通用するパラダイムはまだ見つかっていない」と指摘する。赤羽恒雄氏が取り組んだ「ソフトパワー」の概念は、二一世紀にこの新しいパラダイムを構成し得る要素の一つとして注目される。同氏は、経済・軍事といったハード面との均衡を見出しながら、いかにソフトパワーを国際的影響力に置き換えていくのかが、二一世紀初期「日本の安全保障政策が直面する困難な課題」とみる。一方、丹治三夢氏は、二一世紀の新たな安全保障の方向性が模索される中で、国内問題として片付けられがちな沖縄の米軍基地問題に焦点をあてた。冷戦下の国際システムの下でネオ・リアリズムの視点から「日米の同盟関係を保つためという必要性だけで正当化されてきた」この問題を外交問題と位置づけなおし、それを根本的にとり除くことにより日米関係をより安定させる、という視点からその第一歩として普天間基地の移設なき閉鎖を提唱している。

現代の日本と東アジア隣国との緊張関係を理解するには、一九四五年より歴史をもう一サイクル遡って日本の変遷を顧みる必要がある。西欧の列強によるアジアの植民地化が進む中、不平等条約を結ばされて国際舞台に引っ張り出された極東の小国日本は、一九世紀末にはアジアで唯一、帝国主義列強に仲間入りするようになる。しかし、進出・拡大を続けた結果、太平洋戦争への道を突き進み、それまで獲得した勢力圏の全てを失い、再び小国へともどる興亡の歴史を辿った。二〇〇五年は、日清戦争後の下関条約（一八九五年）で日本が台湾を奪取してから百十年、日露戦争後のポーツマス条約（一九〇五年）で南樺太を奪取してから百年、そして第二次日韓協約で韓国を保護国化してから百年にあたった。隣国から見れば、屈辱の歴史の始まりとそこからの解放という二つの大きな節目が重なった年であった。この年に島根県が「竹島の日」条例を制定し、小泉首相が八月一五日の終戦記念日に靖国神社に参拝し、日本政府が国連安保理常任理事国入りを目指したことは、「過去を反省しない日本」の姿を印象づけた。この年は日本と韓国では国交正常化四十周年を記念した「日韓友好年」のはずでもあったが、前年まで改善傾向にあった日韓関係は急速に冷却化し、改めて根強くのこる対立構造が浮き彫りになった。

問題の一端は、大戦終結で大日本帝国興亡の歴史サイクルが終わった時、戦後処理がきちんとなされなかったことにある。過去の清算をすませ「戦後」に踏み出す前に、東アジア全体が冷戦という新しい世界秩序に巻き込まれ、その中で数々の問題が未解決のまま残されていた。一九七〇年代になって日本は中華人民共和国と国交を樹立し、米国からは沖縄の施政権を返還された。しかし、その後米ソ冷戦が終結し欧米でヤルタ体制が崩壊しても、東アジアでは緊張が緩和しただけで、冷戦時代から続く確執や対立構造が根本的に解消することはなかった。「ポスト冷戦」の新たな波が世界規模で広がる中、経済や文化面での関係は発展しつつも、歴史が政治を分断したままの状況が続いているのが、二一世紀初頭の日本と隣国との関係である。本書の後半はそういった隣国との関係に触れている。

原貴美恵は、サンフランシスコ平和条約は冷戦の副産物であり、そこから派生した地域紛争については地域冷戦の地理的前哨（frontier）と位置づける。そして同条約が多国間枠組みで準備、調印される過程で、数々の問題が相互にリンクされていた点に着目し、こうした諸問題の解決を現在の当事国の枠組みを超えて検討することを提唱している。池田哲氏は、冷戦下で「戦前・戦中・戦後に亘る日本と中国・韓国・北朝鮮の歴史の記憶が恣意的に作られ、政治的に利用されてきた」ことを指摘し、小泉政権の「中国・韓国軽視の外交」、「日本の国家意識を前面に打ち出す外交」は、近年の日本経済の後退を背景にした、ある意味での「政治・外交的な賭け」であったと分析した。

分断された東アジアの隣国をつなぐ吸着剤は経済である。これは国交のある同じ陣営の国同士だけでなく「国交なき時代」の日中関係にも共通していえることであった。高嶺司氏は「政治や安全保障の分野においては対立と和解の局面を繰り返しながらも、経済分野においては相互依存・相互利益関係が成り立つ」という点は、戦後一九七一年までの時期と現在も「さほどの変化はない」と分析した。冷戦後、地域統合や共同体づくりに向けた多国間協力の動きが東アジアでも活発化したが、寺田貴氏は、「経済危機やFTAの動きにより、地域協力に対するより直接的な共通の関心が作られる形で、地域協力が促進」され「東アジア」地域概念の定着が図られたとして、経済が諸国間の吸着剤となっていることを示唆している。しかし、ここで扱われたAPEC、ASEAN＋3、EASを含め諸枠組みの数だけは増えたものの、この地域では欧州で経済・政治統合に発展したEUのような根本的発展をみるには至っていない。安全保障の面でも、東欧にも拡大したNATOのような多国間同盟関係は築けていない。不信や確執の源が政治的に解消されておらず、地域統合や共同体づくりの障害となっているからである。

冷戦時代、日本は米国が作った国際秩序の中で国益を模索し発展をとげた。冷戦後、米国一極支配が際立った時代は既に過ぎ、ブラジル・ロシア・インド・中国らの新興勢力（BRICs）が台頭し、欧州がひと固まりで動く多極化の時代は現実になってきている。東アジアに向けられる視線の焦点は中国に移り、日本の存在感は年々薄らいでいく印象がぬぐえない。川崎剛氏が説くようなグランド・ストラテジーの発想法を身につけ、国際情勢を見極め「国際社会で尊敬と信頼を受け」、「したたかに」生きていく土台を築くのも、日本外交の課題かもしれない。

本書は、在外日本人研究者が協同して、日本外交の再検討を試みることを目的として企画された。個人レベルの話になるが、この「在外」の視点について少し触れ、編集を終えることにしたい。

外交政策を議論する国際会議やセミナーで、発言者が自分の出身国の立場について話すとき（例えば日本人参加者が日本の立場を話すとき、米国人参加者が米国の事情を話すとき）、一人称複数形の「ｗｅ」が頻繁に使われる。国を公式に代表する立場にある政府関係者だけでなく、非政府組織・民間の研究者の口からもこの「ｗｅ」がしばしば出てくる。既に二〇年前になるが、留学して間もない頃は、私もこの「ｗｅ」にさほど違和感を持たなかった。それが、海外での学究生活や就労経験が増すにつれ、いつしかこの「ｗｅ」に躊躇するようになった。

先日、この「あとがき」執筆を気に留めながらも、既に予定の入っていた米国ワシントンＤＣでの国際会議に出席した。竹島・独島問題の会議であったが、ここでも、韓国を代表する「ｗｅ」、日本を代表する「ｗｅ」、米国を代表する「ｗｅ」、「在外」の「ｗｅ」、研究者としての「ｗｅ」といった、数種の「ｗｅ」が飛び交った。会議参加者には、本書の執筆者と同じように、祖国で生まれ育ち大学院から「在外」の韓国人研究者たちも含まれていた。食事・休憩時間に、問いかけてみた。「在外韓国人研究者と本国の韓国人研究者とでは、祖国の外交をみる視点や見方はどう違うと思いますか」。在米歴が人生の丁度半分程度になる四〇代後半の韓国人研究者は、自分たちの視点は、概して米国人と本国の韓国人との中間あたりに位置するのではないかと答えてくれた。もう少し年配で在外歴が人生の三分の二程になる六〇代の在米韓国人研究者は、最近は中間よりやや米国人としての「ｗｅ」を自覚するようになったと答えてくれた。同会議には、日本での留学・就労経験が長く韓国に帰国して間もない四〇代後半の韓国人研究者も参加していた。彼は、同会議主催者で在米歴二十余年の著名な韓国人研究者の著作に触れ、韓国の外交政策に対してかなり批判的であるが、そこには「想う心というか、シンパシー（情）があるように感じます」、と日本語で答えてくれた。外からの視点であるが自己批判的なもの、ある意味で愛国心が混じっているというのだ。本書に掲載した論文にもそういった「想う心」や「シンパシー」が反映されているだろうか。これは読者に判断を任せたい。

本書の出版には、当初の予想を大幅に超える時間が掛ってしまった。この間、企画に参加していただいた時点では「在外」であった論文執筆者の内、高嶺氏、寺田氏の二名は帰日された。しかし、両氏とも十年以上の在外経験を持ち、帰日後間もないこともあり、執筆者としてそのまま留まっていただいた。編集に際しては、各執筆者の方々は根気強く修正を重ねてくださった。深くお礼申し上げたい。また、学術書の出版が非常に厳しい状況にある中、出版を快諾された藤原書店社長の藤原良雄氏、並び編集作業を辛抱強く支えてくださった同社編集部の刈屋琢氏にも心からの感謝を記したい。

二〇〇九年七月

編者

洋書房，1996年をみよ．

(6) 覇権戦争に関しては Robert Gilpin, *War and Change in World Politics* (New York: Cambridge University Press, 1981) が現代古典の地位を占めている．

(7) ハルフォード・マッキンダー著『デモクラシーの理想と現実』曽村保信訳，原書房，1985年.

(8) Nicholas Spykman, *The Geography of Peace* (New York: Harcourt, Brace) 1944.

(9) フランシス・フクヤマ著『歴史の終わり』上・下巻，渡辺昇一訳，三笠書房，2005年.

(10) 吉田ドクトリンに関しては永井陽之助『現代と戦略』文藝春秋，1985年を参照せよ．

(11) 天谷直弘「ソープナショナリズムを排す」同著者『日本町人国家論』PHP文庫，1989年，97-140頁．原文は1981年『文藝春秋』に掲載.

(43) *Sydney Morning Herald*, 4 March 1996.
(44) *Age*, 7 October 2000.
(45) Dalrymple, Rawdon (2003) *Continental Drift: Australia's Search for a Regional Identity*, Ashgate, p.150.
(46) *Straits Times*, 29 April 2000.
(47) *Straits Times*, 5 June 2005.
(48) Terada, Takashi (2005) "The Japan-Australia Partnership in the Era of the East Asian Community: Can they Advance Together?" *Pacific Economic Papers*, No. 352, Australia-Japan Research Centre, p.13.
(49) *Ibid.*
(50) *Ibid.*
(51)『朝日新聞』2003年12月16日.
(52) *The Australian*, 6 August 2005. 両国はそれぞれ付随文書（Side Letter）もTAC締結の際に付けており，そこには，TACでの規定が両国が結んでいる他の二国間や多国間の取り決めに影響を与えないことなどが記載されている．これはTACによって自身の外交政策が拘束されないことを意味していると言えよう．
(53) 例えば，インドネシアから独立した東ティモールに日本が平和維持活動の一環として自衛隊の施設部隊を派遣したことを歓迎して，ハワード首相は「われわれは日本のこのような安全保障面での地域参加をきわめて前向きにとらえている」と述べたが，これは国連安全保障理事会の常任理事国入りをめざす日本の努力に対する，ホーク政権時からのここ15年間のオーストラリアの一貫した超党派的支持に見られるように，オーストラリアは冷戦後の日本の政治・安全保障面での貢献の必要性を認識している．
(54)『日本経済新聞』2005年4月26日.
(55) 経済産業省編『グローバル経済戦略——東アジア経済統合と日本の選択』，ぎょうせい，2006年，第3章.
(56)『毎日新聞』2006年11月21日.
(57) 日本案に支持を示したシンガポールもASEAN+3の枠組みでは中国の意向が過度に反映される可能性を危惧していた（シンガポール外務省担当者との筆者インタビュー，2008年4月8日，東京）.
(58) *Straits Times*, 19 August 2005.
(59) 外務省アジア太平洋局担当者との筆者インタビュー，2005年12月25日，東京.

終　国際権力政治の論理と日本

(1) カール・フォン・クラウゼヴィッツ『戦争論』上巻，篠田英雄訳，岩波文庫，1968年，58頁.
(2) この点に関してはポール・ケネディ著『大国の興亡』上・下巻，鈴木主税訳，草思社，1988年をみよ.
(3) Paul W. Schroeder, *Systems Stability, and Statecraft: Essays on the International History of Modern Europe*, edited and with an introduction by David Wetzei, Robert Jervis, and Jack S. Levy (New York: Palgrave, 2004) の第9章, "Alliances: 1815-1945: Weapons of Power and Tools of Management" を参照せよ.
(4) E. H. カー著『危機の20年——1919-1939』井上茂訳，岩波書店，1996年の国際法に関する章をみよ.
(5) 例えばロバート・コヘイン著『覇権後の国際政治学』石黒馨・小林誠訳，晃

(15) *Ibid.*
(16) *Ibid.*
(17) フィリピンのシアゾン外相への筆者インタビュー.
(18) 同上.
(19) この認識は例えば，リー・クァンユー・シンガポール上級相によって示されている．日本経済新聞社編（2000）『アジア――新たなる連携』，82 頁.
(20) 榊原英資（2000）『日本と世界が震えた日――サイバー資本主義の成立』，中央公論新社，180 頁.
(21) 筆者インタビュー.
(22) Altbach, Eric（1997）"The Asian monetary fund: a case study of Japanese regional leadership," *JEI Report* 47A, 19 December.
(23) Amyx, Jennifer（2002）"Moving Beyond Bilateralism? Japan and Asian Monetary Fund," *Pacific Economic Papers*, No.331, Australia-Japan Research Center.
(24) *Asian Wall Street Journal*, 26 September 2000.
(25) Ravenhill, John（2001）, *APEC and the Construction of Pacific Rim Regionalism*, Cambridge University Press.
(26) 寺田貴（2008）「制度としての APEC：米国の影響と機能・規範の変遷」，日本経済研究センター編『次の巨大市場・アジア太平洋――日米中の戦略と 20 年目の APEC』.
(27) 橋本龍太郎（1997）「日・ASEAN 新時代への改革――より広くより深いパートナーシップ」，1 月 14 日，シンガポール.
(28) 筆者インタビュー.
(29) シアゾン・フィリピン外相との筆者インタビュー.
(30) Look Japan（2000）"Money talks: a review of proceedings at the 2nd ASEAN+3 Finance Minister Meeting," November, pp. 18–19.
(31) *Straits Times*, 22 November 2000.
(32) *Asia Week*, 10 December 1999.
(33) Terada, Takashi（2004）"Creating an East Asian Regionalism: The Institutionalization of ASEAN + 3 and China-Japan Directional Leadership," *The Japanese Economy*, Vol. 32, No. 2, p.73.
(34) Alexander Wendt（1994）"Collective Identity Formation and the International States," *American Political Science Review*, Vol.88, No.2, p.391.
(35) Terada, Takashi（2006）"Forming an East Asian Community: A Site for Japan–China Power Struggles," *Japanese Studies*, Vol.26, No.1, p.13.
(36) ハディ・スサストロ（Hadi Soesastro）インドネシア戦略国際問題研究所長との筆者インタビュー，2005 年 7 月 20 日，ジャカルタ.
(37) 外務省地域政策課担当者，筆者インタビュー，2005 年 1 月 16 日（東京）.
(38) East Asian Study Group, *Final Report*, submitted at ASEAN+3 Summit, 4 November 2002, Phnom Penh, Cambodia, p.4.
(39) 寺田貴（2007）「東アジアにおける FTA の波及――規範の変化と社会化の視点から」『国際問題』No.566.
(40)『日本経済新聞』2003 年 10 月 8 日.
(41) 例えば,『ジャカルタ・ポスト』紙（*Jakarta Post*, 30 December 2003）はその社説で，日本の対応を「近隣諸国に対し不誠実だ」と批判している.
(42) *Australian Financial Review*, 10 January 2002.

(66) 前掲，144-60 頁.

(67) Soeya, *Japan's Economic Diplomacy*, p. 77.

(68) Jan, "Japan's Trade with Communist China," p. 918.

(69) 例えば，外務省，前掲外交文書，「当面の対中共政策（第二次案）」.

(70) 前掲.

(71) 興味深いことに当時の外務省政策担当者は，アメリカ政府が「封じ込め政策」の裏で中国政府との接触を拡大する意図をもっていると分析している．外務省「米国の中国政策」外交史料館，マイクロフィルム No A'-0356, 第 4 巻,（1961 年 1 月 30 日）.

(72) 朝日新聞社編『資料　日本と中国 '45-'71』朝日新聞社，1972 年，67-8 頁.

(73) 外務省「わが国の対中国政策（長期基本政策）」外交史料館，マイクロフィルム No A'-0356，第 3 巻，（1959 年 7 月 14 日）.

(74) 当時の左翼攻勢にたいする政府側分析につては，外務省「日本のとるべき基本的立場」外交史料館，マイクロフィルム No A'-0356，第 4 巻，（1961 年 1 月 30 日）.

9　東アジア地域主義と日本

(1) 「拡大東アジア」という言葉は，小泉首相が 02 年 1 月，シンガポールで演説（英語）を行った後の質疑応答（日本語）の際に使用しており，筆者は会場でそのことを直接聞いている．その後，この言葉は一部マスメディアで取り上げられるようになった.

(2) Baker, James（1995）*The Politics of Diplomacy: Revolution, War and Peace 1989-1992*, Putnam Pub Group, NY.

(3) 寺田貴（2002）「日本のＡＰＥＣ政策の起源——外相三木武夫のアジア太平洋圏機構とその今日的意義」『アジア太平洋研究』23 号.

(4) マハティール・モハマド，石原慎太郎（1994）『ＮＯと言えるアジア——対欧米への方策』，光文社 .

(5) Terada, Takashi（1999）"The Genesis of APEC: Australia-Japan Political Initiatives," *Pacific Economic Papers*, No. 298, Australia-Japan Research Center.

(6) Keohane, Robert and Goldstein, Judith（1993）*Ideas and Foreign Policy: Beliefs, Institutions, and Political Change*, Cornell University Press, p.16.

(7) 当時, オーストラリアなどでは EAEC を East Asia Excluding Caucasians と揶揄し, マハティール首相の人種差別的アプローチを批判する向きもあった.

(8) ポール・キーティング（2003）『アジア太平洋国家を目指して——オーストラリアの関与外交』，流通経済大学出版会，247-56 頁 .

(9) *Business Times*, 9 January 1991.

(10) ASEAN で出される各年の共同声明等は，ASEAN 事務局のウェブページ <www.aseansec.org> にてアクセスできる.

(11) トミー・コー（Tommy Koh）シンガポール無任所大使への筆者インタビュー（2001 年 2 月 16 日，シンガポール）.

(12) Goh, Chok Tong, "Opening Statement," the 5th ASEAN Summit, Bangkok, 14-15 December 1995.

(13) ドミンゴ・シアゾン（Domingo Siazon）フィリピン外相への筆者インタビュー（2000 年 10 月 13 日，マニラ）.

(14) *Star*, 1 September 1996.

(42) 船橋洋一『内部——ある中国報告』朝日新聞社，1983 年，33 頁．当時，外務官僚の一部は大躍進政策が失敗におわることを確信をもって予想している，外務省，前掲外交文書「中共の現状とその対外政策（三大使会議参考資料）」．
(43) 波多野，前掲論文，250 頁．
(44) 陳，前掲論文，39-40 頁．
(45) George R. Packard III, *Protest in Tokyo: The Security Treaty Crisis of 1960*, Princeton: Princeton University Press, 1966, pp. 153-81.
(46) 岡田，前掲書，68 頁．
(47) 外務省「対中共借置要綱（案）」外交史料館，マイクロフィルム No. A-0356，第 2 巻，（1958 年 10 月 10 日）．
(48) 添谷芳秀『日本外交と中国 1945-1972』慶応義塾大学出版会，1995 年，87 頁，Sadako Ogata, 'The Business Community and Japanese Foreign Policy: Normalisation of Relations with the People's Republic of China', in Robert A. Scalapino (ed.) *The Foreign Policy of Modern Japan*, Berkeley: University of California Press, 1977, p. 180.
(49) Peter Berton, 'The Japanese Communist Party and Its Transformations', Working Paper No. 67, Japan Policy Research Institute, California, May 2000; Chae-Jin Lee, *Japan Faces China: Political and Economic Relations in the Postwar Era*, Baltimore: Johns Hopkins University Press, 1976, p. 233.
(50) 外務省「当面の対中共政策（第二次案）」外交史料館，マイクロフィルム No A-0356，第 2 巻，（1955 年 9 月 20 日）．
(51) 前掲．
(52) 添谷，前掲書，72-3 頁．
(53) 田川誠一『日中交渉秘録——田川日記 14 年の証言』毎日新聞社，1973 年，32-51 頁．
(54) Yoshihide Soeya, *Japan's Economic Diplomacy With China, 1945-1978*, Oxford: Clarendon Press, 1998, p. 62.
(55) 日中貿易再会における松村の役割の詳細につては，田川誠一『松村謙三と中国』読売新聞社，1972 年．
(56) この通称は貿易合意文書にサインした中国の廖承志と日本の高崎達之助のイニシャルＬとＴを取ってつけられた．田中，前掲書，55 頁．
(57) 田川，前掲書，33 頁，Soeya, *Japan's Economic Diplomacy*, pp. 79-105.
(58) 外務省「日本はなにをなしうるか」外交史料館，マイクロフィルム No A'-0356，第 4 巻，（1961 年 1 月 30 日）．
(59) この政経分離政策の詳細なる研究につては，王，前掲書，を参照．
(60) C.W. Braddick, *Japan and the Sino-Soviet Alliance 1950-1964: in the shadow of the monolith*, Houndmills, Basingstoke, Hampsher: Palgrave/Macmillan, 2004, pp. 105-41.
(61) George P. Jan, "Japan's Trade with Communist China," *Asian Survey*, vol. 9, no. 12, December 1969, pp. 913, 918.
(62) 田中，前掲書，57-8 頁．
(63) William A. Joseph, "Cultural Revolution," in Joel Krieger et al. (eds) *The Oxford Companion to Politics of the World*, New York and London: Oxford University Press, 1993, pp. 211-2.
(64) 添谷，前掲書，116-20 頁．
(65) 田川誠一『日中交渉秘録』，71 頁．

2004年，16-17頁.
(22) 田中明彦『日中関係 1945-1990』東京大学出版会，1991年，35-38頁.
(23) 外務省「中国問題に対する吉田総理書簡に対する各国の反応」外交史料館，マイクロフィルム No. A'-0009，フラッシュ No. 9，(1952年1月18日).
(24) George P. Jan, "The Japanese People and Japanese Policy toward Communist China," *Western Political Quarterly*, vol. 22, no. 3, September 1969, p. 607.
(25) 外務省「中国問題に対する吉田総理よりダレス顧問あて書簡」外交史料館，マイクロフィルム No: A'-0009，フラッシュ No.6，(1951年12月24日)，井口外務次官よりシーボルト駐日大使へ手交．中ソ同盟が日本を標的とするものであるとの公式見解に関しては，前掲外交文書，「中ソ友好同盟条約の解説（条約局条約課）」.
(26) ダレス顧問から吉田総理に渡された書簡の草稿も外交史料館にて閲覧可能，前掲外交文書，「中国問題に対する吉田総理よりダレス顧問あて書簡」，64-8頁.
(27) さらに詳しくは Hoopes, *The Devil and John Foster Dulles*, p. 112，岡田，前掲論文，88頁，田中，前掲書，35-8頁.
(28) この時期アメリカ政府は，その政治的圧力をもって日本の対外政策を実質的に左右している事実を，認めることはなかった．前掲外交文書，「中国問題に対する吉田総理書簡に対する各国の反応」.
(29) 五百旗頭真編『戦後日本外交史』有斐閣アルマ，2004年，79-88頁.
(30) 外務省「中共承認に関する鳩山総理言明報道に関する件」外交史料館，マイクロフィルム No. A'-0356，第1巻，(1955年2月21日).
(31) 前掲外交文書「中国問題に対する吉田総理よりダレス顧問あて書簡」.
(32) 外務省「中国問題」外交史料館，マイクロフィルム No. A'-0356，第2巻，(1955年)，日付なし.
(33) Walter LaFeber, *The Clash: US-Japanese Relations throughout History*, New York, London: W.W. Norton & Company, 1997, p. 100.
(34) ちなみに訪中した議員は高良とみ，帆足計，宮腰喜助である．波多野澄雄「日中経済関係の展開」，増田弘，波多野澄雄編『アジアのなかの日本と中国——友好と摩擦の現代史』山川出版社，1995年，249-50頁，田中，前掲書，46-7頁.
(35) COCOM とは，米国や日本を含む15の自由主義諸国によって1949年に設立された非公式の国際機構で，共産主義諸国に対する戦略物資の輸出を統制することをその目的としている.
(36) 波多野，前掲論文，250頁.
(37) 岡田晃『水鳥外交秘話——ある外交官の証言』中央公論社，1983年，63頁.
(38) 外務省「日本中共関係雑件——昭和35-40年」外交史料館，マイクロフィルム No: A-0356，第2巻，日付なし．原文は英語.
(39) 外務省「中国問題検討会」外交史料館，マイクロフィルム No: A'-0356，第2巻，(1956年8月31日).
(40) 岸の官僚及び政治家としてのキャリアの詳細については，岸信介（他）『岸信介の回想』文藝春秋，1981年.
(41) 大躍進政策とは「二，三十年の間に，中国の完全な近代化と社会主義から共産主義への移行を，政治的に動員された大衆によって同時に達成するとしたユートピア的イデオロギー」であった．Maurice Meisner, 'MAO Zedong', in Joel Krieger (ed.) *The Oxford Companion to Politics of the World*, New York, Oxford: Oxford University Press, 1993, p. 563.

(5) 外務省「Statement by General Frank R. McCoy, United States Representative on the Far Eastern Commission, Concerning Japanese Reparations and Level of Industry」外交史料館，マイクロフィルム No. B'-0003，フラッシュ No. 1，（1949 年 5 月 12 日）．

(6) この日華平和条約の日本側草案に関しては，外務省「Draft Agreement concerning the Establishment of Normal Relations between the Government of Japan and the National Government of the Republic of China」外交史料館，マイクロフィルム No. A'-0009，フラッシュ No. 9，（日付なし）．国民党政権と賠償問題に関する日本の考えにつては，外務省「日華請求権特別取扱要綱案」外交史料館，マイクロフィルム No. A-0356，第 1 巻，（1953 年 3 月 28 日），参照．

(7) 石井明・朱建栄・添谷芳秀・林暁光編『記録と考証——日中国交正常化・日中平和友好条約締結交渉』岩波書店，2003 年，356-63 頁．

(8) 賠償問題を含む日中国交回復交渉の詳細に関しては，前掲，3-125 頁を参照．

(9) Michael Schaller, *The American Occupation of Japan: The Origins of the Cold War in Asia*, New York, Oxford: Oxford University Press, 1985, pp. 122-40.

(10) 前掲外交文書「Statement by General Frank R. McCoy, United States Representative on the Far Eastern Commission, Concerning Japanese Reparations and Level of Industry」．

(11) 渡辺昭夫編『戦後日本の対外政策——国際関係の変容と日本の役割』有斐閣選書，1985 年，24 頁．

(12) 外務省「芦田書簡」外交史料館，マイクロフィルム No: B' 0008，（1947 年 9 月 13 日），芦田外務大臣よりアイケルバーガー第八軍司令官へ手交．J.A.A. Stockwin, *The Japanese Socialist Party and Neutralism: A Study of a Political Party and Its Foreign Policy*, London, New York: Melbourne University Press, 1968, pp. 2-12.

(13) 前掲外交文書「芦田書簡」．

(14) 外務省「マジョリティ・ピースにおける安全保障に関する基本方針（改訂版）」外交史料館，マイクロフィルム No: B' 0008，フラッシュ No. 5，（1949 年 12 月 3 日）．

(15) John Dower, *Empire and Aftermath: Yoshida Shigeru and the Japanese Experience, 1878-1954*, Cambridge: Harvard University Press, 1988, pp. 485-8.

(16) Wolf Mendl, *Japan's Asia Policy: Regional Security and Global Interests*, London and New York: Routledge, 1995, p. 79.

(17) 陳肇斌「戦後日本の中国政策の原型」『思想』1998 年 5 月号，28 頁，吉田茂『回想 10 年』新潮社，1957 年，267 頁．

(18) 王偉彬『中国と日本の外交政策——1950 年代を中心にみた国交正常化へのプロセス』ミネルヴァ書房，2004 年，34-35 頁．

(19) 中国のソ連対する歴史的不信感の原因の一つとしては，ヤルタ会談の結果として中国がソ連にたいし供与することを余儀なくされた長春鉄道・旅順・大連に関する特権がある．前掲外交文書，「中ソ友好同盟条約の解説（条約局条約課）」．外務省による同様の中ソ関係分析については，外務省「中共の現状とその対外政策（三大使会議参考資料）」外交史料館，マイクロフイルム No. A-0356，第 3 巻，（1959 年 5 月 26 日），参照．

(20) Dower, *Empire and Aftermath*, pp. 403-4; 岡田晃「わが国の中国外交裏面史」『思想』1998 年 2 月号，88 頁．

(21) 池田直隆『日米関係と「二つの中国」——池田・佐藤・田中内閣期』木鐸社，

(8) Braudel, F.（1980）. *On History*（S. Matthews, Trans.）. London:University of Chicago Press.
(9) このような圧力を示す最近の例では2006年に発表された蓮プロダクションのドキュメンタリー映画「蟻の兵隊」がある．
(10) *Reuters News*（13, October 2004）"Japan publisher suspends 'Rape of Nanjing' comic".
(11) 例外として慰安婦問題に関しては政府の調査が報告されている <http://www.awf.or.jp/index.html>．また筑摩書房などは個人的な兵士の戦時体験を出版してきた．
(12) 金永熙「日本はドイツとどこが違うのか」，『中央日報』2005年4月15日．
(13) 稲元洋「日本の謝罪「真摯でない」とドイツ紙　沈黙するなとＥＵ各国にも呼び掛け」，『日刊ベリタ』2005年4月20日．
(14)「核心　歴史教科書　ドイツの取り組み　独・ポーランド教科書委員に聞く　30年超共同研究　隣国と信頼醸成　「誠実な態度に共感」」，『東京新聞』2005年5月28日．
(15) 金，同上．
(16) 唯一のデジタル記念館として「慰安婦問題とアジア女性基金／デジタル記念館」がある <http://www.awf.or.jp/index.html>.
(17) 例えば，佐々木知子「敗戦のトラウマ」，『産経新聞』2005年2月27日．
(18)「中国反戦ドラマ，やはり「抗日」？　検閲1年半，大幅に修正」『産経新聞』2004年12月6日．
(19) 日本政策研究センター編『ここがおかしい中国・韓国歴史教科書――読んで呆れる「正しい歴史認識」』日本政策研究センター，2005年．
(20) George Will, "Tiny Slice of the Cold War Mars Japan-China Relations", *The Chicago Sun-Times*, Editorials/Letters, 20 August, 2004. 貞広貴志「日中の歴史問題「中国こそ恣意的解釈」天安門など例に米紙が批判」，『読売新聞』2005年4月19日．
(21) 堀信一郎，堀山明子，佐藤千矢子，小島昇，西脇真一，澤田克己「日韓条約：国交正常化あす40年　くすぶる戦後補償／存在感薄れる日本（その1）」，『毎日新聞』（本社版），2005年6月21日．
(22) 辻康吾「中国が苦しむ対日トラウマの構造」，『週刊 エコノミスト』学者が斬るシリーズ194，2004年12月21日，50-53頁．
(23) ソーシャルエコノミーはヨーロッパ諸国やカナダ・オーストラリア・ニュージーランド・アメリカで着目されている．European Economic and Social Committee <http://www.eesc.europa.eu/groups/3/index_en.asp?id=1405GR03EN>, Canadian Social Economy Hub <http://www.socialeconomyhub.ca/hub/> 参照.

8　戦後日本の中国政策

(1) 毛里和子「新たな日中関係を構築する（新思考）のために」毛里和子・張蘊嶺『日中関係をどう構築するか』岩波書店，2004年，222-3頁．
(2) 内閣府「外交に関する世論調査」<http://www8.cao.go.jp/survey/h13/h13-gaikou/index.html>（2006年10月20日参照）．
(3) 外務省「中ソ友好同盟条約の解説（条約局協約課）」外交史料館，マイクロフィルム No. B' 0008，フラッシュ No. 6，（1950年2月）．
(4) 外務省「中国の対日賠償要求の基本的立場」外交史料館，マイクロフィルム No. B' 0004，フラッシュ No. 1，（1947年12月31日）．

（17）1952 年に米議会で出された報告書中にある地図に筆者が加筆したもの．（United States, 82nd Congress 2nd session, SENATE, Executive Report No.2, *Japanese Peace Treaty and Other Treaties relating to Security in the Pacific/Report of the Committee on Foreign Relations on Executives, A, B, C and D*, Washington: United States Government Printing Office, 1952.）英語版 <http://japanfocus.org/products/details/2211>.

（18）Greg Austin, *China's Ocean Frontier: International Law, Military Foerce and National Development*, St. Leonards, NSW, Australia: Allen & Unwin in association with the Department of International Relations and the Northeast Asia Program, Research Schol of Pacific and Asian Studies, Australian National University, Canberra, ACT, 1998. 浦野起央『南海諸島国際紛争史――研究・資料・年表』東京：刀水書房，1997 年，492-501 頁．

（19）原前掲書第 1，3，4，終章より．

（20）同第 3 章より．

（21）原前掲書第 1，2，終章より．

（22）*FRUS 1955-57 Vol. XIII, Part I, Japan*, 1991, pp.122-3, pp.202-205. Hara, "New Light on the Russo-Japanese Territorial Dispute", *Japan Forum*, Vol. 8, No. 1, 1996, pp. 92-93.

（23）『読売新聞』，2005 年 12 月 12 日．

（24）この研究プロジェクトの一環として，日ソ国交回復 50 周年の 2006 年には，オーランド自治政府と欧州，日，露，豪州，北米の専門家の協力を仰ぎ，当地で国際会議も開催された．会議報告書（英文）は，国際戦略研究所パシフィック・フォーラム（米国）のウェッブサイト <http://www.csis.org/media/csis/pubs/issuesinsights_v07n04.pdf> で閲覧できる．オーランド会議及び関連する研究プロジェクト成果の総括は，原・ジュークスによる共編書として出版される．（Kimie Hara and Geoffrey Jukes eds. *Northern Territories, Asia-Pacific Regional Conflicts and the Åland Experience: Untying the Kurillian Knot*, Routledge, 2009.）

7　日本外交と東北アジア地域システム

（1）国家に対抗する勢力を議論の中心に据えて議論することも時には必要となる．例えば中国共産党に反対する勢力は天安門事件後中国国外に広がり，台湾や東南アジアの華僑と共に中国を一つの主体として議論することを困難にする．しかし，東北アジアにおける外交を考えるには国家の外交政策に反対する勢力を視野にいれなくても議論は十分成り立つと考える．

（2）IMF（International Monetary Fund），*Direction of Trade Statistics*（*CDROM*），Washington DC:IMF, 2006.

（3）Linda Seig, "Historical enmity behind worsening Japan-China ties," *Reuters News*, 11 November, 2004.

（4）「中韓 80%超が靖国参拝反対　3 カ国世論調査」，『東京新聞』2005 年 6 月 19 日．

（5）「〈今週の世論調査から〉中国に親しみ感じない 61%（21 日調査）」，『産経新聞』2005 年 4 月 25 日．

（6）村川亘「楽観的中国人・苛立つ日本人：北京と札幌の大学生を調査：将来展望　際立つ差」，『北海道新聞』2006 年 6 月 6 日．

（7）Yonhap Japanese（Yonhap News 聯合ニュース日本語，「韓日青少年の両国関係認識に格差，独島問題と韓流」，2006 年 7 月 22 日．

リアリスト的，（2）主観主義的，（3）内部要因的，（4）体制間抗争的アプローチの四種に分類している．体制間抗争アプローチでは，冷戦を国家間の対立或いは単なる軍事対立としてだけでなく，異なる社会・政治システム間の対立として捉えている．ハリディ曰く「異なる二つのシステムが存在し続ける限り，冷戦抗争は継続する．」（Fred Halliday, *Rethinking International Relations*, Vancouver: UBC Press, 1994, p.175. フレッド・ハリディ著・菊井禮次訳，『国際関係論再考・新たなパラダイム構築をめざして』ミネルヴァ書房，1997年）.

（4）1994年に機構化と名称変更が採択され，現在は欧州安全保障協力機構（OSCE）として活動.

（5）この点についての詳細は，Kimie Hara, "Rethinking the 'Cold War' in the Asia-Pacific", *Pacific Review*, Vol. 12 No. 4, 1999, pp.515-536を参照.

（6）例えば，公文書公開に関する所謂「30年ルール」など.

（7）例えば，海洋資源開発や国連海洋法採択など.

（8）原前掲書（2005年，2007年），第1及び終章より.

（9）同上.

（10）本章では「朝鮮」は英語のKoreaの邦語の意味で使われている.

（11）「朝鮮」については，条約では日本による放棄と独立承認が謳われているが，どの政府又は国家に対して放棄されたのかは明記されていない．当時，そして現在に至るまで「朝鮮」という名称をもつ国家は存在しておらず，そこにあるのは分断された半島に成立した朝鮮民主主義人民共和国（北朝鮮）と大韓民国（韓国）という二つの国家である.

（12）1950年半ばの日ソ交渉への米国の介入は，「ダレスの脅し」としてよく知られている．1956年8月，日本全権大使であった重光葵外相は，ソ連の二島返還オファーを受諾し，平和条約を締結しようとしていた．しかし，当時米国務長官になっていたダレスは，もしソ連に譲歩するなら，米国はサンフランシスコ平和条約第26条に則り，沖縄の保持を主張することが出来ると警告したのである．（松本俊一，『モスクワにかける虹――旧ソ国交回復秘録』（東京：朝日新聞社，1966年），pp. 114-7. 久保田正明『クレムリンへの使節――北方領土交渉1955-1983』（東京：文藝春秋，1983年），pp.113-7; *FRUS 1955-57, Vol. XXIII, Part I, Japan*, pp.202-3.）

（13）沖縄の主権帰属が未定にされたのは主に，沖縄の永続的独占支配権を主張する軍部の意向を「併合」という形を避けて実現すべく，国務省が政府内で交渉を重ね試案を練り上げた結果であった．必ずしも，日中間の「楔」とすることが主目的であったわけではないが，結果としてはそうなったことになる.

（14）例えば，1942年11月5日に報道された宋子文外相による声明では，中国が回復する領土として満州や台湾と一緒に沖縄が含まれていた．同外相は，1942年10月29日にも日本は琉球諸島から撤退すべきであると発言し，その数日後の記者会見では，中国は戦後これらの諸島を「回復」すると付け加えた．（T-343, July 2, 1943, "Liuchiu Islands（Ryukyu），" RG 59, General Record of Department of State, Records of Harley A. Notter, 1939-45, Records of the Advisory Committee on Post-War Foreign Policy 1942-45, Lot 60D224, Box 64; CAC-307, December 14, 1944, "Japan: Territorial Problems: Liuchiu（Ryukyu）Islands," Microfilm 1221, Roll 6, NA.）原前掲書第7章，終章より.

（15）原前掲書第6章より.

（16）同上および終章より.

麻薬対策（英国），司法改革（イタリア）.

(50) 筆者インタビュー，外務省経済協力局開発課主席及び国別協力担当課アフガニスタン担当，2006年6月9日，東京.

(51) アフガニスタンについては，自衛隊は，ISAFへの参加はしておらず，後方支援に関しても公式では行っていない.

(52) 閣議決定では，自衛隊は多国籍軍の司令部の下にあって，司令部と連絡閣調整を行うが，司令部の指揮下に入るわけではない，としている.

(53) もちろん米国政府は，1990年の第一次湾岸戦争の際の安保理決議660，678，687と2002年の1441決議を根拠にしている.

(54)「小泉総理大臣記者会見「イラク問題に関する対応について」（平成15年3月20日）」，首相官邸ホームページより，http://www.kantei.go.jp/jp/koizumispeech/2003/03/20kaiken.html（2006年2月28日アクセス）.

(55) 防衛省，「防衛省・自衛隊：国際社会における自衛隊の活動状況　2008年」，<http://www.mod.go.jp/j/news/katusdou/2008.htm>（2008年12月7日アクセス）.

(56) David J. German, Jennifer E. Steven, and Steven A. Hildreth, *Operation Enduring Freedom: Foreign Pledges of Military and Intelligence Support, CRS Report for Congress*, October 2001.

(57) 特に，開戦当初，高性能レーダー等最新鋭の防空システムを備えたイージス艦が派遣され，イージス艦の収集した情報を米軍に提供することが，集団自衛権の行使に抵触する可能性があることが指摘された.

(58) この点は，Christopher Hughesも指摘している．Christopher W. Hughes, "*Japan, the post-9/11 security agenda, globlisation, and the political economy of inequality and insecurity*," *CSGR Working Paper, No. 1 127/04*,（Centre for the Study of Globalisation and Regionalisation, University of Warwick, 2004）.

(59) 同，7頁.

(60) アメリカ主導のPSI（Proliferation Security Initiative）も有志連合タイプの枠組みと見ることが出来るが，これにも日本は積極的に参加している.

(61) コンストラクティビストの多国間主義の見方については，例えば，John G. Ruggie, *Constructing the World Polity: Essays on International Institutionalization*,（New York: Routledge, 1998）.

6　分割された東アジアと日本外交

(1) 本章は拙著 *Cold War Frontiers in the Asia-Pacific: Divided Territories in the San Francisco System*（オックスフォード大学日産研究所シリーズ，Routledge, 2007），及び『サンフランシスコ平和条約の盲点――アジア太平洋地域の冷戦と「戦後未解決の諸問題」』（渓水社，2005年）で紹介した主要研究所見に補足と修正を加えたものである.

(2) 例えばAkira Iriye, *The Cold war in Asia: a historical introduction*, Englewood Cliffs, N.J.: Prentice-Hall, 1974; Yonosuke Nagai, Akira Irye（eds）, *The Origins of the Cold War in Asia*, New York: Columbia University, 1977; Marc S. Callicchio, *The Cold War begins in Asia: American East Asian policy and the fall of the Japanese empire*, New York: Columbia University, 1988; Michael Schaller, *The American occupation of Japan: the origins of the Cold War in Asia*, New York: Oxford University Press, 1985; 菅英輝『米ソ冷戦とアメリカのアジア政策』（ミネルヴァ書房, 1997年）等.

(3) 国際関係論の分野では，1994年の著書でH・ハリディが，冷戦研究を（1）

連安保理決議に基づく「多国籍軍」」,『レフェレンス』2003年3月号，28-46頁を参照.

(34) この点では，1999年に発表された「政府開発援助に関する中期政策」で，紛争の予防，解決，紛争後の平和構築と復興は，開発援助の分野にとっても大きな課題である，と指摘されている.

(35) 重点課題は,(1) 貧困削減,(2) 持続的成長,(3) 地球的規模の問題（環境,人口,エネルギー等),(4) 平和の構築，の順.

(36) 国連平和構築委員会，シニアポリシーアドバイザーとのインタビュー．2008年11月9日.

(37) これらは2006年9月の国連総会における，大島国連大使の演説の中で，平和構築の取り組みとして挙げられたものである．これ以外に，東ティモール，スリランカ，コソボ，イラク周辺国大地域（ヨルダン，パレスチナ等）への日本のODAを，平和構築の取り組みと見ることが出来るが，それらは比較的小規模なので，本章では詳細を省く.

(38) 正式名称「イラクにおける人道復興支援活動及び安全確保支援活動の実施に関する特別措置法」．2003年8月制定，4年間の時限立法．この法律の成立と，運用上および憲法解釈上の問題点や，自衛隊のイラク派遣そのものについての議論は，ここでは言及しない.

(39) ODA評価有識者会議,『平和の構築に向けた我が国の取り組みの評価——アフガニスタンを事例として　報告書』，2006年3月.

(40) 海上自衛隊がインド洋沖に,米英等の多国籍軍の「不朽の自由作戦（Operation Enduring Freedom)」の後方支援として派遣されているが，これは平和構築というよりは，国際テロ対策の一環ということで行われている．この点については次項でさらに触れる.

(41) その後，日本政府は,「TICAD平和の定着会議」を2006年にエチオピアで開催している．興味深いのは，2008年に横浜で開催された第4回TICADでは，従来の伝統的な開発援助や環境問題に焦点があてられ，平和定着は，中心的話題ではなかった.

(42) 以上は，外務省,『我が国の対アフリカ平和の定着支援』(2006年2月）を参照.

(43) ODA関係者らの平和構築分野への考え方，取り組みは，例えば，国際協力機構，課題別指針作成チーム,『課題別指針：平和構築』(2003年11月）を参照.

(44) 外務省,「我が国のアフガニスタン支援　(2005年7月)」，<http://www.mofa.go.jp/gaiko/oda/kunibetsu/afghanistan.html>（2006年5月4日アクセス）を参照．ちなみに人道支援には，1億3700万ドルが配分された.

(45) 外務省,『イラク復興支援』(2006年6月).

(46) 外務省,『我が国の対アフリカ平和の定着支援』(2006年2月)，3頁.

(47) 日本のODA政策については，例えば，Saori N. Katada, "Japan's Two-Track Aid Approach: The Forces behind Competing Triads," *Asian Survey*, vol. 42, no. 2, 2002, pp. 320-342.

(48) 外務省,『イラク復興支援』(2006年6月)．NGO経由支援は，2700万ドルである．日本の平和構築援助の全体における，二国間ベース援助と多国間組織経由の援助との割合については，外務省としてまとめたものは無い．筆者インタビュー，外務省経済協力局開発課主席，2006年6月9日，東京.

(49) 2005年7月の時点での数字．DDRはアフガニスタン治安部門改革5分野のひとつ．他の分野および主導国は，新国軍創設（米国)，警察再建（ドイツ),

Six-Party Talks: A Regional Multilateral Approach to Resolve the DPRK's Nuclear Problem," *Pacific Affairs*, vol. 79, no. 3, pp. 411-432.

(18) 伊藤憲一，田中明彦監修，『東アジア共同体と日本の針路』（東京：NHK 出版，2005）pp.44-65.

(19) 筆者インタビュー，田中均（外務省前外務次官），2005 年 9 月 15 日，東京，外務省アジア局北東アジア課長，2005 年 9 月 9 日，東京.

(20) 例えば，David Shambaugh, "China Engages Asia: Reshaping the Regional Order," *International Security*, vol. 29, no. 3,（2004/5）, pp. 64-69.

(21) 筆者インタビュー，外務省総合外交政策局長，2006 年 6 月 15 日，東京.

(22) Charter of the United Nations（New York: United Nations Department of Public Information）, p.5.

(23) 国連憲章 7 章下での集団安全保障に基づく国連軍および多国籍軍への日本の参加は，憲法の規制上，日本の安全保障政策のオプション外なので，ここでは触れない．また，憲法改正をも含めた日本の集団安全保障による軍事行動への参加についての論議については近年さかんになっており，その議論の展開自体も重要度を増してきているが，これも紙面の都合上ここでは省略する.

(24) 1988 年に新しく始まった国連 PKO は 3 件，その後 89 年に 2 件，91 年に 5 件，92 年に 4 件，93 年に 6 件と，90 年代終わりまで，毎年ほぼ 3-4 件の割合で新しい PKO 活動が設置された．ここで言う PKO 活動は，通常，国連の PKO 局で管理されているミッションのことを指す．国連政治局で管理されているミッションは，次項で言う平和構築活動の分野に入る.

(25) Akihiko Tanaka, "The Domestic Context: Japanese Politics and UN Peacekeeping," in Selig S. Harrison and Masashi Nishihara eds., *UN Peacekeeping: Japanese and American Perspectives*（New York: A Carnegie Endowment Book, 1995）, pp. 89-105.（p.91）.

(26) その他，国際平和協力法に基づかない，外務省の権限での派遣も小規模ながら行われている．この場合は，政務官として国連のミッションへの派遣と，選挙監視要員として国際選挙監視団（国連または地域機構などによる）への派遣である．外務省国内広報課，『日本と国連』，2001 年，14-15 頁.

(27) これらの PKO がらみの数値は，外務省総合外交政策局国際平和協力室，『国連平和維持活動関連資料』（2006）より.

(28) 内閣府国際協力本部事務局ホームページより，<http://www.pko.go.jp>（2008 年 12 月 5 日アクセス）.

(29) Hideaki Shinoda, *Japan's Role in Peace Operations: It Is Time to Be More Than "Free Rider" and "Cash Dispenser,"* East Asian Institute Reports, Columbia University, 2002, p. 5.

(30) これらの日本の PKO 参加に関わる実務上の問題とそれに対する批判は，Katsumi Ishizuka, "Japan's Policy toward UN Peacekeeping Operations," *International Peacekeeping*, vol. 12, no. 1, 2005, pp. 75-78 を参照.

(31) 東ティモールの文官警察官派遣は，1997 年の UNIMET に 3 名，2001-8 年の UNMIT に 2 名.

(32) 外務省総合外交政策局国際平和協力室，『国連平和維持活動関連資料』（2006），42-43 頁.

(33) ただし，東ティモール多国籍軍へは，多国籍軍信託基金へ拠出を行い，途上国の参加を援助した．冷戦後の多国籍軍に関しては，樋山千冬，「冷戦後の国

vol. 18, no. 4 (2005), pp. 463-497.

(4) これは，アジア地域集団安全保障枠組みのアイデアが，1960年代後半から70年代全般にかけて当時のソ連から出されたことに大きく起因している．

(5) これには，多国間枠組み設立に必要な強いリーダーシップをとる国が不在だった，という点が大きい．アメリカはアジア多国間安全保障枠組みそのものに消極的であったし，日本はアジア諸国の対日感情という点から，地域安全保障でのリーダーシップ行動をとることそのものが論外と見られていた時期である．また，そのような地域多国間枠組みと中国との関係を位置づけることの困難さも，枠組み作りの非現実性という見方をもたらしたと言えよう．

(6) ASEAN オフィシャルサイトより． <https://www.aseanregionalforum.org>.

(7) Michael Leifer, *The ASEAN Regional Forum: Extending ASEAN's Model of Regional Security, Adelphi Paper 302* (London: International Institute of Strategic Studies, 1996).

(8) ARF は中国とロシアが設置当初から参加したが，ASEAN-PMC の枠組みには，この2国は含まれていなかった．この点に関して，中山提案の草案にあたった外務省職員は，中国とロシアのゆくゆくの参加は念頭にあった，としている．中山提案に，二国の参加を入れなかったのは，全く新しい枠組みを提案するよりは，既存の枠組みを利用して発展させて行く方が，現実的であるし，当時の日本の立場では，新しい地域枠組みを提案するのは，アジア諸国の対日感情に鑑みると，刺激的すぎる，という判断であった．筆者，インタビュー．2001年2月23日，東京．

(9) US Department of State, *Remarks of Secretary of State Baker Following the Association of Southeast Asian Nations Post Ministerial Conference*, July 24, 1991 (accessed June 6, 2003); available from Public Diplomacy Query.

(10) ASEAN summit, 1992 January.

(11) 日本のカンボジア和平外交の詳細については，河野雅治，『和平工作――対カンボジア外交の証言』（東京：岩波書店，1999）を参照．

(12) UNTAC に対する日本の参加は，国連の安全保障活動という点で，後述するグローバルレベルでの多国間安全保障への日本の対応みなすことも出来るが，日本政府・外務省は，カンボジア PKO を地域安全保障政策の一部と位置づけて語る傾向が強いので，本章もそれに従っている．

(13) 重層システム概念の形成，定着の詳細については，Kuniko Ashizawa, "Japan's Approach toward Asian Regional Security: From 'Hub-and-Spoke' Bilateralism to 'Multi-tiered'," *The Pacific Review*, vol. 16, no. 3 (2003), pp. 361-382 を参照．

(14) さらにその根底には，世界第二の経済大国として揺るぎない地位を80年代前半には確立した日本が，国際政治，少なくとも，アジアにおける舞台でもっと積極的な役割を果したい，という欲求があったと言えよう．アジアにおける冷戦後の地域秩序構築は，そのような積極的な役割を果たす際の，重要な政策目標と考えられていた．

(15) 2002年に当時の中谷防衛庁長官がシンガポールでこの提案を行ったが，実現には至っていない．

(16) この点については，Takeshi Yuzawa, "Japan's Changing Conception of the ASEAN Regional Forum: From an Optimistic Liberal to a Pessimistic Realist Perspective," *The Pacific Review*, vol. 18, no. 4 (2005), pp. 463-497 を参照．

(17) これについては，Kuniko Ashizawa, "Tokyo's Quandary, Beijing's Moment in the

保障とはすなわち「国家の安全」をさすとの前提の客観性を否定することができる．これらの理論については南山，前掲書に詳しい．ほかに，Steven Smith, Ken Booth and Marysia Zalewski, *International Theory: Positivism and Beyond*, Cambridge University Press, 1996など．

(24) Buzan, op.cit.

(25)「在沖海兵隊訓練アジア太平洋へ分散」『琉球新報』夕刊，2001年8月25日．

(26) 船橋，前掲書.

(27) 安里英子「特措法という『国の法』と『神の法』」高文研編『沖縄は基地を拒絶する』高文研，2006年，13頁.

(28) 琉球新報社・地位協定取材班『日米不平等の源流』高文研, 2004年, 155-166頁.

(29) Christopher W. Hughes and Akiko Fukushima, “U.S.-Japan Security Relations – Toward Bilateralism Plus?” in Ellis S. Krauss and T.J. Pempel (eds.), *Beyond Bilateralism: U.S.-Japan Relations in the New Asia-Pacific* , Stanford University Press, 2004, p.71.

(30) Mike Mochizuki, “A New Bargain for a Stronger Alliance,” in Mike Mochizuki (ed.), *Towards a True Alliance: Restructuring U.S.-Japan Security Relations*, The Brookings Institute, Washington D.C. 1997, 37 n2, cited in Peter Katzenstein and Nobuo Okawara, “Japan and Asia-Pacific Security” in J.J.Suh, Peter Katzenstein and Allen Carlson (eds.), *Rethinking Security in East Asia: Identity, Power and Efficiency*, Stanford University Press, 2004, p.102.

(31) Katzenstein and Okawara, pp.97-130.

(32) John Ikenberry, “America in East Asia: Power, Markets, and Grand Strategy” in Krauss and Pempel, *Beyond Bilateralism*, pp.37-54.

(33) Richard Tanter, “The New Security Architecture: Binding Japan and Australia, containing China,” *Austral Policy Forum,* 07-07A 15 March 2007, available at <http://nautilus.rmit.edu.au/forum-reports/0707a-tanter.html> (accessed 22 March 2007)

(34) Hughes and Fukushima, pp.78-86.

(35) Michael O’Hanlon, “Restructuring U.S. Forces and Bases in Japan” in Mochizuki, 1997, pp.149-178. 江畑謙介『米軍再編』ビジネス社，2005年，386-87頁.

(36) 2003年の日本の受入国支援額(Host Nation Support)は46億1485万ドルであったのにたいし，韓国のそれは4億6545万ドル，ドイツは821万ドルであった(久江雅彦『米軍再編』講談社，2005年，21頁).

(37)「普天間飛行場の安全不適格宣言（市長コメント）」宜野湾市役所基地政策部基地渉外課，2006年11月11日（宜野湾市基地渉外課ホームページ <http://www.city.ginowan.okinawa.jp/2556/2581/2582/27873.html> 参照）「普天間基準に抵触　伊波市長不適格と批判」『琉球新報』2006年11月2日.

(38) 江畑謙介『米軍再編』，84頁.

5　日本の多国間安全保障政策

(1) 例えば，Christopher W. Hughes, *Japan's Re-emerging as a 'Normal' Military Power*, Adelphi Paper 368-9 (Oxford: Oxford University Press, 2004).

(2) 例えば，Akiko Fukushima, *Japanese Foreign Policy: The Emerging Logic of Multilateralism* (New York: St. Martin’s Press, 1999).

(3) Takeshi Yuzawa, “Japan’s Changing Conception of the ASEAN Regional Forum: From an Optimistic Liberal to a Pessimistic Realist Perspective,” *The Pacific Review*,

journal and archive on Japan and the Asia-Pacific: politics, economics, society and culture. February 12, 2006 参照．また，ジュゴンと環境アセスメントの関連については，Miyume Tanji，“US Court Rules in the ‘Dugong Case’: Implications for US Military Bases Overseas,” *Critical Asian Studies*, 40（3）:pp.475-487，2008 参照．

（6）特に，Hans J. Morgenthau, *Politics Among Nations: The Struggle for Power and Peace*, New York, McGraw-Hill, 1948, E.H. Carr, *The Twenty Years Crisis, 1919-1939: an Introduction to the Study of International Relations*, London: Macmillan, 1939, revised edition, 1946; Hedley Bull, *The Anarchical Society: A Study of Order in World Politics*, London, Mcmillan, 1977 を参照．

（7）Kenneth Waltz, *Theory of International Relations*, New York, McGraw-Hill, 1979, pp.100-101.

（8）Kenneth Waltz, *Man, The State and War*, New York, Columbia University Press, 1954.

（9）Miyume Tanji, *Myth, Protest and Struggle in Okinawa*, London, RoutledgeCurzon, 2006, Chapter 4 参照．

（10）Waltz, *Theory of International Politics*, pp.91-92.

（11）Waltz, *Theory of International Politics*, pp.79-80.

（12）Bruce Cumings, *Parallax Visions: Making Sense of American-East Asian Relations at the End of the Century*, Durham & London, Duke University Press, 1999.

（13）Robert Keohane & Joseph Nye, *Power and Independence*, Boston, 1977.

（14）南山淳「冷戦後の安全保障研究と『沖縄基地問題』――批判安全保障研究を中心に」『国際政治』120 号，1999 年 2 月，155-169 頁．

（15）Mike Mochizuki, “American and Japanese Strategic Debates: the Need for a New Synthesis” in Mike Mochizuki（ed.）, *Towards a True Alliance: Restructuring U.S.-Japan Security Relations*, The Brookings Institute, Washington D.C. 1997, pp.45.

（16）Chalmers Johnson, *Blowback: The Costs and Consequences of American Empire*, New York, Henry Holt and Company, 2000, p52.

（17）船橋洋一『同盟漂流』岩波書店，1997 年．

（18）この闘争の経過と分析については，Miyume Tanji, *Myth, Protest and Struggle in Okinawa*, London, RoutledgeCurzon, 2006, Chapter 9 参照．

（19）大田知事は代理署名の拒否を決意したのは少女暴行事件ではなくナイ・レポートが直接のきっかけであったと述べている．船橋洋一，前掲書，346 頁．また，アングストは少女のレイプ事件によってこの事件について本来議論されるべきであった軍隊の女性に対する暴力，女性の人権の軽視，特定の女性の安全にたいする差別などが沖縄全体の主権の蹂躙というテーマにすり替えられてしまったことを指摘している．Linda Isako Angst, “The Sacrifice of a Schoolgirl: The 1995 Rape Case, Discourses of Power, and Women’s Lives in Okinawa,” *Critical Asian Studies*, 33（2）: 243-66.

（20）「『普天間』進まず　仲井真知事就任 2 年」『琉球新報』2008 年 12 月 7 日．

（21）Barry Buzan, *People, States and Fear: The National Security Problem in International Relations*, Brighton, Sussex, Wheatsheaf Books, 1983, p.27.

（22）南山淳『国際安全保障の系譜学』国際書院，2004，216-232 頁．

（23）このような視点から出てきたのが，国家の安全を守るための国家間同盟が，国内の住民や被支配民族，女性などの安全を二の次とし，かえって危険にさらしていることに焦点を当てうるような理論である．批判安全保障論，ジェンダー，ポスト植民地主義，ポスト構造主義などの視点により，国家間安全

(33)『朝日新聞』(電子版),2006年11月30日.
(34)『朝日新聞』(電子版),2007年1月12日.
(35)『朝日新聞』(電子版),2007年3月30日.
(36)『朝日新聞』(電子版),2006年10月23日.
(37) 同法の正式名称は「武力攻撃事態等におけるアメリカ合衆国の軍隊の行動に伴い我が国が実施する措置に関する法律」. 2004年6月14日成立. <http://www.kantei.go.jp/jp/singi/hogohousei/hourei/beigun.html>(2004年7月30日アクセス).
(38)「自衛隊法の一部を改正する法律」. 2004年6月14日成立. <http://www.jda.go.jp/j/library/law/yuji/houritsu/001b.htm>(2004年7月30日アクセス).
(39) 防衛庁, 防衛白書(1982年度版), 第2節「防衛力の意義と役割」, 2・「わが国の防衛力の意義と役割」. <http://www.clearing.mod.go.jp/hakusho_data/1982/w1982_00.html>(2007年4月25日アクセス).
(40)「周辺事態法」.
(41) 参議院,「主な質疑項目・答弁の概要」, 1999年1月21・22日. <http://www.sangiin.go.jp/japanese/gianjoho/old_gaiyo/145/145306.htm>(2007年4月10日アクセス).
(42) Ozawa.
(43)『読売新聞』(電子版),2007年1月25日.

4 日本の対外政策の中の「沖縄」

(1) ここでは 外交, 対外政策を他の政府との交際, 交渉に関連したあらゆる政策や活動と定義する.
(2) 上杉勇司・昇亜美子により,「沖縄問題」は, 対米関係, 国内, そして地方という3つのレベルにおいて, そのアクター, 争点, 歴史的背景, そして紛争解決への道が整理されている.「『沖縄問題』の構造――三つのレベルと紛争解決の資格からの分析」『国際政治』120号, 1999年2月, 170-194頁.
(3) たとえば, 沖縄の単独州制度の導入を推進する目的のシンポジウムにおいて, 日本政府の沖縄経済振興政策には「基地を固定化する機能や意図が感じられ, もはや公正で効率的な配分とはいえない」という見解が出ている.『沖縄タイムス』2008年12月13日.
(4) Hideki Yoshikawa, "Internationalizing the Okinawan Struggle: Implications of the 2006 Elections in Okinawa and the US," *Japan Focus*, January 5, 2007 <http://japanfocus.org/-Hideki-Yoshikawa/2314>(retrieved 20 June 2009).
(5) これには業者の作業船や海上に建てられたヤグラに登ってボーリング調査の工事をブロックするなどの命がけの行動を要した. 詳しくは, 浦島悦子『辺野古・海のたたかい』インパクト出版会, 2005年, 座り込みの日誌は「ジュゴンの家」ホームページ <http://dugong2007.tuzikaze.com/> など参照. ボーリング調査は2005年9月に中止されたが, 日米政府は新基地の建設地を当初予定されていた辺野古崎からやや北の, より水深のある大浦湾・キャンプシュワブ沿岸に移し, なんとしてもこの地に新しい基地を建設する姿勢である. 詳しくは真喜志好一「辺野古の海上基地は古い計画の夢と終わらせよう」高文研編『沖縄は基地を拒絶する』高文研, 2006年, 151-158頁. または Makishi Yoshikazu (Translated by Miyume Tanji.), "US Dream Come True? The New Henoko Sea Base and Okinawan Resistance," *Japan Focus: an electronic*

(17) 外務省，「日本のテロ対策協力：海上阻止活動の実績等」(2006年10月). <http://www.mofa.go.jp/mofaj/gaiko/terro/katsudou05_2.html>（2007年1月22日アクセス）.
(18)『読売新聞』(電子版)，2004年10月26日.
(19)『朝日新聞』(電子版)，2007年4月24日.
(20) チェイニー副大統領が日本のイラク・アフガニスタン復興支援への貢献を評価し謝意を示し，安倍首相，塩崎官房長官らが支援の継続を表明した.『朝日新聞』(電子版)，2007年2月21日；『読売新聞』(電子版)，2007年2月21日．日米連携強化を演出した背景には，アメリカの対イラク開戦を批判した久間防衛長官との会談がアメリカ側から拒否されていたことや，北朝鮮の核兵器開発をめぐる6者協議の進展で，米朝作業部会が北朝鮮のテロ支援国家指定の解除を話し合うことが決まり，日本人拉致問題へのアメリカの支持が揺らぐ可能性が懸念されていたことがあった.『読売新聞』(電子版)，2007年2月20日，21日.
(21)『朝日新聞』(電子版)，2003年2月14日.
(22)『朝日新聞』(電子版)，2002年12月4日.『読売新聞』(電子版)，2002年12月4日.
(23)『読売新聞』(電子版)，2003年3月25日，26日.
(24)『朝日新聞』(電子版)，2003年4月4日.
(25) 内閣総理大臣小泉純一郎，「衆議院議員長妻昭君提出イラク復興特別措置法における非戦闘地域の考え方等に関する質問に対する答弁書」. 平成15年12月2日受領答弁第5号. <http://www.shugiin.go.jp/itdb_shitsumon_pdf_t.nsf/html/shitsumon/pdfT/b158005.pdf/$File/b158005.pdf>（2007年4月10日アクセス）.
(26) イラク特措法では兵器・弾薬の輸送を明示的に除外するとは言っていない. 防衛庁は基本計画の策定過程でも米英軍の武器・弾薬輸送を前提としていたが，復興支援を強調する小泉首相が基本計画の閣議決定を受けた2003年12月9日の記者会見で武器・弾薬の輸送は「しない」と明言したことで，その後の実施要綱の策定に縛りがかかった.『朝日新聞』(電子版)，2003年12月9日．翌10日には福田官房長官が通常の武装をした兵員を輸送することは可能との考えを表明.『朝日新聞』(電子版)，2003年12月10日.『読売新聞』(電子版)，2003年12月10日．小泉首相は12月15日の衆議院イラク復興支援特別委員会，テロ防止特別委員会での答弁で，福田官房長官コメントに沿った形で12月9日の自身の発言を修正.『朝日新聞』(電子版)，2003年12月15日,『読売新聞』(電子版), 2003年12月15日．防衛庁筋から漏れていた「混入しているかもしれない武器・弾薬の仕分けは事実上不可能」(『読売新聞』(電子版)，2003年12月9日，10日）という問題についても，結局は米国との信頼関係に任せるとして日本独自の確認は行わないというスタンスへ落ち着いた.『朝日新聞』(電子版)，2003年12月15日，16日.『読売新聞』(電子版)，2003年12月16日.
(27)『朝日新聞』(電子版)，2006年5月25日.
(28)『朝日新聞』(電子版)，2006年6月19日.
(29)『朝日新聞』(電子版)，2006年6月4日.
(30)『朝日新聞』(電子版)，2006年6月27日．同新聞による全国世論調査.
(31)『読売新聞』(電子版)，2006年7月31日.
(32)『朝日新聞』(電子版)，2006年12月8日.

3　日本の海外派兵決定の分析

（1）論文中に表明されている主張は著者個人のもので，著者の所属するアジア・太平洋安全保障研究所，国防総省，およびアメリカ合衆国政府の公式の立場を代表するものではありません．

（2）Ichiro Ozawa, *Blueprint for A New Japan*, Tokyo, New York, and London: Kodansha International, 1994, pp. 93-95.

（3）Ozawa, pp.119-120.

（4）例えば，米国国家安全保障委員会の日本担当部長を務めることになるマイケル・グリーンは 2001 年刊行の著書で，小沢の集団的自衛権肯定を国連中心主義の文脈を超えているかのように扱い，「普通の国」を米国の緊密な同盟国としての「東洋の英国」と同義に語っている．Michael Green, *Japan's reluctant Realism*, New York: Palgrave, pp.18-20.

（5）「周辺事態に際して我が国の平和及び安全を確保するための措置に関する法律」（平成 11 年 5 月 28 日法律第 60 号）．<http://law.e-gov.go.jp/htmldata/H11/H11HO060.html>（2004 年 7 月 30 日アクセス）．以下「周辺事態法」とよぶ．

（6）「平成十三年九月十一日のアメリカ合衆国において発生したテロリストによる攻撃等に対応して行われる国際連合憲章の目的達成のための諸外国の活動に対して我が国が実施する措置及び関連する国際連合決議等に基づく人道的措置に関する特別措置法」（平成 13 年 11 月 2 日法律第 113 号）．<http://law.e-gov.go.jp/htmldata/H13/H13HO113.html>（2004 年 7 月 30 日アクセス）．以下「対テロ特措法」とよぶ．

（7）「イラクにおける人道復興支援活動及び安全確保支援活動の実施に関する特別措置法」（平成 15 年 8 月 1 日法律第 137 号）．<http://law.e-gov.go.jp/htmldata/H15/H15HO137.html>（2004 年 10 月 1 日アクセス）．以下「イラク特措法」とよぶ．

（8）「国際連合平和維持活動等に対する協力に関する法律」（平成 4 年 6 月 19 日法律第 79 号）．<http://law.e-gov.go.jp/htmldata/H04/H04HO079.html>（2004 年 7 月 30 日アクセス）．以下 PKO 法と呼ぶ．

（9）『朝日新聞』（電子版），2003 年 10 月 1 日．

（10）『朝日新聞』（電子版），2006 年 10 月 6 日．

（11）『朝日新聞』（電子版），2006 年 10 月 6 日．

（12）『朝日新聞』（電子版），2006 年 10 月 13 日．『読売新聞』（電子版），2006 年 10 月 16 日．

（13）2003 年 2 月以降対テロ連合参加諸外国の要請を受け，給油対象国はそれまでの米英にドイツ，フランス，カナダ，イタリア，オランダ，スペイン，ギリシャ，ニュージーランドが加わり，10 カ国となった．『読売新聞』，2003 年 2 月 8 日，13 日，28 日，3 月 11 日．『朝日新聞』，2003 年 2 月 14 日，3 月 28 日．2004 年 7 月には，支援対象国にさらにパキスタンが加わった．外務省，「テロ対策特別措置法に従って行われるパキスタン・イスラム共和国の軍隊等への物品等の提供に関する書簡の交換について」．プレスリリース，平成 16 年 7 月 13 日．<http://www.mofa.go.jp/mofaj/press/release/16/rls_0713a.html>（2004 年 8 月 10 日アクセス）．

（14）『読売新聞』（電子版），2004 年 4 月 23 日．

（15）『朝日新聞』（電子版），2005 年 4 月 22 日．

（16）『読売新聞』（電子版），2003 年 5 月 7 日，8 日．

(85) 藤岡信勝『「自虐史観」の病理』文芸春秋，1997 年，72 頁．新しい歴史教科書をつくる会「役員のご紹介」2007 年，< http://www.tsukurukai.com/02_about_us/07_supp_06.html>.

(86) 自由主義史観研究会「 自由主義史観研究会案内」2005 年，<http://www.jiyuu-shikan.org/top/about.html>.

(87) 藤岡信勝『呪縛の近現代史——歴史と教育をめぐる闘い』徳間書店，1999 年，4 頁．

(88) 藤岡信勝『教科書が教えない日本の歴史』産経新聞社，1996 年．西尾幹二，藤岡信勝『国民の油断』PHP 研究所，1996 年．つくる会の他の著名な人物は漫画家の小林よしのりである．小林は 1996 年に『新・ゴーマニズム宣言』第 24 章で慰安婦問題をとりあげ反響をよんだ．しかし，2001 年出版の『戦争論 2』でアメリカの 9・11 テロを非難するなら，米国の空爆も非難すべきだと主張し，会の一部の親米者と対立して脱会している．

(89) 特に第二の点に関しては，つくる会の藤岡信勝や泰郁彦は，吉田清治著の『私の戦争犯罪——朝鮮人強制連行』を激しく非難している．吉田は，自分が朝鮮済州島で軍司令部の命令に沿い慰安婦強制連行を実行し，一週間で 205 人の女性を拉致し連行したと告白している．藤岡は吉田を「詐話師」と呼び，吉田の主張の矛盾点を挙げて吉田が関わったと言う朝鮮での慰安婦強制連行は作り話に過ぎないと言う．吉田清治『私の戦争犯罪——朝鮮人強制連行』三一書房，1983 年．藤岡信勝『「自虐史観」の病理』文藝春秋，1997 年，88-103 頁．

(90) *Ibid.*

(91)「つくる会と扶桑社が対立」『朝日新聞』国際版，2008 年 11 月 15 日，25 頁．

(92) 魚住昭「NHK vs. 朝日新聞「番組改変」論争——「政治介入」の決定的証拠」『現代』2005 年 9 月号，28-49 頁．

(93)「明るい日本」国会議員連盟「「明るい日本」国会議員連盟設立趣意書」，1996 年 4 月 9 日，<http://www.jca.apc.org/~kaymaru/Env/Env.watch/Syuisyo.html>.

(94) 日本弁護士連合会「従軍慰安婦問題に関する会長声明」，1996 年 6 月 20 日，<http://www.nichibenren.or.jp/ja/opinion/statement/1996_10.html>.

(95) The Committee for Historical Facts, "The Facts," *Washington Post*, June 14, 2007 (advertisement).

(96) 藤岡信勝『「自虐史観」の病理』.

(97) 西尾幹二『日本人は何に躓いていたのか』青春出版社，2004 年．

(98) 泰郁彦「「住みよい日本の中心で反日を叫ぶ」これが「反日日本人」の見分け方だ」.

(99) Keiko Hirata, "Who Shapes the National Security Debate? Divergent Interpretations of Japan's Security Role," *Asian* Affairs: An American Review, 35, 3 (2008), 123-150.

(100) Edward J. Lincoln, Japan's New Global Role (Washington, D. C.: The Brookings Institution, 1993); Takashi Inoguchi, "Japan's Response to the Gulf Crisis: An Analytic Overview," *Journal of Japanese Studies*, 17, 2 (1991), 257-273.

(101) Richard L. Armitage et al., "The United States and Japan: Advancing toward a Mature Partnership," Institute for National Strategic Studies (INSS) Special Report, National Defense University, October 11, 2000, 6.

<http://ozawa-ichiro.jp/policy/04.htm>.

(68) 小沢一郎『日本改造計画』講談社, 1993 年. このように小沢は国連中心主義で, 日本は, 国連による集団安全保障体制の整備を促進するとともに, 国連を中心としたあらゆる活動に積極的に参加するべきであると主張する. そして国際貢献をするためにも, 改憲の必要性を強調する. つまり,「日本国民は, 平和に対する脅威, 破壊及び侵略行為から, 国際の平和と安全の維持, 回復のため国際社会の平和活動に率先して参加し, 兵力の提供をふくむあらゆる手段を通じ, 世界平和のため積極的に貢献しなければならない」というような国際平和に関する条文を入れるべきだとする. 小沢一郎「憲法改正論」小沢一郎ウェブサイト政策とオピニオン, 2004 年, <http://ozawa-ichiro.jp/policy/04.htm> 参照.

(69) 小沢一郎「公開書簡　今こそ国際安全保障の原則確立を」,『世界』2007 年 11 月号.

(70)「小沢・民主代表：クリントン米国務長官と会談 「政権交代」現実味帯び」, 毎日新聞(毎日 JP), February 18, 2009 <http://mainichi.jp/select/seiji/ozawa/news/20090218ddm005010026000c.html>.

(71) 岡崎久彦「中国外交硬直化の背後に垣間見える軍の影」『中央公論』2005 年八月号, 88-93 頁.

(72) 小熊英二, 上野陽子『〈癒し〉のナショナリズム』慶応義塾大学出版会, 2003 年, 5 頁.

(73) つくる会の目的は大きく三つある. (1)「従軍慰安婦」に関する記述を教科書から削除するよう文部省に勧告を(教科書会社に)出させる. (2) 歴史教科書の内容と制度の多面的研究を促進する. (3)「21 世紀に生きる日本人を育てるのにふさわしい新しい歴史教科書をつくる」. 藤岡信勝『「自虐史観」の病理』文芸春秋, 1997 年, 72 頁.

(74) 中村粲「日中歴史問題, 小泉首相は謝罪よりも反論すべし」『正論』2005 年 10 月号, 50-64 頁.

(75) 渡辺昇一「パール判決書を日本人の教養に」『正論』2005 年 10 月号, 29-31 頁.

(76) 中西輝政「「歴史政策」を打ち出すとき」『正論』2005 年 10 月号, 37-40 頁.

(77) 中村粲「日中歴史問題, 小泉首相は謝罪よりも反論すべし」『正論』2005 年 10 月号, 50-64 頁.

(78) 中西輝政「「歴史政策」を打ち出すとき」『正論』2005 年 10 月号, 37-40 頁.

(79) 小林よしのり『戦争論 2』幻冬舎, 2001 年.

(80) 古森義久, 稲田朋美「小泉談話は「第三の敗戦」か」『諸君』2005 年 10 月号, 36-50 頁. 外務省「靖国神社参拝に関する政府の基本的立場」, 2005 年 10 月, <http://www.mofa.go.jp/mofa/area/taisen/yasukuni/tachiba.html>.

(81) 古森義久, 稲田朋美「小泉談話は「第三の敗戦」か」『諸君』2005 年 10 月号, 36-50 頁. 首相官邸「内閣総理大臣談話」2005 年 8 月 15 日, <http://www.kantei.go.jp/koizumispeech/2005/08/15danwa.html>.

(82) 中村粲「日中歴史問題, 小泉首相は謝罪よりも反論すべし」『正論』2005 年 10 月号, 50-64 頁.

(83) 西尾幹二「小泉首相の「ペテン」にひっかかるな」『正論』2005 年 10 月号, 33-35 頁.

(84) 泰郁彦「「住みよい日本の中心で反日を叫ぶ」これが「反日日本人」の見分け方だ」『サピオ』2005 年 9 月 28 日, 39-41 頁.

政治的な対応策として賢明なのは，反省を伴いつつ，時間的経過で解決して行くことだと述べる．中曽根康弘，橋本五郎「小泉君，外交からポピュリズムを排除しなさい」『中央公論』2005 年 8 月号，43-49 頁．

（52）外務省「アジア・アフリカ首脳会議における小泉総理大臣スピーチ」2005 年 4 月 25 日，<http://www.mofa.go.jp/mofaj/press/enzetsu/17/ekoi_0422.html>．首相官邸「内閣総理大臣談話」2005 年 8 月 15 日，< http://www.kantei.go.jp/jp/koizumispeech/2005/08/15danwa.html>．「村山談話」では，日本は「植民地支配と侵略によって，多くの国々，とりわけアジア諸国の人々に対して多大の損害と苦痛を与え」たとし，「歴史の事実を謙虚に受け止め，ここにあらためて痛切な反省の意を表し，心からのお詫びの気持ちを表明」している．外務省「戦後 50 周年の終戦記念日にあたって（いわゆる村山談話）」1995 年 8 月 15 日，<http://www.mofa.go.jp/mofaj/press/danwa/07/dmu_0815.html>．

（53）外務省「靖国神社参拝に関する政府の基本的立場」2005 年 10 月，<http://www.mofa.go.jp/mofaj/area/taisen/yasukuni/tachiba.html>．首相官邸「靖国神社参拝に関する所感」2002 年 4 月 21 日，<http://www.kantei.go.jp/jp/koizumispeech/2002/04/21shokan.html> も参照．

（54）小沢一郎『日本改造計画』講談社，1993 年．

（55）「靖国，ガス田で意見交換　小沢氏が唐氏と会談」共同ニュース，2005 年 10 月 28 日，<http://news.goo.ne.jp/news/kyodo/kokusai/20051028/20051028a3110.html>．

（56）五百旗頭眞「日本外交五十年」『国際問題』2001 年 11 月 500 号，4-36 頁．

（57）中曽根康弘『二十一世紀日本の国家戦略』PHP 研究所，2000 年．

（58）村田晃嗣「「国際国家」の使命と苦悩」五百旗頭眞（編）『戦後日本外交史』有斐閣アルマ，1999 年，187-224 頁．五百旗頭眞「日本外交五十年」『国際問題』2001 年 11 月 500 号，4-36 頁．

（59）中曽根康弘，宮澤喜一『憲法大論争——改憲 vs 護憲』朝日文庫，2000 年．

（60）*Ibid.*

（61）中曽根康弘『二十一世紀日本の国家戦略』PHP 研究所，2000 年．中曽根康弘『自省録——歴史法廷の被告として』新潮社，2004 年．

（62）石田卓「国際安全保障環境と日米防衛協力」『国際問題』2005 年 6 月 543 号，49-62 頁．

（63）村田晃嗣「イラク戦争後の日米関係」『国際問題』2003 年 3 月 528 号，25-36 頁．

（64）小泉純一郎，「清子内親王殿下ご成婚と京都での日米首脳会談」『小泉内閣メールマガジン』211 号，2005 年 11 月 17 日，<http://www.kantei.go.jp/jp/m-magazine/backnumber/2005/1117.html>．小泉外交になってから意味のある対中関係は何も起らなかったという批判は絶えない．これは小泉の靖国参拝に直接起因するが，靖国問題だけではなく，小泉外交には体系的な戦略的外交がなく，単騎独行，直感前進主義だと言われる．しかし，小泉は反中，反韓ではなく，意図的に中国や韓国の感情を逆立てようとしたわけではない．五百旗頭眞に言わせると，小泉は「いささか中国や韓国に無神経であるだけ」なのである．五百旗頭眞「歴史の咎めを「戦後責任」で超えるとき」『中央公論』2005 年 10 月号，243 頁参照．

（65）小沢一郎『日本改造計画』講談社，1993 年，103 頁．

（66）*Ibid.*

（67）*Ibid.* 小沢一郎「憲法改正論」小沢一郎ウェブサイト政策とオピニオン，2004 年，

2005年10月26日撮影．<http://www.katokoichi.org/videomsg/051026_1.html>.
(34) 河野洋平「河野議長，異例の直言　小泉総理と靖国参拝問題で会談　総理経験者と意見交換」2005年7月 < http://www.yohei-kono.com/syunju/05-7/top05-7-fre.html>.
(35) 河野洋平「対談　政局を語る河野洋平　vs　岩見隆夫」,『春秋』2005年7月号, <http://www.yohei-kono.com/profile/profile-fre.html>.
(36)「トップニュース　金前大統領と会談」,『春秋』2005年7月号，<http://www.yohei-kono.com/profile/profile-fre.html>.
(37) 宮澤喜一『ハト派の伝言』中国新聞社，2005年.
(38) *Ibid.*
(39) *Ibid.*
(40) 河野洋平「新創国宣言」，2005年，<http://www.yohei-kono.com/profile/profile-fre.html>.
(41) 宮澤喜一『ハト派の伝言』.
(42) *Ibid.*
(43) 中曽根康弘，宮澤喜一『憲法大論争――改憲 vs 護憲』朝日文庫，2000年.
(44) 加藤紘一「憲法改正と9条」，2005年，<http://www.katokoichi.org/thoughts/constitution.html>.
(45) 三者のうち最も日本の伝統を強調するのは中曽根であろう．また，日米関係一辺倒ではなく国連を中心に日本は活躍すべきであると考えるのは小沢である．
(46) 中曽根康弘，宮澤喜一『憲法大論争――改憲 vs 護憲』朝日文庫，2000年.
(47) 足立正恒『現代の反動思想と観念論』新日本出版社，1989年.
(48) 中曽根康弘，宮澤喜一『憲法大論争――改憲 vs 護憲』．中曽根康弘『自省録――歴史法廷の被告として』新潮社，2004年．中曽根が東京裁判史観にすべて合意しないと言うのは，米英仏蘭等に対する戦争は普通の戦争であったと考えるからである．中曽根によれば，東南アジアを含むアジアの近隣諸国に対しては侵略的事実があったことは否めないが，米英仏蘭に対する戦争は,「十九世紀や二十世紀にヨーロッパでよく行われた戦争と大同小異のもの」であり,「利害や国策の衝突が主」であった．中曽根康弘『二十一世紀日本の国家戦略』PHP研究所，2000年，74頁．また，中曽根は1941年の「ハル・ノート」が米英仏蘭との戦争を導いたとする．中曽根康弘『自省録――歴史法廷の被告として』新潮社，2004年を参照.
(49) 具体的には，神式の儀式を一切避け，柏手を打たず，玉串料も出さず，二礼二拍手一拝もせず，おはらいもしなければ，違憲にはならないと判断した．中曽根康弘，宮澤喜一『憲法大論争　改憲 vs 護憲』朝日文庫，2000年．この参拝は伝統的な神道形式に則さなかったため靖国神社宮司の怒りを買い，新ナショナリストからも非難されることになった．大島信三「総理大臣と靖国神社宮司の「昭和60年8月15日」の熱い戦い」『正論』，2005年9月号，108-118頁を参照.
(50) 外務省「内閣総理大臣その他の国務大臣による靖国神社公式参拝に関する後藤田内閣官房長官談話」1986年8月14日，<http://www.mofa.go.jp/mofaj/area/taisen/gotouda.html> .
(51) 中曽根から見れば，日本側（小泉など）が不用意な発言をしたり行動をとったりして周辺の相手国を刺激すれば，相手側も対抗せざるをえない．よって

html>.

(16) 高橋哲哉『靖国問題』，筑摩書房，2005年，235頁．高橋は，靖国神社は「追悼」よりも「顕彰」としての役割を果たし，戦死という悲哀を幸福に変える「感情の錬金術」を持つと言う．つまり，靖国神社を通して「戦死者が顕彰され，遺族がそれを喜ぶことによって，他の国民が自ら進んで国家のために命を捧げようと希望することになる」．高橋によれば，靖国信仰とは「お国を神とする宗教」，つまり「天皇その人にほかならない国家を神とする宗教」であり，そのために，国家のために戦死した者は神になるとみなされた．高橋は，靖国神社は，日本の国家主義の「国家教」という宗教を推進したとして，その政治的役割を強調する．44，31頁参照．

(17) 社会民主党「社民党基本政策」2005年，<http://www5.sdp.or.jp/central/02seisaku.html>.

(18) *Ibid.*

(19) 水島朝穂「有事法制によらない安全保障の道」憲法再生フォーラム編『有事法制批判』岩波書店，2003年，185-223頁．水島朝穂『武力なき平和――日本国憲法の構想力』岩波書店，1997年も参照．

(20) 憲法再生フォーラム編『改憲は必要か』岩波書店，2004年を参照．

(21) 日本共産党「憲法9条・自衛隊問題　憲法を生かした民主日本の建設を（日本共産党第22回大会決議より抜粋）」2000年11月24日，<http://www.jcp.or.jp/seisaku/004_0607/kenpou_jieitai_22taikai_.html>.

(22) 小田実「根本原理としての憲法九条」井上ひさし，梅原猛，大江健三郎，奥平康弘，小田実，加藤周一，澤地久枝，鶴見俊輔，三木睦子『憲法九条，いまこそ旬』岩波ブックレット No.639，岩波書店，2004年，26-34頁．

(23) 日本共産党「憲法9条・自衛隊問題　憲法を生かした民主日本の建設を（日本共産党第22回大会決議より抜粋）」2000年11月24日，<http://www.jcp.or.jp/seisaku/004_0607/kenpou_jieitai_22taikai_.html>.

(24) 加藤紘一『新しき日本のかたち』ダイヤモンド社，2005年．

(25) 外務省「朝鮮半島出身者のいわゆる従軍慰安婦問題に関する加藤内閣官房長官発表」1992年7月6日，<http://www.mofa.go.jp/mofaj/area/taisen/kato.html>.

(26) 財団法人女性のためのアジア平和国民基金の設立については，以下を参照．外務省「村山内閣総理大臣による「女性のためのアジア平和国民基金」発足のご挨拶」1995年7月，<http://www.mofa.go.jp/mofaj/area/taisen/m_hosoku.html>．外務省「「女性のためのアジア平和国民基金」に関する五十嵐内閣官房長官発表」1995年6月14日，<http://www.mofa.go.jp/mofaj/area/taisen/igarashi.html>.

(27) 外務省「慰安婦関係調査結果発表に関する河野内閣官房長官談話」1993年8月4日，<http://www.mofa.go.jp/mofaj/area/taisen/kono.html>.

(28) 中曽根康弘，宮澤喜一『憲法大論争――改憲　vs　護憲』朝日文庫，2000年，123頁．

(29) 加藤紘一『新しき日本のかたち』ダイヤモンド社，2005年，95頁．

(30) 加藤紘一「靖国問題――国際社会の視点から」，2005年，<http://www.katokoichi.org/thoughts/yasukuni.html>.

(31) 加藤紘一「首脳は改善へ意思示せ」『朝日新聞』2005年4月23日，16頁．

(32) 加藤紘一，古賀誠「親中派と呼ばば呼べ」．

(33) 加藤紘一，「靖国神社と対中関係」加藤紘一オフィシャルサイト，ビデオ，に寄与したとする回答者は74%にもおよんだ．『朝日新聞』2006年5月4日，<http://www.asahi.com/english/Herald-asahi/TKY200605040088.html>（2006年5月8日アクセス）．

2 日本の安全保障政策と国内議論

（1） Kenneth B. Pyle, "The Future of Japanese Nationalism: An Essay in a Contemporary History," *Journal of Japanese Studies* Vol. 8, No. 2 (Summer 1982), pp. 223-263.
（2） *Ibid.*
（3） *Ibid.*
（4） *Ibid.*
（5） Mike M. Mochizuki, "Japan's Search for Strategy," *International Security* Vol. 8, No. 3 (Winter, 1983-1984), pp. 152-179.
（6） Richard J. Samuels, *Securing Japan: Tokyo's Grand Strategy and the Future of East Asia* (Ithaca, NY: Cornell University Press, 2007).
（7） *Ibid.*, p. 14. サミュエルズによれば，ミドルパワー国際派は「商業主義者」と「アジア派」に分裂し，普通の国派は「新修正主義者」,「現実主義者」,「グローバル派」に分かれていった．
（8） 本論はサミュエルズの新自律主義者の分類，その概念には合意するが，より簡単な呼称として代わりに「新ナショナリスト」という呼称を使う．
（9） 共産党と旧社会党の主張には類似点があるが，同質のものではない．元々，冷戦中から非武装中立を掲げていたのは旧社会党である．共産党は，冷戦中は「中立・自衛政策」をとってきた．つまり共産党は，民主主義革命政府，社会主義政府確立を目指しており，その過程で「非武装」状態を想定せず，あくまで「自衛」政策が必要であるとした．実際共産党は，憲法九条のもとでも個別的自衛権は否定されていないという，自民党と同じ立場をとっていた．1980年代には，共産党は「軍隊」を持つことに肯定的な言及を避けたが，党の方針は依然として「中立自衛」のままであった．1990年代に旧社会党が自衛隊合憲の立場をとった後に初めて，共産党は旧社会党の非武装中立の立場に近づいた．「第22回党大会決議と上田論文」『さざ波』19号，2001年1月31日，<http://www.linkclub.or.jp/~sazan-tu/sazanami/019/02.html>を参照．
（10） 憲法再生フォーラムは2001年に発足した，憲法の基本的諸価値を擁護し発展させることを目標とする研究会である．「九条の会」は護憲のグループで，改憲の動きを阻むことを目標としている．憲法再生フォーラム編『改憲は必要か』岩波書店，2004年．井上ひさし，梅原猛，大江健三郎，奥平康弘，小田実，加藤周一，澤地久枝，鶴見俊輔，三木睦子『憲法九条，いまこそ旬』岩波ブックレットNo.639，岩波書店，2004年．
（11） 社会民主党「社民党基本政策」2005年，<http://www5.sdp.or.jp/central/02seisaku.html>.
（12） 社会民主党「敗戦60年にあたって（声明）」2005年8月15日，< http://www5.sdp.or.jp/central/timebeing05/seimei0815.html>.
（13） 日本共産党「首相の靖国神社参拝」，2005年，<http://www.jcp.or.jp/tokusyu-05/09-yasukuni/index.html>.
（14） *Ibid.*
（15） 又市征治社会民主党幹事長「小泉首相の靖国神社参拝を糾弾する（談話）」2005年10月17日，<http://www5.sdp.or.jp/central/timebeing05/danwa1017.

月 12 日，<http://www.asahi.com/politics/update/1011/011.html>（2006 年 10 月 13 日アクセス）. Hiroko Nakata, "Japan makes it official: more punitive steps kick in," *Japan Times*, 2006 年 10 月 14 日，<http://search.japantimes.co.jp/mail/nn20061014a1.html>（2006 年 10 月 14 日アクセス）.

（81）『読売新聞』2006 年 10 月 11 日，<http://www.yomiuri.co.jp/politics/news/20061011it14.htm>（2006 年 10 月 12 日）.

（82）*Ibid.*

（83）中国は，北朝鮮のエネルギーの 70%，食糧の 40%を供給しているといわれている．*Los Angeles Times*, October 10, 2006, <http://www.latimes.com/news/nationworld/world/la-10106unnorkor.0.6277974.story?coll=la-home-headlines>（accessed October 11, 2006）.

（84）Tsuneo Akaha, "Beyond Self-Defense: Japan's Elusive Security Role under the New Guidelines for US-Japan Defense Cooperation," *Pacific Review*, Vol. 11, No. 4（Fall 1998）, pp. 461-483.

（85）『読売新聞』2006 年 10 月 14 日，<http://www.yomiuri.co.jp/politics/news/20061014it01.htm>（2006 年 10 月 14 日アクセス）.

（86）John O'Neil and Choe Sang-hun, "Bush Says No Plans to Attack North Korea," *New York Times*, October 11, 2006, <http://www.nytimes.com/2006/10/11/world/asia/12koreacnd.html?em&ex=1160798400&en=6e9a499edd0d074a&ei=5087%0A>（2006 年 10 月 12 日アクセス）.

（87）http://asahi.com/international/update/0613/TKY200906120394.html（2009 年 6 月 20 日アクセス）.

（88）http://asahi.com/special/08001/TKY200906160360.html（2009 年 6 月 20 日アクセス）.

（89）Eric Johnston, "North's Gambit May Weaken Japanese Taboo on Nuke Talk," Japan Times, October 12, 2006, <http://search.japantimes.co.jp/mail/nn20061012a4.html>（2006 年 10 月 12 日アクセス）.

（90）David Albright and Paul Brannan, "The North Korean Plutonium Stock Mid-2006," Institute for Science and International Security（ISIS）June 26, 2006, <http://www.isis-online.org/publications/dprk/dprkplutonium.pdf>（2006 年 11 月 4 日アクセス）.『朝日新聞』2006 年 10 月 9 日，<http://www.asahi.com/international/update/1009/009.html>（2006 年 10 月 11 日アクセス）.

（91）『朝日新聞』2006 年 10 月 10 日，<http://www.asahi.com/international/update/1009/009.html>（2006 年 10 月 10 日アクセス）.

（92）Eric Prideaux and Akemi Nakamura, "Japan May Not Want to Go Nuclear but It's No Technical Hurdle: Analysts," *Japan Times*, October 11, 2006, <http://search.japantimes.co.jp/cqi-bin/nn20061011a4.html>（2006 年 10 月 12 日アクセス）.

（93）"Shinzo Abe: Japan's Policy Remains: No Nuclear Weapons," *Asahi Shimbun*, June 12, 2002; <http://www.nautilus.org/archives/napsnet/dr/0206/JUN19.html>（2006 年 10 月 12 日アクセス）に引用されている．

（94）*Japan Times*, October 12, 2006, <http://search.japantimes.co.jp/mail/nn20061012a2.html>（2006 年 10 月 12 日アクセス）.

（95）『朝日新聞』2006 年 10 月 12 日，<http://www.asahi.com/politics/update/1012/007.html>（2006 年 10 月 12 日アクセス）.

（96）2006 年春の『朝日新聞』の世論調査によると，憲法 9 条は日本の平和と繁栄

(63) 安倍晋三『美しい国へ』文藝春秋，2006年，66-67頁.

(64)『読売新聞』2006年4月1日，<http://www.yomiuri.co.jp/politics/news/20060503it14.htm>（2006年5月6日アクセス）.

(65) Tanaka Hitoshi, "Toward Active Diplomacy for the Japan-US Alliance and International Coordination," *Gaiko Forum*, Vol. 4, No. 1（Spring 2004）, pp. 6-7.

(66) *Ibid.*, p. 7.

(67) 森本敏「日米同盟の将来と日本の選択——同盟再再定義とその要件」,『外交フォーラム』No. 198（2005年1月）, 45-46頁.

(68) 冷戦後の日米同盟の再定義は1996年に行われている．この意味で，森本氏は「再」再定義を提唱しているのである．

(69) 森本46頁．現行の日米同盟は，日本の管轄領域で同盟国の一方に軍事攻撃が行われた場合に，他方はこれを自国の平和と安全保障への脅威と見なし，双方が行動をとることを義務づけている．よって，森本氏の提案は，この義務の発生を，一方への軍事攻撃からアジア太平洋地域の平和と安全に対する脅威に変えること意味する．

(70) "Joint Statement: US-Japan Security Consultative Committee," Washington, D.C., February 19, 2003, 外務省ホームページ <http://www.mofa.go.jp/region/n-america/us/security/scc/joint0502.html>（2005年2月21日アクセス）.

(71) Jim Yardley and Keith Bradsher, "China Accuses US and Japan of Interfering on Taiwan," *New York Times*, February 21, 2005, <http://query.nytimes.com/mem/tnt.html?tntget=2005/02/21/international/asia/21china.html>（2005年2月21日アクセス）.

(72) "Cabinet Approves New National Defense Program Outline and Midterm Defense Program," Foreign Press Center, Japan website, December 13, 2004, <http://www.fpcj.jp/e/shiryo/jb/0458.html>（2005年2月21日アクセス）.

(73) 内閣府「自衛隊・防衛問題に関する世論調査」2006年2月，<http://www8.cao.go.jp/survey/h17/h17-bouei/index.html>（2006年5月9日アクセス）.

(74) 外務省「米国における対日世論調査」2005年8月，<http://www.mofa.go.jp/mofaj/area/usa/yoron05/gaiyo.html>（2006年5月10日アクセス）.

(75) 著者の日本の対北朝鮮政策についての分析を，Tsuneo Akaha, "Japan's Policy toward North Korea: Interests and Options," in Tsuneo Akaha, ed., *The Future of North Korea*, London and Yew York: Routledge, 2002, pp. 77-94; ならびに "Japan's Multi-level Approach toward the Korean Peninsula after the Cold War," in Charles Armstrong, Gilbert Rozman, Samuel S. Kim, and Steven Kotkin, eds., *Korea at the Center: Regionalism in Northeast Asia*, Armonk, NY: M.E. Sharpe, 2006, pp. 183-199で参照されたい．

(76) Tsuneo Akaha, "Japan's Multi-level Approach toward the Korean Peninsula after the Cold War," pp. 183-199.

(77)『読売新聞』2006年11月11日，<http://www.yomiuri.co.jp/politics/news/20061011it11.htm>（2006年10月12日アクセス）.

(78) "Security Council Imposes Sanctions on DPR Korea after Its Claimed Nuclear Test," U.N. News Center, October 14, 2006, <http://www.un.org/apps/news/story.asp?NewsID=20261&Cr=DPRK&Cr1=>（2006年10月14日アクセス）.

(79) *Ibid.*

(80) 在日北朝鮮国籍保有者は日本への入国が許された．『朝日新聞』2006年10

mofa.go.jp/policy/oda/white/2005/ODA2005/html/siryo/index.htm>（2005 年 月 9 日アクセス）.

(45) Japanese Foreign Ministry, "Overview of Official Development Assistance（ODA）to China," June 2005, <http://www.mofa.go.jp/policy/oda/region/e_asia/china/index.html>（2005 年 5 月 9 日アクセス）.

(46) 日中 21 世紀委員会の中国委員の一人は，日本の対中経済援助について，中国は再三にわたってその感謝の念を表明しているにもかかわらず，日本のメディアは中国人は日本の援助に感謝していないというような記事が多いと嘆いた.「新日中友好 21 世紀委員会第二回会合」，外務省ホームページ <http://www.mofa.go.jp/mofaj/area/china/jc_yuko21/gaiyo_0409.html>（2005 年 5 月 9 日アクセス）.

(47) 内閣府「外交に関する世論調査」2005 年 10 月，<http://www8.cao.go.jp/survey/h17/h17-gaikou/images/z05.gif>（2006 年 5 月 9 日アクセス）.

(48) 外務省「日中関係に関する世論調査」2002 年 3 月，<http://www.mofa.go.jp/mofaj/area/china/yoron.html>（2006 年 5 月 9 日アクセス）.

(49)『朝日新聞』2006 年 5 月 5 日 , <http://www.asahi.com/politics/update/0505/001.html>（2006 年 5 月 8 日アクセス）.

(50) 西田恒雄「今日本が直面する安全保障上の課題と外交の役割」，『外交フォーラム』No. 198（2005 年 1 月），22 頁.

(51) Kazuo Ogura, "Japan's New Cultural Diplomacy: A Personal View with a Historical Perspective," *International House of Japan Bulletin*, Vol. 24, No. 2（Autumn 2004）, p. 16.

(52) Kawada Tsukasa, "A New Internationalism," *Gaiko Forum*, Vol. 4, No. 2（Summer 2004）, p. 23.

(53) *Ibid.*

(54) "Reluctant realism" はマイケル・グリーンによる表現で，戦後の理想主義と平和主義から自国の防衛と国際安全保障へのより大きな負担を伴う政治的現実主義への移行に日本は消極的であるという意味で使っている．Michael Green, *Japan's Reluctant Realism*, New York: Palgrave, 2001 を参照すること.

(55)『朝日新聞』2006 年 5 月 4 日，<http://www.asahi.com/english/Herald-asahi/TKY200605040088.html>（2006 年 5 月 9 日アクセス）.

(56)「普通の国」については Ichiro Ozawa, Louisa Rubinfein（trans.）, *Blueprint for a New Japan: The Rethinking of a Nation*, Tokyo: Kodansha, 1994 を参照すること.

(57) 例えば Council of Defense-Strategic Studies, *Fiscal 2003-2004 Report on Defense and Strategy*, Tokyo: National Institute for Defense Studies, 2005, pp. 64-67.

(58) Kawada, p. 21.

(59) 例えば，栗山尚一「和解――日本外交の課題（上）」，『外交フォーラム』，2006 年 1 月，8-15 頁を見よ.

(60) Qi Jing Ying , "Bridging The Gap: Riots Were About More Than Nationalism," *Asashi Shimbun*, April 24, 2006.

(61) 同氏は中国共産党中央委員会の学術委員会の議長でもある．『朝日新聞』2006 年 4 月 26 日 , <http://www.asahi.com/strategy/0426b1.html>（2006 年 5 月 5 日アクセス）.

(62)『朝日新聞』2006 年 4 月 25 日，<http://www.asahi.com/strategy/0425b1.html>,（2006 年 5 月 6 日アクセス）.

7日アクセス).
(26) オーストラリア統計局サイト <http://www.abs.gov.au/websitedbs/d3110120.nsf/0/c95e1a970e0d9395ca256c2200283a1b?OpenDocument>(2005年2月10日アクセス).
(27)「言論NPOアンケート調査――有識者が見た日本の強さ・弱さと戦略的重要度」,『言論NPO』No. 1(2004年), 71-73頁.
(28)「言論NPOアンケート調査――有識者が見た21世紀の世界の潮流と日本に問われるもの」,『言論NPO』No. 1(2004年), 144頁.
(29) 戦後日本の平和主義と日本の安全保障政策におけるその役割について, 示唆に富んだ研究として Thomas U. Berger, "Norms, Identity, and National Security in Germany and Japan," in Peter J. Katzenstein, ed., *The Culture of National Security: Norms and identity in World Politics*, New York: Columbia University Press, 1996, pp. 317-356がある.
(30) 防衛問題懇談会「日本の安全保障と防衛力のありかた――21世紀へ向けての展望」, 1996年8月12日.
(31) The Council on Security and Defense Capabilities, "The Council on Security and Defense Capabilities Report: Japan's Visions for Future Security and Defense Capabilities," October 2004, p. 1.
(32) *Ibid.*, p. 5.
(33) *Ibid.*
(34) *Ibid.*, p. 9.
(35) *Ibid.*, p. 7.
(36) *Ibid.*, pp. 9-10.
(37) "Statement by H.E. Mr. Kenzo Oshima, Permanent Representative of Japan at the Meeting of the General Assembly on Informal Consultations on the Report of the High-Level Panel on Threats, Challenges, and Change and on the United Nations Millennium Project 2005 Report," February 22, 2004, 外務省ホームページ, <http://www.mofa.go.jp/announce/speech/un2005/un0502-4.html>(2005年2月24日アクセス).
(38) Tsuneo Akaha, "Japan: A Passive Partner in the Promotion of Democracy," in Peter J. Schraeder, ed., *Exporting Democracy: Rhetoric vs. Reality*, Boulder, CO: Lynne Rienner, 2002, pp. 89-107.
(39) 1970年代以降の日本のODAの実績についての簡潔な分析として, Saori Katada, "Toward A Mature Aid Donor: Fifty Years of Japanese ODA and the Challenges Ahead," *Asia Program Special Report*, No. 128, Woodrow Wilson International Center for Scholars, Washington, D.C., February 2005, pp. 6-12がある.
(40) "Japan's Medium-Term Policy on Official Development Assistance"(Provisional Translation), Government of Japan, February 4, 2005, p. 1.
(41) *Ibid.*, pp. 4-18.
(42) "Speech by Minister for Foreign Affairs Taro Aso−ODA: Sympathy Is Not Merely for Others' Sake," January 19, 2006, <http://www.mofa.go.jp/announce/fm/aso/speech0601-2.html>(2005年5月9日アクセス).
(43) *Ibid.*
(44) これは日本のODA総額の16.2%であった. *Japanese Foreign Ministry, Japan's Official Development Assistance Whitepaper, 2005, Statistical Appendix.* <http://www.

註

1　ソフトパワーからハードパワーへ

（1）この論文は 2005 年 3 月 2-5 日，ホノルルで開催された米国国際政治学会年次総会で発表した英語の原文に手を入れ，日本語に訳したものである．

（2）Joseph S. Nye, Jr., “The Soft Power of Japan,” *Gaiko Forum*, Vol. 4, No. 2（Summer 2004）, pp. 3-7.

（3）Aoki Tamotsu, “Toward Multilayered Strength in the ‘Cool’ Culture,” *Gaiko Forum*, Vol. 4, No. 2（Summer 2004）, pp. 8-16.

（4）Joseph S. Nye, Jr., *Soft Power: The Means to Success in World Politics*, New York: Public Affairs, 2004, p. 4.

（5）*Ibid.*, p. 6.

（6）*Ibid.*, p. 31.

（7）Joseph S. Nye, Jr., “Think Again: Soft Power,” *Foreign Policy* online edition, <http://www.foreignpolicy.com/story/cms.php?story_id=3393>（2006 年 3 月 11 日アクセス）.

（8）Nye, *Soft Power*, p. 8.

（9）*Ibid.*, p. 11.

（10）*Ibid.*, p. 9.

（11）*Ibid.*

（12）Samuel P. Huntington, *The Clash of Civilizations and the Remaking of World Order*, New York: Touchstone, 1996, p. 92.

（13）Nye, *Soft Power*, pp. 25-30.

（14）Huntington, pp. 134-135.

（15）*Ibid.*, p. 85.

（16）*Ibid.*

（17）United Nations Development Programme, *Human Development Report 2004*, New York: United Nations Development Programme, 2004, p. 139.

（18）World Bank’s World Development Indicators, <http://devdata.worldbank.org/dataonline/>（2005 年 2 月 10 日アクセス）.

（19）*Ibid.*

（20）*Japan Statistical Yearbook 2003*, Statistics Bureau/Statistical Research and Training Institute, Ministry of Public Management, Home Affairs, Posts and Telecommunications, Tokyo.

（21）<http://www.mofa.go.jp/mofaj/comment/q_a/topic_6.html#04>（2008 年 12 月 7 日アクセス）.

（22）Nye, *Soft Power*, p. 87.

（23）川口順子首相特別補佐官との筆者の会話，在サンフランシスコ日本総領事館，2005 年 2 月 18 日．

（24）Nye, *Soft Power*, p. 87.

（25）<http://www.google.co.jp/search?q=World+Competitive+Scoreboard&ie=utf-8&oe=utf-8&aq=t&rls=org.mozilla:en-US:official&client=firefox-a>（2008 年 12 月

Routledge, 2008), *Norms, Interests, and Power in Japanese Foreign Policy*（平田恵子との共編，Palgrave, 2008）などの書籍の他，発表論文多数．海外在住歴：米国17年，ニュージーランド3年．

高嶺 司（たかみね・つかさ）
国立沖縄高専総合科学科講師，マードック大学（オーストラリア）アジア研究所客員研究員．マードック大学より博士号取得(Ph.D.：2003年)．専門は国際政治学・国際協力論．オークランド大学（ニュージーランド）人文社会学部博士研究員を経て現職．主著に *Japan's Development Aid to China: The long-running foreign policy of engagement*（Routledge, 2006）の他，*Pacific Affairs, The Pacific Review, Japanese Studies, Politika, International Studies Review* 等への発表論文多数．海外在住歴：豪州8年，ニュージーランド2年半．E-mail: takamine@okinawa-ct.ac.jp

丹治三夢（たんじ・みゆめ）
西オーストラリア州カーティン技術工科大学・オーストラリア及びアジア太平洋高等研究所（CASAAP）研究員．マードック大学より政治学博士号取得（Ph.D.：2004年）．マードック大学アジアリサーチセンター研究員を経て現職．主著に *Myth, Protest and Struggle in Okinawa* (RoutledgeCurzon, 2006) の他，*Critical Asian Studies, Alternatives, Japan Focus* 等で論文を発表，編著 *Japan and Okinawa: Structure and Subjectivity* (Routledge Curzon, 2003) への寄稿等がある．海外在住歴：豪州15年．

寺田 貴（てらだ・たかし）
早稲田大学アジア研究機構教授．オーストラリア国立大学から博士号取得(Ph.D.：1999年)後，シンガポール国立大学・人文社会科学部助教授を経て現職．主著に *Asia Pacific Economic Cooperation: Critical Perspectives in World Economy* (Peter Drysdale との共編，Routledge, 2007), *The Japan-Australia Partnership in the Era of East Asian Community: Can They Advance Together?* (Pacific Economic Papers, 2006, Sir John Crawford Award受賞）の他，論文多数．海外在住歴：豪州8年，シンガポール7年．

平田恵子（ひらた・けいこ）
カリフォルニア州立大学ノースリッジ校政治学部助教授．ハワイ大学政治学部より博士号取得（Ph.D.: 2000年）．主著に *Norms, Interests, and power in Japanese foreign policy*（佐藤洋一郎との共編，Palgrave, 2008), *Civil society in Japan: The growing role of NGOs in Tokyo's aid and development policy* (Palgrave, 2002) の他，*Asian Affairs, Social Science Japan Journal, Journal of Developing Societies, Journal of International Wildlife Law & Policy* 等への発表論文多数．2004年度東京大学社会科学研究所／オックスフォード大学出版会賞受賞．海外在住歴：米国21年，エジプト2年．

（2008年12月現在，五十音順）

執筆者紹介

赤羽恒雄（あかは・つねお）

モントレー国際大学教授兼東アジア研究センター所長．南カリフォルニア大学より博士号取得（Ph.D.：1981 年）．カンザス州立大学助教授，オハイオ州ボウリンググリーン州立大学准教授を経て現職．この間，成蹊大学，北海道大学，東京大学，国連大学，島根県立大学，早稲田大学で客員教授・研究員．主著・編著に *Crossing National Borders: Human Migration Issues in Northeast Asia* (UNU Press, 2005), *The Future of North Korea* (Routledge, 2002), *Politics and Economics in Northeast Asia : Nationalism and Regionalism in Contention* (St. Martin's, 1999), *Politics and Economics in the Russian Far East: Changing Ties with Asia Pacific* (Routledge, 1997), *Japan in the Post-hegemonic World* (L. Rienner, 1993), *Japan in Global Ocean Politics* (University of Hawaii Press, 1985) 等．この他，北東アジア国際関係，日本の安全保障，海洋資源・環境問題に関する論文多数．フルブライト研究フェローシップ，国際交流基金フェローシップ，フリーマン基金グラント，米国平和研究所グラント等受賞．海外在住歴：米国 33 年．

芦澤久仁子（あしざわ・くにこ）

オックスフォード・ブルックス大学政治国際関係学部上級講師．タフツ大学・フレッチャー法律外交大学院より博士号取得（Ph.D.：2005 年）．国連大学，カリフォルニア大学で客員研究員．これまで，*International Studies Review, Pacific Affairs, The Pacific Review,*『海外事情』等の学術雑誌での発表論文の他，編著 *Beyond Bilateralism: U.S.-Japan Relations in the New Asia-Pacific* (Stanford: Stanford University Press, 2004) への寄稿等がある．海外在住歴：米国 6 年，英国 4 年．

池田 哲（いけだ・さとし）

コンコーディア大学社会・人類学部准教授，カナダ・リサーチ・チェアー．早稲田大学商学部を卒業後，一橋大学より経済学修士号を取得，ミシガン大学から経済学博士号（Ph.D：1990 年）を，ニューヨーク州立大学ビンガムトン校から社会学博士号（Ph.D.：1998 年）を取得．アルバータ大学社会学部助教授・准教授を経て現職．研究領域は世界システム論，日本と東アジアの社会政治学，グローバリゼーション，不平等と社会階層分析．2004 年度の国際交流基金フェロー．著書に *Trifurcating Miracle: Corporations, Workers, Bureaucrats, and the Erosion of Japan's National Economy* (Routledge, 2002) の他，論文多数．海外在住歴：米国 18 年，カナダ 10 年．

川崎 剛（かわさき・つよし）

サイモン・フレーザー大学政治学部准教授，アジア・カナダ関係プログラム・ディレクター．同志社大学，トロント大学（カナダ）を卒業後，プリンストン大学（米国）から政治学博士号取得（Ph.D.：1993 年）．専門は国際政治学・日本外交論．これまで『レヴァイアサン』，*Études internationales, International Journal, International Relations of the Asia-Pacific, The Pacific Review* 等で論文を発表している．海外在住歴：北米（米国・カナダ）23 年．

佐藤洋一郎（さとう・よういちろう）

米国国防総省，アジア・太平洋安全保障研究所（ホノルル）教授．慶応義塾大学法学部法律学科卒業後，サウスカロライナ大学国際研究修士，ハワイ大学政治学博士号取得（Ph.D.：1996 年）．関西外国語大学ハワイカレッジ，オークランド大学（ニュージーランド）を経て現職．2008 年には客員として立命館アジア太平洋大学でも教鞭をとる．主著に *Japanese Foreign Policy in Asia and the Pacific: Domestic Interests, American Pressure, and Regional Integration*（宮下明俊との共編，Palgrave, 2001，邦訳『現代日本のアジア外交――対米協調と自主外交のはざまで』ミネルヴァ書房，2005 年），*Japan in a Dynamic Asia* (Satu Limaye との共編著，Lexington Books, 2006)，*The Rise of China and International Security* (Kevin Cooney との共編，

編者紹介

原 貴美恵（はら・きみえ）
ウォータールー大学レニソン研究教授，東アジアセンター・政治学部•歴史学部（兼任），国際ガヴァナンス•イノベーション•センター（CIGI）フェロー．オーストラリア国立大学より博士号取得（Ph.D.：1997），カルガリー大学助教授・准教授を経て現職．この間，ロシア科学アカデミー東洋学研究所，東西センター（米国），東京大学，東京外国語大学，ストックホルム大学で客員研究員及び客員教授．主著・編著に *Cold War Frontiers in the Asia-Pacific: Divided Territories in the San Francisco System* (Routledge, 2007),『サンフランシスコ平和条約の盲点——アジア太平洋地域の冷戦と「戦後未解決の諸問題」』（渓水社, 2005 年）, *Japanese-Russian Relations since 1945: A Difficult Peace* (Routledge, 1998), *Northern Territories, Asia-Pacific Regional Conflicts and the Åland Experience: Untying the Kurillian Knot* (Geoffrey Jukes との共編，Routledge, 2009) 等の他，アジア太平洋地域の国際関係に関する論文多数．海外在住歴：米国 4 年，豪州 4 年，カナダ 12 年.

「在外《ざいがい》」日本人研究者《にほんじんけんきゅうしゃ》がみた日本外交《にほんがいこう》
——現在《げんざい》・過去《かこ》・未来《みらい》——

2009 年 7 月 30 日　初版第 1 刷発行 ©

編　者　原　貴　美　恵
発行者　藤　原　良　雄
発行所　藤　原　書　店

〒 162–0041　東京都新宿区早稲田鶴巻町 523
電　話　03（5272）0301
ＦＡＸ　03（5272）0450
振　替　00160 - 4 - 17013
info@fujiwara-shoten.co.jp

印刷・製本　図書印刷

落丁本・乱丁本はお取替えいたします　Printed in Japan
定価はカバーに表示してあります　ISBN978–4–89434–697–0

1989年11月創立 1990年4月創刊

月刊

機

2009
7・8
No. 209

発行所　株式会社 藤原書店 ©
〒一六二―〇〇四一 東京都新宿区早稲田鶴巻町五二三
電話 〇三・五二七二・〇三〇一（代）
FAX 〇三・五二七二・〇四五〇
◎本冊子表示の価格は消費税込の価格です。

編集兼発行人
藤原良雄
頒価 100円

われわれの知を誘導し、方向づける「空虚なことば」

「プラスチック・ワード」とは何か

イバン・イリイチ

日常生活に存在する、権威をまとってはいるが内容は空虚で、だからこそブロックのように安易に組み合わされて、いつの間にか我々の認識や行動を方向付けていることば「開発」「コミュニケーション」「インフォメーション」……を、ドイツの言語学者ウヴェ・ペルクゼンは、可塑的な言葉という意味で、〝プラスチック・ワード〟と名づけた。

『環』誌最新号は、特集としてこの〝プラスチック・ワード〟を取り上げた。現在を生きるわれわれの知を誘導し方向づけていることばを批判的に検証してみたい。

編集部

● 七・八月号 目次 ●

「生命」ということばの使われ方

一九八八年、アメリカのルーテル教会での講演で、あなたは、「生命」こそ、教会がその歴史を通じて直面してきた偶像のうちもっとも強力なものかもしれないと、大変強い調子で警告を発しています。どのようなきっかけで、あなたはこの問題に気づかれたのですか？

実際のところ、「生命」(life) ということばを発するたびに突然打ちのめされるような戦慄を覚えるようになったのは、コンスタンツ湖地方からやってきた若い医学生のおかげです。

その頃かれは、「生命」ということばの使われ方を研究しはじめました。ドイツ語だけでなく、フランス語、イタリア語、英語の広告におけるさまざまな使われ方を、連邦議会や主要な教会での議論における使われ方と比較したのです。わたしはその頃から、「生命」というのは「アメーバことば an amoeba word」ではないかと考えはじめました。そして思わずぞっとしたのです。

「アメーバことば」とは何ですか？

それは、言語学者であり中世史家でもある、フライブルク大学のウヴェ・ペルクゼン教授の著作から借りたことばです。一九八〇年代の後半に、かれは次のような結論に達しました。すなわち、近代のあらゆる諸言語には、辞書に収録される際、特殊なしかたでレッテルを貼られるべき一定の語が存在しているという結論です。

ふつう辞書を見れば次のようなことがわかります。すなわち、あることばは通常の用法ではこういう意味であり、すたれた用法ではこういう意味であり、特別なしかたで組み合わされると通俗的なことばになり、別の意味では専門的なことばになるという具合です。〔しかるに〕かれは、一つの重要な語法上のカテゴリーがこれまで見過ごされてきたと考えるにいたりました。そして、そうしたカテゴリーをあらわすために「**プラスチック**〔**可塑的な**〕**ことば** plastic words」という用語をつくったのです。

かれは、「プラスチックことば」、ないしは「アメーバことば」が、きっかり二十五の特徴を有していると考えたので――ペルクゼンは非常にドイツ的な人物です――その二十五の特徴をすべて備えていないかぎり、いかなることばもそのカテゴリーに含めようとはしません。

「プラスチックことば」とは

「プラスチックことば」は強力な含意を有しています。人はそれを使用することで自分を偉く見せることになります。かれは自分よりもそのことばについてよく知っている専門家には敬意を表しながら、同時に、自分がある種の科学的な言明をおこなっていると信じ込むのです。プラスチックことばは、会話の中に投じられる小石に似ています。つまり、それは水面を波立たせるだけで、どこにも命中しません。いま述べたようないっさいの含意を有しながらも、正確には何も意味していないのです。

たいていの場合、そうしたことばはその言語の中に昔から存在したことばでした。しかし、それらが科学による〔意味の〕洗浄を蒙ったのち、日常語に舞い戻ったときには、ある人びとにはわかるけれども他の人びとにはよくわからないことがらに関係した、ある新しい含意を帯びていたのです。ペルクゼンは、たとえば「**セクシュアリティ**」、あるいは「**クライシス**」「**インフォメーション**」ということばを、「アメーバことば」というカテゴリーに分類しています。

かれは各言語の中に、そうしたことばを見出しました。そうしたことばはそれぞれの言語に二十四、五個あまりしか存在せず、そのレパートリーはほぼ同じです。わたしはペルクゼンのもとを訪れ、こう言いました。「ウヴェ、わたしは最悪の「プラスチック」ことばを見つけたよ。つまり、それは「**生命**」だと思うのだが」と。すると、かれは押し黙ってしまいました。そんなことははじめてのことだったのですが、かれはわたしに対して怒りと失望を覚えているように見えました。かれは感情を害したのです。

かれがふたたびその話題に触れるようになるまでには、六ヶ月か九ヶ月はかかりました。〔かれにとって〕「生命」のように大切ですばらしいものが、「アメーバことば」としてふるまうということは、まったく想像しえないことだったのです。わたしは次のような結論にいたりました。すなわち、こんにちわたしが「生命」ということばを口にする場合、それはたんに、咳払いをするか、あるいは「ちえっ」と、言っているのとそう変わらないということです。（構成・編集部）

（Ivan Illich／思想家）

聞き手・D・ケイリー

（『生きる意味』高島和哉訳より）

▲I・イリイチ（1926–2002）

問題作『プラスチック・ワード』の著者来日記念。その出版から現在まで。

〈対談〉言語から図像へ

ウヴェ・ペルクゼン
糟谷啓介

糟谷　『プラスチック・ワード』以降のお仕事で、*Weltmarkt der Bilder*（『図像の世界市場』、邦訳小社近刊）は、言葉ではなくて、「図像 Bild」について書かれた本ですが、言葉から図像へ関心が移行された動機というか、理由というのがありますでしょうか。

ペルクゼン　このような関心を持つにいたった背景には、私が自然科学者とともに自然科学の言語についてセミナーを持っていたということがあります。自然科学の言語についてはもともと関心を持っていたわけですけれども、自然科学者との交流の中から視覚化への関心が生まれました。

興味深いことに、ほぼ同時にイリイチとその周辺からも同じような問題関心が生まれていました。私は、イリイチとは少し違った方法でアプローチを試みました。視覚的な領域においても、言語と同じように類似する記号システムがあるのかどうかを問いたかったわけです。プラスチック・ワードのように歴史をつくるシステムが、視覚の世界において存在するかに関心がありました。

そこで、私の目を引いたのは曲線です。例えば選挙戦においては多くの曲線が登場します。失業率が増えるか減るか、国内総生産がどう変わるかなどひたすら曲線をめぐって論戦が繰り広げられます。その最大規模のものとして指数関数的な人口曲線が挙げられます。世界の人口を一つのまとまった単位として、操作可能なものとしてとらえること自体が、全く新しい理解の仕方、新しい概念ではないかと思いました。

あるいはウォルフガング・ザックスの青い惑星・地球に関する論考にも考えさせられました。「青い惑星」という表象にはどういう意味があるのでしょうか。惑星を一つのまとまりとして、しかも外からの視線でみるということは公の視

▲ウヴェ・ペルクゼン氏

線としては全く新しいことなのです。

図像に私が注目したきっかけとしては、特に一九九一年の湾岸戦争が大きいです。このとき、図像がニュースや紙面に盛んに登場するようになります。湾岸戦争はそもそもの作戦計画から言っても、図像によって行われた戦争であったという意味で、ハイテク戦争の先駆けだったわけですけれども、そのことが新聞においても盛んに登場するようになるきっかけになったと思っています。

もう一つ別の背景として、自然科学者との交流の中で、私は視覚が持っている認識の道具としての重要性を非常に認識するようになりまして、視覚化がないと多くの知見はそもそも得られないということを認識するようになりました。一方で、そのような視覚化はメタファー、仮説にすぎないというのも事実です。

▲糟谷啓介氏

科学用語が元々私の関心の出発点でしたけれども、視覚化が科学用語と同じように、エコノミストや政治家に使われてポピュラー化することでいわばプラスチックワールドを築くのかということに関心がありました。

糟谷　そうしますと、この中で強調されているのはむしろ視覚のプラスチック・ワード化、プラスチック・ワードとしての視覚だということでしょうか。

ペルクゼン　私は当時まだほとんど行われていなかった図像批判を行ったわけです。今日では図像批判は盛んになってきていて、もう既に一種の流行になっています。この本を書いたとき私は、言語は視覚的なものとは違った役割や可能性を持っているということを、特に最後の方で書きました。言語の可能性に関する記述は今でも妥当だと思っています。一方で視覚的なものが持つ力は、私が当時思っていたよりも大きいということを今では認識するようになりました。つまり視覚的なものの特徴はより複雑であるし、より大きな可能性を持っているということが、多くの学生や自然科学者との交流から理解できるようになりました。

（木村護郎クリストフ・訳）

（全文は『環』38号に掲載）

（Uwe Pörksen／言語学者）

（かすや・けいすけ／一橋大学教授）

『環』38号〈小特集・「森崎和江」を読む〉

精神史の旅――明日へと生きる

森崎和江

戦後六十四年となったこの春、『コレクション精神史の旅』（全五巻）刊行祝が、九州の元石炭都市・田川《たがわ》市で行われた。本来なら私が東京へ伺いたいのだが、今の私は自宅の近くの散歩が精一杯で外出は難しい。この日は、次世代孫世代を中心とした友人達と共に、厚意のひとときを楽しく過ごした。

かつて近代化の源泉だった炭田地帯は、玄界灘の近くから内陸の各地へと、いずこも見事に昔日の面影を失っていた。消え果てた時空にありありと浮かぶ在日のオモニ（母）達の姿。それはコレクション刊行の直前に藤原書店から出版の『草の上の舞踏――日本と朝鮮半島の間に生きて』に掲載され、その一端はコレクションにも入っている、田川市の東の山並のあちら側で、例年、チャングを打ち鳴らして踊り合ったあの人この人の姿である。「オモニ！」と無言の叫びが突き上げた。同時に、彼女達の原郷分断の現実が今尚深刻な冷戦状況下にあることと二重写しとなって迫る。

〈コレクション全五巻〉は、植民地で誕生し十七歳まであの半島の天然自然界と、民族服の老若男女の既知・未知の方達やその集落から溢れ来るいのちの風をむさぼり愛した植民二世の原罪意識を、かさぶたを剥ぐように剥いで来た歳月の足跡である。こうして纏めていただき、今になって振り返ると、これは私には奇跡としか言いようがない。

見知らぬ列島の「留学」先で敗戦を迎え、燃え落ちた学校の借り校舎先の博多港から、連日、トラックが「マンセー、マンセー」と叫ぶ人々を船へと運ぶ。クラスメートに「あの方々は何方《どなた》なの？」と尋ね、初めて朝鮮半島から働きに来た人びとの存在を知った。この植民二世の愚かさ。

私は教室で使う標準語ではなく、聞き取れない方言界の底深くに生き継いでいると感じられる列島の歴史文化を、なんとかして知りたい、踏み入りたい、そして生き直して半島の大地に伏して謝罪したい、と祈った。（後略）

（全文は『環』38号　構成・編集部）

われわれの知を誘導し、方向づける「空虚なことば」

学芸総合誌・季刊

環【歴史・環境・文明】

2009年夏号 vol.38

KAN : History, Environment, Civilization
a quarterly journal on learning and the arts for global readership

〈特集〉「プラスチック・ワード」とは何か

菊大判　360頁　3360円

金時鐘の詩　「失くした季節」　　石牟礼道子の句　「水村紀行」

「シベリア出兵は後藤新平の失敗か？」　V・モロジャコフ

「鶴見和子　山姥を生きる――晩期三歌集読解」　中路正恒

〈対談〉「ケインズ主義からケインズへ」　G・ドスタレール＋松原隆一郎（中野佳裕訳）

■特集■

「プラスチック・ワードとは何か」ウヴェ・ペルクゼン　糟谷啓介訳
「プラスチック・ワードの『発見』」ウヴェ・ペルクゼン　安川晴基訳
「生命――最悪のプラスチック・ワード」イバン・イリイチ　高島和哉訳

「遺伝子」シルヤ・ザメルスキー　和田知代訳
「効用」サジェイ・サミュエル　高島和哉訳
「改革」石井洋二郎／「プロジェクト」宇野重規／「責任」小坂井敏晶／
「生命」竹内敏晴／「所有」立岩真也／「ストレス」三砂ちづる／「支援」芹沢俊介／
「リスク」三神万里子

〈『プラスチック・ワード』を読む〉
北川東子／西川長夫／新保祐司／山本哲郎／塚原史／柏木博／太田阿利佐

〈対談〉「『一九八四年』から『プラスチック・ワード』へ」
ウヴェ・ペルクゼン＋糟谷啓介　（木村護郎クリストフ訳）

「ドイツ語圏言語批判の系譜とカール・クラウス」　安川晴基
「図像の世界市場（抄）」　ウヴェ・ペルクゼン　眞鍋正紀訳

■小特集■　「森崎和江」を読む

「精神史の旅――明日へと生きる」　森崎和江

鈴木英生／河野信子／斎明寺以玖子／高橋順子／うりうひさこ／
坂口博／朴才暎／三砂ちづる／水溜真由美／松井理恵／茶園梨加

書物の時空

〈新連載〉明治メディア史散策１　再考すべき人々　粕谷一希
〈書評〉『輿論と世論』　村井良太　／　『救済の星』　早尾貴紀
〈名著探訪〉大沢文夫／高橋英夫／安丸良夫

〈寄稿〉「琉球史を世界史の中で捉える」　松島泰勝
〈寄稿〉「望郷・ふるさと志向・愛国心」　王敏
〈寄稿〉「いま歴史を語るということ」　伊藤綾

連載

〈古文書から見た榎本武揚――思想と信条　2〉戊辰の嵐に、立つ　合田一道
〈近代日本のアジア外交の軌跡　6〉中国・朝鮮の民衆運動と日本外交　小倉和夫
〈水の都市論――大阪からの思考　7〉災い　橋爪紳也
〈伝承学素描　14〉古代丹波からの布石　能澤壽彦

気鋭の論者による「世界経済危機」論。「危機」の核心に迫る！

ドル暴落は起こるのか？

——E・トッドの予言をめぐって——

加藤 出

トッドの「予言」のタイムラグ

E・トッドの言葉は、金融市場の参加者にとっても非常に刺激的である。彼は、『帝国以後』の中で、アメリカ合衆国に投資してきたヨーロッパ、日本、その他の国の投資家たちは「早晩身ぐるみ剥がれることは間違いない」と指摘していた。確かに、それらの投資家は大損害を被ってしまった。トッドは「人類史上最大の金融詐欺」を米国が行ったと糾弾している。

ただし、トッドの「予言」を個人投資家が投資判断のタイミングに使うことは難しいかもしれない。あまりに鋭く本質を見抜いているがゆえに、時間軸が長いからである。彼がソ連の異常に高い乳幼児死亡率を根拠に同体制の崩壊を予想した『最後の転落』は一九七六年の著作だ。最終的にソ連が崩壊するのは一九九一年である。予想の実現が遅れたというよりも、先行き体制を揺るがすことになる矛盾の「萌芽」をかなり早い時期から彼が察知していたということだろう（彼は「一〇年、二〇年、ないし三〇年以内の崩壊」を予想していた）。また、彼は米国で「早晩、前代未聞の規模の証券パニック」が起きると予測した。それは的中するが、「予言」から五年後のことであり、米国の住宅・信用バブルはその間に一段と燃え盛っていた。とはいえ長期的なリスクの所在を探知するには、金融市場参加者もトッドの指摘に注目する必要があるだろう。

ドルを支える「信仰」

トッドは『帝国以後』の中で、「前代未聞の規模の証券パニックに続いてドルの崩壊が起こる」と書いていた。「前代未聞の証券パニック」は発生したが、それに続く「ドルの崩壊」は未だ起きていない。むしろ、証券パニックの深化とともにドルは上昇を見せた。FRBが発表している貿易額を基に算出した広範囲の実質ドル・インデックスは、二〇〇八年八月以降、急上昇した。

一方、トッドは別の観点から、下落しないドルに関し、次のような示唆に富む発言を行っている。経済的覇権は必ずし

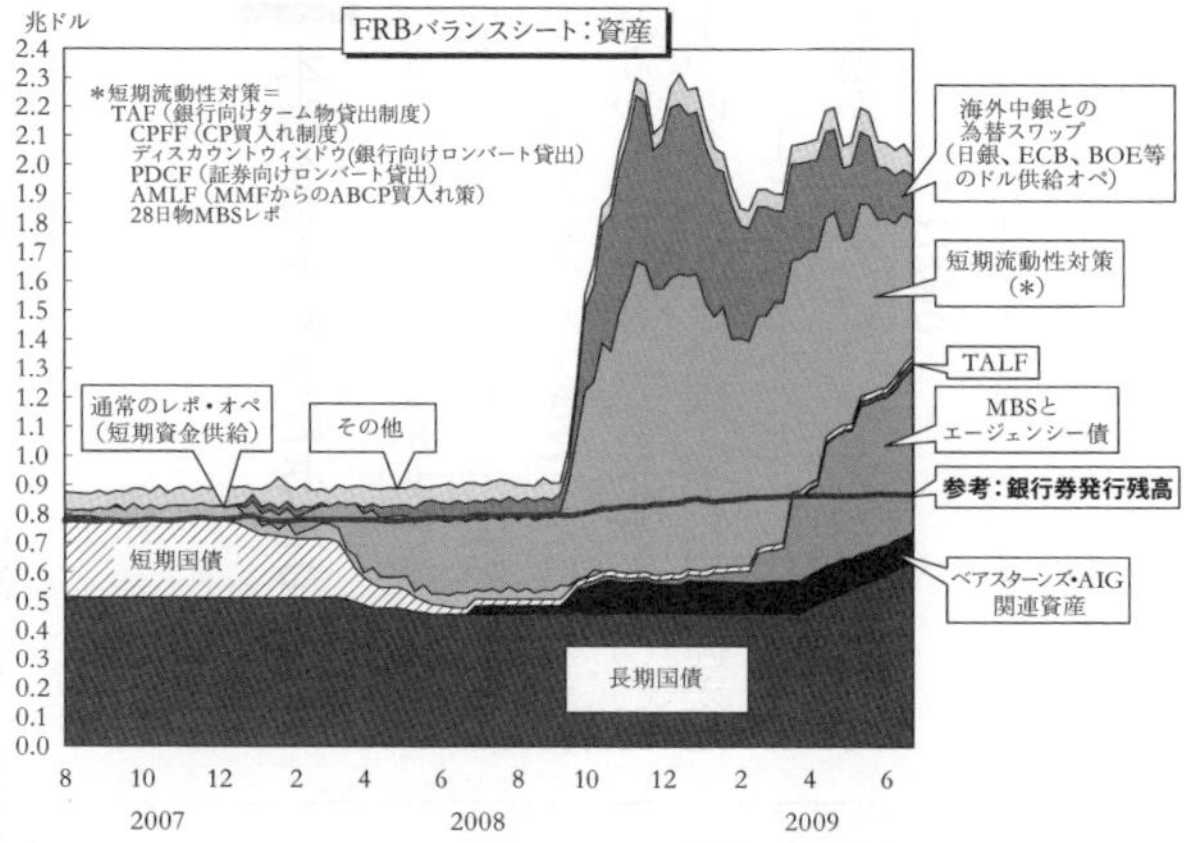

▶大規模な信用緩和政策により、三カ月で二・五倍に膨張したＦＲＢの資産。この超過準備の吸収がドル信認の鍵を握る。

も悪くない。第一次大戦後にイギリスの経済的覇権は崩壊したが、「それは筆舌に尽くし難い混乱」を引き起こした。それゆえ、経済的な面で人々がアメリカの覇権の消滅を恐れていることは理解できる。二月二七日放映のＮＨＫ・ＢＳ『未来への提言』で、トッドは次のようにも語っていた。「何より最終的な強みは、同盟国がアメリカの消滅を恐れていることです。リーダー不在の世界は不安ですから、人々には『幻想』が必要なのです。」

麻生首相は二〇〇九年二月二七日に「ドルの基軸が安定していることの方が、われわれにとって国益が大きい」と語った。また、与謝野財務・金融・経済担当相は、六月二五日に、「われわれは米国の基軸通貨体制を支持するものであり、日本の決済手段としてのドルを基軸通貨として使うという基本方針は今後も変わらない」と述べている（ロイター）。

中国やロシアはドル基軸通貨体制に牽制を発しているものの、トッドが言う「アメリカの経済覇権継続を信じたい」という周辺国の「信仰」は、欧州などライバル経済の「敵失」も作用して当面持続されそうである。もし、米国政府がインフレを起こして海外からの借金の実質価値を減価させようとしたり、政府がＦＲＢに紙幣を刷らせることで安易に財政赤字を賄おうとしたりすれば、国際金融市場でドルに対する不信感が急速に高まり、「信仰」は急速に崩れるだろう。（後略）

（かとう・いずる／東短リサーチ・チーフエコノミスト）

「古代史」の碩学による最新の論考、エッセイの集成。

歴史と人間の再発見

上田正昭

本書をまとめるにあたって

すぐれた先輩、友人があいついでこの世を去った。それぞれの出会いとまじわりのなかから学んできたことは、数えきれないくらいに多い。私自身が二〇〇九年の四月二十九日で満八十二歳を迎えたが、いまさらのように先立った人びとの交遊がありがたく、懐しさがこみあげて胸いっぱいになる。

　二〇〇八年の十二月、角川源義賞式典後のパーティで、藤原書店の代表である藤原良雄さんとお目にかかった。そのおりに、私が新聞や雑誌などに書きとどめてきた論文・エッセイ・講演などをまとめてみないかとのおすすめをうけた。「歴史と人間の再発見」というテーマでまとめたいと想っていたおりでもあって、そのお言葉に甘えることにした。

渡来人の寄与

一九五〇年の三月に京都大学文学部を卒業して以来、一貫してアジアとりわけ東アジアのなかの日本の歴史と文化を中心に研究を積み重ねてきた。その歩みについては、満八十歳のおりに、求めに応じて執筆した「日本人とは何か、日本文化とは何か——研究史六十年をかえりみる」（大阪商業大学『地域比較研究所紀要』第十号）に詳述したが、その初期の仕事で忘れがたいのは、一九六〇年の六月の『帰化人』（中公新書）である。

　「帰化」と「渡来」とがどう違うのか、「古代法」にそくしてその本質を論究し、あわせてあしき「帰化人史観」の打破と克服をめざして、いかに朝鮮半島から渡来してきた人びととその子孫が、日本の歴史と文化の発展に大きく寄与してきたかを、史実にもとづいて考察した。

　たとえば天平勝宝四（七五二）年の四月、東大寺大仏の開眼供養会が盛大に挙行されたが、その見事な高さ五丈三尺五寸の毘盧舎那《びるしゃな》大仏（座像）を鋳造した現場のリーダーの大仏師国中公麻呂《くになかのきみまろ》は、在日の三世であり、延暦三（七八四）年に平城京から長岡京へ、そして延暦十三年長岡京から平安京へと都を遷した開明派の三都のみかど――桓武天皇の母（高野新笠）が、百済《くだら》の武寧王《ぶねいおう》の血脈につながる人物であったことを指摘したのも、その著書においてであった。

「人権文化」輝く世紀へ

私が被差別部落の問題の重要性を肌で実感し、在日のみなさんの問題が日本人みずからの問題につながることを教育の場で認識したのは、本書に収めた「一九四九年の春」のとおり、京都大学の三回生のおりと、翌年の京都府立鴨沂高校三年十一組のクラス担任となった時からであった。

▲上田正昭氏（1927-　）

爾来部落問題及び在日の問題に微力ながら歴史研究者のひとりとしてたずさわってきたが、この『歴史と人間の再発見』所収の論考にも、その軌跡が反映されている。朝鮮半島の歴史と文化と日本列島の史脈には、まさに「一衣帯水」の密接なかかわりがある。

二十世紀は人権が受難した世紀であった。二十一世紀は人権文化が輝く世紀であってほしいと心から念願しているが、人権文化 culture of human rights という用語が、ひろく使われるようになったのは、一九九四年十二月の第四九回国連総会からであった。「人権教育のための国連十年」を決議し、その「行動計画」で高らかに「人権文化」の普遍性が強調された。

その定義はまちまちだが、私は「人間の幸せを自然と共に構築する、その行動とみのり」が「人権文化」であるとうけとめている。人権文化が輝く新世紀実現へのプロセスに、この書が多少なりとも寄与するところがあれば幸いである。

（うえだ・まさあき／日本史家）

日本人が最も苦手とする「外交」。そのロジック、力学とは何か？

「在外」日本人研究者がみた日本外交

原貴美恵

日本の安保理入りを阻んだもの

本書は、海外を拠点として活動してきた「在外」日本人研究者による日本外交及び対外政策についての論文集である。

二〇世紀末から二一世紀初頭にかけての日本外交は、グローバルなレベルでの「変化」と地域的なレベルでの「停滞」への対応が際立つようになった。米ソ二極構造の崩壊、加速化するグローバリゼーションと相互依存の深化、そして国際平和に対する脅威の多様化といった国際社会の変化を背景に、日本は資金面だけでなく、人的貢献の面でも世界の平和と繁栄に積極的役割を果たすべく努力を重ねてきた。そして二〇〇五年、成立六〇周年を機に活発化した国連改革の動きの中で、安全保障理事会常任理事国入りをその年の第一外交目標に掲げ、総力を挙げて外交活動を展開した。日本としては、それまでの貢献を踏まえ、またその貢献に見合った政治的影響力の拡大を目指したものの、結局その試みは挫折に終わった。

日本の安保理入りには、各国の思惑が絡み合った様々な要因が障害として立ちはだかった。中でも突出したのは他でもない東アジア隣国の反対である。その背景には、「過去の清算」或いは「負の遺産」問題がある。領土問題や歴史解釈問題、とりわけ小泉首相が就任以来公約として行った靖国神社参拝等は、終戦六〇周年でもあるこの年、東アジア各地に燻り続けていた反日ナショナリズムを再燃させた。

こうした状況に問題意識や危機意識を強めた識者は少なくない。世界の中で日本は今後どのような地位を占めていくのか。地球規模での日本の国際的役割と東アジア隣国との関係をいかに前進させていくのか。新しい変化により効果的に対応するため、従来から存続する諸問題の袋小路状態打破のため、そして地域での孤立化を防ぐためには何が必要なのか。従来とは異なる角度から、岐路に立つ日本外交を再検討すべきではないのか。新旧交錯する国際関係の潮流の中で日本外交が抱える矛盾が露呈したこの二〇〇五年、本書の企画はこうした問題意識から発案された。

在外日本人研究者のみによる初の共同研究

改めて指摘するまでもなく、日本外交に関してはおびただしい数の文献が存在する。それらには理論的検討から実証的検証までアプローチも様々であれば、執筆されている言語も日本語・英語はもとより他の外国語でも多くの文献が存在する。執筆形態も単著、共著、共同研究書（編書・共編書）などがある。共同研究書では日本を拠点とする（即ち「在日」）日本人・外国人研究者によるものから、海外の外国人研究者共同のものまで、その形態は様々である。しかし、数多くの共同研究があり ながらも、在外日本人研究者に視点を揃えた共同研究の前例はみあたらない。

▲原貴美恵氏

日本の国際化が言われて久しく、近年では海外で博士号を取得し帰国する日本人研究者の数も増えている。こうした「帰日」研究者が日本における日本外交研究に新しい視点を持ち込んでいる点は否めないが、その一方で、国際化という点では帰日組よりもはるかに海外生活、研究、就労経験が長く、より複眼的視野が養われているはずの在外日本人研究者からの祖国へのフィードバックは、個人レベルに留まっており、ともすると閉鎖的な日本の学界の体質に阻まれがちである。それゆえ本書は、在外という独特の経験と立場を共有する研究者が協同して、日本外交の研究に一石を投じることを試みるものである。本書の企画には米国、カナダ、英国、シンガポール、ニュージーランド及び豪州を拠点としていた在外日本人研究者が参加した。（後略）

（はら・きみえ／ウォータールー大学教授）

「在外」日本人研究者がみた日本外交
現在・過去・未来
原貴美恵編

A5上製　三一二頁　五〇四〇円

第Ⅰ部
1 ソフトパワーからハードパワーへ　赤羽恒雄
2 日本の安全保障政策と国内議論　平田恵子
3 日本の海外派兵決定の分析　佐藤洋一郎
4 日本の対外政策の中の「沖縄」　丹治三夢
5 日本の多国間安全保障政策　芦澤久仁子

第Ⅱ部
6 分割された東アジアと日本外交　原貴美恵
7 日本外交と東北アジア地域システム　池田哲
8 戦後日本の中国政策　高嶺司
9 東アジア地域主義と日本　寺田貴
終 国際権力政治の論理と日本　川崎剛

〈第17回「野間宏の会」〉

文学よ、どこへゆく？

―― 世界文学と日本文学 ――

二〇〇九年六月十三日
日本出版クラブ会館

「野間宏の会」は、全体小説を志向した作家・野間宏が一九九一年一月二日に亡くなった後、九三年に発足した。毎年講演会やシンポジウムを催してきて、今年で早や十七回目となる。

今回は、若手作家らが集まり、野間文学、戦後文学から世界文学まで視野に入れ、「文学」というものがこれまでどのように在り、またこれからどのように在るのかをめぐり議論した。パネラーは作家の奥泉光氏、姜信子氏、佐伯一麦氏、そしてフランス文学者の塚原史氏の四名。

まず「問題提起」として、四名のパネラーがそれぞれ発表した。

奥泉氏は、自身の作品を構築するにあたって、戦後派には最も影響を受けたことを明かし、文学とは人間のあり方をとことん追求するものであるという古典的な捉え方が今こそ意味をもちうることを、持ち前の話術で笑わせながら熱く語った。

姜氏は、韓国と日本のはざまにあると安易に言われがちな自らの存在にふれながら、南島で土着の歌をきいた体験から直感した原初的な文学の姿、そして光のもとにではなく闇を求めての道程を、詩的な言葉を使いつつイメージ豊かに語った。

佐伯氏は、高校時代から読みつづけてきた野間文学を、「言葉でこの世を捉えなければならない」という決意をもつに至った自らの歩みと重ねつつ、「私小説」と言われながら「私」がなくなってゆくという方向性も提示しながら、しかも私へと収斂するあり方を述べた。

最後に塚原氏は、ヴェルコール『海の沈黙』と野間宏『暗い絵』を比較しつつ、二項対立でなく「第三の道」としてのあり方を語った。

そして、恒例の野間宏作品の朗読（児玉朗氏、『さいころの空』より）や、野間宏の詩作品の弾き語り（ギタリスト・原荘介氏）をはさみ、特別ゲストとして野間宏夫人光子さんへのインタビュー（紅野謙介氏）も行われ、家庭での野間宏の知られざるエピソードに会場は沸いた。

最後に、富岡幸一郎氏（文芸評論家）を司会に、先の四名による野間宏をめぐる熱いディスカッションが行われた。

（記・事務局）

〈第三回後藤新平賞〉

受賞者 緒方貞子さんに

「後藤新平の会」（事務局長・藤原良雄）主催による、第三回後藤新平賞の受賞者が決定した。本賞受賞者は、国際協力機構（ＪＩＣＡ）理事長の緒方貞子氏。授賞式は七月一八日、日本プレスセンター（千代田区内幸町）で行われる。

後藤新平賞は、日本の近代化の過程において、百年先を見通した時間的・空間的スケールの大きな政策を構想し、「人」を育てながら地域や国家の発展に寄与した後藤新平（一八五七―一九二九）の生誕一五〇周年を記念し、二〇〇七年に設けられた。

日本の国内外を問わず、後藤新平のように文明のあり方そのものを思索し、それを新しく方向づける業績を挙げた人物を一年に一度選考し顕彰する。第一回は元台湾総統の李登輝氏、第二回の本賞は元東京都知事の鈴木俊一氏、奨励賞はＮＰＯ法人コモン・グラウンド・コミュニティのロザンヌ・ハガティ氏に贈られた。

緒方貞子氏は十年間にわたって国連難民高等弁務官として、その後はアフガニスタン支援政府特別代表、国際協力機構（ＪＩＣＡ）理事長として世界の貧困・難民問題に取り組んできた実績と、徹底した「現場主義」の姿勢が、スケールの大きい真の国際人であるとの評価を受けての受賞となった。

（記・編集部）

〈二〇〇九年度「後藤新平の会」シンポジウム〉

後藤新平と同時代人 *Part1*

【伊藤博文／桂太郎／原敬】

「後藤新平の会」主催の二〇〇九年度のシンポジウムが、七月一八日、日本プレスセンターで開催される。今年度は新たなテーマ「後藤新平と同時代人」のもと、後藤新平の人的ネットワークの広がりをさまざまな切り口から解き明かし、近代日本の主要人物たちの群像のなかに、後藤新平を位置づける試み。

壮大なビジョンに基づく政策を実行した後藤新平だが、その仕事の背後には、「一に人、二に人、三に人」という名言にもあるように、まず何よりも「人」があった。その人間関係は、後藤を抜擢した先達、同世代の政治的ライバル、財界とのつながり、海外の重要人物との交流など多岐にわたり、全貌はまだ完全には明らかになっていない。

シンポジウムでは、政治学の御厨貴氏による基調報告「伊藤博文・桂太郎・原敬と後藤新平」に、評論家の粕谷一希氏、比較文化論の上垣外憲一氏、日本近現代史の千葉功氏、劇作家の堤春恵氏がコメントとディスカッションを行う。

（記・編集部）

＊詳細は三二頁をご覧下さい。

リレー連載　一海知義の世界　11

『貧乏物語』の探訪

青山由起子

『貧乏物語』の三種類の表紙

もう五、六年前のことになるだろうか、河上肇のベストセラー『貧乏物語』を探訪する旅が始まった。きっかけは、「それは面白いなあ。ぼくも見たい」という一海先生の言葉である。

『アルバム評伝　河上肇』（西川勉編、新評論、一九八〇年）のことを一海先生から聞いて買い求め、そこで初めて『貧乏物語』の表紙が三種類あるのを知った私は、河上肇の型破りな出版に衝撃を受け、三冊の古ぼけた表紙が並ぶモノクロ写真に惹きつけられた。そして何の雑談の折だったか、「三冊とも実物を見てみたいです」と口に出したのである。

とかくそういうものだとは思うが、自分の好奇心がエライ先生から賛同を得ると、探究の導火線に火をつけられたように資料調査を始めることになったりする。読游会にはそんな火付け役が何人かおられるが、その筆頭は何と言っても一海先生だろう。しかも一海先生の賛同はただの賛同ではない。探索方法の助言と援助という恵み付きであった。

『貧乏物語』（弘文堂書房）が一世を風靡したのは、もう九十年近く前のことである。大正六年三月に初版が出て、二年間に三十版を重ね、河上自身によって絶版となっている。『貧乏物語』出版における経緯は、これも一海先生の助言によって知った故脇村義太郎先生の『『貧乏物語』前後』（『世界』一九七六年三月号）に詳しいが、この時すでに「もう数年早く着手すれば」と述べられている。

それに遅れること三十年、私の調査対象は脇村先生も調査未完のままの「装丁」である。証言の聞き取りや現物購入には遅すぎるとはいえ、インターネットでの本の検索なら時機到来というものだ。三種類くらいすぐに図書館で見られるだろう。そう思ったのはあさはかだった。

表紙が傷んでまったく別物に補修された図書館の『貧乏物語』に、何度がっかりさせられただろう。本の内容は重視しても装丁は軽んじる、あるいはそうせざるをえなかった保管の歴史を実感して、装丁者の無念を思ってみたりしたものだ。

多様なデザインに魅せられ

機会を見つけては現物を探し、三種類の表紙を確認し終えた頃、私は次々にわく疑問を抱いて、この探訪の長期化を予感していた。その一つは、デザインが異なるのは表紙だけではない、と気付いたことだった。表紙裏の絵や遊び紙の版画なども異なっている。また、岩国の生家で、「莞爾として」手に取られたかもしれない初版の上製本を拝見したが、なんとそれは絵付きの紙箱に入っていた。さらに、並本の初版には表紙と同模様で色違いのカバーがついていた。箱もカバーも貴重な証拠品だ。

デザインはどれも学術書臭がなく、『貧乏物語』という小説のごとき題名にふさわしい生命感とエスプリを感じさせる。

▲河上肇記念会総会にて（2003 年）
撮影・矢吹正夫

そんな装丁の比較に始まった探求は、やがて各版の校勘に及び、「まさかそんな」のミステリーまで出現して、私の報告は一海先生を面白がらせた。とうとう百冊ほどの本を見てきたことになる。

（後略　構成・編集部）

（あおやま・ゆきこ／大手前大学非常勤講師）

リレー連載 今、なぜ後藤新平か 47

後藤新平と出雲大社

エコノミスト 玉手義朗

出雲への旅

出雲大社に参拝するために、寝台列車「サンライズ出雲」に乗る。東京駅を午後一〇時に出発した列車が出雲市駅に着いたのは一二時間後の翌日午前一〇時。しかし、列車の旅はここで終了、出雲大社へは路線バスに乗り継ぐという、億劫な道のりが残されていた。

同じ不便さを後藤新平も感じていた。後藤新平が出雲大社を訪れたのは鉄道院総裁を務めていた明治四三年九月。出雲今市駅（現出雲市駅）に到着した一行は、人力車で出雲大社に向かった。この道は雨が降ると泥道になるなど、参拝客の不評を買っていた悪路で、地元は鉄道の敷設を熱望していた。「後藤逓相参拝の際、親しくその困難を感じその便を図らんことを随行の技師に談話せし……」と地元新聞が伝えたように、後藤自身も鉄道の必要性を痛感、出雲大社へ向かう大社線の敷設が事実上決定されたのだ。大社線の営業開始は明治四五年六月、後藤の来訪から一年九ヵ月後という早業だった。

先進的な経営思想

初代の鉄道院総裁に就任した後藤は、地方の声を重視した鉄道網の整備を推進した。全国を五つの管理局に分け、局長には第一級の人材を配置した。一方で、鉄道院本院の局長には若手を任命、「直接の衝に当たらぬ本省の局長連が横槍を入れる事はよろしくない」と、関与を認めなかったという。「地方分権」の考えを先取りする大胆な発想であり、大社線の建設もその一例だったのだ。

経費節減の徹底や、民間への業務移譲など、効率的な鉄道院の運営を目指した後藤だが、中でも強く推進したのが「独立会計」の導入だった。巨額の投資を必要とする鉄道事業では、公債発行など資本市場からの資金調達が不可欠だ。しかし、鉄道院の会計は国家予算との区別が曖昧で不透明、資本市場の信頼は得られず、資金調達に支障が生じる恐れがあった。「独立会計」によってディスクロージャーを徹底し、資金調達を円滑にしようとした後藤は、現代の企業経営にも共通する経営思想の持主だったのだ。

大社駅の場所選定の謎

合理的で大胆な後藤の発想は、大社駅の場所の選定でも発揮された。出雲大社への玄関口となる大社駅だが、その場所は、出雲大社から二キロ近くも離れている。なぜ、出雲大社の目の前に建設されなかったのか。

▲旧大社駅（島根県出雲市）

大社駅を巡っては二つの地区が誘致合戦を展開、場所の選定作業が難航していた。これを聞いた後藤は「二つの町を結び、その正三角形の頂点に建設する」との裁定を下したという。「二つの町の中間」ではなく、より遠い場所を選んだのは、「駅が出雲大社に近すぎると、商売に差し支える」という住民の声に配慮したためだというのだ。経済合理性を優先した後藤らしい裁断だ。

大社線の開通によって出雲大社とその界隈は大いに賑わった。開業を迎えた明治四五年六月の参拝客数は前年の三倍以上、土産物店の一軒平均の売上も二倍になる。大社駅の乗降客数も増加を続け、ピークだった昭和四二年には、東京や大阪からの直通列車が乗り入れ、一日の乗降客数は一万人を突破したのだった。

後藤の功績を継承できなかった国鉄

出雲大社から徒歩で二〇分余り、到着した大社駅は静寂に包まれていた。大社線は一九九〇年に廃止され、現在は駅舎が残されているだけ。出雲大社の玄関口らしく寝殿造りの「和風駅舎」は大正一三年に建設された二代目で、重要文化財に指定されている堂々たるものだ。しかし、肝心の鉄道は失われ、出雲大社への道のりは、明治四五年以前に逆戻りしてしまった。後藤の経営思想とは相反する国鉄の放漫経営が、最大の原因であったことは言うまでもない。

日本の鉄道網の大きさを実感させる一二時間の列車の旅と人気のない大社駅。出雲への旅は、先進的な経営思想で日本の鉄道の礎を築いた後藤新平の功績と、それを継承できなかった国鉄の蹉跌を教えてくれるものとなったのである。

（たまて・よしろう）

Le Monde

■連載・『ル・モンド』紙から世界を読む　77

「無恥のきわみ」

加藤晴久

「スリランカ政府軍とタミル武装勢力の戦闘で民間人数千人が犠牲に　国連とNGO、《重火器使用》と《国際法違反》を憂慮」

『ル・モンド』のフィリップ・ボロピオン記者がニューヨークの国連本部から送った記事の見出しである（五月十三日付）。

スリランカ国民の七四％は仏教徒のシンハラ人だが、北部と東部に住む十五％のタミル人はヒンドゥー教徒。シンハラ語を公用語化するなど、少数民族の権利を抑圧する一九七二年の憲法改正に反撥して結成されたタミル・イーラム解放の虎（LTTE）が分離独立をめざして武装闘争を続けてきた。〇五年に選出されたナショナリスト、ラジャパクサ大統領は去年の十一月以降攻勢を強め、五月十七日、LTTEの幹部二五〇人を追い詰めて殲滅。内戦勝利を宣言した。

ボロピオン記者の記事は、この最終段階で、数万人の民間人を人間の盾にして抵抗するLTTE残党に対して政府軍が容赦なく重火器を使用しているため多くの犠牲者が出ている事態に、国連でスリランカ政府に対する非難の声が高まっていることを伝えるものだった。パン・ギムン事務総長は国際法違反を非難（二三日には急遽現地に乗り込んだ）。ニューヨーク来訪中のフランスのクシュネール外相と英国のミリバンド外相も安全保障理事会がこの問題を取り上げることを要求した。十五理事国のうち九ヵ国の賛成が必要だが、中国とロシアはスリランカの国内問題として反対。非常任理事国のヴェトナム、リビア、トルコ、そして日本も消極的。NGO「国際危機グループ」の専門家は「第一のスリランカ援助国日本の腰の引けた姿勢は無恥のきわみ（une honte absolue）」と批判した。

「日本は欧米と比べてスリランカ政府寄りだとの批判もあります」と問われたスリランカ担当日本政府代表の反論は「欧州諸国のように公然と非難するだけが外交ではない」（朝日新聞、五月二十日付）。

だがこれは、日本の新聞に載ったインタビュー。国際世論の耳に届かない。

（かとう・はるひさ／東京大学名誉教授）

リレー連載　いま「アジア」を観る　79

探す場所

黒井千次

「アジア」とは土地であるか、人であるか、と考えることがある。

第一義的には土地であろうけれど、しかし我々が日々の暮しの中でその言葉を口にするのは、土地の呼び名としてよりも、そこで生れ、育ち、死んでいく人間、つまり人種、民族に関わる話題としての方がより多いように思われる。アジア大陸の地勢や風土や変動を語るより、アジア人の思想や感情、行動や文化を論ずる機会の方が遥かに多いに違いない。

しかし、土地と人間とを一括りにした国という便利な仕組みに頼らずに、土地と人間とを区別した上で「アジア」について考えようとする時、そこに浮かび上る人間の姿を捉えるのは容易なことではない。

お前は何人であるか、と問われれば、日本人である、と答える。お前はアジア人か、と質されれば、ほんの少しの間を置いた上で、そうだ、と応ずるだろう。二つの返答の間にある微妙な違いはどこから来るのか。おそらくそれは日本とアジアの間にあるズレ、差異と関係があるだろう。「脱亜入欧」を目指した大日本の近代化の歴史が影を落していることは否めまいが、しかしそれとはまた別にアジアの中にある様々な差異、特性をどう捉えるかが明らかにならなければ、日本の姿もアジアの全貌もしかとは掴めまい。

世界の中でアジアとは何かを考えるより、アジアの中で日本とは何かを考える方がより難しいような気がする。前者の場合には欧米といった対立物がとりあえずの手がかりとなるのに、後者の場合はそのように輪郭のはっきりとした対立物がなかなか見出せない。

それなら逆に、アジア人である筈の自分の中のどこに「アジア」があるか、を再検討してみるのはどうか。

世界の中でアジアを捉えようとするより、自分の中で「アジア」を探す方が、より緊急の課題であり、より実践的な探索であるように思われる。

（くろい・せんじ／作家）

連載　女性雑誌を読む　16

『女性改造』（十六）

尾形明子

『女性改造』の数少ない収穫のひとつに、一九二四（大正一三）年六、七月に掲載された野上弥生子の「ソーニャ・コヴァレフスカヤ」がある。数学者として知られるソーニャが三十九歳の時に書いた『ラエフスキイ家の姉妹』と、その急逝後に友人のアン・シャロットが書いた『ソニヤ・コヴァレスキイ』のエッセンスをまとめた評伝である。同年一一月に岩波書店から完訳本が出版されるに先立っての発表と思われるが、変ろうとしない男性への痛烈な批判と若い女性へのメッセージとが込められている。

　ヨーロッパで初めて女性の大学教授となり、数学者としてのさまざまな栄光を手にし、賛美に包まれ、子供にも恵まれたにもかかわらず、よき家庭人であり母であることと研究者であることの両立に苦悩するソーニャに、弥生子は共鳴する。

「ソーニャの生涯が私たちに特殊の魅力を持ってゐるのも、これ等の溜息や苦痛が、また他の場合に於ける彼女の喜怒哀楽が、私たちの感情に最もちかいからである」と書く。あるいは、ドストエフスキーからの熱烈なプロポーズを拒んだソーニャの姉アニュータの言葉を伝える。「あの人と結婚する人は自分を捨てなければならない」「でも私にはそんなことは出来ないわ。私は自分自身のためにもまた生き度いのですもの」。

　単行本の「序」に、「私がもつとも深い親しみを寄せてゐる愛読書」と書き、出版の反響を日記に「女の人はみんなソーニャが好きなのに男はそれほど面白がらないのがフシギ」（一九二四年一二月四日）と記している。

　すでに『青鞜』に、一九一三（大正二）年一一月から一九一五年二月まで、一二回にわたって翻訳「ソニヤ・コヴァレスキイの自伝」を連載していたが、やや冗漫な文体が、一〇年を経て、作家としても鍛えられ、みごとな翻訳となっている。ソーニャへの弥生子の共鳴は時代を越えて、現代の私たちにも響く。大正末期、ソーニャやアニュータに共鳴する女性たちと、女性を〈改造〉しようとする男性とのギャップとは測りがたいほどに大きい。

（おがた・あきこ／近代日本文学研究家）

■連載・生きる言葉　28

中島敦という存在

粕谷一希

漢の武帝の天漢二年秋九月、騎都尉・李陵は歩卒五千を率い、辺塞遮虜都を発して北へ向った。

（中島敦『李陵』岩波文庫、六頁）

名作『李陵』は、昭和十八年の『文學界』に掲載された。作者・中島敦は前年の昭和十七年に既に亡くなっていた。少数の友人にしか知られていなかった、中島敦という存在、またその作品が、『文學界』編集の周辺に伝わり、その令名が文壇に伝わったことは幸福であったといえるかもしれない。

昭和十七、十八年といえば、すでに日米戦争――日本の呼称でいえば大東亜戦争は勃発していた。戦争自体の当否を含めて、報道・批判の自由は極端に狭《せば》められていたが、同時に中島敦の作品が掲載される自由は、まだ文壇に残っていたのである。このことは日本人の精神を考える上で誇るべきことであり、同時に、戦時下の世相をあまり戦争一色で考えることもまちがっている――というすぐれた例証といえる。日本のジャーナリズムが極端にファナティクになるのは戦争末期、昭和十九年のころであったと判断するのが穏当と考えられる。

それと同時に、武田泰淳の処女作『司馬遷――史記の世界』が刊行されたのも、昭和十八年だった。武田泰淳は生涯、処女作『司馬遷』を超えられなかった、とは文壇雀の陰口であったが、今日になって考えると、日本人の精神史を考える上で、大東亜戦争の戦時下に、日本の青年学徒の中の、漢学の素養がもっとも高度に洗練された人々の中には、中国古典の精髄を題材とした、自由な批評や創作を書く能力が存在していたという事実である。司馬遷は李陵を擁護して武帝に宮刑に処せられた存在であり、そのことが彼をして『史記』を書かしめたことを考えると、中島敦と武田泰淳という二人の青年を、並べて考えてみることは新しい展望を拓くのではないか。

（かすや・かずき／評論家）

連載 風が吹く 18

『ノーム』(二)
――遠藤周作氏――

山崎陽子

素人劇団〝樹座〟(遠藤周作氏主宰)「風と共に去りぬ」上演当日の明け方、私は、ボストンからの電話に血の気がひいた。留学中の息子が、不慮の災難に遭い、生死の狭間をさまよっているという報せだった。

時差があり、詳しい事情がのみこめないまま渡航の手配はしたものの、次の日まで動きがとれない。気が動顛していたが、旅支度をすませ劇場にかけつけた。

誰にも気づかれないよう遠藤さんにだけ、ことの次第を告げた。遠藤さんは目を閉じて「不幸は、いつもキミを避けて通り過ぎると思っていたのに……」と深いため息をつかれた。私が、『ノーム』の共訳は辞退したいと言いかけると、遠藤さんは、即座に仰った。

「いくらでも期日は延ばしてもらうから、本は持っていった方がいい。きっと何かの支えになると思うから」

息子は、幸い命は取り留めたが、脊椎に損傷を受けて下半身麻痺になり、一生車椅子の生活だと宣告された。眠れぬ夜が続き、気を紛らわそうと私は『ノーム』を開いた。今も、どの頁をどんな気持で訳したか、まざまざと思いだすことができる。

息子は十九歳の身に降りかかった災難を、いとも明るく受け止め周囲を驚嘆させたが、それは、ひとえにボストンの治療チームと、彼を励まし続けた一人の神父の力だったと思っている。

遠藤さんは、息子のまたたくまの社会復帰に感動され、ある雑誌の対談に取り上げて下さった。それは思いもかけぬ大きな反響をよんだが、例によって遠藤さんは「ありゃあ対談じゃあない。キミばっかり喋ってて、ああいうのは独談というんです」と憎まれ口をきいていらしたが、何度も胸をつまらせ、口ごもってしまわれるから、私が話すしかなかったのである。

『ノーム』は、大幅に期日を越してしまったがようやく完成。続編『秘密のノーム』も上梓することになった。遠藤さんも私も、すっかりノームの存在を信じ、その不思議な魅力の虜になっていた。

(この項続く)

(やまざき・ようこ/童話作家)

連載 帰林閑話 176

読みたい本

一海知義

「死ぬまでに読んでおきたい本は？」

ときかれたことがある。

たくさんあり過ぎて困るのだが、とっさに浮かんだのは、『河上肇全集』と、ヘロドトスの『歴史』だった。

『河上肇全集』全三十六巻（岩波書店）は、私も編集委員の一人であり、詩歌集、日記、書簡、自叙伝などの巻の編集、解説、校注などを担当した。

それだけでも十一巻を占めるのだが、全集の主たる部分、経済学、社会思想に関する著書、論文を集めた巻は、詳しくは読んでいない。

河上肇は、論文や随想の中でしばしば中国古典を引用する。それは儒家の経典から唐詩に及ぶ。

また名文家河上肇の文体は、青年、壮年、老年と、かなり変化する。

そして彼は、若い頃からはげしい思想遍歴をくりかえした人物である。

それらをトレースするために、厖大な全集を、じっくりと読み返してみたい。

ヘロドトスの方は、どうか。

今から五十年ほど前、私は恩師とともに、司馬遷（前二世紀）の『史記』を翻訳した（現在は「朝日選書」所収）。

その時、よく『史記』と比較されるギリシャのヘロドトス（前五世紀）の『歴史』を、是非読みたいと思っていた。しかしその後、文学の世界にのめりこんで行ったので、いまだに読んでいない。

私が興味を覚えるのは、『史記』と『歴史』の共通点、そして相異点である。

共通点の一つ。司馬遷は『史記』執筆のため、国内大旅行を試み、その調査と見聞は、『史記』の記述に色濃く反映されている。

ヘロドトスも長途の旅行をしたが、その意図と成果は如何。

相異点は、『歴史』を読んでみないとわからぬ。

しかし、ヘロドトスの史観、とりわけ人間の運命と歴史の流れをどのようにとらえており、歴史を貫く法則をどのように考えていたのか。そうした点を、司馬遷と比較してみたいと思っている。

（いっかい・ともよし／神戸大学名誉教授）

六月新刊

『帝国以後』から『デモクラシー以後』へ

デモクラシー以後

協調的「保護主義」の提唱

エマニュエル・トッド

石崎晴己＝訳・解説

トックヴィルが見誤った民主主義の動因は識字化にあったが、今日、高等教育の普及がむしろ階層化を生み、「自由貿易」という支配層のドグマが、各国内の格差と内需縮小をもたらしている。

ケインズの名論文「国家的自給」収録

四六上製 三七六頁 三三六〇円

組織あるところに、官僚主義あり

官僚政治

シリーズ「後藤新平とは何か」

後藤新平

後藤新平歿八十周年記念事業実行委員会編

解説＝御厨貴 コメント＝五十嵐敬喜／尾崎護／榊原英資／増田寛也

「官僚制」は悪か？「官僚制」の本質を百年前に洞察した書！

四六変上製 二九六頁 二九四〇円

戦後政治の生き証人、〝塩爺〟が語る!!

ある凡人の告白

軌跡と証言

塩川正十郎

惜しまれながら政界を離れた〝塩爺〟が、一人の「凡人」として歩んできた半生を振り返り、政治の今を鋭く斬る。

口絵九頁

『読売』好評連載を大幅増補！

四六変上製 二七二頁 一五七五円

大好評「言語都市」シリーズ最新刊！

言語都市・ロンドン 1861–1945

和田博文 真銅正宏 西村将洋 宮内淳子 和田桂子

口絵四頁

「日の没さぬ国」大英帝国の首都を、近代日本はどのように体験したのか。三〇人のロンドン体験と、八〇項目の「ロンドン事典」、多数の地図と約五〇〇点の図版を駆使して、近代日本人のロンドン体験の全体像を描き切った決定版。

A5上製 六八八頁 九二四〇円

「武士道」から「商人道」へ

商人道ノス丶メ

松尾匡

グローバル化、市場主義の渦中で、〝道徳〟を見失った現代日本人に贈る、開かれた個人主義＝〈商人道〉のすすめ。全ビジネスマン必読の一冊。

第三回河上肇賞奨励賞受賞作

四六上製 二八八頁 二五二〇円

七つの主題を奏でる石牟礼文学のポリフォニー!!

石牟礼道子 詩文コレクション⑦ 母

解説＝米良美一

［第2回配本］

「大変詩的な文章は、まるで情感あふれる楽曲の名旋律のように、美しい抑揚を備えた音楽のフレーズのように、私を感じさせる」（解説より）

B6変上製 二〇八頁 二三一〇円

読者の声

ある凡人の告白■

▼塩川先生の人生のような、仕事のきびしさ、日本という国の為に働かされた日々、人と人との出合い、仕事の出合い、人間模様、色々な角度から思いをめぐらせて読ませていただきました。初めて先生を知ったのは、選挙の看板でした。大正十年生まれ、で正十郎ということ、父親と一年違い、すごく身近に感じた。それ以来注目でした。どうかお元気で!!　頑張って下さい。

（大阪府　主婦　**河野静子**　59歳）

『環』37号〈特集・「民主主義」とは何か〉■

▼「民主主義のための民主主義批判」をじっくり読ませていただきました。特に新保先生が『臣民』という発想が、日本人の誇りや歴史の支えになるのではないか」と語り、綱淵謙錠氏が描いている幕末の遺臣に言及された事に共感致しました。綱淵氏の『幕臣列伝』ほか著書の数々は今入手困難な状況ですが、再評価が必要と私自身感じております。

（東京　公務員　**松本朗**　46歳）

一海知義著作集⑨　漢詩の世界Ⅲ■

▼「一海知義著作集⑨　漢詩の世界Ⅲ」を読み終りました。一日の仕事を終え、夕食ももどかしく部屋にこもり、音楽をバックに「著作集」に向います。いつもつかれをかかえこんでいるにもかかわらず、「この本を読みたい」という身体の奥からの欲求に応えるごとく息せききって読み続ける日々。そして、再読の楽しみ。まさに、至福の時間です。次回配本がまたれます。

（千葉県　**園田昭夫**　66歳）

石牟礼道子　詩文コレクション1　猫■

▼貴社により素晴しい『石牟礼道子全集』を入手できたのは大きな幸いであったと思っています。『不知火』は私の尊い導きの星。このコレクションは又別の意味で嬉しいもの。ハンディなので大変読みやすく、くり返し楽しんでいます。

（広島　牧師　**遠藤年之**　67歳）

「バロン・サツマ」と呼ばれた男■

▼バロン・サツマの出自地の近傍に生れ住む近江商人は、ユダヤ的商人性のみが喧伝されるが、その文化性を体現した人物として予々から注目しわが誇りともしてきた。本書が正史のごとく出てきたことが何よりも嬉しい。「売家と唐様で書く三代目」バロン・サツマは素晴らしい唐様であった。それにしても、厳父は偉いし、フランスもまた偉い。

（滋賀県　**西川四郎**　71歳）

▼戦後、薩摩治郎八にずーっと関心あり、一時『銀絲集』と四冊の単行本所持（その後売却）～青山二郎とともに……

　昨年より一人になったので老人ホームに入居。場所が戦後の荷風のエリア（市川、本八幡、松戸）で関連あり、又現職の時は毛織物の会社に勤務していたので興味深く拝読。詳細な資料に基いたこの労作を書いた著者に敬意を払います。ベルエポックからゴールデン・サーティズ（一九三〇年代）にも興味あり。これからクリスチアン・ヴェラールの伝記を読もうと思っています。

（千葉県　**栗原滋男**　79歳）

▼あちこち探した。ネットで今まで買ってきたが、この本に関しては高価でもあり、実物をみてから買いたかった。銀座教文館はさすが!!　二頁読んでみてその場で気に入った。超面白く三日間で完読した。目まぐるしい程に現れる覚えのある人物た

ち。「明治」が直ぐそこにちらついてもうたまらんワイ。都々逸一ッ

　オレもなりたやバロン・サツマ
花の巴里で遊びたや　チチンチチンチン

（東京　無職　**福井国太郎**　68歳）

▼実に面白かった。内容はもとより、文章が平易で読みやすい。稀にみる名文と思う。貴重な資料も多く興味をひいた。貴社の出版物は定価が高いのが玉にキズだが、本書は購入した価値あり。

（東京都　**柏原暢夫**　73歳）

森崎和江コレクション　精神史の旅④　**漂泊■**

▼昭和二年、朝鮮に生まれるという『読売新聞』の広告を読み、飛び付きました。私も昭和二年、朝鮮に生まれましたから。私が両親の故郷である岩手に帰った後、終戦までどんなだったか一番知りたい事だったのです。

　早速手紙を出し、早く帰って良かったのです、という返事を頂き一安心致しました。

　本当にスバラシイ文体、同じ年齢ながらただ感心致して居ります。一巻もぜひ購入したいと思って居ります。

（北海道　**大平恭子**　82歳）

黒い十字架■

▼今でも、あるカトリック司祭にこの作品を読んだといえば眉をしかめられ、ヒンシュクを買う（?!）やも知れないけれど、大変に想いを深くさせられる書でした。先年も殉教者の列福がありましたから、信仰とは何かをあらためて考えます。（山口）イエズス会によって宣教されて来た土地ですから、（私）もしかして、異端者（?.）と呼ばれるかも……とてもドキドキして面白い！　去年（他社から）出版された『出星前夜』も合せて読みたく思います。

（山口　**三宅阿子**　68歳）

▼『クアトロ・ラガッツィ』という本を読んでいましたので『黒い十字架』の時代背景がわかり、とても、興味深く拝読させていただきました。

（**南條法子**）

父のトランク■

▼明るいざわめきが聞こえて来そうな中東の国トルコのイスタンブール出身の作家オルハン・パムク。彼を育んだあのオスマン帝国とトプカプ宮殿を探っていた私は、身長二メートルの大男と取り巻きの多勢の女性達を思い出した。信じられない文明の差異に驚きながらも惹かれてゆく。イスタンブールは政情も不安定で苦悩する様子が良く描かれている。東西が入り混じる迷宮を彼はどう乗り越えて行くのだろうか。ノーベル賞受賞の力の片鱗が伺えて、すごい作家だと思いました。スター誕生ですね。これからもどうぞよろしくお願いします。

（大阪　作家　**藤原愛子**　58歳）

音霊の詩人■

▼この本は二〇〇五年の春ころ購入したものです。よくCDを聞いていました。ここんとこひさしぶりにCD聞いてあまり気持になじめず、知人にさし上げようと思い、本を読み返し始めると忘れてることだらけ！　ショパンの彼女がサンド！　二人の出会い！　で知人にさしあげるのを中止しようと考えました。

（山口　主婦　**石田えい子**　58歳）

『機』二〇〇九年五月号■

▼一海先生の「帰林閑話」一七四回「頼山陽とナポレオン」、意外な組み合せのお話。また一つ新しい知識をご教示戴きました。

　当然、ナポレオン自身は頼山陽など知るはずもないでしょうが、頼山陽には伝わっていた。驚きであります。けれど、歴史は、大小の、このような「偶然」と「当然」の「事件の連鎖」なのでありましょう。一海先生の著作集、読み始めています。「10　漢字の話」からですが……目からウロコです。ありがとうございま

す。
（福岡　森武茂樹　74歳）

▼『機』誌、楽しみに待ち、そして、出かける電車中、待時間などに読める手軽さ。しかし、その中身は濃い。本当によい冊子を発行していただき感激です。これからもよろしくお願いします。総選挙を前にして「民主主義とは何か」改めて学び、考えたく申込みます。
（千葉　加瀬忠一）

※みなさまのご感想・お便りをお待ちしています。お気軽に小社「読者の声」係まで、お送り下さい。掲載の方には粗品を進呈いたします。

書評日誌（四・二七〜五・一七）

［書］書評　［紹］紹介　［記］関連記事
［Ｔ］紹介、インタビュー

四・二七　［紹］デイリースポーツ『「バロン・サツマ」と呼ばれた男』（「いま、この人〜デイリースポーツが聞く〜」／「戸田奈津子　字幕の女王」／中村博格）
［紹］毎日新聞「わたしの名は紅」（「発信箱」／「文明の十字路」／福島良典）
［書］神社新報「黒い十字架」（「新刊紹介」／「切支丹史の背景　歴史小説に描く」／上杉千郷）

四・二九　［書］朝鮮新報「空と風と星の詩人　尹東柱評伝」（「『空と風と星の詩人　尹東柱評伝』を読む」／「全存在を賭けて、守った民族の志操」／李芳世）

四月号　［書］正論「黒い十字架」（「読書の時間」／「歴史絵巻に現れるキリスト教の本性」／桑原聡）
［書］ゆうゆう「〈不発弾〉と生きる」（「Ｂｏｏｋｓ今月読みたい六冊」／水野みすゞ）
［紹］「アフガニスタン　戦禍を生きぬく」「〈不発弾〉と生きる」（「心に響く言葉の力」）
［書］本の花束「言魂」（「〈いま〉を考える」／「いのちと魂をめぐる、渾身の往復書簡集」）
［書］ＭＡＲＲ「さまざまな資本主義」（「編集室から」）

四月上旬号　［書］出版ニュース「高群逸枝の夢」（「BOOK GUIDE　ブックガイド」）

五・三　［書］朝日新聞『「バロン・サツマ」と呼ばれた男』（「著者に会いたい」／「度肝を抜く富豪の姿にひかれ」／加来由子）

五・九　［書］東京新聞（夕刊）「森崎和江コレクション」（「土曜訪問」／「時代を貫く精神の歩み」／「全五巻の集成を完結」／大日方公男）

五・一〇　［書］毎日新聞「科学から空想へ」（「今週の本棚」／「理性の斜面から挑んだフーリエ思想」／鹿島茂）

五・一一　［紹］朝日新聞「ケインズの闘い」（「経済危機インタビュー」／『政治が制御』へ改革を」／小此木潔）
［書］公明新聞『「バロン・サツマ」と呼ばれた男』（「欧州社交界に名を轟かせた快男児の全貌を描く」／中島芳郎）

五・一三　［紹］毎日新聞「日本を襲ったスペイン・インフルエンザ」（「余録」）
［記］朝鮮新報「空と風と星の詩人　尹東柱評伝」（「〝真実の過去よ戻れ。偽りの未来よ退け。〟」／「初夏、東柱のバラの内部に」／河津聖恵）

五・一四　［紹］毎日新聞「経済幻想」（「もっと知る」／「人類学をも視野に」／鈴木英生）

五・一五　［紹］東京新聞「〈新装版〉収奪された大地」（「筆洗」）

五・一七　［書］西日本新聞「空と風と星の詩人　尹東柱評伝」（「読書館」／「民族と時代超えた詩才」／李修京）

九月新刊

＊タイトルは仮題

一人称で語られた、理論的集大成

パスカル的省察

ピエール・ブルデュー
加藤晴久訳

多岐にわたる具体的な個別研究の著作を次々に世に問うてきたブルデューが、晩年において、初めてにして唯一、**自らの思想と理論を網羅的に〝告白〟した書**。ブルデューが思想的に自分自身を限界までさらけだすなかで、その学問の根底が明かされる。ブルデュー理解に最重要の書。

「気候と人間の関係史」の画期的入門書

概説・気候の歴史

中世から現代まで

E・ル＝ロワ＝ラデュリ
稲垣文雄訳

長期の時間のなかで生じる「気候」の変動に、人間社会はいかなる影響を受けてきたのか。フェルナン・ブローデルが絶讃した、自然科学・人文科学の学際的研究の大著『気候の歴史』の著者が、**気候と人間との関係に焦点を定め**、この研究のルーツ、方法論から、「気候とフランス革命」など豊かな事例を縦横に論じる。

漢語の世界を気ままに散歩してみよう

一海知義著作集（全11巻・別巻一）

11 漢語散策

ことばの理解を通して自ら考える術を身につけてほしいと若者に向けた『漢語の知識』や、紙誌に書き続けた漢語にまつわるエッセーを採録。身の回りのコトバを深く、軽妙に解説。

［月報］木村英樹／中島和歌子／野村鮎子／山田敬三

石牟礼文学のポリフォニー　大好評！

石牟礼道子 詩文コレクション③ 渚

解説＝吉増剛造
［第3回配本］

「渚は海にも山にも展開し、(…)葦やアコウの枝にのぼる魚貝や、潮に養われている木々や、そのようなものたちの織りなす世界を往き来する気配たちの物語で日夜賑わっていた。」（本文より）

国際文化会館の創立・運営の立役者

明治のリベラリスト、松本重治の生涯

開米潤

人間の「自由」を最大限に尊重する意で自らを「オールド・リベラリスト」と称し、戦後日本の真の国際交流を目指して尽力した松本重治。その信念を形成した過程をたどる。

現代アメリカを代表する哲学者

ローティの哲学と政治思想

大賀祐樹

英米の言語哲学・科学哲学・プラグマティズム、ハイデガー・デリダなど独仏の大陸哲学など多岐にわたるジャンルの狭間で鍛え抜かれた独創的な思想。その全貌を初めて描く。

7月の新刊

タイトルは仮題、定価は予価。

学芸総合誌・季刊
『環 歴史・環境・文明』㊳ 09・夏号 ＊
〈特集・「プラスチック・ワード」とは何か〉
菊大判 三六〇頁 三三六〇円

「アメリカ覇権」という信仰 ＊
ドル暴落と日本の選択
トッド／佐伯啓思／榊原英資 ほか
四六上製 二四八頁 二三一〇円

「在外」日本人研究者がみた 日本外交 ＊
現在・過去・未来 原貴美恵編
A5上製 三一二頁 五〇四〇円

歴史と人間の再発見 ＊
上田正昭
四六上製 二八八頁 二七三〇円

一海知義著作集（全11巻・別巻1）
4 人間河上肇 ＊ ［第8回配本］
四六上製布クロス装 五八四頁 八八二〇円

近刊

概説・気候の歴史 ＊
中世から現代まで
エマニュエル・ル＝ロワ＝ラデュリ
稲垣文雄訳

パスカル的省察 ＊
ピエール・ブルデュー 加藤晴久訳

明治のリベラリスト、松本重治の生涯 ＊
開米潤

ローティの哲学と政治思想 ＊
大賀祐樹

ゾラ・セレクション
9 **美術論集**
エミール・ゾラ 三浦篤編＝解説
三浦篤・藤原貞朗訳

一海知義著作集（全11巻・別巻1）
11 漢語散策 ＊ ［第9回配本］

〈社会思想史研究〉33
福祉国家・社会国家の思想 再訪
社会思想史学会編

好評既刊書

デモクラシー以後 ＊
協調的「保護主義」の提唱
E・トッド 石崎晴己訳＝解説
四六上製 三七六頁 三三六〇円

言語都市・ロンドン 1861-1945 ＊
和田博文 真銅正宏 西村将洋
宮内淳子 和田桂子
A5上製 六八八頁 口絵四頁 九二四〇円

シリーズ「後藤新平とは何か――自治・公共・共生・平和」②
官僚政治 ＊ 後藤新平歿八十周年記念事業実行委員会編
後藤新平
解説＝御厨貴 コメント＝五十嵐敬喜／尾崎護／榊原英資／増田寛也
四六変上製 二九六頁 二九四〇円

ある凡人の告白 ＊
軌跡と証言
塩川正十郎
四六変上製 二七二頁 口絵九頁 一五七五円

商人道ノスヽメ ＊
松尾匡
四六上製 二八八頁 二五二〇円

学芸総合誌・季刊
『環 歴史・環境・文明』㊲ 09・春号
〈特集・「民主主義」とは何か〉
菊大判 三一八頁 三三六〇円

別冊『環』⑯
清朝とは何か 岡田英弘編
菊大判 三三六頁 三九九〇円

石牟礼道子 詩文コレクション（全7巻）
1 猫 町田康＝解説
2 花 河瀬直美＝解説
3 渚（9月刊）＊ 吉増剛造＝解説
7 母 ＊ 米良美一＝解説
題字・石牟礼道子 装画・よしだみどり 装丁・作間順子

＊の商品は今号に紹介記事を掲載しております。併せてご覧戴ければ幸いです。

書店様へ

▼先のNHK-BS1「未来への提言」でも刊行を予告されていましたE・トッド最新刊『デモクラシー以後』も配本直後から動きを見せ始めています。6／27（土）には、『読売』で「不況打開『保護主義を導入せよ』」と題し、大きなインタビュー記事も掲載。『帝国以後』（12刷）をはじめ、トッド既刊書と絡めて大きくご展開下さい。POPやパネル、拡材などもご用意いたします。お気軽に担当にご相談を。

▼同じく5月刊の塩川正十郎『ある凡人の告白』が、配本と同時に大増刷！今後、各紙誌ほか、本人出演のTV番組でのパブリシティもご期待下さい。塩川先生サイン会も順次企画中。まずは八重洲ブックセンター本店様と旭屋書店本店様で開催予定。貴店でもぜひ。また、ご展開は後藤新平のシリーズ『自治』や『官僚政治』とぜひご一緒に。

▼4月刊『別冊「環」⑯ 清朝とは何か』も、配本直後より、各店で好調な動きを続けております。満洲や現在の日中関係を考える上でも重要な一冊。社会の棚でも充分ご展開可能。（営業部）

二〇〇九年度「後藤新平の会」開催

後藤新平と同時代人 Part1
――伊藤博文／桂太郎／原敬

本年のシンポジウムから、後藤の人的ネットワークの広がりを解き明かし、近代日本の主要人物たちとの関係の中で、後藤新平を位置づけることを試みる。

〔基調報告〕
御厨　貴（東京大学教授）
〔コメント〕
粕谷一希（評論家）／**上垣外憲一**（大手前大学教授）／**千葉　功**（昭和女子大学准教授）／**堤　春恵**（劇作家）（司会）**御厨　貴**

【日時】二〇〇九年　七月十八日(土)
（開場）午後一時（開会）一時半
【場所】日本プレスセンターＡＢＣホール
【定員】二五〇名（先着順）
【会費】二〇〇〇円　学生一〇〇〇円（学生証持参）
※お申込み・お問合せは藤原書店内「後藤新平の会」事務局まで。

第三回　後藤新平賞授賞式と講演

〔受賞者〕**緒方貞子氏**（ＪＩＣＡ理事長）
【日時】二〇〇九年　七月十八日(土)午前十一時〜
【定員】二〇〇名（先着順）
【場所】日本プレスセンターＡＢＣホール
※お申込み・お問合せは藤原書店内「後藤新平の会」事務局まで。

塩川正十郎先生サイン会

『ある凡人の告白』刊行記念

まずは左記の二店でサイン本販売会を予定しています。総選挙直前に〝塩爺〟が何を話すのか?!　ぜひお越し下さい。

■七月二十九日（水）　午後六時半〜
八重洲B.C.本店　8階ギャラリー
ミニトーク＆サイン本販売会
【定員】八〇名（お申込み先着順）
※お申込・お問合せは八重洲ブックセンター本店（TEL〇三-三二八一-八二〇一）まで。

■七月三十一日（金）　午後六時半〜
旭屋書店本店　サイン本販売会
※お問合せは旭屋書店本店（大阪市　TEL〇六-六三一三-一一九一）まで。

●〈藤原書店ブッククラブ〉ご案内●

▼会員特典は、①本誌『機』を発行の都度ご送付／②（小社への直接注文に限り）小社商品購入時に10％のポイント還元／③送料のサービス。その他小社催しへのご優待等。詳細は小社営業部まで問い合せ下さい。
▼年会費二〇〇〇円。ご希望の方は、入会ご希望の旨をお書き添えの上、左記口座番号までご送金下さい。
振替・00160-4-17013　藤原書店

出版随想

▼今、松阪に来ている。四、五年ぶりになるか。この地にある本居宣長記念館の中に、戦没詩人の竹内浩三の全資料がひっそりと置かれている。小社から約八年前に『竹内浩三全作品集　日本が見えない』を出版し、その後、新資料も発見され、来年新版を刊行する打合せのためだ。竹内浩三との出会いは、今から遡ること二十七年。河上肇が機縁で知り合ったＮＨＫディレクターＮ氏が、竹内浩三をめぐる取材途上で突然死した。一九八三年に、Ｎ氏の追悼集『戦死やあわれ』を、翌年、友人の小林察氏の編集による『竹内浩三全集』（全二巻、「骨のうたう」「筑波日記」）を出版した。この『全集』で竹内浩三は、８・15の全国紙一面コラムに掲載され、世に知られるようになった。特に、

戦死やあわれ
兵隊の死ぬるや　あわれ……

で知られる「骨のうたう」は、歌手の田端義夫や宮沢和史まで口ずさむようになった、といわれる。
▼当日の研究会で教えられることも多かったが、この竹内浩三という男が、二十三歳で戦死せず今生きていたら（八十八歳）、どんな男になっていたかを想像するだけで楽しい。あの山田洋次も惚れ込んだ男だから、映画監督になって〝寅さん〟以上の面白い映画、否、チャップリンにも匹敵するような喜劇を作っていたのではなかろうか、と思う。言葉のみならず、画も音楽も大好きなコーゾー君、君に一日でも一年でも十年でも長生きしてもらって好きな事をやってもらいたかった。

戦死ヤアハレ　合掌　（亮）